普通高等院校经济管理类"十四五"应用型精品教材
【经济管理类专业基础课系列】

西方经济学概论

INTRODUCTION OF WESTERN ECONOMICS

第3版

主编 刘平
副主编 李坚 窦乐 梁旭 邱砧
参编 梁宁娜 钟育秀 张颖 张超

机械工业出版社
CHINA MACHINE PRESS

本书分 3 篇 12 章系统介绍了经济学的基础知识。第一篇导论是经济学的入门篇，重点介绍了经济学的研究内容、西方经济学的体系和研究方法；第二篇微观经济学介绍了供需理论、消费者行为理论、厂商行为理论、产品市场理论、要素价格理论、市场失灵与微观经济政策；第三篇宏观经济学介绍了国民收入核算理论、国民收入决定与调节理论、失业与通货膨胀理论、经济周期与经济增长、宏观经济政策；最后，全书总结了美国自由市场经济与国家干预的博弈。除丰富的理论知识外，本书还配有大量的案例、例题、知识链接和习题等，供学生深入理解所学知识，并应用于实践。

本书既可作为应用型本科经济管理专业的西方经济学教材，也可作为高职高专经济管理专业的经济学基础教材，还可作为非经济管理专业学生及经济学爱好者学习西方经济学的入门书籍。

图书在版编目（CIP）数据

西方经济学概论/刘平主编. —3 版. —北京：机械工业出版社，2023.10
普通高等院校经济管理类"十四五"应用型精品教材·经济管理类专业基础课系列
ISBN 978-7-111-73948-7

Ⅰ. ①西… Ⅱ. ①刘… Ⅲ. ①西方经济学 - 高等学校 - 教材 Ⅳ. ①F0-08

中国国家版本馆 CIP 数据核字（2023）第 185700 号

机械工业出版社（北京市百万庄大街 22 号 邮政编码 100037）
策划编辑：施琳琳　　　　　　　责任编辑：施琳琳
责任校对：杨　霞　许婉萍　　　责任印制：郜　敏
三河市国英印务有限公司印刷
2024 年 1 月第 3 版第 1 次印刷
185mm×260mm · 21.5 印张 · 476 千字
标准书号：ISBN 978-7-111-73948-7
定价：49.00 元

电话服务　　　　　　　　　网络服务
客服电话：010-88361066　　机 工 官 网：www.cmpbook.com
　　　　　010-88379833　　机 工 官 博：weibo.com/cmp1952
　　　　　010-68326294　　金 　书 　网：www.golden-book.com
封底无防伪标均为盗版　机工教育服务网：www.cmpedu.com

About the Author 主编简介

刘平，教授，中国未来研究会理事，智库专家，创新创业研究分会会长，省级专业带头人，省级一流专业带头人，省级一流课程负责人，省级优秀教学团队带头人，省级精品课负责人，省级实验教学示范中心建设项目负责人，省级大学生创新创业实践教育基地建设项目负责人，省级大学生创业孵化示范基地负责人，省级众创空间"云启众创"负责人，国家级综合改革试点专业联合负责人，教育部第一批产学合作协同育人项目负责人。主持辽宁省社会科学规划基金项目、省教育厅教育教学改革立项等10余项省部级课题，获得省级教学成果二等奖2项（一项排名第一，一项排名第二），省哲学社会科学年会一等奖1项（排名第二）；在高等教育出版社、清华大学出版社、机械工业出版社等国家一级出版社已主持、出版10余部著作和教材，其中《创业攻略：成功创业之路》获辽宁省学术成果二等奖；《保险学概论》获辽宁省人力资源和社会保障科学研究成果二等奖；《创业学：理论与实践》《企业战略管理：规划理论、流程、方法与实践》《保险学：原理与应用》分别入选辽宁省首批和第二批"十二五"本科规划教材，目前均已在陆续更新出版第4版；《用友ERP企业经营沙盘模拟实训》（第6版）多次获得出版社年度畅销教材奖和优秀教材奖；以第一作者身份在《江西财经大学学报》《现代经济探讨》《企业管理》《中外管理》《销售与市场》《光明日报》等核心期刊和报纸上发表文章30余万字，其中多篇文章被人大报刊复印资料全文转载，其中《以需求为导向培养技术应用型人才》获辽宁省教育科学"十一五"规划优秀成果三等奖。主要研究方向：创业理论与实务、企业发展战略、行业发展战略。

第3版前言 Preface

《西方经济学概论》（第2版）自2018年1月出版以来，5年多时间已经多次重印，受到应用型高等院校的广泛重视和欢迎，并被一些省市自学考试委员会指定为参考教材。

本次修订仍遵循应用型人才的培养目标和"应用为本、学以致用"的办学理念，贯彻"精、新、实"的编写原则，以"必需、够用"为度，精选必需的内容，其余内容引导学生根据兴趣和需要有目的、有针对性地自学。本次修订除了更新资料、完善内容结构，还强化了课程思政的内容，突出了我国经济建设取得的巨大成就。

本次修订仍由沈阳工学院刘平教授主持并担任主编；沈阳理工大学李坚、沈阳工学院窦乐、辽宁中医药大学梁旭、辽宁科技学院邸砧担任副主编；南宁学院梁宁娜，沈阳工学院钟育秀、张颖、张超参与了部分内容的修订，本书同时也吸收了读者的一些宝贵意见和建议，特别是陆知敏老师提出了很多宝贵的意见，在此特别感谢。

由于作者学识、水平有限，疏漏之处在所难免，敬请广大读者批评指正，我们将在修订或重印时将大家反馈的意见和建议恰当地体现出来。再次感谢广大读者的厚爱！

作者交流邮箱：liuping661005@126.com。

刘 平
2023年仲夏于沈抚改革创新示范区

Preface 第 2 版前言

《西方经济学概论》自 2013 年出版以来，4 年多时间已经多次重印，受到应用型高等院校的广泛重视和欢迎。

本次修订仍遵循应用型人才的培养目标和"应用为本、学以致用"的办学理念，贯彻"精、新、实"的编写原则，以"必需、够用"为度，精选必需的内容，其余内容引导学生根据兴趣和需要有目的、有针对性地自学。本次修订主要修改和充实的内容体现在以下方面。

（1）第一章引入案例"生产粮食，还是大炮"更新为"生产粮食还是航母"，并修订了第一章及全书中涉及的相关内容。

（2）在第一章中增加了【知识链接 1-1】"人人都是'经济学家'"和【知识链接 1-5】"稀缺资源的主要配置方式"，并对第一节中"三、经济学研究的基本问题"部分进行了较大幅度的修改和补充。

（3）第二章引入案例"开封胡萝卜，为何丰产不丰收"更新为"2017 年，农村丰产不丰收该咋办"，增加了【个案研究 2-2】"情人节那天的需求与供给"，补充了【知识链接 2-3】"谷贱伤农"、【个案研究 2-4】"价格上限"。

（4）对第三章引入案例"最好吃的东西"进行了修改，并增加了"穷人的木碗"的内容，修改了【知识链接 3-2】"价值悖论"，增加了【个案研究 3-5】"保姆赚'小费'的故事"。

（5）第四章引入案例"免费的午餐"更新为"2016 年王菲演唱会一票难求"，并删除了【个案研究 4-5】"'免费的午餐'（续）"，对【预备知识 4-1】"企业"进行了补充，将【个案研究 4-1】"土地报酬递减规律"更新为"马尔萨斯与食品危机"，增加了【知识链接 4-1】"企业在什么时候能实现适度规模"。

（6）第五章引入案例"可口可乐并购汇源为何被禁止"更新为"亚马逊电子书业务遭反垄断调查"，增加了【个案研究 5-1】"农村春联市场：完全竞争的缩影"，增加了【个案研究 5-3】"2016 年海外并购之'堵'"。

（7）第七章引入案例"乘用电梯所引发的矛盾"更新为"2016 年市场失灵，'蒜你狠'"。

（8）第八章引入案例"GDP，20 世纪最伟大的发现之一"更新为"亚太经济的机遇与挑战"。

（9）第十章引入案例"我国特定的转型期下岗"更新为"2016 年全球失业人口增加"，并增加了【知识链接 10-2】"为什么不把购房价格计入 CPI"。

（10）第十一章引入案例"我国经济结构调整和发展方式转变"更新为"2017 年，供给侧结构性改革深化之年"，增加了【知识链接 11-3】"改变人类未来的五大科技"。

（11）第十二章引入案例"2012 年中国经济政策：积极稳健"更新为"2017 年中国宏观经济政策：稳中求进"。

其余修订内容不再一一赘述。

本次修订仍由沈阳工学院刘平教授主持，沈阳理工大学李坚、沈阳工学院窦乐、辽宁中医药大学梁旭、辽宁科技学院邸砧担任副主编；南宁学院梁宁娜、沈阳工学院周启微、张颖、钟育秀参与了部分内容的修订，本书同时也吸收了读者的一些宝贵意见和建议。

由于作者学识、水平有限，疏漏之处在所难免，敬请广大读者批评指正，我们会在修订或重印时将大家反馈的意见和建议恰当地体现出来。再次感谢广大读者的厚爱！

作者交流邮箱：liuping661005@126.com。

刘 平

2017 年 6 月于沈抚新区

Preface 第1版前言

西方经济学是经济管理类各专业的一门主干课程，受到理论界和教育界的普遍重视。然而，目前西方经济学的教材虽多，但适合应用型本科的却是凤毛麟角。比如我们在采用目前非常流行的高鸿业主编的《西方经济学》时，受学时等因素的影响，微观部分只能重点讲解需求理论、效用论、生产论、成本论和产品市场理论等内容，而对生产要素市场理论、一般均衡论、福利经济学等内容则一带而过，甚至不讲。宏观部分也是如此。

为此，我们在建设应用型本科西方经济学精品课程的过程中，对微观部分提出了以下的微观经济学理论体系框架（见图0-1）。在教学内容的安排和教材的编写过程中，从应用型本科教学的实际需要出发，坚持科学性、应用性与先进性的统一，坚持理论与实践相结合，纠正了以往本科教材过分追求理论知识体系完整、深奥和过分抽象的倾向，将重点集中在图0-1上半部分相关内容，同时兼顾下半部分相关内容。

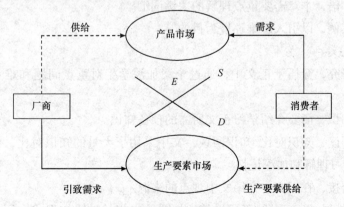

图0-1　微观经济循环流动图与微观经济学理论体系框架

全书分为三篇。第一篇导论，它是经济学的入门篇，重点介绍了经济学的研究内容、西方经济学的体系和研究方法。

第二篇微观经济学，可以归纳为"一二二"，即一个中心、两个主体和两个市场，一个中心即供需价格决定理论，两个主体即消费者和厂商，两个市场即产品市场和生产要素市场。与此相对应，微观部分为第二章至第七章：第二章供需理论，讲解图0-1中央的一个中心，需求、供给和供求均衡的相关理论（含价格理论和弹性理论）；第三章消费者行为理论（效用论），讲解图0-1右侧方框中消费者的需求行为，即用效用理论解释需求曲线背后的消费者行为；第四章厂商行为理论（含生产论和成本论），讲解图0-1左侧方框中企业的供给行为，即供给曲线背后的生产者行为；第五章产品市场理论，从完全竞争和不完全竞争两个角度讲解图0-1上部椭圆形中的产品市场行为；第六章要素价格理论，概要性介绍图0-1下部椭圆形中生产要素市场的需求与供给；第七章市场失灵与微观经济政策，是由微观经济学向宏观经济学过渡的承上启下篇。第三篇宏观经济学，为第八章至第十二章：第八章国民收入核算理论，简单介绍国民经济核算的方法和体系；第九章国民收入决定与调节理论，主要介绍两部门经济中国民收入决定的理论；第十章失业与通货膨胀理论，主要介绍失业理论与通货膨胀理论以及相互关系；第十一章经济周期与经济增长，介绍经济周期及其成因以及简单的经济增长模型；第十二章宏观经济政策，简要介绍主要的宏观经济政策。

本书根据应用型人才的培养目标和"应用为本、学以致用"的办学理念，贯彻"精、新、实"的编写原则，以"必需、够用"为度，精选必需的内容，其余内容引导学生根据兴趣和需要有目的、有针对性地自学。本书的编写突出了以下主要特点。

（1）首次增加"引入案例"，更易激发学生的学习兴趣。

（2）同步配套学习指南与训练手册（电子版），学用结合，有效提升学习效果。

（3）采用结构式描述，易读、易懂、易学、易记。

本书各章的基本体例结构如下：

（1）内容提要，概括本章讲解的主要内容。

（2）学习目标与重点，说明学习重点及学习收获。

（3）关键术语，本章需要重点理解的关键词汇。

（4）引入案例，以引入思维环境为目的。

（5）本章正文。

（6）个案研究，穿插于正文中，通过个案加深学生对重点问题和难点问题的理解与掌握。

（7）预备知识，简要介绍学习正文所需的预备知识。

（8）延伸阅读、知识对比/知识回顾，文中采用了大量的知识对比，将前后文知识进行对比，便于学习理解和加深记忆。

（9）知识链接，在正文中介绍文中观点的来源。

（10）知识扩展/经济现象/新闻链接，概要给出相关扩展知识或介绍一些经济现象和相关新闻。

（11）本章小结，对本章主要内容和知识点进行概要回顾。

（12）本章内容结构，给出本章核心内容的体系结构。

（13）综合练习，包括名词解释、选择题、简答题、简述题、分析讨论题、案例分析题、计算题、实训项目等题型中的若干类型。

另有更丰富的习题指南，包括各种类型的习题、历届诺贝尔经济学奖得主及其成就、经济学国内外经典教材及阅读书目简介、经济类核心期刊目录以及对生活中一些典型经济现象的分析等。该部分内容单独成册出版，与本书配套使用。

（14）阅读材料，每章后列出5~10条阅读书目或资料链接，给出深入学习本章内容的参考内容。

（15）阅读文章，此类资料篇幅要大于个案研究和专论摘要，是相对比较完整的补充阅读材料，能拓宽学生的知识面，使其加深对正文内容的理解和认识。

本书既可以作为应用型本科经济管理类各专业的西方经济学教材，也可以作为高职高专经济管理类各专业的经济学基础教材，还可以作为非经济管理类专业学生及经济学爱好者学习西方经济学的入门图书。

本书由沈阳工学院刘平教授起草写作大纲并担任主编，窦乐（沈阳工学院）、梁旭（辽宁中医药大学）、邸砥（辽宁科技学院）担任副主编。具体分工如下：刘平编写第一章、第二章、第三章、第四章；窦乐编写第八章、第十一章；梁旭编写第九章、第十章；邸砥编写第七章、第十二章；蔡永鸿（沈阳工学院）编写第五章、第六章；钟育秀（沈阳工学院）参编第一章、第二章、第十二章。最后，由刘平教授统稿、定稿。

在本书写作的过程中，我们参阅了大量的文献资料，在此向原作者表示诚挚的感谢。本书作者力图在书中和书后参考文献中全面完整地注明引用出处，但也难免有疏漏的地方，特别是有个别段落文字引自网络，无从考证原文作者的真实姓名，无法注明出处，在此一并表示感谢。

由于种种缘由，每每在书稿完成之后，总能发现有缺憾之处，本书也不例外。作者诚恳希望读者在阅读本书的过程中，指出存在的缺点和错误，提出宝贵的指导意见，这是对作者的最高奖赏和鼓励。作者邮箱：liuping661005@126.com，在此谢谢广大读者厚爱！

刘 平

于抚顺李石开发区

教学建议 Suggestions

教学目的

本课程的教学目的是使学生对西方经济学的核心观念、基础知识、基本原理及在我国现实经济生活中的应用有较深的理解，具备良好的分析问题、解决问题的实际应用能力。具体包括：了解西方经济学的体系框架，熟悉经济学的研究方法和分析工具，掌握微观经济的需求、供给以及供求均衡理论，了解宏观经济的衡量指标以及主要调控手段，具备应用相关经济学原理分析、解读我国经济社会和日常生活中各种经济现象的实际应用能力，引导学生正确对待和处理相关的经济问题。

相关课程及关系

对于经济管理类专业的学生来说，本课程是一门非常重要的专业基础课，是学习金融学、保险学、财政学、国际贸易、管理学、市场营销、财务管理、人力资源管理等后续课程的基础，在课程体系中居于重要地位。本课程的先修课程是"高等数学"（管理数学）。

教学方法及手段建议

在教学过程中，教师应全面阐述经济学的基本观念、理论和方法，力求反映经济学理论的最新进展和具体应用。在教学方法上，尽可能引入案例教学法、启发式教学法、讨论式教学法等新式教学法，引入分析现实生活中各种经济问题的课程论文撰写，使学生分析问题、解决问题的能力得到有效提升。

（1）案例教学法。在教学中，教师首先通过对案例进行研讨分析，引导学生归纳所要掌握的理论知识点。在案例的选取上，注重用国内案例替换或改写国外案例，既要考虑经典案例，又要采用二次开发案例、自编案例，特别是学生熟悉的近年来发生的典型案例。

（2）启发式教学法和讨论式教学法贯穿于整个课堂教学活动的始终。通过对案例的分析和讨论，激发学生思考问题和解决问题的积极性，培养创新能力。

（3）整合多种方法，突出应用能力培养。在综合运用启发式教学、讨论式教学、案例教学、仿真模拟、情景模拟等教学方法的基础上，可以考虑引入撰写课程论文，学生利用周末及"五一""十一"等假期进行社会调研、实地考察，课程结束前提交报告，并进行总结交流，可明显提升教学效果。

通过上述方法的运用，学生能够独立地对经济社会和日常生活中的各种经济问题进行分析研究，正确对待和处理相关的经济问题，其实际应用能力可以得到显著提高。

学时分配建议表如下。

章 号	内 容	学 时	讲 课	案例分析和随堂讨论
一	经济学导论	2	2	
二	供需理论	6	4	2
三	消费者行为理论	4	4	
四	厂商行为理论	4	4	
五	产品市场理论	4	4	
六	要素价格理论①	2	2	
七	市场失灵与微观经济政策	6	4	2（总结微观部分）
八	国民收入核算理论	2	2	
九	国民收入决定与调节理论	2	2	
十	失业与通货膨胀理论	4	3	1
十一	经济周期与经济增长	2	2	
十二	宏观经济政策	4	3	1
	理论测验、课程回顾与复习、作业讲解、答疑及其他内容	3	1	2
	合　计	45	37	8

① 选修章节。

目 录 Contents

主编简介
第3版前言
第2版前言
第1版前言
教学建议

第一篇　导论

第一章　经济学导论 /2

引入案例　到底应该生产什么 /2
第一节　经济学研究的基本内容 /4
第二节　经济学的研究方法与分析工具 /11
第三节　西方经济学概述 /17
本章小结 /24
本章内容结构 /25
综合练习 /25

第二篇　微观经济学

第二章　供需理论 /28

引入案例　为何丰产不丰收 /28
第一节　需求与供给 /29
第二节　供求均衡理论 /37
第三节　弹性理论 /39
第四节　价格政策的运用 /55
本章小结 /58
本章内容结构 /60
综合练习 /61

第三章　消费者行为理论 /63

引入案例　最珍贵的礼物 /63
第一节　效用论概述 /64
第二节　基数效用论 /68
第三节　序数效用论 /75
本章小结 /84
本章内容结构 /85
综合练习 /85

第四章　厂商行为理论 /87

引入案例　春运"一票难求"现象
　　　　　能否成为历史 /87

第一节　生产函数　/89
第二节　最优的生产要素组合　/99
第三节　成本函数　/106
本章小结　/121
本章内容结构　/122
综合练习　/122

第五章　产品市场理论　/125

引入案例　阿里巴巴、美团遭
　　　　　反垄断处罚　/125
第一节　完全竞争市场　/127
第二节　垄断市场　/138
第三节　垄断竞争市场　/149
第四节　寡头市场　/154
本章小结　/163
本章内容结构　/165
综合练习　/166

第六章　要素价格理论　/169

引入案例　"漂亮"的收益　/169
第一节　要素需求理论　/171
第二节　要素供给理论　/177
本章小结　/188
本章内容结构　/190
综合练习　/190

第七章　市场失灵与微观经济
　　　　　政策　/192

引入案例　市场失灵，"蒜你狠"
　　　　　还是"蒜你完"　/192
第一节　微观经济的市场失灵　/194
第二节　外部影响　/197
第三节　公共物品　/203
第四节　不完全信息　/206
第五节　微观经济政策与政府
　　　　失灵　/213
本章小结　/218

本章内容结构　/220
综合练习　/220

第三篇　宏观经济学

第八章　国民收入核算理论　/224

引入案例　中国经济"十四五"良好开局：
　　　　　2021年GDP达到114万亿元　/224
第一节　国民收入核算体系　/226
第二节　国民收入核算的基本方法　/230
第三节　国民收入核算中的问题
　　　　与纠正　/233
本章小结　/237
本章内容结构　/237
综合练习　/238

第九章　国民收入决定与
　　　　　调节理论　/239

引入案例　凯恩斯革命　/239
第一节　两部门经济中国民收入
　　　　的决定　/240
第二节　国民收入决定理论一般化　/244
第三节　国民收入的变动与调节　/248
本章小结　/252
本章内容结构　/253
综合练习　/253

第十章　失业与通货膨胀
　　　　　理论　/255

引入案例　我国脱贫攻坚取得决定性胜利　/255
第一节　失业理论　/256
第二节　通货膨胀理论　/261
第三节　失业与通货膨胀的关系　/270
本章小结　/274
本章内容结构　/274
综合练习　/275

第十一章　经济周期与经济增长　/277

引入案例　构建安全、可控、富有弹性
　　　　　和韧性的经济体系　/277
第一节　经济周期及其成因　/279
第二节　经济增长　/284
第三节　经济增长是非论　/291
本章小结　/293
本章内容结构　/293
综合练习　/293

第十二章　宏观经济政策　/295

引入案例　2023年中国宏观经济政策：
　　　　　继续实施积极的财政政策
和稳健的货币政策　/295
第一节　宏观经济政策概述　/296
第二节　财政政策　/299
第三节　货币政策　/306
第四节　两种政策的混合使用　/314
本章小结　/317
本章内容结构　/318
综合练习　/319

结束语　美国自由市场经济与国家
　　　　干预的博弈　/321

参考文献　/327

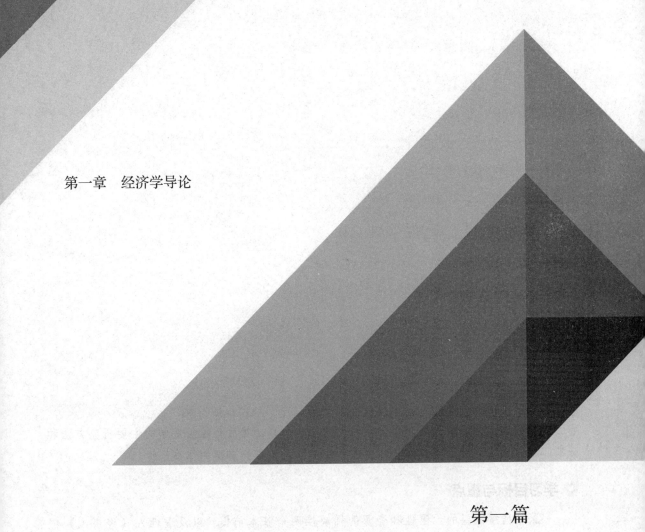

第一章 经济学导论

第一篇

导 论

第一章

经济学导论

📖 内容提要

本章作为开篇，首先阐述经济学研究的基本内容，然后介绍经济学的主要研究方法和分析工具，最后介绍西方经济学的由来和演变以及西方经济学的体系结构。

🎯 学习目标与重点

- 深刻理解欲望的无限性和资源的稀缺性两个基本前提，以及理性人（经济人）假设、完全竞争假设和完全信息假设三个基本假设。
- 掌握经济学研究的基本内容，即资源的有效配置和利用这两大基本问题；掌握微观经济学与宏观经济学的区别和联系；重点掌握微观经济学的体系框架。
- 掌握经济学的主要研究方法和分析工具。

🔑 关键术语

经济学；欲望；资源；稀缺性；理性人；资源配置；资源利用

💡 引入案例

到底应该生产什么

随着中国新航母的曝光，"中国能造多少艘航母""中国需要造多少艘航母"等问题也不断被人提及。虽然网上议论纷纷，然而无人能给出标准答案。下面我们做个假设探讨。

在我国资源既定的条件下，我们假设只生产粮食和航母两种物品。如果只生产粮食可以生产 5 亿吨，只生产航母可以生产 15 艘。多生产航母必然少生产粮食。假设为解决这一矛盾提出了如表 1-1 所示的 6 种可能组合，并得出了图 1-1，同时也带来了如下问题。

——为什么所能生产的粮食和航母是有限的？
——在粮食和航母的 6 种可能组合中，应选择哪一种？
——为什么有时生产粮食和航母的组合不在 AF 线上，而在 G 点？
——为什么在既定技术条件下，生产粮食和航母的组合达不到 H 点？
——如何使生产粮食和航母的组合超过 AF 线达到 H 点？

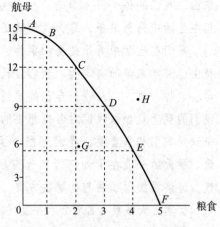

图 1-1　航母与粮食生产组合图

表 1-1　航母与粮食生产组合

生产组合	粮食/亿吨	航母/艘	生产组合	粮食/亿吨	航母/艘
A	0	15	D	3	9
B	1	14	E	4	5
C	2	12	F	5	0

知识链接 1-1

人人都是"经济学家"

经济学有时候被认为是一门非常枯燥乏味的学科，是与一本本布满尘埃的卷宗打交道，卷宗里都是关于实物商品和服务的统计数据。但经济学其实并不是一门枯燥的学科，不是一门沉闷的学科，它无关统计数据。它与人类生活息息相关，与激励人类的思想相关，与人类从出生到死亡如何行动相关，与所有一切中最重要也最有趣的奇妙表演——人类行为相关。

在某种意义上，我们都必然是经济学家。我们都面对着这样的问题：如何在日常工作和家庭生活中成为更好的经济学家，并成为我们国家和世界的好公民？今天教育中最大的问题就是怎样让人们更好地理解经济学。关于我们所有最根本的政治问题，我们歧见丛生，但这些基本都是经济学问题。我们的首要问题是如何解决这些经济学问题，而最好的答案只能通过研究合理的经济学原理来发现。

很多人认为，经济学不过是见仁见智、言人人殊的看法，但经济学并不研究因人而异的看法。经济学是一门科学，作为科学，它处理的是永恒的法则——那些人们无法改变的法则、那些持久不变的法则。如果我们想生活得更加称心如意，就必须提高理解和运用这些经济学规律的能力，以求获得更多所需之物。因此，文明世界若要存在，人们就必须更多地了解这门关于人类行为的科学。

在贯穿我们一生的每一个行动之中，我们总是拿出一些我们已有的东西，去交换我们更想要的东西。我们可以用我们的时间、精力、金钱或其他一些稀缺之物，去交换想要的东西,我们的每个行为都是一种交换——用我们已有之物去交换我们所求之物。如果我们想在生活中得到更多,那么我们就必须学习改进自身的行为。

我们在生活中真正想要的事物,包括物质和非物质的事物,即我们最终的目标,并不是由经济学来帮助决定的。我们自己选择最终的目的和目标,这是我们的决定。我们从父母、老师、哲人,从我们自己的思想和那些帮助我们决定想要什么的人的思想中,形成了我们的观念。如果我们对各自想要的东西出现意见分歧,我们可能会拳脚相加。如果这种争议对我们相当重要,我们可能会试图用战斗来解决问题。但是大多数人对需求意见一致。最大的分歧在于如何得到大家所渴求之物,这是手段而非目的不同。对于这样的争议,经济学提供了明智的解决方案。

世界上大多数人都希望和平富足。当然,为了我们自己,为了家庭、国家和全世界,我们需要和平富足。大多数人都知道,如果我们想得到自身的、家庭的和国家的和平,那就必须与其他人、其他家庭和其他国家和平相处。但是说到富足,就存在很大的争议了。许多人想要以牺牲他人为代价来获得富足。很不幸,我们只想要自己获得富足几乎不可能,他人也必须富足才行。富足与和平一样,必须是普遍性的东西,是必须和所有人分享的东西。

因此,我们现在明白学习经济学的原因了。

资料来源:米塞斯日报.米塞斯日报第一辑:什么是经济学 [DB/OL].网易云阅读,2014-05-01. http://yuedu.163.com/book_reader/80eb0dbe009f426da906427cb2d38862_4/5e63f451e11b4a67dab9c410a37f4cde_4.

第一节　经济学研究的基本内容

经济学（economics）是在一定经济制度和经济体制条件下,研究稀缺资源的有效配置与利用,在有限资源的各种可供利用的组合中进行选择的科学。

一、经济学研究的基本前提

经济学研究的基本前提是人类欲望的无限性和资源的稀缺性（或称有限性）。经济学研究的是人们和社会如何有效地解决人类欲望无限性和资源稀缺性之间的矛盾。

1. 人类欲望的无限性

所谓**欲望**（desire）,经济学上是指人对物品和劳务的不间断的需要,是人们的一种心理感受。人们之所以要进行生产活动,是为了获得更多物品和劳务来满足自己的需要和欲望。根据马斯洛需求层次理论,人的欲望和由此引起的对物品和劳务的需要,是无限多样永不饱和的,即具有无限性。

清人钱德苍的《解人颐》一书中收录了一首《不知足》诗:

终日奔波只为饥,方才一饱便思衣。

衣食两般皆具足,又想娇容美貌妻。

娶得美妻生下子,恨无田地少根基。

买得田园多广阔，出入无船少马骑。
槽头拴了骡和马，叹无官职被人欺。
县丞主簿还嫌小，又要朝中挂紫衣。
做了皇帝求仙术，更想登天跨鹤飞。
若要世人心里足，除是南柯一梦兮。

知识链接 1-2

马斯洛的需求层次理论

马斯洛的需求层次理论（Maslow's hierarchy of needs），也称"基本需求层次理论"，是行为科学的理论之一，由美国心理学家亚伯拉罕·马斯洛于 1943 年在论文《人类激励理论》中提出。

该理论将需求分为五种（见图 1-2），像阶梯一样从低到高，按层次逐级递升，分别为：生理需求、安全需求、社交需求（也称情感和归属的需求）、尊重需求、自我实现需求。另外还有两种需求：求知需求和审美需求，这两种需求未被列入马斯洛的需求层次排列中，他认为这二者应居于尊重需求与自我实现需求之间。

需求层次理论有两个基本出发点：一是人人都有需求，某层需求获得满足后，另一层需求才会出现；二是在多种需求未获满足前，首先满足迫切需求，该需求满足后，后面的需求才显示出其激励作用。

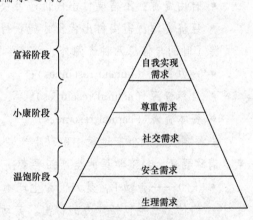

图 1-2 马斯洛的需求层次示意图

五种需求可以分为两级，前三个需求属于低一级的需求，即物质性价值需求，这些需求通过外部条件就可以满足；后两个需求属于高一级的需求，即精神性价值需求，这些需求是通过内部因素才能满足的，而且一个人对尊重和自我实现的需求是无止境的。

同一时期，一个人可能有几种需求，但每一时期总有一种需求占支配地位，对行为起决定作用。各层次的需求相互依赖和重叠，高层次的需求发展后，低层次的需求仍然存在，只是对行为影响的程度大大减小。

一般来说，某一层次的需求相对满足了，就会向高一层次发展，追求更高一层次的需求就成为驱使行为的动力。相应地，已经获得基本满足的需求就不再是一股激励力量。

马斯洛和其他的行为心理学家都认为，一个国家多数人的需求层次结构，是同这个国家的经济发展水平、科技发展水平、文化和人民受教育程度直接相关的。在不发达国家，生理需求和安全需求占主导的人数比例较大，而高级需求占主导的人数比例较小；在发达国家，则刚好相反。

资料来源：叶浩生.西方心理学的历史与体系 [M].2 版.北京：人民教育出版社，2014.

2. 资源的稀缺性

在引入案例中，为什么所能生产的粮食和航母是有限的？答案是稀缺性。相对于人类社会的无穷欲望而言，经济物品，或者说生产这些物品所需的资源总是相对不足的。这就是经济学上所说的稀缺性。

每个人的物质欲望都是无限的，而可以用来满足我们物质欲望的经济资源却是有限的，因此是稀缺的。在经济学里，稀缺被用来描述资源的有限可获得性，是相对于人们无穷的欲望而言的。一个物品可以成为商品出售，首要原因是它是稀缺的，而不是因为人们的需求，如阳光和空气，人人都需要，但因为太多，所以不会成为商品。但是淡水资源却越来越少，所以淡水的价格从原来的免费供应，到现在开始涨价。当一个商品变得稀缺的时候，它就开始变贵了。

知识链接 1-3

资源与要素

资源是用来生产那些满足人们需要的产品（劳务）的手段或者物品。

- 自由资源：不需要付出代价即可获得的资源，如空气、阳光、海水等。
- 经济资源：需要付出代价才能获得的资源，如土地、人力、矿藏等。

除了时间与信息两种资源外，经济学讨论的资源基本上有三种：

- 人力资源（human resources）；
- 自然资源（natural resources）；
- 资本资源（capital resources）。

资源在被投入生产过程中用以生产满足人们欲望的最终产品与劳务时，被称为生产要素，简称要素。经济学里的生产四要素：

- 人力——劳动 L，是人们为生产物品和服务所付出的时间与努力。劳动既包括脑力的付出，也包括体力的付出。劳动的质量取决于人力资本。
- 财力——资本 K，指的是用于生产活动的工具、设备、机器和建筑物等。作为生产要素的资本不包括股票、债券等金融资本。
- 物力——自然资源 N，可以分为可再生的和不可再生的两大类。
- 智力——企业家才能（管理）E，是某些人所具有的，能够组织生产、开展创新活动、进行战略决策和承担风险的特殊才能，如李嘉诚、比尔·盖茨、戴尔、松下幸之助和福特等都是企业家的杰出代表。

稀缺性（scarcity），并不真的就是指数量上的多寡，而是指相对于人们无穷的欲望而言，资源是稀少短缺的。一方面，一定时期内物品本身是有限的；另一方面，利用物品进行生产的技术条件是有限的，同时人的生命也是有限的。

在一个社会里，每个人都不可能满足自己的全部需要。

（1）稀缺性是经济物品（economic goods）的显著特征之一。

（2）稀缺性并不意味着稀少，而主要指不可以免费得到。

（3）要得到一种经济物品，必须用其他经济物品来交换。

没有稀缺就不存在任何经济学问题，稀缺性是经济学研究的基本前提。

二、经济学的基本假设

微观经济学的理论是以如下三个基本假设条件为前提的。

第一，完全理性，即理性人或经济人假设。微观经济学的一个基本假设就是"合乎理性的人"假设，也被简称为"理性人"假设，或者"经济人"假设。理性人的基本特征就是每一个从事经济活动的人都是利己的（自私的）。换句话说，每一个从事经济活动的人所采取的经济行为都是力图以自己的最小经济代价去获得最大经济利益。

这一假设的含义包括：

（1）经济主体，即消费者和厂商所追求的目标在于自身经济利益的最大化。简单地说，经济人在行动时既不考虑自身的非经济利益，也不考虑其他人的经济利益，其如何行动完全取决于"看不见的手"——市场的调节机制。

（2）经济主体的决策过程是完全理性的，其能够排除一切决策干扰因素的不利影响，充分利用所有信息，进行全方位的利弊权衡，因而决策结果必然是在约束条件下的最优选择。

第二，市场出清，也称完全竞争假设。它是指坚信在价格可以自由而迅速升降的情况下，市场上一定会实现充分就业的均衡状态。在这种状态下，资源可以得到充分利用，不存在资源闲置或浪费的问题。

第三，完全信息假设。信息的获得和利用对于经济行为的影响相当明显。经济学假设经济活动中的所有主体都能够在不支付任何成本的情况下迅速获得充分的信息，而且这些信息在分布上是完全对称的。

换言之，完全信息假设排除了经济活动中的任何不确定性，使每一个经济活动参与者均清楚地了解所有经济活动的条件、后果以及他人的反应。只有在这种条件下，微观经济学关于价格调节实现资源配置最优化，以及由此引出自由放任的经济政策，才是正确的。

显然，这三个基本假设过于严苛，在现实生活中不甚切合实际。然而通过图1-3所示经济学研究及应用过程，我们可以看到，提出并采用这些假设不仅对于经济学本身的发展和深入是极为有利的，而且出于应用经济理论来解释现实的目的考虑，这样处理也是更为便利的。

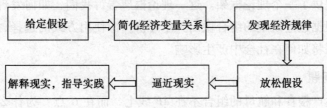

图1-3　经济学研究及应用过程

● 知识链接 1-4

对三大假设的不同看法

传统西方经济学有完全理性、完全竞争、完全信息三大基本假设，一般均衡理论就是基于这三大基本假设来论证资源配置的最优状态的。但经济学界对此一直存在争论：人们未必都是理性的，竞争更多是不完全的，信息根本不可能是完全的。

首先，完全理性不可能。对于微观经济学研究的两大行为主体——消费者和厂商，虽然他们都在自觉或不自觉地追求自身最大化的效用和利润，但在现实经济生活中，他们的理性都只是有限的。消费者在日常的消费活动中难以实现效用的最大化；厂商也不可能把生产活动总是安排在利润最大化点上进行。

其次，完全竞争不现实。西方经济学对完全竞争具有严格的限定，包括市场上有大量的买者和卖者；市场上每个厂商提供的商品都是同质的；所有的资源具有完全流动性；信息是完全的。条件如此之苛刻，以至于很多西方经济学家也坦言：在现实经济生活中，真正符合这四个条件的市场是不存在的。

最后，完全信息不成立。完全信息假设在微观经济学中占有重要的地位。如果信息是完全的，那么市场价格机制才会是有效的，资源就能实现最优配置。但是，现实经济生活中的各种信息往往是不完全、不对称的。在这种情况下，信息经济学家预言，价格机制的作用会导致"劣币驱逐良币"的结局，市场就会是无效率的。可见，假设不同，结论就完全不同了。

三、经济学研究的基本问题

资源虽然是稀缺的，但具有多种用途和用法，人们应当进行选择，以使资源配置最优化。因此，可以说经济学就是一门关于选择的科学。

选择是稀缺的一种逻辑延伸，面对社会稀缺的资源，人们需要做哪些选择呢？其实将消费者、厂商、政府的各种各样的选择汇总起来就是经济学研究的基本问题，即对稀缺资源的合理配置与利用的问题。换句话说，就是在有限资源的各种可供利用的组合中进行选择，购买什么、购买多少、生产什么、生产多少、如何进行生产、投资什么、储蓄多少等。

1. 资源配置问题

在引入案例中，到底应该生产什么？是生产粮食，还是航母？这就涉及资源配置与选择的问题。相对于人们近乎永无止境的欲望来说，具有可供选择用途的经济资源的稀缺性就引发了经济学需要研究的资源配置问题。经济学为稀缺的经济资源根据人们的欲望进行最优配置的问题提供了一个理论框架。这一理论框架告诉我们，如何发现人们的各种欲望及其强度，如何根据这些欲望的组合做出关于经济资源使用方式的选择，以及经济资源不同用途的选择结果将如何在社会中产生影响。

2. 资源利用问题

为什么有时生产粮食和航母的组合不在 AF 线上，而在 G 点？为什么在既定技术条件下，生产粮食和航母的组合达不到 H 点？如何才能使生产粮食和航母的组合超过 AF 线达到 H 点？这就是资源利用的效率问题了。如果一个经济体在生产可能性边界上运行，我们就可以说这个经济体能够在现有的技术水平上充分利用它所掌握的所有生产要素，这个经济体的运行是有效率的。

(1) 稀缺的资源如何进行充分利用？

所谓**效率**（efficiency）是指社会如何最有效地利用资源以满足人们的愿望和需要。事实上，既存在资源稀缺，又存在资源浪费，而且资源的浪费可能很严重。生产可能性边界以内的任何一点都表示资源没有得到充分利用，这个经济体的效率在现有可投入资源和技术水平的约束下还有提高的空间。经济波动、种族歧视、自然灾害、战争、政局动荡、政治运动、社会革命、政府经济管制、经济改革（休克疗法）、罢工等都会使经济在其生产可能性边界以内运行。

(2) 如何突破生产可能性边界？

一个经济体可以利用的生产要素的数量和质量与技术水平一起决定了生产可能性边界曲线在坐标系中的位置，生产要素数量的增加、质量的提高或技术的进步都能够使生产可能性边界曲线向右移动，这就代表了经济的增长。经济运行规则的改变也能够带来经济的增长或倒退，使生产可能性边界曲线发生移动。

上述经济学研究的两大基本问题，探讨了对稀缺资源如何进行合理的配置和利用，实际上就是要回答以下五个经济学的基本问题。

- 生产什么（产品）。

大到一个国家，小到一个企业或者家庭，它们拥有的经济资源是有限的，面对众多的而且一时又难以完全满足的需求，如何确定生产的产品种类和数量呢？对一个国家来讲，我们一般能够找到它拥有的经济资源所能生产产品的种类及其组合的最大产量，这样的产出组合称为**生产可能性边界**。生产可能线（生产可能性边界或生产转换线）是指在资源和生产水平既定的条件下，所能达到的两种产品的最大组合。在图 1-1 中，AF 线就是最大的生产可能线。

- 如何生产（生产要素组合，用什么方法）。

确定生产什么之后，如何生产又是一个重要的问题。同样的产品组合，人们可以采取很多种不同的方式进行生产：是分工协作进行生产，还是个体单独进行生产；是多用机器的方式进行生产，还是多用劳动的方式进行生产；是采用 A 技术进行生产，还是采用 B 技术进行生产。如何生产的问题涉及生产的效率问题，而效率问题是经济学需要关注的至高无上的问题。生产方式的选择、技术水平的改进、生产关系的改善，都能够提高生产效率，结果是生产可能性边界不断向外扩展。

当前如何生产的问题也涉及环境的保护。生产和效率是经济学关注的主要问题，但是，一味地追求产出的最大化，有时往往忽视了对环境的保护，其结果是虽然一时的产品生产有了大幅度的提高，人们的物质生活丰富了，但是人类赖以生存的环境却遭到了不可恢复的破坏。从长远来看，这样的生产增长是不可持续的，并不可取。

- 为谁生产（分配，如何分配）。

这是经济学需要回答的第三个基本问题。为谁生产解释了我们如何对产品进行分配：是按需分配，还是平均分配。平均分配，从结果来看是公平的，但是，人们预先知道分配的结果是平均的，那么在生产过程中干多干少都一样，就会有人在生产过程中采取少干或者不干的态度，这种态度一旦被大家纷纷效仿，生产的低效率就不可避免了。

由于生产力极度发达和人们的觉悟非常高（劳动或者说创造成为人们生活中的第一需要），按需分配的原则是可以实现的。但是，在生产力水平或人们的觉悟还没有达到马克思所描述的程度时，过早推出按需分配的方式一定会失败，这主要是因为对生产成果如何分配的制度涉及生产过程中的激励机制问题。在生产力水平较低和人们的觉悟较低的情况下，其他激励机制（如精神奖励等）难以持续发挥效果时，如果能够成功地将每个人在生产过程中所做的贡献很好地衡量出来，那么根据每个人在生产过程中的贡献大小进行社会产出的分配就是一个非常好的激励机制。

- 生产多少（数量）。

生产可能性边界给出了一个国家的经济资源可以生产的产品组合的各种可能性，但它本身还是无法确定最佳组合应该在哪一个点上。这里就涉及有关经济信息的获得和决策过程的形成。首先，我们必须知道社会的偏好函数是什么，即社会到底需要多少粮食、多少航母。这里就有一个信息的收集和反映过程。其次，生产决策是根据社会的偏好，即全体社会成员的偏好，还是社会中某一部分人的偏好做出的。对这个问题的不同回答，涉及不同经济体制的问题。假定我们能够很好地发现社会偏好函数，而且决策机制是根据社会偏好函数建立的，那么我们就可以根据社会偏好函数找到最优的生产组合点。

- 何时生产（时间）。

资源的稀缺性不但决定了选择的必要性，而且决定了选择时机的必要性。如果你现在选择自主创业而放弃读大学，你可能会成为像比尔·盖茨一样伟大的企业家，但也可能因为创业失败而成为一个碌碌无为的人。如果你现在选择上大学而放弃自主创业，你可能失去了一个现在创业的机会，但也可能因为上了大学而找到一份收入优厚的工作。当然，你也可以创业成功后再读大学，或者大学毕业后再创业。

课堂讨论

1. 请同学们自己举例说明身边资源浪费的事情。

2. 时间是稀缺的，对于一个大学生来说期末考试前的时间尤其如此。假设在期末考试前你有 50 个小时的复习时间，而又需要同时应付两门功课——《数学》与《西方经济学》，把这两门功课的考试成绩看作投入时间资源后获得的产出，请你画出在既定时间资源和复习技巧约束下考试分数的生产可能性边界曲线。如果某个你多年未见的老友突然来访，你花费了两天的时间去尽地主之谊，你考试分数的生产可能性边界曲线将会如何变化？为什么？

3. 北京和上海为了解决城市拥堵问题，分别采用摇号和竞拍的方式发放车牌。你认为这两种方式各有什么利弊？你有什么更好的建议？

知识链接 1-5

稀缺资源的主要配置方式

稀缺资源一般可以通过下列方式进行配置。

（1）市场机制。当资源通过市场进行配置时，愿意而且能够支付最高价格的人将获得这种资源。

（2）计划或命令。计划及命令被广泛地运用于企业内部和政府部门。在企业里，管理者决定员工每天做什么，这就是命令机制在发挥作用。在转轨经济体中，计划机制配置稀缺资源的范围更广。

（3）多数法则。多数法则就是通过投票，按照少数服从多数的原则来配置稀缺资源。预算的分配方案就是通过多数法则决定的，如多少钱用于教育、多少钱用于国防等。决定稀缺资源在公共部门和私人部门之间进行分配的税率也是通过多数法则来决定的。

（4）竞赛。竞赛就是将稀缺资源配置给比赛的优胜者，如奖金的分配。市场份额及其附加的利润也由优胜者获得，如微软就是操作系统竞赛的优胜者。

（5）排队机制。排队机制就是使用"先到先得"的方式对稀缺资源进行配置。通过排队的方式将稀缺资源直接分配或以低于市场均衡价格的价格分配给那些最愿意花时间排队等候的人，而不是分配给那些愿意并且有能力支付最高价格的人。大学食堂的座位、公共汽车上的座位、小区的免费停车位都不接受预订，而是按照时间顺序，先到先得。

（6）随机分配。随机分配就是通过"抓阄"或"抽签"的方式分配稀缺资源。目前，北京的车牌、买新股就是采用抽签摇号的方式产生的。

（7）个人特征。根据个人特征对稀缺资源进行分配，如根据毕业生的性别、年龄、学历、毕业学校等分配工作机会。

资料来源：卫志民. 微观经济学 [M]. 北京：高等教育出版社，2012.

第二节 经济学的研究方法与分析工具

一、实证分析与规范分析

1. 实证分析

实证分析（empirical analysis）是一种描述性分析，只研究经济是如何运行的，给出客观事实并加以解释，不对是否符合某种价值标准做判断。如在其他条件不变时，汽车的价格下降20%，销售量变化吗？怎样变化？变化多少？厂商的收益会因此增加吗？如果没有增加，原因是什么？

- 实证分析不讲价值判断。
- 回答"是什么"的问题，即只描述不评价。
- 结论具有较强的客观性。

【举例】 假如我们研究粮食与航母增长的因素是什么,这种增长本身又具有什么规律,等等。通过研究我们发现,如果资本量和劳动量各增加1%,则粮食和航母的产量也各增加1%。通过实践也可以验证这一规律,证实这一结论。这就是实证分析,这一结论并不会因为人们关于粮食与航母对社会意义的不同看法而改变。

2. 规范分析

规范分析(normative analysis)以一定的价值判断或规范为标准,研究经济应当如何运行。如铁道部在春运期间提高票价的这种做法对吗?人民币应该升值吗?汽车应该降价销售吗?

- 规范分析以价值判断为基础。
- 回答"应该是什么"的问题,需要做出好坏的评价。
- 结论受不同价值观的影响。

【举例】 假如我们研究粮食与航母的增长到底是一件好事,还是一件坏事。有人从增长会给经济社会带来福利的角度出发,认为增长是一件好事;有人从增长会给经济社会带来环境污染的角度出发,认为增长是一件坏事。这体现了具有不同价值判断标准的人对这一问题的不同看法。实际上,粮食和航母的增长既会有好的影响,又会有坏的影响,这两种观点谁是谁非有时很难讲清楚。

同样是研究粮食与航母的增长问题,实证分析与规范分析显然是不同的。然而,实证分析与规范分析虽然目的不同,但却难以截然分开。如微观经济学主要采用实证分析,但微观经济学中的福利经济学、制度经济学的部分则采用规范分析;宏观经济学则主要采用规范分析。

知识链接1-6

定性分析与定量分析

定性分析是一种传统的分析方式,更多依赖于经验感觉、归纳演绎、抽象概括、综合分析等对事物的发展趋势和方向做出判断,具有化繁为简、化难为易的特点。其直观性、通俗性强,无须经过复杂的考量和繁难的公式计算,分析时效快、成本低。但这种方式的缺点也非常明显,凭感觉判断、随意性强,因而也就容易出现失误。

定量分析是随着20世纪兴起的运筹学、数量经济学、系统论等现代数学和信息技术手段而发展起来的新型分析方式与方法,更多依赖于数理统计分析等现代分析方法对事物的发展变化幅度做出量化的研究和判断,具有比较科学且可操作性强的特点,能够解决定性分析所不能解决的高难度复杂问题,且容易传递。但定量分析决策也有明显的不足,就是不能脱离定性分析而独立存在,离开对事物性质和本质的正确认识,再精细的分析方法也难以有效发挥作用;有时也会显得画蛇添足。因此,要把定性分析与定量分析有机结合。

二、经济模型的运用

1. 经济模型的概念

经济模型（economic model）是一种分析方法，是指用来描述所研究的经济事物的有关经济变量之间相互关系的理论结构，主要用来研究经济现象间互相依存的数量关系，可以用文字语言、函数关系、公式或图形等形式来表示。其目的是反映经济现象的内部联系及其运动过程，帮助人们进行经济分析和经济预测，解决现实的经济问题。

以供求为例，抽象出需求量（Q^d）、供给量（Q^s）和价格（P），数学表达式如下：

$$Q^d = \alpha - \beta \cdot P \tag{1-1}$$

$$Q^s = -\delta + \gamma \cdot P \tag{1-2}$$

式（1-1）为需求方程，式（1-2）为供给方程。由于二者都表示参与者的经济行为所导致的后果，因此它们也被称为行为方程式。式中，α、β、δ、γ 均为常数，且均大于零。

一般地，模型方程式数目应与所包含的变量数目相等，并满足有解的要求。

$$Q^d = Q^s \tag{1-3}$$

式（1-3）是均衡条件，也被称为均衡方程式。由此可以求解出均衡价格 P_e 和均衡数量 Q_e。

假定：某商品市场需求函数为 $Q^d = 12 - 2P$，供给函数为 $Q^s = 2P$。求均衡价格 P_e 和均衡产量 Q_e。

解：均衡时 $Q^d = Q^s$，得：

$$12 - 2P = 2P$$

解得：

$$P = 3$$

即 $P_e = 3$，代入需求方程得：

$$Q = 6$$

代入供给方程得：

$$Q = 6$$

即 $Q_e = 6$。

2. 经济模型的变量

经济模型一般是由一组变量所构成的方程式或方程式组来表示的。变量是经济模型的基本要素，可以被区分为内生变量、外生变量和参数。

内生变量指由模型本身所决定的变量，如前面几个公式中的 P 和 Q，P 为自变量，Q 为因自变量 P 变动而变动的因变量。

外生变量指由模型以外的其他因素决定的已知的变量，它是模型据以建立的外部条件。人们的收入水平显然是上述均衡价格模型以外的因素。作为外生变量的收入却会影响人们的需求量。

内生变量可以在模型体系内得到说明,外生变量决定内生变量,而外生变量本身不能在模型体系内得到说明。外生变量发生变动,将引起内生变量值发生变化。

参数指数值不变的变量。参数通常是由模型以外的因素决定的,往往也被看成外生变量。

3. 经济模型的主要分类

经济模型主要可以分为数理模型和计量模型。

(1) 数理模型:在数理经济学中所使用的经济模型。

特点:把经济学和数学结合在一起,用数学语言来表述经济学的内容。使用数学公式表述经济学概念,使用数学定理确立分析的假定前提,利用数学方程表述一组经济变量之间的相互关系,通过数学公式的推导得到分析的结论。

(2) 计量模型:在计量经济学中所使用的经济模型。

特点:把经济学、数学和统计学结合在一起,来确定经济关系中的实际数值。主要内容:建立模型、估算参数、检验模型、预测未来和规划政策。

知识链接 1-7

假设演绎法

假设演绎法是指在假设的纯粹状态中,演绎和推论出各种预想的结果,以求用一种简明的方式把复杂的现象联系起来。这种方法在经济分析中的运用,导致包括变量、假设、假说、预测的理论模型的建立。

- 变量是指相互有关系的因素。
- 假设是理论模型用来说明事实的限定条件。
- 假说是关于经济变量之间如何发生互相联系的判断。
- 预测是根据理论假说对事物未来发展趋势和变化的方向、大小、程度等做出的判断,它是在理论限定的范围内用逻辑规则演绎出来的结果。

三、均衡分析与边际分析

1. 均衡分析

均衡是从物理学中引进的概念。在物理学中,均衡表示:同一物体同时受到几个方向不同的外力作用而合力为零时,该物体所处的静止或匀速运动的状态。英国经济学家阿尔弗雷德·马歇尔把这一概念引入经济学中,主要指经济中各种对立的、变动着的力量处于一种力量相当、相对静止、不再变动的境界。

因此,经济学中的**均衡**(equilibrium)是指这样一种相对静止状态:经济主体不再改变其行为的状态。它是指经济行为人意识到改变决策行为(如调整价格、调整产量)已不能获得更多利益,从而不再有改变行为的倾向;或两种相反的力量势均力敌,使力量所作用的事物不再发生变化,前者如消费者均衡、生产者均衡,后者如均衡价格、均衡产量。

均衡分析是指经济变量达到均衡时的情况及实现条件。均衡分为局部均衡与一般均衡。局部均衡分析是指假定在其他条件不变的情况下，分析某一时间、某一市场的某种商品（或生产要素）供给与需求达到均衡时的价格如何被决定。一般均衡分析则是在各种商品和生产要素的供给、需求、价格相互影响的条件下，分析所有商品和生产要素的供给与需求同时达到均衡时所有商品的价格如何被决定。

一般均衡分析是关于整个经济体系的价格和产量结构的一种研究方法，是一种比较周到和全面的分析方法，但由于一般均衡分析涉及市场或经济活动的方方面面，而这些又是错综复杂和瞬息万变的，使这种分析实际上非常复杂和耗费时间，所以在西方经济学中，大多采用局部均衡分析。

2. 边际分析

在现代汉语中，边际就是边缘、界限的意思。在经济学中，边际有额外的、追加的意思，指处于边缘之时，再增加一个单位所发生的变化，属于导数和微分的概念。边际就是因变量关于自变量的变化率，通俗地说，就是指自变量变化一个单位时因变量的变化情况。边际分析就是分析自变量变动与因变量变动的关系的一种方法。**边际分析**（marginal analysis），也称边际分析法，是指运用微分方法研究经济中的增量变化，以分析各经济变量之间的相互关系及变化过程。通过对增量的对比来决定是否采取或取消一种经济行为，即把追加的支出和追加的收入相比较，二者相等时为临界点。如果组织的目标是取得最大利润，那么当追加的收入和追加的支出相等时，这一目标就能达到。

边际分析法是经济学的基本研究方法之一，不仅在理论上，而且在实际工作中起着相当大的作用。边际分析法广泛运用于经济行为和经济变量的分析过程之中，经常考虑的边际量有边际效用（MU）、边际收入（MR）、边际成本（MC）、边际产量（MP）、边际利润（MB）等。

边际分析法的特点：
- 它是一种数量分析和变量分析。
- 它研究微增量的变化及变量之间的关系，可精细分析各种经济变量间的关系及其变化过程，使得相关推导更严密。
- 它是最优分析。边际分析实际上是研究函数在边际点上的极值。
- 它是现状分析。对新出现的情况进行分析，即属于现状分析。这显然不同于总量分析和平均分析，总量分析和平均分析实际上是过去分析。

四、静态分析与动态分析

以是否考虑时间因素为标志，分析方法可区分为静态分析和动态分析。

1. 静态分析

静态分析（static analysis）就是分析经济现象的均衡状态以及有关的经济变量达到均衡状态所具备的条件，它完全抽象掉了时间因素和具体的变化过程，是一种静止地、孤立地考察某种经济事物的方法。这是一种根据既定的外生变量值求得内生变量值的分析方法。例如，研究均衡价格时，舍掉时间、地点等因素，并假定影响均衡价格的其他因素，如消费者偏好、收入及相关商品的价格等静止不变，单纯分析该商品的供求达到均衡状态的产量和价格的决定。静态分析法用于分析经济现象达到均衡时的状态和均衡条件，而不考虑经济现象达到均衡状态的过程。应用静态分析方法的经济学称为静态经济学。

比较静态分析（comparative static analysis）是指研究外生变量变化对内生变量的影响方式，以及分析比较不同数值的外生变量下内生变量的不同数值。比较静态分析与静态分析一样抽象掉了时间。从均衡状态的研究角度来看，比较静态分析考察当原有的条件发生变化时，原来的均衡状态会发生什么变化，并分析比较新旧均衡状态，但只对既成状态加以比较，不涉及条件变化的调整过程。例如，已知某商品的供求状况，可以考察其供求达到均衡时的价格和需求量。现在，消费者的收入增加，导致对该商品的需求增加，从而产生新的均衡，使价格和需求量都较以前提高。这里只把新的均衡所达到的价格和需求量与原均衡的价格和需求量进行比较，这便是比较静态分析。

延伸阅读 1-1

静态分析和比较静态分析的联系与区别

从数学模型的角度看，主要内容如下。
- 联系：二者都是根据外生变量求内生变量，且都不考虑时间因素。
- 区别：静态分析是根据既定的外生变量求内生变量，比较静态分析是根据变化了的外生变量求内生变量。

从均衡的角度看，主要内容如下。
- 联系：二者都是考虑均衡状态的特征（数值）。
- 区别：静态分析是考察既定条件下变量达到均衡时的特征，比较静态分析是比较新旧均衡点的分析方法。

2. 动态分析

在经济学中，**动态分析**（dynamic analysis）是对经济变动的实际过程所进行的分析，其中包括分析有关变量在一定时间过程中的变动，这些经济变量在变动过程中的相互影响和彼此制约的关系，以及它们在每一个时点上变动的速率等。动态分析法的一个重要特点是考虑时间因素的影响，并把经济现象的变化当作一个连续的过程。

动态分析因为考虑各种经济变量随时间延伸而变化对整个经济体系的影响，因而难度较大，在微观经济学中，迄今占有重要地位的仍是静态分析和比较静态分析。在宏观经济学中，特别是在经济周期和经济增长研究中，动态分析占有重要的地位。

延伸阅读 1-2

动态分析与静态分析的区别

动态分析与静态分析是两种有着质的区别的分析方法，二者分析的前提不同，适用的条件不同,因此二者得出的结论常常不一致,甚至相反。必须记住的是:静态分析的结论不能用动态资料来验证,也不能用动态资料来证伪。动态分析加进了时间因素,考察时间变化而使经济均衡调整的路径或过程。

第三节 西方经济学概述

一、西方经济学的含义

西方经济学是一个泛指的概念,泛指大量与经济问题有关的各种不同的文献、资料和统计报告等,涉及如图1-4所示的三大类别的内容。①企事业管理的经验、方法总结。如企业质量管理分析、生产运作管理等,它偏重于纯粹的管理技术。②对某一领域(部门)的专题研究成果。如环境经济学、资源经济学等,其特点是仅涉及经济生活中的某一特定领域。③超部门经济理论的研究。如微观经济学、宏观经济学、数理经济学等,其主要内容为经济理论及经济政策和有关问题的解决途径。它包括经济史研究、方法论体系、对经济现象的理论研究。本课程侧重第三类别内容,也就是偏重经济学理论的部分。

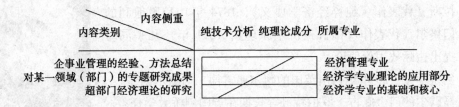

图1-4 西方经济学涉及的三大类别内容

西方经济学存在许多派别,有主有次。本课程主要阐述居统治地位的流行说法。通常所说的西方经济学是指20世纪30年代以来,特别是第二次世界大战后,在西方经济理论界有重要影响的(主流的)经济学说或基本理论。西方经济学的特点是随着历史条件的变迁而不断改变其内容。

二、西方经济学的由来和演变

1. 重商主义

年代:16—18世纪。

代表人物:英国的托马斯·孟、法国的柯尔贝尔。

主要观点:

- 把金银看作财富的唯一形式,认为对外贸易是获得货币财富的真正源泉。
- 只有在贸易中多卖少买,才能给国家带来货币财富。

2. 古典经济学

年代:1830年之前。

代表人物及代表作：
- 法国的重农学派弗朗斯瓦·魁奈，《经济表》（1758 年）。
- 英国的亚当·斯密，《国富论》（1776 年）。
- 英国的大卫·李嘉图，《政治经济学及赋税原理》（1817 年）。

3. 庸俗经济学

年代：18 世纪末至 19 世纪 70 年代。
代表人物：英国的西尼尔、英国的穆勒、法国的萨伊、英国的马尔萨斯等。
主要观点："节欲论"和折中主义。
主要任务：反对空想社会主义。

4. 新古典经济学

年代：19 世纪 70 年代以后。
代表人物及代表作：
- 边际革命、"边际三杰"。19 世纪 70 年代，英国的杰文斯（代表作《政治经济学理论》，1871 年）、法国/瑞士的瓦尔拉斯（代表作《纯粹经济学要义》，1874 年）和奥地利的门格尔（代表作《国民经济学原理》，1871 年）几乎同时提出边际效用价值论。
- 剑桥学派。20 世纪初由英国的阿尔弗雷德·马歇尔创建。
- 马歇尔的门生庇古、罗伯特逊等长期在英国剑桥大学任教。
- 马歇尔《经济学原理》，1890 年第 1 版。马歇尔综合了"边际三杰"的成果，提出系统的微观经济理论，广泛流行于西方。

马歇尔

主要观点：运用数学方法，从供求角度分析市场价格，以解决资源配置、资源报酬等问题，主张市场自发调节。

📖 **延伸阅读 1-3**

边际分析法的意义

第一，经济学研究重心发生转变。由原来带有一定"社会性、历史性"的政治经济学转为纯粹研究如何将有限的稀缺资源分配给无限而又有竞争性的用途上，以有效利用。

第二，开创经济学的"数量化"时代。

第三，导致以"个量分析"为特征的微观经济学的形成，强调主观心理评价。

第四，奠定了最优化理论的基础，推出最优资源配置、最优收入分配、最大经济效率及整个社会达到最优的一系列条件和标准。

第五，使实证经济学得到重大发展。

马歇尔微观经济学先后经历过三次主要修改与补充。

第一次修改和补充涉及垄断问题。20 世纪初垄断的形成，使原来以完全竞争为条件的微观理论受到挑战。1933 年，英国的罗宾逊、美国的张伯伦提出了不完全竞争和垄断竞争理论。

第二次修改和补充涉及马歇尔的假设条件和主要结论。1929 年后的大萧条使自由市场经济理论受到挑战。1936 年，凯恩斯出版了《就业、利息和货币通论》（简称《通论》），提出了国家干预经济思想，标志着宏观经济学产生。凯恩斯宣称：资本主义的自发作用不能保证资源的使用达到充分就业的水平，因此，资本主义国家必须干预经济生活以便解决失业和经济的周期性波动问题。凯恩斯的观点为西方国家干预经济生活的政策奠定了理论基础。

凯恩斯

第三次修改和补充涉及价值论与一般均衡论。1939 年，希克斯出版了《价值与资本》。马歇尔的价值论被称为基数效用论，而基数效用论有两个使西方学者在理论上处于不利地位的假设条件，即效用量是可以衡量的和边际效用递减。按照边际效用递减的观点，货币的边际效用也是递减的。根据这一说法，同样的一元钱，对穷人的效用要大于对富人的效用，因为富人持有的货币收入大于穷人。这样，如果从富人那里取走一元钱而把它给予穷人，那么整个社会的效用总量或福利便会增加。这种"转移支付"显然不利于资产阶级，从而也是资产阶级经济学必须加以否定的。希克斯提出了序数效用论。序数效用论可以在形式上避免上述基数效用论的两个不利于资产阶级的假设条件，而与此同时又能得到马歇尔用基数效用论所得到的需求曲线。

西方经济学发展阶段如表 1-2 所示。

表1-2 西方经济学发展阶段

a) 西方经济学发展阶段1

名称	年代	理论基础	代表人物	代表作	任务目的
① 重商主义	16—18 世纪	金银财富	托马斯·孟、柯尔贝尔		主张国家干预经济
② 古典经济学	1830 年之前	劳动价值论	亚当·斯密、大卫·李嘉图	《国富论》《政治经济学及赋税原理》	提出"看不见的手"的论断
③ 庸俗经济学	18 世纪末至 19 世纪 70 年代	"节欲论"、折中主义	西尼尔、穆勒、萨伊、马尔萨斯	—	反对空想社会主义
④ 新古典经济学	19 世纪 70 年代以后	边际效用价值论	杰文斯、瓦尔拉斯、门格尔	《政治经济学理论》《纯粹经济学要义》《国民经济学原理》	抗衡马克思的劳动价值论

b) 西方经济学发展阶段2

名称	假设条件	目的	理论基础	主要结论	奉行政策
马歇尔理论	完全竞争、充分就业	理想化的资本主义模式	基数效用论	价格制度的自发调节作用能使资源达到最优配置	自由放任，国家不干预

(续)

c) 西方经济学发展阶段 3——马歇尔理论的三次修改

名称	时间	代表人物	涉及问题	代表作	主要结论	奉行政策
马歇尔理论的第一次修改	1933 年	张伯伦、罗宾逊	垄断问题	垄断竞争理论	—	—
马歇尔理论的第二次修改	1936 年	凯恩斯	马歇尔的假设条件和主要结论	《就业、利息和货币通论》	自发作用不能保证充分就业	国家干预
马歇尔理论的第三次修改	1939 年	希克斯	价值论与一般均衡论	《价值与资本》	理论基础：序数效用论	—

5. 现代经济学：新古典综合派

现代经济学直接源于马歇尔创立的微观理论和凯恩斯创立的宏观理论。

代表人物及代表作：

美国的萨缪尔森，芝加哥大学文学学士、文学硕士，哈佛大学理学博士，师从熊彼特等人研究经济学。从 1940 年起，萨缪尔森一直执教于麻省理工学院，1970 年获得诺贝尔经济学奖，代表作：《经济分析基础》(1947 年)、《经济学》(1948 年)。

第二次世界大战后，凯恩斯主义的流行使西方经济学出现漏洞：一方面，传统西方经济学以个量分析为主，奉行不干预政策；另一方面，凯恩斯则偏重分析总量，主张国家干预政策。如此，矛盾产生了。

于是，萨缪尔森把微观理论和宏观理论综合在一起，建立了新古典综合派理论体系——现代流行的西方经济学主流体系。

萨缪尔森

- 微观经济学，包括第一次和第三次修改和补充的马歇尔创立的微观理论，研究个量问题，以充分就业为分析的前提，强调自我调节（"看不见的手"），奉行不干预政策。
- 宏观经济学，包括第二次修改和补充的凯恩斯创立的宏观理论，考察总量问题，着重研究各种不同水平的就业量的情况，主张国家干预（"看得见的手"）。

萨缪尔森的主要观点：

- 传统的自由放任和凯恩斯的国家干预代表同一理论体系所涉及的两种不同情况。
- 现代资本主义为混合经济，由"私营"和"公营"两部分组成，前者的不足之处可以由后者加以弥补。前者的作用由微观经济学分析，后者的必要性由宏观经济学论证。

6. 当代西方经济学理论派别

进入 20 世纪 70 年代，西方世界出现滞胀，即失业与通货膨胀并存（1973—1975 年世界性经济危机），给新古典综合派的宏观经济学的部分以致命的打击。该学派理论表明：失业（经济活动小于充分就业）与通货膨胀（经济活动大于充分就业）不可能同时存在，与事实相悖。

新古典综合派的观点如下：
- 解决失业，应增加支出，扩大需求，增加就业数量。
- 解决通货膨胀，应减少支出，降低需求，消除通货膨胀。

但在滞胀时，出现了自相矛盾：
- 增加支出，扩大需求，增加就业，也会加剧通货膨胀。
- 减少支出，降低需求，消除通货膨胀，也会加剧失业。

于是，出现了新的经济学派别，如货币主义、理性预期学派、供给学派、新剑桥学派、新奥地利学派、新制度学派等，形成了西方现代经济学（见图1-5）。然而，它对资本主义经济最严重的"滞胀"问题只能在文字上加以描述和辩解，但仍提不出有效的对策和解决方案。

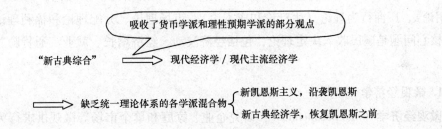

图1-5　西方现代经济学

三、西方经济学试图解决的核心问题

西方经济学试图为资本主义解决两个核心问题。

第一，在意识形态上，宣传资本主义制度的合理性和优越性，从而加强对该制度永恒存在的信念。早在200多年前，西方经济学的鼻祖亚当·斯密就提出了被称为"看不见的手"的著名论断，其大意是资本主义的市场经济可以通过理性人追求自己利益的最大化而达到社会利益的最优。

知识链接1-8

"看不见的手"

每人都在力图应用他的资本，来使其生产品能得到最大的价值。一般来说，他并不企图增进公共福利，也不知道他所增进的公共福利为多少。他所追求的仅仅是他个人的安乐，仅仅是他个人的利益。

在这样做时，有一只"看不见的手"引导他去达成一种目标，而这种目标绝不是他所追求的东西。由于追逐他自己的利益，他经常促进了社会利益，其效果要比他真正想促进社会利益时所得到的效果更大。

资料来源：《国富论》。

亚当·斯密虽然提出了"看不见的手"的原理，但却仅以论断的方式把该原理陈述出来，并没有对它加以证明。有鉴于此，亚当·斯密之后的西方经济学者纷纷致力于这一论证的工作，并试图为这一论断建立一个出色的合乎逻辑的体系。西方学者试图建立这一合乎逻辑的体系的过程就是西方经济学发展的过程，这一合乎逻辑的体系即为西方经济学的内容。

第二，作为上层建筑，总结资本主义的市场经济运行的经验并把经验提升为理论，为这一制度所面临的经济问题，如失业、垄断、经济萧条、劳资对立、通货膨胀、贫富悬殊等提供了政策建议，以便改善其运行。

四、宏观经济学与微观经济学的联系和区别

有关西方经济学研究的基本问题，微观部分可以概括为供求理论、消费者行为理论（效用论）、厂商行为理论（生产论和成本论）、市场理论、分配理论和福利理论；宏观部分的核心问题是国民收入决定理论，包括经济波动、经济增长、就业、通货膨胀、国家财政等。

1. 微观经济学

微观经济学（microeconomics）：研究企业、家庭和单个市场等微观供求行为与价格之间的关系。

研究对象：个别经济单位（居民户、厂商）的经济行为。

解决的问题：资源配置。

中心理论：价格理论（"看不见的手"）。

研究方法：个量分析，研究经济变量的单项数值如何决定。

微观经济循环流动图与微观经济学的体系框架见前言中图 0-1 及相关文字。概括起来，微观经济学的研究是在三个逐步深入的层次上进行的。第一个层次是研究单个消费者和单个生产者的最优决策问题。第二个层次是研究单个市场的价格决定问题。第三个层次是研究一个经济社会中所有单个市场的价格的同时决定问题。

学习微观经济学有助于我们理解以下问题：
- 各种商品的价格是由什么因素决定的？
- 为什么有的产品（如大白菜）卖出去的数量多了而收益却可能下降了，有的产品（如石油）减少了供给量而收益却可能会上升？
- 工人的工资由什么决定？
- 为什么著名歌星的收入是著名科学家的很多倍，尽管后者对社会的贡献可能更大？
- 消费者怎样花费他的收入是最优的？
- 想达到利润最大化的生产者应该怎样花费它的成本？如何给产品定价？
- 为什么有的行业（如汽车行业）中厂商的规模很大而数量很少，而有的行业（如牙膏行业）中厂商的数量很多但规模不大？

- 为什么电信运营商可以给自己的服务定价,而客户只能被动地接受市场的价格?
……

延伸阅读 1-4

微观经济学的分析方法与手段

与其他学科尤其是宏观经济学相比较,微观经济学在理论和研究方法上有如下主要特点:运用经济模型,以个量分析为基本方法,以个人利益最大化为目标,以边际分析为主要工具,以均衡状态分析为依托,以实证分析为主要手段。

2. 宏观经济学

宏观经济学(macroeconomics):研究一个国家整体经济的运行,以及政府运用经济政策来影响整体经济等宏观经济问题。

研究对象:整个经济(政府行为)。

解决的问题:资源利用。

中心理论:国民收入决定理论("看得见的手")。

研究方法:总量分析。

学习宏观经济学有助于我们理解以下问题:
- 国民产出水平是如何决定的?
- 利率下降时,投资会变化吗?
- 国民总产出受投资变化的影响吗?
- 为什么会有失业?
- 是什么原因使有的国家长期遭受高失业率的困扰,而有的国家失业率却很低?
- 是什么因素引起了通货膨胀?又是什么因素决定了国民经济的长期增长?
- 为什么会出现有规律的波动?

……

微观经济学与宏观经济学的比较如表 1-3 所示。

表 1-3 微观经济学与宏观经济学的比较

分类	研究对象	解决的问题	中心理论	研究方法
微观经济学	个别经济单位的经济行为	资源配置	价格理论("看不见的手")	个量分析
宏观经济学	整个经济	资源利用	国民收入决定理论("看得见的手")	总量分析

延伸阅读 1-5

微观经济学与宏观经济学的关系

这两种经济运行的分析方法各有长处,相辅相成。总量要以个量为基础,但总量又并非个量的简单合成。

联系：
- 两者互相补充。
- 资源充分利用与合理配置是经济学的两个方面。
- 微观经济学是宏观经济学的基础。
- 两者都是实证分析。

区别：
- 微观经济学的本质是市场有效、市场万能。
- 宏观经济学的基本假设是市场失灵、市场不完善，政府有能力。

本章小结

经济学是研究稀缺资源的有效配置与利用，在有限资源的各种可供利用的组合中进行选择的科学。

经济学研究的基本前提是人类欲望的无限性和资源的稀缺性（或称有限性）。经济学研究的是人们和社会如何有效地解决人类欲望无限性和资源稀缺性之间的矛盾。

传统西方经济学有完全理性、完全竞争、完全信息三大基本假设，一般均衡理论就是基于这三大基本假设论证资源配置的最优状态。

资源虽然是稀缺的，但具有多种用途和用法，人们应当进行选择，以使资源配置最优化。经济学研究的基本内容，即资源的有效配置和利用这两大基本问题。

如何对稀缺资源进行合理的配置和利用实际上就是要回答生产什么、如何生产、为谁生产、生产多少、何时生产等五个经济学的基本问题。

经济学的研究方法与分析工具主要包括：实证分析与规范分析、经济模型的运用、均衡分析与边际分析和静态分析与动态分析。

西方经济学是一个泛指的概念，泛指大量与经济问题有关的各种不同的文献、资料和统计报告等。

西方经济学试图为资本主义解决两个核心问题：一是在意识形态上，宣传资本主义制度的合理性和优越性；二是作为上层建筑，总结资本主义的市场经济运行的经验并将其上升为理论，为这一制度所面临的经济问题提供政策建议。

微观经济学研究企业、家庭和单个市场等微观供求行为与价格之间的关系。宏观经济学研究一个国家整体经济的运行，以及政府运用经济政策来影响整体经济等宏观经济问题。

关于西方经济学研究的基本问题，微观部分可概括为供求理论、消费者行为理论（效用论）、厂商行为理论（生产论和成本论）、市场理论、分配理论和福利理论；宏观部分的核心问题是国民收入决定理论，包括经济波动、经济增长、就业、通货膨胀、国家财政等。

本章内容结构

经济学导论
- 经济学研究的基本内容
  - 两个基本前提：欲望的无限性与资源的稀缺性
  - 三个基本假设：完全理性、完全竞争、完全信息
  - 两大基本问题：资源配置与资源利用
- 经济学的研究方法与分析工具
  - 实证分析与规范分析
  - 经济模型的运用
  - 均衡分析与边际分析
  - 静态分析与动态分析
- 西方经济学概述
  - 西方经济学的含义
  - 西方经济学的由来和演变
    - 重商主义
    - 古典经济学
    - 庸俗经济学
    - 新古典经济学
    - 现代经济学
  - 西方经济学的构成
    - 微观经济学
    - 宏观经济学

综合练习

一、名词解释

经济学　　欲望　　无限性　　资源　　稀缺性　　理性人　　经济人
资源配置　资源利用　实证分析　规范分析　均衡分析　边际分析　经济模型

二、选择题

1. 经济学可定义为（　　）。
   A. 政府对市场制度的干预　　　　　　　B. 企业取得利润的活动
   C. 研究如何最合理地配置稀缺资源于诸多用途　D. 人们靠收入生活

2. "资源的稀缺性"是指（　　）。
   A. 世界上大多数人生活在贫困中
   B. 相对于资源的需求而言，资源总是不足的
   C. 资源必须保留给下一代
   D. 世界上的资源将由于生产更多的物品和劳务而消耗光

3. 经济学研究的基本问题是（　　）。
   A. 怎样生产　　B. 生产什么，生产多少　　C. 为谁生产　　D. 以上都包括

4. 以下哪一个不是微观经济学所考察的问题？（　　）。
   A. 一个厂商的产出水平　　　　　　　B. 失业率的上升或下降
   C. 高税率对货物销售的影响　　　　　D. 某一行业中雇用工人的数量

5. 下列哪一个不是实证经济学命题?（　　）。
   A. 美联储（FED）理事会 2012 年 2 月 21 日会议决定将贴现率维持在 0.75% 不变
   B. 德国 2011 年失业率降到了 1991 年以来的最低点,失业率为 7.1%
   C. 联邦所得税对中等收入家庭是不公平的
   D. 社会保险税的课税依据现已超过 30 000 美元

三、简答题
1. 为什么说稀缺性的存在与选择的必要引起了经济学的产生?
2. 为什么说经济学的研究对象是经济资源的合理配置和充分利用问题?

四、简述题
简述微观经济学的体系框架与主要研究内容。

第二章　供需理论
第三章　消费者行为理论
第四章　厂商行为理论
第五章　产品市场理论
第六章　要素价格理论
第七章　市场失灵与微观经济政策

第二篇

微观经济学

第二章

供需理论

📖 内容提要

在市场经济中，市场这只"看不见的手"在调节资源配置中起主要作用，而市场是由需求与供给两方面构成的。本章主要从需求与供给这两方面深入了解市场均衡价格是如何形成的，以及需求价格弹性和供给弹性的相关知识。

🎯 学习目标与重点

- ◆ 重点掌握需求和供给、需求曲线和供给曲线、需求函数和供给函数、需求定理和供给定理等内容，掌握影响需求和供给的因素，理解需求量的变动与需求的变动的区别和需求定理的特例。
- ◆ 重点掌握供求均衡的形成，掌握需求和供给的变动对供求均衡的影响。
- ◆ 重点掌握需求价格弹性、需求交叉价格弹性、需求收入弹性以及计算方法，掌握需求的价格弹性与总收益的关系，理解影响需求价格弹性的因素。

🔑 关键术语

需求；供给；供求均衡；需求弹性；供给弹性；厂商收益

💡 引入案例

为何丰产不丰收

在网上一搜"丰产不丰收"5个字，不管是新闻还是旧闻，相关信息扑面而来。2022年3月7日，网易以"丰产不丰收愁坏众果农，衡东新塘80万斤⊖生态沃柑滞销'求带

⊖ 1斤=0.5千克。

走'"为题,转发衡东县广播电视台的报道。在衡东县新塘镇百叶沃柑基地,沉甸甸的果实压弯了枝头,在阳光的照射下,沃柑金灿灿、黄澄澄,空气中弥漫着淡淡的香味。然而,和奕种养专业合作社负责人罗清顺和当地百余名果农望着漫山遍野的沃柑,没有丰收的喜悦,更多的是卖不出去的忧愁。

2018年,371种养致富网以"丰产不丰收、菜贱伤农为何年年上演?如何跳出农产品滞销的'怪圈'"为题,报道了山东省德州市120亩[注]扶贫土豆迎来丰收,正准备上市,没想到扶贫土豆却变成了愁人土豆,四五角1斤都卖不出去。在陕西省华阴市,大量优质的紫皮大蒜严重滞销,面临着烂掉的风险,让蒜农们一筹莫展……

不光土豆、大蒜出现滞销,西红柿、辣椒、咖啡、杧果等很多品种也面临难卖的问题。2017年的大蒜市场就是如此,在"蒜你狠"行情的推动下,大蒜价格持续走高。然而2017年新蒜上市,"蒜你狠"却变成了"蒜你惨";还有部分自然因素的原因,比如2017年天气好,农产品大丰收也导致了滞销的局面。

2017年,吾谷新闻以"2017年,农村丰产不丰收,该咋办?"为题,报道了农村的一个问题,那就是"丰产不丰收"。产量高了,但卖的价格却低了,最后的收益反而不如产量低的时候。这是2017年农村的一种非常普遍的现象,比如蒜薹、韭菜等都是这么一个情况。"20亩蒜薹不要了,欢迎自己过来采摘,中午管饭……"这则关于蒜薹的消息在微信朋友圈中被广泛转发。以往被称为"贵族菜"的蒜薹,如今不但可以免费采摘,甚至还给采摘的人管饭,这不禁让人感觉有些不可思议。

近几年,农产品滞销、价格跳水的现象屡见不鲜,带给菜农、果农们无限的伤心和焦虑。如今,这一现象再一次上演——由于种植面积的扩大,产量增加,自2017年5月进入收获期以来,蒜薹的收购价一路下滑,让农户遭遇了"蒜你完"行情,因此才会出现上面的请人免费来采摘蒜薹的消息。

很多农民发出这样的疑问:为什么收成这么好却不赚钱呢?"丰产不丰收""菜贱伤农"的情况为何年年上演?面对"丰产不丰收"的问题,农民该怎么办呢?到底是什么原因造成"菜贱伤农"现象的发生?市场如何才能走出"菜贱伤农"的怪圈?

资料来源:网易;371种养致富网;《济南日报》;吾谷新闻。

请思考:

如何看待"丰产不丰收"这种现象?"菜贱伤农"原因何在?为什么会出现"丰产不丰收"的现象?

第一节 需求与供给

一、需求与需求曲线

1. 需求的含义

一种商品的**需求**(demand):在一定时期内,在各种可能的价格水平,人们愿意并且

[注] 1亩 = 666.7米^2。

能够购买的商品数量。根据定义，需求包括两层含义：第一，消费者有购买欲望（愿意——购买欲望）；第二，消费者有购买能力（能够——购买能力）。需求是购买欲望和支付能力的统一，两个条件缺一个都不能构成有效需求。

个案研究2-1

有效需求

1840年鸦片战争后，英国企业界为开辟了中国这样一个大市场而高兴。它们把国内大量的物品，如棉布、棉纱，甚至娱乐的钢琴、吃饭的刀叉都成船地运往中国，以为可以在中国这个大市场上大赚一笔。然而，钢琴对当时绝大多数的中国人而言属于奢侈品，是不具备消费能力的；刀叉价格虽然低廉，即使是普通人也消费得起，但中国人却没有消费意愿，因为当时西餐并不流行。结果可想而知，由于在当时中国的市场上实际并不存在对刀叉和钢琴的有效需求，因此根本就卖不出去。

再如当今社会，人人都想买车买房，然而，只有那些想买车买房又买得起的才是真正有效的需求，至于那些买不起的并不算是经济学上的需求。当我们只考虑想买却不考虑是否买得起时，就会夸大市场（需求量），做出误判。

2. 需求表

需求表（demand schedule）：某种商品的各种价格水平和与之相对应的该商品的需求量之间关系的数字序列表，即用数字表格的形式来表示商品的价格和需求量之间的函数关系，如表2-1所示。

表2-1　某商品的需求表

价格-需求量组合	A	B	C	D	E	F	G
价格 P/元	1	2	3	4	5	6	7
需求量 Q/单位数	700	600	500	400	300	200	100

3. 需求曲线

需求曲线（demand curve）：根据需求表中商品不同的价格-需求量组合在平面坐标图上所绘制的一条曲线。图2-1是根据表2-1绘制的一条需求曲线。

应该指出的是，与数学上的习惯相反，微观经济学分析需求曲线和供给曲线时，通常以纵轴表示自变量 P，以横轴表示因变量 Q。

由图2-1可知，需求曲线具有一个明显的特征——向右下方倾斜，即它的斜率为负值。该特征表示商品的需求量和价格之间呈反方向变动。

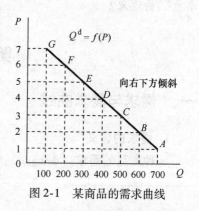

图2-1　某商品的需求曲线

4. 需求定理

需求定理（law of demand）：一般而言，在其他条件不变的情况下，需求量随着价格的上升（↑）而减少（↓），随着价格的下降（↓）而增加（↑），即需求量与价格呈反方向变动——$P\uparrow$，$Q\downarrow$；$P\downarrow$，$Q\uparrow$。

之所以说一般而言，是因为有特例，需求量与价格不呈反方向变动。这种特殊情况将在后面介绍。

二、影响需求的因素与需求函数

1. 影响需求的因素

一种商品的需求量是由很多因素共同决定的，其中主要的因素有：该商品本身的价格、消费者的收入水平、相关商品的价格、消费者偏好和消费者对该商品的预期价格等。价格和收入主要影响购买能力，消费者偏好和预期主要影响购买欲望。

（1）该商品本身的价格。一般来说，一种商品的价格越高，其需求量就会越小。反之，价格越低，需求量就会越大。如果每瓶可乐的价格上升了1元，你将会减少对可乐的购买；相反，如果每瓶可乐的价格下降了1元，你会增加对可乐的购买。

（2）消费者的收入水平。对于大多数商品来说，当消费者的收入水平提高时，就会增加对商品的需求量。反之，当消费者的收入水平下降时，就会减少对商品的需求量。

（3）相关商品的价格。当一种商品本身的价格保持不变，而与它相关的其他商品的价格发生变化时，这种商品本身的需求量也会发生变化。具体有以下两种情况。

- 对于替代品而言，一种商品的价格上升，就会导致另一种商品的需求量增加，反之亦然。替代品是指在消费中相当程度上可互相替代的产品，如可口可乐和百事可乐。当可口可乐的价格上升时，相当于百事可乐的价格下降，百事可乐的需求量就会上升。
- 对于互补品而言，一种商品的价格上升，就会导致另一种商品的需求量减少，反之亦然。互补品是指用于一起消费的商品，如羽毛球拍和羽毛球。当羽毛球拍的价格上升时，导致羽毛球拍的需求量减少，同时羽毛球的需求量也会减少。

（4）消费者偏好。当消费者对某种商品的偏好程度增加时，该商品的需求量就会增加。反之，当消费者对某种商品的偏好程度减弱时，需求量就会减少。如对可乐和橘子汁而言，当你变得更喜欢喝可乐时，你会多买一些可乐，反之亦然。消费者偏好受消费时尚的影响，而消费时尚受示范效应和广告效应的影响。例如，国外某歌星走红，国人也会受国外影响爱听该歌星的歌曲，这是示范效应；报纸媒体对某歌星的宣传会使年轻人爱听该歌星的歌曲，这是广告效应。

（5）消费者对该商品的预期价格。当消费者预期某种商品的价格未来会上升时，就会增加对该商品的现时需求量；当消费者预期某种商品的价格未来会下降时，就会减少对该商品的现时需求量。当你认为房价还会上升时，你就会愿意现在购买房子，从而增加了对现在房子的需求量;当你认为房价还会下降时,你就会更愿意观望等待,从而减少了对现在房子的需求量。再如,如果你预期10天后大米的价格会上升,你现在就会多购买一些大米。

除此以外,像天气状况、政府政策、时间的长短等因素也都可能会影响消费者对该商品的需求,但该商品本身的价格、消费者的收入水平、相关商品的价格、消费者偏好以及消费者对该商品的预期价格这五个因素是最基本的影响因素。

2. 需求函数

所谓**需求函数**(demand function),表示的是一种商品的需求量和影响该商品需求量的各种因素之间的相互关系。影响需求量的各个因素是自变量,需求量是因变量。一种商品的需求量是所有影响这种商品需求量的因素的函数。数学表达式为:

$$D = f(X_1, X_2, \cdots, X_n) \tag{2-1}$$

式中,D 为需求量,$X_i(i=1, 2, \cdots, n)$ 代表上述第 i 种影响需求的因素,f 表示函数关系。

为将问题简化,假定其他因素保持不变,仅仅分析一种商品的价格对该商品的需求量的影响。于是,需求函数就可以用下式表示:

$$Q^d = f(P) \tag{2-2}$$

式中,P 为商品的价格,Q^d 为商品的需求量。

更进一步简化分析,在不影响结论的前提下,大多使用线性需求函数,表达式为:

$$Q^d = \alpha - \beta(P) \tag{2-3}$$

式中,α、β 为常数,α 为截距,β 为斜率的倒数。

三、需求量的变动与需求的变动

在经济分析中,要特别注意区分需求量的变动与需求的变动。从需求曲线来看,需求量在需求曲线上表现为一个个具体的点。需求是指在不同价格水平时的不同需求量的总称,指整条需求曲线。

1. 需求量的变动

需求量的变动是指在其他条件不变时,由某商品的价格变动所引起的该商品需求量的变动,即其他因素不变,商品本身的价格变化引起需求曲线上点的移动,并不表示整个需求状态的变化。这些变动的点都在同一条需求曲线上。

在图 2-2a 中,当价格由 P_0 上升为 P_1 时,需求量从 Q_0 减少到 Q_1,在需求曲线上则表现为由 B 点沿着需求曲线向左上方移动到 A 点。当价格由 P_0 下降到 P_2 时,需求量从 Q_0 增加到 Q_2,在需求曲线上则表现为由 B 点沿着需求曲线向右下方移动到 C 点。可见,在同一条需求曲线上,需求曲线上的点沿着需求曲线向左上方移动是需求量减少,向右下方移动是需求量增加。

2. 需求的变动

需求的变动是指在某商品价格不变的条件下，由于其他因素变动所引起的该商品的需求量的变动，即商品本身的价格不变，其他因素变化引起需求曲线的移动，如消费者收入水平变化、相关商品的价格变动、消费者偏好的变化和消费者对商品预期价格的变动等。

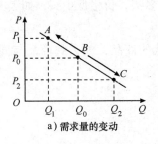 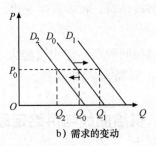

a）需求量的变动　　　　　　　　b）需求的变动

图 2-2　需求量的变动与需求的变动

在图 2-2b 中，由于收入增加，需求曲线 D_0 上的所有的点都向右方移动了，整体上就表现为需求曲线 D_0 向右平行移动到 D_1。如果收入减少了，将会使需求曲线上的所有点都向左方移动，整体上就表现为需求曲线 D_0 向左平行移动到 D_2。可见，需求曲线向左方平行移动表示需求减少，需求曲线向右方平行移动表示需求增加。

需求量的变动与需求的变动的对比如表 2-2 所示。

表 2-2　需求量的变动与需求的变动的对比

项目	变动主体	价格 P	其他因素	图形表现
需求量的变动	Q^d	变化	不变	需求曲线上点的移动
需求的变动	D	不变	变化	整条需求曲线的移动

四、需求定理的特例

需求定理的特例如图 2-3 所示。

1. 吉芬物品

吉芬物品（Giffen goods）：需求量与价格呈同向变动的特殊商品，即 $P\uparrow \rightarrow Q\uparrow$。

英国人吉芬发现，1845 年爱尔兰发生灾荒时，土豆价格上升，需求量不降反增。这在当时被称为"吉芬难题"。原因是土豆涨价引起爱尔兰靠工资生活的低收入者购买更多的土豆，而不是更少。

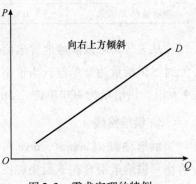

图 2-3　需求定理的特例

2. 凡勃伦物品

凡勃伦物品（Veblen goods）：如首饰中的高档钻戒、高档手表、劳斯莱斯汽车等，这种商品为位置物品，又叫炫耀性物品，具有显示财富的效应。凡勃伦提出炫耀性消费的观点，如果完全用价格来衡量需求程度，对于这种物品，消费者在价格低时买得少，在价格高时买得多，即 $P\downarrow \to Q\downarrow$。

3. 表面上的"例外"

（1）在价格大变动时由价格预期引起的高价多买、低价少买，即"买涨不买落"。

（2）在经济波动时，收入发生变化，价格高多买，价格低少买，如黑白电视价格下降但买的人少。

（3）价格高的同种商品需求可能大于价格低的商品，如名牌商品与同种的非名牌商品，应视作两种不同的商品来对待。

五、供给、供给曲线与供给定理

1. 供给的含义

一种商品的**供给**（supply）是指生产者（厂商）在一定时期内，在各种可能的价格水平下，愿意而且能够供应的商品数量。根据定义，与需求类似，供给也包括两层含义：第一，厂商有出售欲望（愿意——供给欲望）；第二，厂商有出售能力（能够——供给能力）。供给是出售欲望与出售能力的统一。如果生产者只有出售愿望而没有出售能力，则不能形成有效供给；反之亦然。因此，缺少任何一个条件都不能形成有效供给。

2. 供给表

供给表（supply schedule）：某种商品的各种价格和与各种价格相对应的该商品的供给量之间关系的数字序列表，即用数字表格的形式表示商品的价格和供给量之间的函数关系，如表2-3所示。

表2-3　某商品的供给表

价格－供给量组合	A	B	C	D	E
价格 P/元	2	3	4	5	6
供给量 Q/单位数	0	200	400	600	800

从表2-3可以清楚地看出商品价格与供给量之间的函数关系。例如，当商品价格为2元时，供给量为0单位；当价格上升为3元时，供给量为200单位；当价格进一步上升为4元时，供给量为400单位，如此等等。

3. 供给曲线

供给曲线（supply curve）：根据供给表中商品不同的价格-供给量组合在平面坐标图上所绘制的一条曲线。图2-4是根据表2-3绘制的一条供给曲线。

由图2-4可知，供给曲线具有一个明显的特征，向右上方倾斜，即它的斜率为正值。该特征表示商品的供给量和价格之间呈同方向变动的规律。

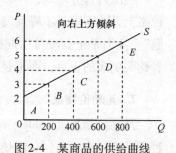

图2-4　某商品的供给曲线

4. 供给定理

供给定理（law of supply）：在其他条件不变的情况下，供给量随着价格的上升（↑）而增加（↑），随着价格的下降（↓）而减少（↓），即供给量与价格呈同方向变动——$P\uparrow$，$Q\uparrow$；$P\downarrow$，$Q\downarrow$。

六、影响供给的因素与供给函数

1. 影响供给的因素

一种商品的供给是由很多因素共同决定的，其中主要的因素有：该商品本身的价格、生产成本、相关商品的价格、生产技术水平、生产者对未来的预期等。

（1）该商品本身的价格。一般来说，一种商品的价格越高，生产者提供的供给量就会越大；反之，价格越低，生产者提供的供给量就会越小。

（2）生产成本。在商品本身价格不变的条件下，生产成本上升会减少利润，从而使商品的供给量减少；反之，生产成本下降会增加利润，从而使商品的供给量增加。例如，生产要素价格上升会使生产成本上升，生产要素价格下降会使生产成本下降。

（3）相关商品的价格。一种商品的价格不变，而其他相关商品的价格发生变化时，该商品的供给量就会发生变化。

（4）生产技术水平。在一般情况下，生产技术水平的提高可以降低生产成本，增加生产者的利润，生产者就会提供更多的供给量。

（5）生产者对未来的预期。如果生产者对未来的预期看好，看涨商品价格，就会扩大生产，增加商品的供给；如果生产者对未来的预期是悲观的，看跌商品价格，往往就会缩减生产，减少商品的供给。

除此之外，生产者的目标、政府的政策等因素也都会影响到生产者的供给。

2. 供给函数

所谓**供给函数**（supply function），表示的是一种商品的供给量和影响该商品的供给量的各种因素之间的相互关系。影响供给量的各个因素是自变量，供给量是因变量。一种商品的供给量是所有影响这种商品供给量的因素的函数。数学表达式为：

$$S = f(X_1, X_2, \cdots, X_n) \tag{2-4}$$

式中，S 为供给量，X_i（$i=1, 2, \cdots, n$）代表上述第 i 种影响供给的因素，f 表示函数关系。

为将问题简化，假定其他因素保持不变，仅仅分析一种商品的价格对该商品供给量的影响。于是，供给函数就可以用下式表示：

$$Q^s = f(P) \tag{2-5}$$

式中，P 为商品的价格，Q^s 为商品的供给量。

更进一步简化分析，在不影响结论的前提下，大多使用线性供给函数，表达式为：

$$Q^s = -\delta + \gamma(P) \tag{2-6}$$

式中，δ、γ 为常数，δ 为截距，γ 为斜率的倒数。

七、供给量的变动与供给的变动

在经济分析中，特别要注意区分供给量的变动与供给的变动。从供给曲线来看，供给量在供给曲线上表现为一个个具体的点。供给是指在不同价格水平时的不同供给量的总称，指整条供给曲线。

1. 供给量的变动

供给量的变动是指在其他条件不变时，由于某商品本身的价格变动所引起的供给量的变动，即其他因素不变，商品本身的价格变化引起供给曲线上点的移动，并不表示整个供给状态的变化。这些变动的点都在同一条供给曲线上。

在图 2-5a 中，当价格由 P_0 上升为 P_1 时，供给量从 Q_0 增加到 Q_1，在供给曲线上则表现为由 B 点沿着供给曲线向右上方移动到 A 点。当价格由 P_0 下降到 P_2 时，供给量从 Q_0 下降到 Q_2，在供给曲线上则表现为由 B 点沿着供给曲线向左下方移动到 C 点。可见，在同一条供给曲线上，供给曲线上的点沿着供给曲线向右上方移动是供给量增加，向左下方移动是供给量减少。

2. 供给的变动

供给的变动是指在某商品价格不变的条件下，由于其他因素变动所引起的该商品的供给量的变动，即商品本身的价格不变，其他因素变化引起供给曲线的移动，如生产成本的变动、相关商品价格的变动、生产技术水平的变动、生产者对未来预期的变化等。

成本上升，供给曲线向左移动，供给减少；成本下降，供给曲线向右移动，供给增加。由于排除了价格因素的变化，因此在价格不变的情况下，供给的变动就表现为供给曲线的水平移动：供给增加，则供给曲线向右移动；供给减少，则供给曲线向左移动，如图 2-5b 所示。

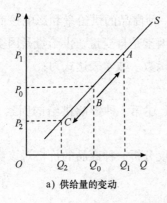
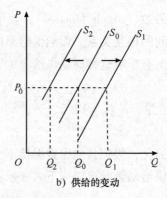

a) 供给量的变动   b) 供给的变动

图 2-5 供给量的变动与供给的变动

供给量的变动与供给的变动的区别：前者由本身价格变动引起，后者由生产技术、生产成本等非本身价格变动引起。供给量的变动与供给的变动的对比如表 2-4 所示。

表 2-4　供给量的变动与供给的变动的对比

项目	变动主体	价格 P	其他因素	图形表现
供给量的变动	Q^s	变化	不变	供给曲线上点的移动
供给的变动	S	不变	变化	整条供给曲线的移动

第二节　供求均衡理论

第一章第二节里已经简要介绍了均衡及均衡分析的相关概念，下面介绍供求均衡理论。

一、市场均衡

我们称市场供给和市场需求相等时的市场状况为市场均衡，而达到市场均衡时的商品价格和商品数量分别称为均衡价格和均衡数量。

需求曲线和供给曲线都说明了价格对于消费者的需求量和生产者的供给量的影响。而最终商品的价格，即均衡价格是在商品的市场需求和市场供给这两种相反力量的相互作用下形成的，是需求曲线 D 与供给曲线 S 相交于 E 点时的价格 P_e（见图 2-6）。

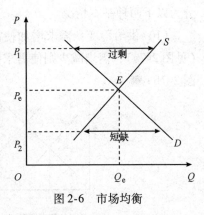

图 2-6　市场均衡

1. 均衡价格的形成

均衡价格是供求双方在竞争过程中自发形成的，体现了价格自发决定的过程。

如果供求不平衡，市场会出现以下两种状态之一：过剩或短缺。在市场机制的作用下，供求不等的非均衡状态会逐步消失。

当市场价格 P_1 大于均衡价格 P_e 时，供给量大于需求量，商品过剩或超额供给。在市场自发调节下，需求者压低价格，供给者减少供给量。价格必然下降，一直下降到均衡价格的水平。

当市场价格 P_2 小于均衡价格 P_e 时，市场需求大于市场供给，市场存在短缺，价格存在向上的压力。无论是过剩还是短缺，由于市场竞争机制的作用，市场价格和供求数量均存在着向均衡价格 P_e 和均衡数量 Q_e 收敛的趋势，最终在 E 点实现市场均衡。

2. 均衡方程式

如果供给函数和需求函数是已知的，就可以通过解联立方程式求得均衡价格和均衡数量。这已在第一章第二节中进行了说明。现在请看如下例题。

■ 例题 2-1

假定某商品的需求函数为 $Q^d = 200 - 2P$，供给函数为 $Q^s = -100 + 3P$。

求均衡价格 P_e 和均衡产量 Q_e。

解：均衡时 $Q^d = Q^s$，得：

$200 - 2P = -100 + 3P$

即 $5P = 300$

解得：$P_e = 60$。

将 $P_e = 60$ 代入需求方程或供给方程，

解得：$Q_e = 80$。

二、供求定理与均衡的变动

既然市场均衡是由市场需求和市场供给共同决定的，那么因为非价格因素发生变动，引起二者之间的任意一方发生变化或二者同时变化，都会导致市场均衡点的变动。具体可分为以下两种基本情况。

（1）供给不变：需求增加使需求曲线向右上方移动，均衡价格上升，均衡数量增加（见图 2-7a）；需求减少则使需求曲线向左下方移动，均衡价格下降，均衡数量减少（见图 2-7b）。

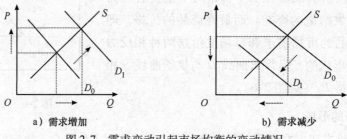

图 2-7 需求变动引起市场均衡的变动情况

（2）需求不变：供给增加使供给曲线向右下方移动，均衡价格下降，均衡数量增加（见图 2-8a）；供给减少使供给曲线向左上方移动，均衡价格上升，均衡数量减少（见图 2-8b）。

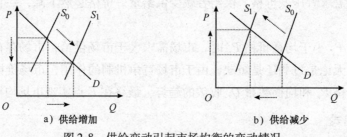

图 2-8 供给变动引起市场均衡的变动情况

综上所述，**供求定理**（law of supply and demand）：在其他条件不变的情况下，需求的变动与均衡价格和均衡数量同方向变动；供给的变动与均衡数量同方向变动，而与均衡价格反方向变动。

第三节 弹性理论

一、弹性的一般含义

问题：图 2-9 中的两条需求曲线为什么不同？
- 价格的变动会引起需求量的变动，但需求量对价格变动的反应程度是不同的。
- 同样单位的价格变动，图 2-9a 中的需求曲线反应程度小，需求量变动小；图 2-9b 中的需求曲线反应程度大，需求量变动大。

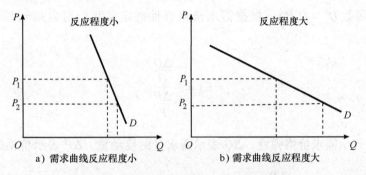

图 2-9　需求的价格弧弹性的两种基本情况

价格的变动所引起的需求量的变动程度有多大，这就要用弹性理论来说明了。

知识链接 2-1

弹　性

弹性，物理学名词，指物体对外部力量的反应程度。

弹性是相对数之间的相互关系，即百分数变动的比率，或者说它是一个量变动 1%，引起另一个量变动百分之多少（程度）的概念。一般来说，只要两个经济变量之间存在着函数关系，就可以用**弹性**（elasticity）表示因变量对自变量的反应的敏感程度。

弹性系数表示弹性的大小。在经济学中，弹性的一般公式为：

$$\text{弹性系数} = \frac{\text{因变量变动的比率}}{\text{自变量变动的比率}} \tag{2-7}$$

由弹性的定义公式可以清楚地看到，弹性是两个变量各自变化比例的一个比值，所以，弹性是一个具体的数字，它与自变量和因变量单位无关。

本节我们主要研究需求弹性和供给弹性。

二、需求价格弹性

1. 需求价格弹性的含义

需求价格弹性，简称需求弹性，表示在一定时期内一种商品的需求量变动对该商品的

价格变动的反应程度,即需求量变动对价格变动的反应程度。其公式为:

$$需求的价格弹性系数 = -\frac{需求量变动率}{价格变动率} \quad (2\text{-}8)$$

注意:由于需求量的变动与价格的变动一般呈反向变动,为了便于比较,加负号变为正值,下同。

需求价格弹性分为弧弹性和点弹性。

(1) 需求价格弧弹性。

需求价格弧弹性表示商品需求曲线上两点之间的需求量的变动对于价格的变动的反应程度。简单地说,它表示需求曲线上两点之间的弹性。

假定需求函数 $Q^d = f(P)$,根据需求价格弹性的定义我们可以得到弧弹性的计算公式为:

$$E_d = -\frac{\frac{\Delta Q}{Q}}{\frac{\Delta P}{P}} \quad (2\text{-}9)$$

式中,E_d 表示需求价格弹性,ΔQ 表示需求量的变动量,ΔP 表示价格的变动量,$\frac{\Delta Q}{Q}$ 表示需求量变动的百分比,$\frac{\Delta P}{P}$ 表示价格变动的百分比。

需求价格弧弹性按照其大小可以分为以下五种情况。

- 富有弹性,即 $E_d > 1$。在这种情况下,需求量变动的比率大于价格变动的比率。奢侈品(如高档汽车、珠宝、国外旅游等)属于这种情况。若某商品价格上升6%,其需求量减少9%,则该商品属于富有需求弹性。这时的需求曲线是一条比较平坦的线(见图2-9b)。
- 缺乏弹性,即 $0 < E_d < 1$。在这种情况下,需求量变动的比率小于价格变动的比率。生活必需品(如粮食、蔬菜等)属于这种情况。若某商品价格上升20%,其需求量下降10%,则该商品的需求价格弹性为缺乏弹性。这时的需求曲线是一条比较陡峭的线(见图2-9a)。
- 单位弹性,即 $E_d = 1$。在这种情况下,需求量变动的比率与价格变动的比率相等。例如,当价格上升1%时,需求量下降也是1%,这时求得的需求价格弹性为1。这时的需求曲线是一条正双曲线(见图2-10a)。
- 完全弹性,即 $E_d \to \infty$。在这种情况下,当价格既定时,需求量是无限的。例如,银行以一固定价格收购黄金,无论有多少黄金都可以按这一价格收购,银行对黄金的需求是无限的。这时,黄金的需求价格弹性为无限大,再如实行保护价的农产品。这时的需求曲线是一条与横轴平行的线(见图2-10b)。
- 完全无弹性,即 $E_d = 0$。在这种情况下,无论价格如何变动,需求量都不会变动。例如,当你需要急救药时,不管多贵你都会买;当你不需要时,不管多便宜你也不会买。再如糖尿病患者对胰岛素的需求,胰岛素是糖尿病患者维持生命所必需的,无论价格如何变,需求量也不变,所以糖尿病患者对胰岛素的需求价格弹性为0。这时的需求曲线是一条与横轴垂直的直线(见图2-10c)。

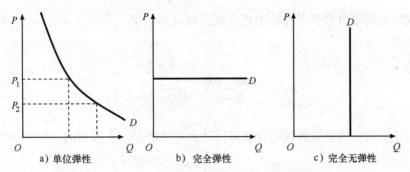

图2-10 需求价格弧弹性的另外三种情况

■ **例题2-2**

图2-11中需求曲线上 a、b 两点的价格分别为5和4,相应的需求量分别为400和800。

问:当商品的价格由5下降为4时,或者当商品的价格由4上升为5时,应该如何计算相应的弧弹性值呢?两种情况下的弧弹性值是否相等?为什么?

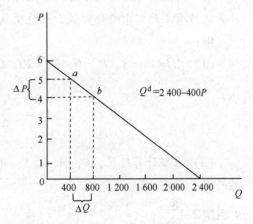

图2-11 需求的价格弧弹性

解:

(1) 由 a 点到 b 点(即降价时):

$$E_d = -\frac{\Delta Q}{\Delta P} \cdot \frac{P}{Q} = -\frac{Q_b - Q_a}{P_b - P_a} \cdot \frac{P_a}{Q_a}$$

$$= -\frac{800 - 400}{4 - 5} \times \frac{5}{400} = 5$$

(2) 由 b 点到 a 点(即涨价时):

$$E_d = -\frac{\Delta Q}{\Delta P} \cdot \frac{P}{Q} = -\frac{Q_a - Q_b}{P_a - P_b} \cdot \frac{P_b}{Q_b} = -\frac{400 - 800}{5 - 4} \times \frac{4}{800} = 2$$

(3) 由 a 点到 b 点(即降价时)和由 b 点到 a 点(即涨价时)的弧弹性数值不同。

(4) 原因:尽管 ΔQ 和 ΔP 的绝对值都相等,但因为 P 和 Q 所取的基数值不同,降价时取的是 a 点值,涨价时取的是 b 点值,所以两种计算结果便不同。因此,虽然在同一区间,但涨价和降价产生的需求价格弹性是不相等的。

中点公式:

为了避免出现不同的计算结果,通常取 a、b 两点价格和需求量的平均值 $\dfrac{P_1 + P_2}{2}$ 和 $\dfrac{Q_1 + Q_2}{2}$ 来分别代替 P 值和 Q 值。如此,需求价格弧弹性计算公式可以写为:

$$E_d = -\frac{\Delta Q}{\Delta P} \cdot \frac{\frac{P_1 + P_2}{2}}{\frac{Q_1 + Q_2}{2}} \quad (2\text{-}10)$$

该公式即为需求价格弧弹性的中点公式，由此可计算，例题 2-2 中 a、b 两点间的需求的价格弧弹性为：

$$E_d = -\frac{800-400}{4-5} \times \frac{\frac{5+4}{2}}{\frac{400+800}{2}} = 3$$

综上所述，需求价格弧弹性的计算可以分为三种情况：①涨价时；②降价时；③中点公式。

■ 例题 2-3

某种商品价格由 8 元下降为 6 元时，需求量由 20 单位增加为 30 单位。用中点公式法计算这种商品的需求价格弹性，并说明属于哪一种需求价格弹性。

解：

（1）已知 $P_1 = 8$，$P_2 = 6$，$Q_1 = 20$，$Q_2 = 30$，代入中点公式（2-10），可得：

$$E_d = -\frac{\Delta Q}{\Delta P} \cdot \frac{\frac{P_1 + P_2}{2}}{\frac{Q_1 + Q_2}{2}} = 1.4$$

（2）根据计算结果，$E_d = 1.4 > 1$，即需求量变动的比率大于价格变动的比率，故该商品的需求富有弹性。

■ 例题 2-4

某商品的需求价格弹性系数为 0.15，现价格为 1.2 元，试问该商品的价格上涨多少元才能使其消费量减少 10%？

解：

已知 $E_d = 0.15$，$P = 1.2$，$\frac{\Delta Q}{Q} = -10\%$。

将已知数据代入计算弹性系数的一般公式（2-9），可得：

$$0.15 = \frac{10\%}{\frac{\Delta P}{1.2}}$$

$$\Delta P = 0.8(元)$$

该商品的价格上涨 0.8 元才能使其消费量减少 10%。

（2）需求的价格点弹性。

用弧弹性计算，两点距离越远，弧线越长，精确性越差。同一条需求曲线上，各点的弹性值通常不同。

需求的价格点弹性即曲线上两点之间的变化量趋于无穷小时的弹性，表示商品需求曲线上某一点的需求量的变动对于价格的变动的反应程度。在弧弹性的基础上，需求的价格点弹性的公式为：

$$E_d = \lim_{\Delta P \to 0} -\frac{\Delta Q}{\Delta P} \cdot \frac{P}{Q} = -\frac{dQ}{dP} \cdot \frac{P}{Q} \tag{2-11}$$

式中，$\frac{dQ}{dP}$ 是需求曲线上任一点切线斜率的倒数。

■ 例题 2-5

接续例题 2-2，计算 a 点的点弹性。

解：

由需求函数 $Q^d = 2\,400 - 400P$ 可得：

$$\frac{dQ}{dP} = (2\,400 - 400P)' = -400$$

在 a 点，当 $P = 5$ 时，由需求函数可得：

$$Q = 2\,400 - 400 \times 5 = 400$$

代入点弹性计算公式 (2-11)，可得：

$$E_d = -\frac{dQ}{dP} \cdot \frac{P}{Q} = -(-400) \times \frac{5}{400} = 5$$

◎ 知识扩展 2-1

需求价格点弹性的几何意义

由图 2-12，令 C 点为需求曲线上的任意一点。从几何意义看，根据点弹性的定义，C 点的需求价格点弹性为：

$$E_d = -\frac{dQ}{dP} \cdot \frac{P}{Q} = \frac{GB}{CG} \cdot \frac{CG}{OG} = \frac{GB}{OG} = \frac{BC}{AC} = \frac{OF}{AF}$$

由此可见，需求价格点弹性的几何测定，可由需求曲线上任一点向价格轴和数量轴引垂线求得。

根据点弹性的几何意义可以发现，线性需求曲线的点弹性有一个明显的特征：在线性需求曲线上的点的位置越高，相应的点弹性值就越大。需求价格点弹性的五种情况如下（见图 2-13）。

$$\begin{cases} \text{作为线段 } AB \text{ 中点的 } C \text{ 点：点弹性系数为 } E_d = 1。 \\ AC \text{ 段（不含 } A \text{ 点和 } C \text{ 点）：} E_d > 1。 \\ BC \text{ 段（不含 } B \text{ 点和 } C \text{ 点）：} 0 < E_d < 1。 \\ A \text{ 点：} E_d \to \infty。 \\ B \text{ 点：} E_d = 0。 \end{cases}$$

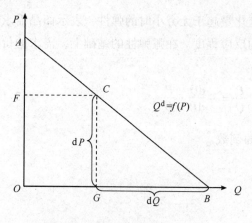
图 2-12 线性需求曲线的点弹性

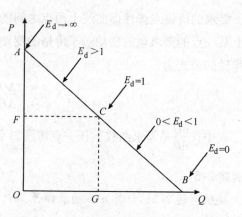
图 2-13 线性需求曲线点弹性的五种情况

2. 影响需求价格弹性的因素

不同物品的价格弹性，或者说对价格的敏感程度差别很大。当一种物品的需求价格弹性较大时，我们称这种物品是富有弹性的，这意味着该物品的需求量对价格变动反应强烈。当一种物品的需求价格弹性较小时，我们称这种物品是缺乏弹性的，也就是说该物品的需求量对价格变动反应微弱。

📦 个案研究 2-2

情人节当天的需求与供给

在一年中，人们都会购买贺卡和玫瑰花。但当情人节将近的时候，毫无疑问，贺卡和玫瑰花将变得很急需，这两种商品的需求将会大幅攀升。我们可以应用需求与供给原理分析：我们预期这两种商品的价格将会上升。但是，玫瑰花价格的上升总是会比贺卡价格的上升幅度大，这是为什么呢？

通过考虑这两种商品供给价格弹性的区别，可以解释这种现象。在情人节那天的贺卡供给比玫瑰花的供给更加富有弹性。由于贺卡是一种可以储存的物品，所以生产者可以轻易地逐步增加产量并且在情人节前准备大量的存货。这就意味着贺卡的供给是相对有弹性的。因此，增加的需求对价格的影响不是那么显而易见。

相反，玫瑰花属于娇嫩的、容易凋谢的商品，只有在情人节那天长成的玫瑰花才适合销售，增加在情人节当天的供给相对来说比较困难。这就意味着玫瑰花的供给是相对缺乏的，而紧接着发生的事情就不足为奇了，需求的增加将引起价格大幅上升。

资料来源：袁志刚. 西方经济学 [M]. 2 版. 北京：高等教育出版社，2015.

那么，是什么因素决定一种物品的需求是富有弹性还是缺乏弹性呢？一般来说，有以下几种因素影响着需求价格弹性的大小。

（1）消费者对物品的需求程度。一般来说，生活必需品 E_d 小，需求缺乏弹性；而奢侈品 E_d 大，需求富有弹性。例如，当大米的价格上升时，尽管人们的购买量会比平常的购买量少一些，但不会大幅度地改变购买大米的数量。与此相比，当游艇的价格上升时，游艇的需求量会大幅度减少。原因是对于大多数人来说，大米是生活必需品，人们对大米的需求强度较大且稳定，而游艇是奢侈品，人们对游艇的需求强度较小。

（2）物品的可替代程度。可替代程度大则 E_d 大，可替代程度小则 E_d 小。如果一种物品有许多替代品，那么，当该物品的价格上升时，消费者会购买其他替代品。例如，消费者对乘飞机旅游的需求往往富有弹性，主要是因为有汽车旅行、火车旅行等可替代的旅行方式。相反，如果一种物品的替代品很少，则该物品往往缺乏弹性，如胰岛素，糖尿病患者不管其价格高低都要用。

（3）市场范围的大小。范围小的市场的需求弹性往往大于范围大的市场，因为范围小的市场上的物品更容易找到相近的替代品。例如，饮料是一个广泛的范畴，它的需求相当缺乏弹性，因为缺乏替代品。可乐是一个较狭窄的范畴，它的需求较富有弹性，因为容易找到其他的饮品替代可乐。而可口可乐则是一个非常狭窄的范畴，它的需求非常富有弹性，因为像百事可乐等不同品牌的可乐都是它的替代品。

（4）用途的广泛性。用途广的 E_d 大，用途较少的 E_d 小。如果一种物品具有多种用途，当它的价格较高时，消费者只购买较少的数量用于最重要的用途；当它的价格逐步下降时，消费者的购买量就会逐步增加，将该种物品越来越多地用于其他用途。

（5）调节时间或使用时间长短。时间长的 E_d 大，如耐用品冰箱；时间短的 E_d 小，如非耐用品卫生纸。因为在短期内，人们不容易找到替代品，而在较长的时间内，人们则很容易找到替代品。例如，当汽油价格上升时，在最初的几个月汽油的需求量只是略有减少。但是，随着时间的推移，人们可能会购买更省油的汽车，或改乘公交车，或搬到离工作地方近的地点步行上下班。这么做的结果是，几年后，汽油的需求量会明显减少。

（6）物品在家庭支出中所占的比例。在家庭支出中所占比例大的 E_d 大，如汽车，价格变动对需求的影响较大；所占比例小的 E_d 小，如香烟，价格变动对需求的影响较小。

需要特别注意的是，某种物品需求价格弹性的大小是由上述这些因素综合决定的，不能只考虑其中的一种因素。而且，某种物品的需求价格弹性也因所处时期、消费者收入水平和所在地区而不同。

例如，在 20 年前，大部分汽车还只是公务用车，基本没有私家车。随着时间的推移，人们收入水平的提高，以及汽车价格的下降，目前，很多家庭已经拥有了汽车。同样，彩电、冰箱等物品刚出现时，需求价格弹性也相当大，但随着收入水平的提高和这些物品的普及，其需求价格弹性逐渐变小。表 2-5 列举了一些商品的需求价格弹性。

表 2-5　某些商品的需求价格弹性

某些商品的需求价格弹性		某些商品的需求价格弹性	
家具	1.52	饮料	0.78
汽车	1.14	衣服	0.64
专业服务	1.09	烟草	0.61
运输服务	1.03	银行与保险服务	0.56
水、煤气、电	0.92	图书、杂志与报纸	0.34
石油	0.91	食物	0.12

课堂练习

1. 下面几样物品中,需求弹性最小的是什么?
   A. 小汽车　　　　　B. 酒　　　　　　　C. 食盐　　　　　　D. 化妆品
2. 比较影响需求的因素与影响需求价格弹性的因素之间的联系和区别。

3. 需求价格弹性与厂商销售收入的关系

经济现象 2-1

提高价格会使销售收入增加吗

在实际经济生活中会发生这样一些现象:有的厂商靠降低产品的价格使自己的销售收入增加,而有的厂商靠提高产品的价格来增加自己的销售收入。那么,到底是提高价格会使销售收入增加,还是降低价格会使销售收入增加?

需求价格弹性是影响厂商销售收入的一个非常重要的因素。具体来说,厂商的销售收入等于商品的价格乘以商品的销售量。需要特别说明的是,以下将要介绍的总收益就是指销售收入,而不是利润。

(1) 总收益(total revenue)。

如果我们假定厂商的商品销售量等于市场上对其商品的需求量,那么厂商的总收益就可以表示为商品的价格乘以商品的需求量,亦即:

$$\text{总收益 } TR = \text{价格} \times \text{销售量} = P \times Q \tag{2-12}$$

式中,P 表示商品的价格,Q 表示商品的需求量,TR 表示总收益。

商品的需求价格弹性表示商品需求量的变化率对于商品价格的变化率的反应程度,这就意味着,该商品的需求价格弹性的大小将影响提供这种商品的厂商的销售收入的变动。

若某商品的价格从 3 元降到 2 元,需求量从 8 个单位增加到 10 个单位,这时厂商的总收益会怎样变化?

答案:减少。原总收益 $= 3 \times 8 = 24$,现总收益 $= 2 \times 10 = 20$。

课堂讨论

1. 对于给定的需求曲线,厂商能决定什么?是商品价格,还是商品数量?
2. 易腐商品如何交易?

(2) 需求富有弹性($E_d > 1$)的情况。

■ 例题 2-6

电视机 $E_d = 2$,$P_1 = 500$ 元/台,$Q_1 = 100$ 台。

问:①如价格下调 10%,总收益如何变化?②如果价格上调 10% 呢?

解:

① 依题意,$E_d = 2$,根据式(2-12),当价格下调 10%,则数量增加 20%。如此,新

的价格和数量如下：

$P_2 = 500 - 500 \times 10\% = 450$（元/台）

$Q_2 = 100 + 100 \times 20\% = 120$（台）

总收益的变化情况如下：

$TR_2 = P_2 \times Q_2 = 450 \times 120 = 54\ 000$（元）

$TR_1 = P_1 \times Q_1 = 500 \times 100 = 50\ 000$（元）

$TR_2 - TR_1 = 54\ 000 - 50\ 000 = 4\ 000$（元）

$TR_2 > TR_1$，表明价格下降，总收益增加。

② 依题意，$E_d = 2$，根据式（2-12），当价格上调10%，则数量减少20%。如此，新的价格和数量如下：

$P_3 = 500 + 500 \times 10\% = 550$（元/台）

$Q_3 = 100 - 100 \times 20\% = 80$（台）

总收益的变化情况如下：

$TR_3 = P_3 \times Q_3 = 550 \times 80 = 44\ 000$（元）

$TR_1 = P_1 \times Q_1 = 500 \times 100 = 50\ 000$（元）

$TR_3 - TR_1 = 44\ 000 - 50\ 000 = -6\ 000$（元）

$TR_3 < TR_1$，表明价格上涨，总收益减少。

推论1：当 $E_d > 1$ 时，降价可以增加总收益；涨价降低总收益。

知识链接2-2

薄利多销

"薄利多销"就是通过降价促使产品多销，从而达到增加销售收入的目的。那么，哪些产品适合"薄利多销"呢？

对于 $E_d > 1$，即需求富有弹性的商品，需求量变动的比率大于价格变动的比率。价格下调，总收益增加，对生产者有利；价格上调，总收益减少，对生产者不利。因此，此种情况下，生产者适当降低价格能增加总收益。

（3）需求缺乏弹性（$E_d < 1$）的情况。

例题2-7

面粉 $E_d = 0.5$，$P_1 = 0.2$ 元/斤[⊖]，$Q_1 = 100$ 斤。

问：①如价格下调10%，总收益如何变化？②如果价格上调10%呢？

解：

① 依题意，$E_d = 0.5$，根据式（2-12），当价格下调10%，则数量增加5%。如此，新的价格和数量如下：

⊖ 1斤 = 0.5千克。

$P_2 = 0.2 - 0.2 \times 10\% = 0.18$（元/斤）

$Q_2 = 100 + 100 \times 5\% = 105$（斤）

总收益的变化情况如下：

$TR_2 = P_2 \times Q_2 = 0.18 \times 105 = 18.9$（元）

$TR_1 = P_1 \times Q_1 = 0.2 \times 100 = 20$（元）

$TR_2 - TR_1 = 18.9 - 20 = -1.1$（元）

$TR_2 < TR_1$，表明价格下跌，总收益减少。

② 依题意，$E_d = 0.5$，根据式 (2-12)，当价格上调10%，则数量下降5%。如此，新的价格和数量如下：

$P_3 = 0.2 + 0.2 \times 10\% = 0.22$（元/斤）

$Q_3 = 100 - 100 \times 5\% = 95$（斤）

总收益的变化情况如下：

$TR_3 = P_3 \times Q_3 = 0.22 \times 95 = 20.9$（元）

$TR_1 = P_1 \times Q_1 = 0.2 \times 100 = 20$（元）

$TR_3 - TR_1 = 20.9 - 20 = 0.9$（元）

$TR_3 > TR_1$，表明价格上涨，总收益增加。

推论2：当 $E_d < 1$ 时，涨价可以增加总收益；降价反而降低总收益。

知识链接2-3

谷贱伤农

在农业生产活动中，存在着这么一种经济现象：在丰收年份，农民的收入反而减少。这种现象在我国民间被形象地概括为"谷贱伤农"。造成这种经济现象的根本原因在于：农产品的需求价格弹性往往是小于1的。

对于 $E_d < 1$，即需求缺乏弹性的商品，需求量变动的比率小于价格变动的比率。价格下调，总收益减少，对生产者不利；价格上调，总收益增加，对生产者有利。粮食是需求弹性小于1的商品，丰收导致价格下降会降低农民的收益。

分析思考1：为什么某种化妆品降价会实现薄利多销，而小麦降价却使农民受损失？

我们知道，部分化妆品属于奢侈品且有众多替代品，因此，需求富有弹性。需求富有弹性的商品价格变动百分比小，而需求量变动百分比大。总收益等于销售量（即需求量）乘价格。当这种物品小幅度降价时需求量大幅度增加，从而使总收益增加，这就是薄利多销的含义。但小麦属于生活必需品且替代品少，因此需求缺乏弹性。需求缺乏弹性的商品价格变动百分比大，而需求量变动百分比小。当这种物品大幅度降价时需求量只会少量增加，从而使总收益减少。这就是谷贱伤农的原因。

分析思考2：如果对高档奢侈品征税，谁将承受这种税收的负担？

乍一看，答案很简单，谁购买这些高档奢侈品当然是谁纳税，谁承受税收负担。实际上问题并不是这么简单，直接纳税人并不一定是最后的税收承担者。有些纳税人也是税收承担人，如个人所得税。但对于有些税，纳税人可以把税收负担转嫁出去，如香烟的税收由生产者和经营者缴纳，但可以通过提价来转移给消费者，实际最后是烟民承担了税收负担。这个问题是税收归宿问题，涉及税收负担在生产者和消费者之间的分摊。税收分摊则与弹性概念相关。一般来说，如果需求富有弹性而供给缺乏弹性，税收负担主要由生产者承担；如果需求缺乏弹性而供给富有弹性，则税收负担主要由消费者承担。香烟就是后一种情况，而高档消费品则属于前一种情况。高档消费品属于奢侈品且有众多替代品，需求富有弹性，但在短期内生产难以减少，因而供给缺乏弹性。这样高档消费品的税收负担实际落在了生产者身上。

资料来源：梁小民. 经济学是什么 [M]. 北京：北京大学出版社，2017.

课堂分析

1. 为什么化妆品可以薄利多销而药品却不行？
2. 是不是所有的药品都不能薄利多销？为什么？

答：

1. 化妆品能薄利多销，是因为化妆品的需求富有弹性，小幅度降价可使需求量有较大幅度增加，从而使总收益增加。而药品一般需求缺乏弹性，降价只能使总收益减少。

2. 并不是所有药品都不能薄利多销。例如一些滋补药品，其需求富有弹性，降价可以增加总收益，实现薄利多销。

（4）单位弹性（$E_d = 1$）的情况。

对于 $E_d = 1$，即单位弹性的商品，需求量变动的比率等于价格变动的比率。因此，无论降价还是涨价，厂商的总收益都不会变化。

综上所述，商品的需求弹性与厂商的总收益之间的关系可以用表2-6来说明。既可以通过需求弹性的大小来判断总收益的变化，也可以通过总收益的变化来判断需求弹性的大小。

表2-6 商品需求的价格弹性与厂商总收益的关系

价格	总收益				
	$E_d > 1$	$E_d = 1$	$0 < E_d < 1$	$E_d = 0$	$E_d \to \infty$
降价	增加	不变	减少	同比例于价格的下降而减少	既定价格下，总收益可以无限增加，因此厂商不会降价
涨价	减少	不变	增加	同比例于价格的上升而增加	总收益会减少到0

如果价格变化引起总收益同方向变化（价格上升，总收益上升；价格下降，总收益下降），则该商品是需求缺乏弹性的。

如果价格变化引起总收益反方向变化（价格上升，总收益下降；价格下降，总收益上升），则该商品是需求富有弹性的。

如果厂商的总收益不随价格的变化而变化，则该商品是单位弹性的。

个案研究 2-3

为何丰产不丰收（续）

"丰产不丰收"是指在丰收的年份，农民的收入反而减少的现象。造成这种现象的根本原因在于农产品是需求缺乏弹性的商品，农产品均衡价格的下降幅度大于均衡数量的上升幅度，致使农民的收入减少。与此类似，在歉收年份，由于需求缺乏弹性的需求曲线的作用，农产品均衡价格的上升幅度大于农产品均衡数量的减少幅度，反而使农民的收入增加。

三、需求的其他弹性

1. 需求交叉弹性

如前面所述，一种商品的需求量受多种因素的影响，相关商品的价格就是其中的一个因素。

需求交叉价格弹性（cross-price elasticity of demand），简称需求交叉弹性，是指在一定时期内，一种商品 X 的需求量变动对于它的相关商品 Y 的价格变动的反应程度。它是该商品的需求量的变动率和其相关商品的价格变动率的比值，用公式表示如下：

$$E_{xy} = \frac{\frac{\Delta Q_x}{Q_x}}{\frac{\Delta P_y}{P_y}} = \frac{\Delta Q_x}{\Delta P_y} \cdot \frac{P_y}{Q_x} \tag{2-13}$$

式中，$\frac{\Delta Q_x}{Q_x}$ 表示 X 商品需求量变动的百分比，$\frac{\Delta P_y}{P_y}$ 表示 Y 商品价格变动的百分比。当 X 商品的需求量的变化量 ΔQ_x 和相关 Y 商品价格的变化量 ΔP_y 均为无穷小时，则商品 X 的需求的交叉价格点弹性公式为：

$$E_{xy} = \lim_{\Delta P \to 0} \frac{\frac{\Delta Q_x}{Q_x}}{\frac{\Delta P_y}{P_y}} = \frac{\frac{dQ_x}{Q_x}}{\frac{dP_y}{P_y}} = \frac{dQ_x}{dP_y} \cdot \frac{P_y}{Q_x} \tag{2-14}$$

需求交叉价格弹性系数是正还是负，取决于所考察的两种商品之间的关系。

（1）$E_{xy} > 0$，替代品。

如果两种商品之间可以互相代替以满足消费者的某一种欲望，则称这两种商品之间存在着替代关系，即互为替代品，如苹果和梨之间就是替代关系。当梨的替代品苹果的价格上升时，苹果的需求量会减少，而梨的需求量会上升，梨的需求交叉价格弹性系数为正。

（2）$E_{xy} < 0$，互补品。

如果两种商品必须同时使用才能满足消费者的某一种欲望，则这两种商品之间就存在着互补关系，即为互补品，如汽车和汽油之间就是互补关系。当汽车的互补品汽油的价格上升时，汽油的需求量会减少，汽车的需求量也会减少，汽车的需求交叉价格弹性系数为负。

(3) $E_{xy}=0$,无关系。

如果两种商品之间不存在相关关系,如汽车与苹果、茶叶与食盐,既不相互竞争,也不相互补充,X 商品的价格变化不影响 Y 商品的需求量,则 X 商品的需求交叉价格弹性系数为 0。

上述结论(互补品之间价格与需求成反向变动关系;替代品之间价格与需求成正向变动关系)也可以反过来使用,即可根据两种商品之间需求交叉价格弹性系数的正负符号来判断两种商品之间的相关关系。若两种商品的需求交叉价格弹性系数为正,则这两种商品互为替代品。若为负,则互为互补品。若为 0,则两种商品之间无关联。

课堂练习

当咖啡的价格急剧上升时,人们对茶叶的需求量将怎样变化?

■ 例题 2-8

A 和 B 是同种类但有差异的两种产品,其需求曲线分别是:$P_A=200-Q_A$,$P_B=300-0.5Q_B$;两厂商目前的销售量分别为 $Q_A=50$ 和 $Q_B=100$。

求:

① 两者的需求价格弹性。

② 如果 B 降价后,B 的需求量增加到 160,同时使 A 的需求量减少到 35,则 A 的需求交叉价格弹性系数是多少?

③ 假定 B 的目标是谋求销售收入最大化,则该公司降价在经济上是否合理?

解:

① 依题意,得:$Q_A=200-P_A$,$Q_B=600-2P_B$

$Q_A=50$,则 $P_A=150$;$Q_B=100$,则 $P_B=250$

因此,A 和 B 当前的需求价格弹性为:$E_A=-(-1)\dfrac{P_A}{Q_A}=\dfrac{150}{50}=3$

$E_B=-(-2)\dfrac{P_B}{Q_B}=2\times\left(\dfrac{250}{100}\right)=5$

② 如果 B 降价后,B 的需求量增加到 160,则 B 的价格由 250 下降到 220。

$\dfrac{\Delta Q_A}{Q_A}=\dfrac{(50-35)}{50}=0.3$,$\dfrac{\Delta P_B}{P_B}=\dfrac{(250-220)}{250}=\dfrac{3}{25}$

因此,A 的需求交叉价格弹性为:$E_{AB}=\dfrac{0.3}{\left(\dfrac{3}{25}\right)}=2.5$

③ 由于 B 的需求价格弹性为:$E_B=5>1$,富有弹性,该公司降价在经济上是合理的。

验证:B 降价后,收益由 $TR_{B1}=100\times250=25\,000$,变为 $TR_{B2}=160\times220=35\,200$,$TR_{B2}>TR_{B1}$,总收益增加。

2. 需求收入弹性

需求收入弹性表示在一定时期内，一种商品需求量的变动对于收入变动的反应程度。

$$需求的收入弹性 = \frac{某商品需求量的变化率}{消费者收入量的变化率} \tag{2-15}$$

假定某商品的需求量 Q 是消费者收入水平 M 的函数，即 $Q = f(M)$，该商品的需求收入弹性公式为：

$$E_M = \frac{\frac{\Delta Q}{Q}}{\frac{\Delta M}{M}} = \frac{\Delta Q}{\Delta M} \cdot \frac{M}{Q} \tag{2-16}$$

如收入增加10%引起需求量增加5%，则收入弹性 $E_M = 5\%/10\% = 0.5$。

根据需求收入弹性系数是正还是负，可以给商品分类。

$$\begin{cases} E_M > 0, 正常品 \begin{cases} E_M > 1, 奢侈品/高档品 \\ 0 < E_M < 1, 必需品 \end{cases} \\ E_M < 0, 劣等品/吉芬物品 \end{cases}$$

（1）劣等品/吉芬物品的需求量随着收入水平的增加而减少，因为，当收入增加时，人们会减少对劣等品的需求，而增加对正常品的需求。因此，劣等品的需求收入弹性小于0，即 $E_M < 0$，如肥肉、土豆、籼米、公共交通等。

（2）正常品的需求量随着收入水平的增加而增加。因此，正常品的需求收入弹性大于0，即 $E_M > 0$。进一步，正常品又可划分为必需品和奢侈品/高档品。

① 当收入增加时，尽管消费者对必需品和奢侈品/高档品的需求量都会有所增加，但必需品需求量的增加是有限的，或者说，是缺乏弹性的，因此，$0 < E_M < 1$。

② 消费者对奢侈品/高档品的需求量的增加是较多的，或者说，是富有弹性的，因此，$E_M > 1$，如高档消费品和耐用消费品（高档家电、室内装修、旅游等）。

（3）收入单位弹性，即 $E_M = 1$，需求量随收入变动相同的百分比，如衣服。

（4）收入无弹性，即 $E_M = 0$，收入变化后，需求量完全没有变化，如食盐。

部分商品的需求收入弹性系数见表2-7。

表2-7 部分商品的需求收入弹性系数

商品（产品/服务）	收入弹性系数	商品（产品/服务）	收入弹性系数
苹果	1.32	国际空运（美国/欧洲）	1.91
牛肉	1.05	国际空运（加拿大/欧洲）	1.77
鸡肉	0.28	牛奶	0.50
看牙医（成年男士）	0.61	橘子	0.83
看牙医（成年女士）	0.55	土豆	0.15
看牙医（儿童）	0.87	西红柿	0.24
住房（低收入承租者）	0.22		

知识链接 2-4

恩格尔定律

德国统计学家恩格尔在研究了当时西欧某些居民家庭的收入和食品支出的关系后，提出了这样一个结论：在一个家庭或一个国家中，食品支出在总支出中所占比例随着收入的增加而减少，这一观点被称为恩格尔定律。

其原因是，"民以食为天"，吃饭是人生存的首要条件，只有这一层次的需求被满足后，消费才会向其他方面扩展，因此，食品支出的比重（即恩格尔系数）从一个侧面反映了生活水平的高低。一般来讲，恩格尔系数越低，生活越富裕，食品支出的需求收入弹性就越小；相反，恩格尔系数越高，生活越贫困，食物支出的需求收入弹性就越大。

联合国判别生活水平的标准如表 2-8 所示，某些国家的恩格尔系数如表 2-9 所示，中国城镇、农村居民的恩格尔系数如表 2-10 所示。

表 2-8 联合国判别生活水平的标准

生活水平	恩格尔系数/%
最富裕	30 以下
富裕	30～40
小康	40～50
温饱	50～60
贫困	60 以上

表 2-9 某些国家的恩格尔系数

国家	恩格尔系数/%
印度	52
泰国	30
巴西	35
法国	16
日本	16
加拿大	11
美国	13

表 2-10 中国城镇、农村居民的恩格尔系数（%）

地区	年份					
	1989	1997	2002	2007	2010	2017
城镇	54.5	46.6	37.7	36.3	35.7	28.6
农村	54.8	55.1	46.2	43.1	41.1	31.2

四、供给价格弹性

提示：可结合需求价格弹性的相关内容学习理解此部分内容。所以，在此仅简要介绍。

1. 供给价格弹性的计算

供给价格弹性，简称供给弹性，表示在一定时期内，一种商品的供给量的相对变动对于该商品的价格的相对变动的反应程度。它是商品的供给量变动率与价格变动率之比。

与需求价格弹性一样，供给价格弹性也分为弧弹性和点弹性。供给价格弧弹性表示某种商品供给曲线上两点之间的弹性。供给价格点弹性表示某种商品供给曲线上某一点的弹性。

假定供给函数 $Q^s=f(P)$，以 E_s 表示供给价格弹性系数，则供给价格弧弹性的计算公式为：

$$E_s = \frac{\Delta Q}{\Delta P} \cdot \frac{P}{Q} \tag{2-17}$$

注意：通常情况下，商品供给量和商品价格是同向变动的，即供给的变动量和价格变动量的符号是相同的，故不需要加负号。

供给价格弧弹性的中点公式为：

$$E_s = \frac{\Delta Q}{\Delta P} \cdot \frac{\frac{P_1+P_2}{2}}{\frac{Q_1+Q_2}{2}} \tag{2-18}$$

供给价格点弹性的计算公式为：

$$E_s = \frac{dQ}{dP} \cdot \frac{P}{Q} \tag{2-19}$$

> **知识扩展2-2**
>
> ### 供给价格点弹性的几何求法
>
> 规律：①若线性供给曲线的延长线与坐标横轴的交点位于坐标原点的左边，则点弹性 >1，如图2-14所示。②若线性供给曲线与坐标横轴的交点位于坐标原点的右边，则点弹性 <1。③若线性供给曲线与坐标横轴的交点恰好是原点，则点弹性 =1。
>
> 在 A 点的点弹性值 $E_s = \frac{dQ}{dP} \cdot \frac{P}{Q} = \frac{CB}{AB} \cdot \frac{AB}{OB} = \frac{CB}{OB}$。

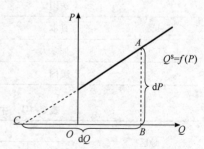

图 2-14 线性供给曲线的点弹性

2. 供给价格弹性大小的五种情况

供给价格弹性按照其大小也可以分为五种情况：①若 $E_s>1$，称为供给富有弹性；②若 $E_s<1$，称为供给缺乏弹性；③若 $E_s=1$，称为供给单位弹性；④ $E_s\to\infty$，称为供给完全弹

性；⑤若$E_s=0$，称为供给完全无弹性。

3. 影响供给价格弹性的因素

影响供给价格弹性的因素比影响需求价格弹性的因素复杂得多，主要有以下因素。

（1）厂商进入和退出一个行业的难易程度。如果厂商进入或者退出某一行业比较容易，则该商品的供给价格弹性较大。反之，供给价格弹性较小。

（2）时间的长短。当商品的价格发生变化时，厂商对产量的调整需要一定的时间。短期调整困难，供给价格弹性较小。长期调整容易，供给价格弹性较大。

（3）产品的生产周期。生产周期较短的产品，可以根据价格变化及时调整产量，供给价格弹性较大。反之则较小。

（4）生产时采用的技术类型。有些产品采用资本密集型技术，生产规模一旦固定，变动比较困难，供给价格弹性比较小；有些产品采用劳动密集型技术，生产规模变动比较容易，供给价格弹性比较大。

（5）生产成本。产量增加只引起边际成本轻微提高，意味着供给曲线平坦，供给价格弹性较大。产量增加引起边际成本明显提高，意味着厂商供给曲线比较陡峭，供给价格弹性较小。

◎ 课堂讨论

毒品，是人类社会的公害，危害人们的健康。禁毒工作很重要。禁毒是增加还是减少了毒贩的收益？如何禁毒更有效？查毒禁毒与禁毒教育的效果如图 2-15 所示。

提示：毒品需求价格弹性小（对某些染上毒瘾的人来说是必需品），而供给价格弹性大。查毒禁毒是控制供给。控制需求更为重要，禁毒教育是控制需求。

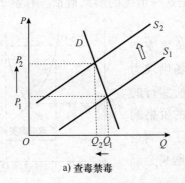
a) 查毒禁毒

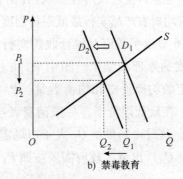
b) 禁毒教育

图 2-15　查毒禁毒与禁毒教育的效果

第四节　价格政策的运用

一、易腐商品的售卖

有些商品尤其是一些食品，由于具有易腐的特点，必须在一定时间内销售出去，否则销售者会蒙受经济损失。那么，这类商品对销售者来说，应该如何定价，才能既保证全部数量的商品在规定时间内卖完，又能使自己获得尽可能多的收入呢？

以鲜鱼为例，由于鲜鱼的需求价格一般是富有弹性的，销售者会因为定价过高导致销售量的减少进而造成总收益减少，也会因为定价过低导致销售者不能获得最大收益。

因此，销售者应该选定一个恰当的价格水平，也就是能给销售者带来最大收益的最优价格，这个价格就是能够卖出全部数量时的价格。

二、最低限价和最高限价

- 价格调节有其不完善性——短期性和无序性。
- 需要价格政策来纠正。

政府根据不同的经济形势会采取不同的经济政策，这里介绍政府价格政策的两种做法：最低限价和最高限价。

1. 最低限价

最低限价，也称支持价格，是指政府为了扶植某一行业的生产而规定的该行业产品的最低价格。如果政府认为依靠市场供求力量确定的某种产品的价格太低，以至于该行业内的企业难以维持简单再生产，这时政府就应该对该类产品实行最低限价保护。最低限价总是高于市场的均衡价格，即 $P_1 > P_e$。

农业的基础地位不言自明，但由于农产品生产周期较长，易受气候条件影响，因而生产风险较大。加之农产品的需求价格弹性较小，因此即使在丰收年份，依靠市场供求形成的均衡价格也难以使农民增收。"谷贱伤农"就是这一情况的形象概括。有鉴于此，很多国家的政府均对农产品实行最低限价制度。

图 2-16 显示了政府对粮食收购实行最低限价（支持价格）制度的原理和结果。图中 P_e 和 Q_e 为市场供求力量自发决定的均衡价格和均衡数量。P_1 为政府所实行的最低限价。在最低限价下，一般消费者按照 P_1 的价格购买粮食 Q_0，这时市场供给 Q_1 大于市场需求。为了使剩余粮食 （$Q_1 - Q_0$）出清，政府需要按照 P_1 的价格购买全部剩余粮食。

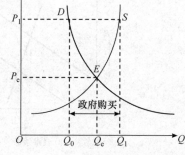

图 2-16 粮食收购的最低限价

对粮食实行最低限价的作用：稳定农业生产，调整农业结构；扩大农业投资，保障粮食安全。

2. 最高限价

最高限价，也称限制价格，是指政府出于防止物价过快上涨（尤其是某些生活必需品和一些垄断性很强的公用事业所提供的产品）的考虑而制定的某种产品的最高价格。例如，在通货膨胀时期，政府为了防止产品价格的普遍上涨，往往限制原材料、燃料、自来水等的价格。最高限价总是低于市场的均衡价格，即 $P_2 < P_e$。

图 2-17 显示了政府对某种产品实行最高限价的原理和结果。图中 P_e 和 Q_e 为市场供求力量自发决定的均衡价格和均衡数量。P_2 为政府所实行的最高限价。在最高限价下，消费者的需求量是 Q_0，而厂商供给却仅有 Q_2，这时的市场供给严重不足。

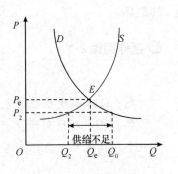

图 2-17 某种产品的最高限价

个案研究 2-4

最高限价

某些医院专家门诊的最高价格为 14 元，这是政府规定的专家门诊的最高价格，违反这一规定就是违法。这种价格被称为最高限价或限制价格。这种价格会引起什么后果呢？由于价格低，无论大病、小病，人人都想看专家门诊。但由于价格低，专家看病的积极性并不高，这样供小于求，存在短缺。在存在短缺而价格又不能上升的情况下，只有三种方法能解决这一问题。第一，采用配给制，即由医院决定谁能看专家门诊。这时，掌管挂号的人就有可能出现受贿现象，即谁送礼就把号给谁。第二，采用排队制，即按先来后到的顺序排队挂号，每天有限的号挂完为止。这时，病人为了能看到专家门诊就要提前排队（或由亲友排队）。排队使人们把本来能用于从事生产活动的时间用于不带来任何产品或劳务的排队。这是一种资源浪费。第三，出现黑市，即出现了一批以倒号为业的号贩子，他们把每个号卖到 100 元。尽管公安部门屡次打击号贩子，但由于丰厚的利润（价格上限 14 元与黑市价格 100 元之间的差额 86 元），号贩子屡禁不止。后来，医院为了对付号贩子，实行了实名制看病（用身份证挂号就医），但仍没有解决全部问题，变化只是号贩子由卖号变为卖排队的位子，可见，只要存在价格上限，短缺就无法消除，号贩子不太容易消失。

其实，正确的做法是循序渐进，慢慢地放开价格，随着价格上升，人们的需求减少（小病不找专家，大病、疑难杂症才找专家），愿意看病的专家增加，才能最终实现供求平衡。这时，号贩子无利可图，自然也就消失了。有关部门出于对专家门诊价格太高，许多低收入者看不起病的担心而限制价格，出发点无可厚非，但在供小于求、号贩子横行的情况下，低收入者就可以看得起，或看得上专家门诊了吗？当然，放开专家门诊涉及更广泛的医疗改革问题（如医院分级收费、医与药分开、完善社会保障体系等），但要解决专家门诊的供求矛盾，从根本上铲除号贩子，还是要适当地放开价格。这正是医疗市场化改革的重要内容之一。

资料来源：梁小民. 经济学是什么 [M]. 北京：北京大学出版社，2017.

最高限价政策在一定程度上弥补了市场缺陷。但最高限价下的供不应求会导致两个不良后果：一是排队抢购；二是黑市猖獗。解决措施：政府实行配给制。

此外，厂商也可能粗制滥造，降低产品质量，形成变相涨价。另外，限制价格政策有时也被用于限制某些行业的发展。在这种情况下，限制价格往往并不构成对市场机制的破坏。

延伸阅读 2-1

限制价格的利与弊

利：①有利于社会平等的实现；②有利于社会的安定。

弊：①不利于刺激生产，会出现产品短缺；②不利于抑制需求，会出现资源浪费；③社会风尚败坏，会产生黑市交易。

本章小结

需求是指消费者在一定时期内，在各种可能的价格水平，愿意并且能够购买的商品数量。

影响需求的因素：商品本身的价格、消费者的收入水平、相关商品的价格、消费者偏好、消费者对该商品的预期价格等。

商品的需求表是表示某种商品的各种价格水平和与之相对应的该商品的需求量之间关系的数字序列表。

需求曲线：根据需求表中商品不同的价格–需求量组合在平面坐标图上所绘制的一条曲线。

需求函数 $Q^d = f(P)$ 表示一种商品的需求量和影响该商品的需求量的各种因素之间的相互关系，这种函数关系可以分别用商品的需求表和需求曲线来表示。

需求量的变动是指在其他条件不变时，由某商品的价格变动所引起的该商品的需求量的变动，即其他因素不变，商品本身的价格变化引起需求曲线上点的移动。

需求的变动是指在某商品价格不变的条件下，由于其他因素变动所引起的该商品的需求量的变动，即商品本身的价格不变，其他因素变化引起需求曲线的移动。

需求定理：一般而言，在其他条件不变的情况下，需求量随着价格的上升而减少，随着价格的下降而增加，即需求量与价格呈反方向变动——$P\uparrow$，$Q\downarrow$；$P\downarrow$，$Q\uparrow$。

供给是指生产者在一定时期内，在各种可能的价格水平下，愿意而且能够供应的商品数量。

影响供给的因素：该商品本身的价格、生产成本、相关商品的价格、生产技术水平、生产者对未来的预期等。

供给表：某种商品的各种价格和与各种价格相对应的该商品的供给量之间关系的数字序列表。

供给曲线：根据供给表中商品不同的价格–供给量组合在平面坐标图上所绘制的一条曲线。

供给函数 $Q^s = f(P)$ 表示一种商品的供给量和影响该商品的供给量的各种因素之间的相互关系。

供给定理：在其他条件不变的情况下，供给量随着价格的上升而增加，随着价格的下降而减少，即供给量与价格呈同方向变动——$P\uparrow, Q\uparrow; P\downarrow, Q\downarrow$。

我们称市场供给和市场需求相等时的市场状况为市场均衡，而达到市场均衡时的商品价格和商品数量分别称为均衡价格和均衡数量。

供求定理：在其他条件不变的情况下，需求的变动与均衡价格和均衡数量同方向变动；供给的变动与均衡数量同方向变动，而与均衡价格反方向变动。

一般来说，只要两个经济变量之间存在着函数关系，就可以用弹性表示因变量对自变量的反应的敏感程度。弹性系数 = $\dfrac{因变量变动的比率}{自变量变动的比率}$。

需求价格弹性，简称需求弹性，表示在一定时期内一种商品的需求量变动对该商品的价格变动的反应程度，即需求量变动对价格变动的反应程度。

需求价格弹性分为弧弹性和点弹性。需求价格弧弹性的计算可以分为三种情况：①涨价时；②降价时；③中点公式。

需求价格弧弹性按照其大小可以分为以下五种情况：①富有弹性，即 $E_d > 1$。②缺乏弹性，即 $0 < E_d < 1$。③单位弹性，即 $E_d = 1$。④完全弹性，即 $E_d \to \infty$。⑤完全无弹性，即 $E_d = 0$。

影响需求价格弹性的因素：消费者对物品的需求程度、物品的可替代程度、市场范围的大小、用途的广泛性、调节时间或使用时间长短、物品在家庭支出中所占的比例等。

需求价格弹性与厂商销售收入的关系：①$E_d > 1$，降价可以增加总收益；涨价会降低总收益。②$E_d < 1$，涨价可以增加总收益；降价反而降低总收益。③对于 $E_d = 1$，即单位弹性的商品，需求量变动的比率等于价格变动的比率。因此，无论降价还是涨价，总收益都不会变化。

需求价格交叉弹性是指在一定时期内，一种商品 X 的需求量变动对于它的相关商品 Y 的价格变动的反应程度。

需求价格交叉弹性系数是正还是负，取决于所考察的两种商品之间的关系。①$E_{xy} > 0$，替代品；②$E_{xy} < 0$，互补品；③$E_{xy} = 0$，无关系。

需求收入弹性表示在一定时期内，一种商品需求量的变动对于收入变动的反应程度。

根据需求收入弹性系数是正还是负，可以给商品分类：①$E_M > 0$，正常品。其中，$E_M > 1$，奢侈品/高档品；$0 < E_M < 1$，必需品。②$E_M < 0$，劣等品/吉芬物品。

供给价格弹性表示在一定时期内，一种商品的供给量的相对变动对于该商品价格的相对变动的反应程度。

本章内容结构

- 供需理论
  - 需求
    - 需求的含义
    - 需求表
    - 影响需求量的因素
      - 商品本身的价格
      - 消费者的收入水平
      - 相关商品的价格
      - 消费者偏好
      - 消费者对该商品的预期价格
    - 需求曲线
    - 需求函数
    - 需求定理
    - 需求定理的特例
      - 吉芬物品
      - 凡勃伦物品
    - 需求量的变动与需求的变动
  - 供给（参考上面）
  - 供求均衡理论
    - 供求定理
    - 均衡的变动
- 弹性理论
  - 需求的价格弹性
    - 富有弹性，即 $E_d > 1$
    - 缺乏弹性，即 $0 < E_d < 1$
    - 单位弹性，即 $E_d = 1$
    - 完全弹性，即 $E_d \to \infty$
    - 完全无弹性，即 $E_d = 0$
  - 需求价格弧弹性的三种计算：涨价时、降价时、中点公式
  - 需求价格点弹性的计算公式与几何测量
  - 需求价格弹性与总收益的关系
    - $E_d > 1$
    - $E_d < 1$
    - $E_d = 1$
  - 影响需求价格弹性的六种因素
  - 需求价格交叉弹性
    - $E_{xy} > 0$，替代品
    - $E_{xy} < 0$，互补品
    - $E_{xy} = 0$，无关系
  - 需求收入弹性
    - $E_M > 0$，正常品
      - $E_M > 1$，奢侈品
      - $0 < E_M < 1$，必需品
    - $E_M < 0$，劣等品/吉芬物品
  - 供给弹性

综合练习

一、名词解释

需求　　　需求函数　　　需求定理　　　供给　　　供给函数
供给定理　　　供求均衡　　　弹性　　　需求价格弹性　　　需求价格点弹性
需求价格弧弹性　　　需求价格交叉弹性　　　需求价格收入弹性　　　总收益

二、选择题

1. 需求规律说明（　　）。
   A. 药品的价格上涨会使药品质量增加
   B. 计算机价格下降导致销售量增加
   C. 丝绸价格提高，游览公园的人数增加
   D. 汽油的价格提高，小汽车的销售量减少

2. 对西红柿需求量的变动，可能是由于（　　）。
   A. 西红柿的价格提高了　　　B. 消费者得知吃西红柿有益健康
   C. 消费者预期西红柿将降价　　　D. 以上都对

3. 当羽毛球拍的价格下降时，对羽毛球的需求将（　　）。
   A. 减少　　　B. 不变　　　C. 增加　　　D. 视具体情况而定

4. 若其他条件不变，牛奶价格下降将导致牛奶的（　　）。
   A. 需求下降　　　B. 需求增加　　　C. 需求量下降　　　D. 需求量增加

5. 当出租车的收费标准上涨后，对公共汽车服务的（　　）。
   A. 需求增加　　　B. 需求量增加　　　C. 需求减少　　　D. 需求量减少

6. 若一条直线型需求曲线与一条曲线型需求曲线相切，则在切点处两曲线的需求价格弹性（　　）。
   A. 相同
   B. 不同
   C. 可能相同，也可能不同　　　D. 依切点所在位置而定

7. 由于直线型需求曲线的斜率不变，因此其价格弹性也不变。这个说法（　　）。
   A. 一定正确　　　B. 一定不正确　　　C. 可能不正确　　　D. 无法断定是否正确

8. 如果人们收入水平提高，则食物支出在总支出中的比重将（　　）。
   A. 大大增加　　　B. 稍有增加　　　C. 下降　　　D. 不变

三、计算题

1. 已知某一时期内某商品的需求函数为 $Q=50-5P$，供给函数为 $Q=-10+5P$。
   （1）求均衡价格和均衡数量，并画出供求图。
   （2）假定供给函数不变，由于消费者收入水平的提高，使需求函数变为 $Q=60-5P$。求出相应的均衡价格和均衡数量，并画出供求图。
   （3）假定需求函数不变，由于生产技术水平提高，使供给函数变为 $Q=-5+5P$。求出相应的均衡价格和均衡数量，并画出供求图。

(4) 利用前面的分析，说明需求变动和供给变动对均衡价格和均衡数量的影响。
2. 已知某商品的需求方程和供给方程分别为：$Q^d = 14 - 3P$，$Q^s = 2 + 6P$。试求该商品的均衡价格，以及均衡时的需求价格弹性和供给价格弹性。
3. 设汽油的需求价格弹性为 -0.15，其价格现为每升 7.8 元，试问汽油价格上涨多少才能使其消费量减少 10%？

四、分析讨论题

1. 下面的说法是否正确，为什么？

   经济学家认为，降低价格一定会使供给量下降是一条规律。可是这个规律也有例外。例如，1990 年一台电脑卖两万多元，到现在只卖三四千元，然而销售量却增加了上百倍。可见，降低价格不一定会使供给量下降。

2. 用供求图解释下面每一种表述。

   (1) 据报道，2021 年我国粮食总产量达 68 285 万吨，比 2020 年增加 1 336 万吨。由于粮食增产，粮食价格可能会下跌。

   (2) 伊朗核问题一直以来引发多方关注。为了回应相关制裁，伊朗于 2012 年 2 月 15 日停止向欧盟六国（荷兰、西班牙、意大利、法国、希腊和葡萄牙）出口石油，这在当时导致欧洲汽油价格上升，而二手凯迪拉克车的价格下降了。

3. 药物性毒品需求缺乏弹性，而计算机需求富有弹性。假设技术进步使这两种物品都增加了 1 倍（这就是说，在每种价格水平时，供给量是以前的 2 倍）。

   (1) 每个市场的均衡价格和数量会发生怎样的变动？
   (2) 哪一种产品价格变动大？
   (3) 哪一种产品数量变动大？
   (4) 消费者对每种产品的总支出会发生什么变动？

第三章

消费者行为理论

📖 内容提要

第二章介绍了需求曲线和供给曲线的基本特征，但没有说明形成这些特征的原因是什么。本章将采用效用论分析需求曲线背后的消费者行为，并从对消费者行为的分析中推导出需求曲线。

🖐 学习目标与重点

- 掌握效用的内涵，理解基数效用和序数效用的概念，理解需求曲线的推导过程。
- 重点掌握基数效用论中的边际效用递减规律、消费者均衡条件和消费者剩余。
- 重点掌握序数效用论中的无差异曲线、预算线、边际替代率递减规律，以及消费者均衡条件。

🔑 关键术语

效用；基数效用论；序数效用论；边际效用；消费者均衡；无差异曲线；预算线

💡 引入案例

最珍贵的礼物

有一个穷人家徒四壁，仅有的财产是一只旧木碗。一天，穷人登上了一只渔船去帮工。不幸的是，渔船在航行中遇到了特大风浪，被大海吞没了。船上的人几乎都被淹死了。穷人抱着一根大木头，才幸免于难。穷人被海水冲到了一个小岛上，岛上的酋长看见穷人的木碗，感到非常新奇，便用一口袋最好的珍珠、宝石换走了木碗。

一个富翁听到了穷人的奇遇,心中暗想:"一只木碗都能换回这么多宝贝,如果我送去很多可口的食品,该换回多少宝贝啊!"富翁装了满满一船山珍海味和美酒,历尽艰辛终于找到了穷人去过的小岛。酋长接受了富人送来的礼物,品尝之后赞不绝口,声称要送给他最珍贵的东西。富人心中暗自得意。看见酋长双手捧着的"珍贵礼物",富人不由得愣住了:它居然是穷人用过的那只旧木碗!原来木碗在这个岛上是绝无仅有的,是最珍贵的东西。

在这个故事里,酋长的两次行为都充分体现了在其心目中"物以稀为贵"的底层逻辑。

资料来源:《商业故事》。

第一节 效用论概述

一、效用的概念

效用(U,utility):消费者从商品消费中得到的满足程度,是消费者的一种主观心理评价。消费者需求某种商品是为了得到满足。满足程度高,效用大;满足程度低,效用小。一种商品是否具有效用,不仅在于商品本身所具有的客观物质属性,还取决于消费者的主观感受。它表现在以下两个方面。

第一,效用大小因人而异,同一物品对于不同消费者的效用是不同的。

第二,商品的效用会随着时间、地点的变化而变化。例如一块面包,在一个人饥饿的时候其效用就比较大,不饿的时候其效用就比较小;只有冬季才使用的商品,如棉衣,在夏季对于人们来说就没有效用。

效用本身不具有伦理学的意义。只要能够满足人们的欲望或需要,即使这种欲望是坏的,这种商品也具有效用,例如吸烟,当然从法律的角度是受限制的。此外,效用还有正负之分。负效用是指某种物品所具有的引起人的不舒适或痛苦的能力。例如,香烟对于那些不抽烟的人来说,具有负效用。

● 课堂讨论

请同学们举例说明效用的特征。

● 知识链接 3-1

"幸福方程式"与"阿 Q 精神"

萨缪尔森提出:幸福=效用/欲望。使幸福增加的有效方法:①欲望不变而提高效用;②清心寡欲。

我们消费是为了获得满足,或是为了获得幸福。对于什么是幸福,美国的经济学家萨缪尔森用"幸福方程式"来概括。这个"幸福方程式"就是：幸福＝效用/欲望，从这个方程式中我们看到欲望与幸福成反比，也就是说人的欲望越大越不幸福。但我们知道人的欲望是无限的，那么多大的效用不也等于零吗？因此我们在分析消费者行为理论的时候假定人的欲望是一定的。抛开效用论，我们再来思考萨缪尔森提出的"幸福方程式"，他对幸福与欲望关系的阐述太精辟了，难怪他是诺贝尔奖的获得者。

在社会生活中，对于幸福，不同的人有不同的理解，政治家把实现自己的理想和抱负作为最大的幸福；企业家把赚到更多的钱当作最大的幸福；教师把学生喜欢听自己的课作为最大的幸福；老百姓往往觉得平平淡淡、衣食无忧是最大的幸福。幸福是一种感觉，自己认为幸福就是幸福。一个人的欲望水平与实际水平之间的差距越大，他就越痛苦。反之，他就越幸福。"幸福方程式"使人想起了"阿 Q 精神"。

鲁迅笔下的阿 Q 形象，用来唤醒人们认识到当时中国老百姓那种逆来顺受的劣根性。而这里要说的是人如果一点"阿 Q 精神"都没有，会感到不幸福，因此"阿 Q 精神"在一定条件下是人获取幸福的手段。市场经济发展到今天，贫富差距越来越大，如果穷人欲望过高，那只会给自己增加痛苦。倒不如"知足者常乐"，用"阿 Q 精神"来降低自己的欲望，使自己虽穷却也活得幸福自在。富人比穷人更看重财富，富人会追求变得更富有，如果得不到更多的财富，富人也会感到不幸福。

"知足常乐""适可而止""随遇而安""退一步海阔天空""该阿 Q 时就阿 Q"，这些说法有着深刻的经济含义，我们要为自己最大化的幸福做出理性的选择。

资料来源：梁小民. 微观经济学纵横谈 [M]. 北京：生活·读书·新知三联书店，2000.

二、基数效用与序数效用

西方经济学家对于度量效用的大小，先后提出了基数效用与序数效用的概念，并在此基础上形成了分析消费者行为的两种方法：边际效用分析方法和无差异曲线分析方法。

基数效用的基本观点是：效用的大小可以用基数（1、2、3…）来表示，可以计量并加总求和。例如吃一块面包为 20 个效用单位，看一场 3D 电影为 100 个效用单位，这两种消费的效用之和是 120 个效用单位，并且看一场 3D 电影的效用是吃一块面包的效用的 5 倍。

然而，在很多情况下，我们却无法明确衡量一个物品的效用大小。20 世纪 30 年代，序数效用的概念被大多数西方经济学家使用。在现代微观经济学里，序数效用论的分析方法占主导地位。

序数效用的基本观点是：效用作为一种心理现象无法用数字具体衡量，也不能加总求和，只能表示出满足程度的高低与顺序，即效用只能用序数（第一、第二、第三……）来表示。拿上例来说，消费者只需要回答偏好哪一种消费，如果是吃一片面包，则吃一片面包的效用大于看一场 3D 电影的效用。也就是说，消费者宁愿吃一片面包，也不去看一场 3D 电影。

知识链接 3-2

效用理论的来源

现代效用理论源于功利主义。功利主义是近两个世纪以来西方理性思潮的一大主流。1700年，数理概论学的基本理论开始发展后不久，效用这一概念便产生了。例如，一位聪明的瑞士数学家丹尼尔·伯努利（Daniel Bernoulli）在1738年观察到，人们似乎是在按下列方式行动：在一场公平的赌博中，他们认为所赢到的1美元的价值小于他们所输掉的1美元的价值。这就意味着：人们厌恶风险，并且，相继增加的新的美元财富给他们带来的是越来越少的真实效用。

早期将效用概念引入社会科学的人是英国的哲学家杰里米·边沁（Jeremy Bentham, 1748—1832）。他建议，社会应该按"效用原则"组织起来，他把效用原则定义为："任何客体所具有的可以产生满足、好处或幸福，或者防止痛苦、邪恶或不幸的性质。"

随着效用理论的发展，出现了新古典经济学家威廉·斯坦利·杰文斯推广边沁的效用概念，用以解释消费者行为。他认为理性的人应以每一物品所能增添的（边际效用）为基础来做出他们的消费决策。

资料来源：萨缪尔森，诺德豪斯. 经济学[M]. 萧琛，译. 北京：人民邮电出版社，2008.

三、消费者偏好

消费者偏好属于序数效用论的概念。所谓消费者偏好是指所有消费组合在消费者心目中的排序。如上面所说的消费者宁愿吃一片面包，也不去看一场3D电影。

序数效用论者提出了关于消费者偏好的四个基本假定。

第一，偏好的完全性。偏好的完全性是指消费者总是可以比较和排列所有消费组合。如对两个消费组合A和B，消费者总可以做出，也仅可以做出以下三种判断中的一种，即A>B，A的效用大于B；A<B，A的效用小于B；A=B，A的效用与B相同。不存在无法比较和选择的情况。

第二，偏好的可传递性。可传递性是指对于任何商品组合，消费者的效用排序不发生矛盾，消费者偏好保持一致。例如，在看一场足球比赛和吃一顿大餐中进行选择，消费者选择看一场足球比赛。而在看一场足球比赛和听一场音乐会中进行选择时，消费者选择听一场音乐会，那么对于这名消费者而言，听一场音乐会的效用一定高于吃一顿大餐的效用。即A>B，B>C，则A>C。

第三，偏好的非饱和性。非饱和性是指对每一种商品的消费都没有达到饱和点。对任何商品，总认为多比少好。

第四，偏好的稳定性。稳定性是指在所给定时期内消费者的偏好是稳定的。如果消费者偏好看电影，那么在一定时期内，消费者会保持这种偏好。

个案研究 3-1

兔子和猫争论着一个问题：世界上什么东西最好吃？

兔子抢先说："世界上最好吃的东西是青草，特别是春天的青草，那股清香味儿，吃起来还甜滋滋的。我一说就要流口水。"

猫不同意这个意见，它说："我认为世界上没有比鱼更好吃的东西了。你想想，那鲜嫩的肉，柔软的皮，嚼起来又酥又松。只有最幸福的动物，才懂得鱼是世界上独一无二的好东西。"

它们两个都坚持自己的意见，争论了好久，还是得不到解决，最后只好去找猴子评理。猴子听了它们的两种意见，都不同意。它说："你们都是十足的傻瓜，连世界上最好吃的东西都不知道。我告诉你们吧，世界上最好吃的东西是桃子！桃子不仅美味可口，而且长得漂亮。我每天做梦都梦见吃桃子。"

兔子和猫听了直摇头，说："我们以为你要说别的东西，没想到你会说桃子，那玩意毛茸茸的，有什么好吃的！"那么，世界上到底什么东西最好吃？兔子、猫和猴子的不同回答充分说明了消费者偏好不同，最终的选择也不同。

资料来源：斯凯恩．一看就懂的经济常识全图解［M］．上海：立信会计出版社，2014．

个案研究 3-2

子非鱼，安知鱼之乐

20世纪80年代中期，日本电视连续剧《血疑》曾风靡神州大地。女主人公幸子和父亲大岛茂的故事使不少人感动得流泪。精明的商家从中看出了市场机遇。上海一家服装厂推出了幸子裙，北京一家服装厂推出了大岛茂风衣。但结果很不一样。上海的厂家大获其利，北京的厂家却亏本了。其原因是不同消费者有不同的消费行为。

消费者购买物品是为了从消费这种物品中得到物质或精神的满足，这种满足被称为效用。消费者产生消费行为的目的是实现效用最大化。效用不同于物品本身的使用价值。使用价值产生于物品的属性，是客观的。效用是消费者消费某物品时的感受，是主观的。某种物品给消费者带来的效用因人而异，效用大小完全取决于个人偏好，没有客观标准。

庄子说：子非鱼，安知鱼之乐？这句话形象地说明了效用的主观性。鱼在水中畅游是苦不堪言，还是悠然自得，其乐无穷，只能由鱼自己的感受来决定。同样，都是根据《血疑》而开发的衣服却有不同的命运，就是因为女中学生与中年男子从衣服中得到的效用不同。女中学生崇尚幸子，认为穿幸子裙可以得到极大的心理满足。中年男子虽然尊敬大岛茂这样的父亲，但并不以穿同样的衣服为荣，大岛茂风衣对他们并没有什么特殊效用。

女中学生认为幸子裙带来的效用大，即主观评价高，所以，愿意用高价购买，厂家当然获利。但中年男子并不认为大岛茂风衣有什么效用，即主观评价低，所以，不愿意出高价购买，当厂家的定价高于消费者的需求价格时便卖不掉生产出的衣服，只能赔本。可见,能否对消费者心理做出深度分析和准确判断是厂家成败的重要因素。

资料来源:郭万超,辛向阳. 轻松学经济:300个核心经济术语趣解 [M]. 北京:对外经济贸易大学出版社,2005.

第二节 基数效用论

一、边际效用递减规律

1. 总效用和边际效用

基数效用论者将效用区分为**总效用**(total utility)和**边际效用**(marginal utility),分别简写为 TU 和 MU。总效用,是指从商品消费中得到的总的满足程度,即效用量的总和。边际效用,是指每增加一个单位的商品所增加的满足程度,即增加的效用量的增量。

假定消费者对一种商品的消费数量为 Q,则总效用函数为:

$$TU = f(Q) \tag{3-1}$$

相应的边际效用函数为:

$$MU = \frac{\Delta TU(Q)}{\Delta(Q)} \tag{3-2}$$

当商品的增加量趋于无穷小,即 $\Delta Q \to 0$ 时有:

$$MU = \lim_{\Delta Q \to 0} \frac{\Delta TU(Q)}{\Delta Q} = \frac{dTU(Q)}{dQ} \tag{3-3}$$

下面举例说明总效用和边际效用之间的关系。

一个人在很饿的时候,吃第一个馒头增加的效用量是 10,总效用由 0 变为 10;吃第二个馒头时增加的效用量降为 8,总效用由 10 变为 18;以此类推,吃第六个馒头时,人已经饱了,增加的效用量为 0,总效用量仍维持 30。再吃就撑着了,人会变得不舒服,增加的效用量为 -2,总效用由 30 降为 28。

表 3-1 清楚地显示出总效用和边际效用的关系。总效用即为边际效用的累加。按照表中提供的数据资料,还可以画出总效用曲线和边际效用曲线,如图 3-1 所示。

图 3-1 的横轴表示商品的数量,纵轴表示效用量,TU 曲线和 MU 曲线分别为总效用曲线和边际效用曲线。从图 3-1 中可看出总效用曲线和边际效用曲线有以下几点关系。

表 3-1 某商品的效用表 (货币的边际效用 $\lambda = 2$)

商品数量	总效用	边际效用	价格
0	0	—	—
1	10	10	5
2	18	8	4
3	24	6	3
4	28	4	2
5	30	2	1
6	30	0	0
7	28	-2	—

(1) 当 MU > 0,TU↑,即当边际效用为正值时,总效用水平不断增加。

(2) 当 MU = 0,TU 为最高点,即直到边际效用为 0 时,总效用水平达到最大值。

(3) 当 MU < 0,TU↓,即当边际效用为负值时,总效用水平开始下降。

2. 边际效用递减规律

边际效用递减规律的基本内容:随着消费者对某种商品消费量的增加,其从该商品连续增加的每个消费单位中得到的满足程度逐渐下降,所得到的效用增量即边际效用是递减的,MU 曲线是向右下方倾斜的。

正如上面所说,一个人在极度饥饿的时候吃下一个馒头是最解燃眉之急的,但随着吃下馒头数量的连续增加,饥饿程度不断降低,对下一个馒头的渴望值也不断减少。当他完全吃饱的时候,也就是总效用最大的时候,他就不想再吃馒头了。如果继续吃下去,那么就会感到越来越不适。

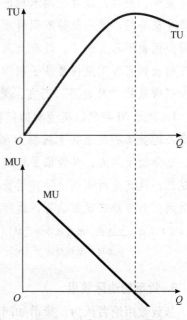

图 3-1 某商品的效用曲线

这主要是因为随着相同消费品的连续增加,消费者所能感受到的满足程度和对重复刺激的反应程度是递减的。如果一种商品具有几种用途,消费者总是将第一单位的消费品用在最重要的用途上,第二单位用在次要用途上。

课堂讨论

在炎热的夏天,当你吃第一根冰棍时感觉最好,吃得越多感觉越不好,如果一次吃十几根冰棍就会感到痛苦。请用边际效用递减规律解释这种现象。

知识链接 3-3

价值悖论

必需品(水)的市场价值很低;很少能交换到任何东西。奢侈品(钻石)使用价值很小,但市场价格很高,可以交换到大量其他物品。

亚当·斯密在他的《国富论》中提出了一个"价值悖论":为什么对我们的生活如此重要的水的价格极其低廉,而几乎没有什么使用价值的钻石却那么昂贵呢?

这是因为水的供给曲线和需求曲线相交于一个很低的价格水平上,而钻石的供给曲线和需求曲线却相交于一个很高的价格水平上。均衡价格的高低反映的是它们不同的稀缺程度,而不是对不同消费者的有用性——使用价值或价值。

如果从效用的角度去理解价格的话,我们就需要区分边际效用和总效用。水的市场价格取决于最后一单位水所能够提供的边际效用(即市场上总效用的增量),而不是第一滴水所能为我们提供的效用。因此,虽然第一滴水几乎和生命一样珍贵,但由于水的供给量异常庞大，所以，最后一滴水所能提供的边际效用微不足道，使水的市场价格可以廉价到用来冲洗马桶。第一粒钻石同样也是无比珍贵的，它的供给量使最后一单位钻石所提供的边际效用也不那么大了，没有大到只有皇后才能够佩戴的地步，不过，钻石的供给量也同样没有大到可以用来代替沙子制作混凝土。而水对于我们的生活是如此重要，所以，就水给我们带来的"总效用"而言，无疑大大地超过了钻石给我们带来的"总效用"。

19世纪70年代，奥地利的门格尔、庞巴维克等人用边际效用来解释价值的决定，认为商品的价值决定于其有用性与稀缺性，价值量的大小由边际效用决定，越是稀缺的东西，边际效用越大，其价值量就越高；反之，越是数量多的东西，边际效用越小，其价值量越低，这就是所谓的边际效用价值论。价格不反映一件商品的总效用，而是反映它的边际效用。西方经济学家认为，边际效用价值论解决了所谓的价值的矛盾。

资料来源：卫志民. 微观经济学 [M]. 北京：高等教育出版社，2012.
卜洪运. 微观经济学 [M]. 北京：机械工业出版社，2009.

3. 货币的边际效用

基数效用论者认为，货币如同商品一样，也具有效用。商品的边际效用递减规律对于货币也同样适用。对于一个消费者来说，随着货币收入量的不断增加，每增加一元钱所带来的边际效用越来越小。

但是，在分析消费者行为时，基数效用论者通常假定货币的边际效用是不变的。因为消费者的收入在一定时期内是给定的，而单位商品的价格只占消费者总收入中的很小一部分，当消费者对某种商品的购买量发生很小的变化时，所支出的货币边际效用的变化是非常小的，可以忽略不计。这样，货币的边际效用通常用一个不变的常数 λ 来表示。

个案研究 3-3

吃三个面包的感觉

美国总统罗斯福连任三届后，曾有记者问他有何感想，总统一言不发，只是拿出一块三明治让记者吃，这位记者不明白总统的用意，又不便问，只好吃了。接着总统拿出第二块三明治，记者还是勉强吃了。紧接着总统拿出第三块三明治，记者为了不撑破肚皮，赶紧婉言谢绝。这时罗斯福总统微微一笑："现在你知道我连任三届总统的滋味了吧。"这个故事揭示了经济学中的一个重要原理：边际效用递减规律。

比如，水是非常宝贵的，没有水，人们就会死亡，但是你连续喝超过了你能饮用的数量时，那么多余的水就没有什么用途了，再喝边际价值几乎为零，或是在零以下。现在我们的生活富裕了，我们都体验过"天天吃着山珍海味也吃不出当年饺子的香味"的感觉。这就是边际效用递减规律。设想如果不是递减而是递增会是什么结果？吃一万个面包也不饱。所以说，幸亏我们生活在边际效用递减的世界里，在购买消费达到一定数量后因效用递减就会停止下来。

消费者购买物品是为了实现效用最大化，而且，物品的效用越大，消费者愿意支付的价格就越高。根据效用理论，企业在决定生产什么时首先要考虑商品能给消费者带来多大效用。

企业要使自己生产出的产品卖出去，而且能卖高价，就要分析消费者的心理，能满足消费者的偏好。一个企业要想获得成功，不仅要了解当前的消费时尚，还要善于发现未来的消费时尚。这样才能从消费时尚中了解消费者的偏好及变动，并及时开发出能满足这种偏好的产品。同时，消费时尚也受广告的影响。一种成功的广告会引导一种新的消费时尚，左右消费者的偏好。所以说，企业行为从广告开始。

消费者连续消费一种产品的边际效用是递减的。如果企业只是连续生产一种产品，它带给消费者的边际效用就在递减，消费者愿意支付的价格就低了。因此，企业要不断创造出多样化的产品，即使是同类产品，只要不相同，就不会引起边际效用递减。例如，将同类服装做成不同样式，就成为不同产品，就不会引起边际效用递减。如果完全相同，则会引起边际效用递减，消费者就不会购买太多。

边际效用递减原理告诉我们，企业要进行创新，需要生产不同的产品满足消费者需求，以减少和阻碍边际效用递减。

资料来源：常青. 应该读点经济学 [M]. 北京：中信出版社，2009.

二、基数效用论的消费者均衡

消费者均衡研究的是单个消费者如何在既定的收入下实现效用最大化的均衡条件。当消费者获得最大效用时，将不能也不愿意改变任何商品的购买数量。

基数效用论关于消费者实现效用最大化的均衡条件：

（1）把全部收入用完。

（2）每一元钱都花在刀刃上。消费者应该使自己所购买的各种商品的边际效用与价格之比相等，即消费者应该使自己花费在各种商品购买上的最后一元钱所带来的边际效用相等，且等于货币的边际效用。

用公式表示如下：

$$P_1X_1 + P_2X_2 + \cdots + P_nX_n = I \tag{3-4}$$

$$\frac{MU_1}{P_1} = \frac{MU_2}{P_2} = \cdots = \frac{MU_n}{P_n} = \lambda \tag{3-5}$$

式中，P_n 表示第 n 种商品的既定价格，X_n 表示第 n 种商品的数量，MU_n 表示第 n 种商品的边际效用，λ 表示不变的货币的边际效用，I 表示消费者的既定收入。式（3-4）是实现消费者均衡的预算约束，消费者购买商品组合的花费不能大于既定的收入水平。式（3-5）是在预算约束下实现消费者均衡的条件。

我们以下面的例题来进一步说明消费者的均衡条件。

■ 例题 3-1

一位大学生即将参加三门课的期终考试，他能够用来复习功课的时间只有 6 天。假设每门功课占用的复习时间和相应会有的成绩如表3-2所示，每门课复习一天的成本是相同的。试运用消费者行为理论分析该同学怎样分配复习时间才能使三门课的总成绩最高。

表3-2 某大学生复习三门课程的天数与分数表

分数	天数						
	0	1	2	3	4	5	6
经济学分数	30	44	65	75	83	88	90
管理学分数	40	52	62	70	77	83	88
统计学分数	70	80	88	90	91	92	93

解：首先将各门课程占用的时间与相应的边际效用计算出来，并列成表3-3。

表3-3 某大学生复习三门课程的边际效用表

课程	天数						
	0	1	2	3	4	5	6
经济学	—	14	11	10	8	5	2
管理学	—	12	10	8	7	6	5
统计学	—	10	8	2	1	1	1

我们分别用 X_1、X_2、X_3 表示复习经济学、管理学和统计学占用的时间，分别用 MU_1、MU_2、MU_3 表示复习经济学、管理学和统计学的边际效用，用 I 表示该同学可以复习的总天数，用 P 表示复习一天的成本，$P>0$，那么该同学的预算约束为：$PX_1 + PX_2 + PX_3 = PI = 6P$

在预算约束下的均衡条件是：$\dfrac{MU_1}{P} = \dfrac{MU_2}{P} = \dfrac{MU_3}{P} = \lambda$，则 $MU_1 = MU_2 = MU_3 = 10$，此时 $X_1 = 3$，$X_2 = 2$，$X_3 = 1$。

由表3-3可以看出，经济学用3天，其边际效用是10分；管理学用2天，其边际效用是10分；统计学用1天，其边际效用也是10分。而且三门课程所用的时间正好是6天。该同学把6天时间做如上的分配时，总分最高，总分＝经济学75分＋管理学62分＋统计学80分＝217分。

如果该同学将时间分配为经济学4天，管理学1天，统计学1天，就会出现 $\left(\dfrac{MU_1}{P} = \dfrac{8}{P}\right) < \left(\dfrac{MU_3}{P} = \dfrac{10}{P}\right) < \left(\dfrac{MU_2}{P} = \dfrac{12}{P}\right)$ 的情况，同样的1天用来复习经济学所得到的边际效用小于复习统计学和管理学的边际效用，那么该同学就会调整三门课程的复习时间，将减少经济学的复习时间，同时相应增加管理学和统计学的复习时间，直至它们的边际效用相等为止，此时，该同学获得了最大的效用，即最高的总分。[一]

[一] 资料来源：http://bbs.pinggu.org/thread-547435-1-1.html。

个案研究 3-4

把每一分钱都用在刀刃上

消费者均衡就是消费者购买商品的边际效用与货币的边际效用相等。这就是说消费者的每一元钱的边际效用和用一元钱买到的商品边际效用相等。假定一元钱的边际效用是 5 个效用单位，一件上衣的边际效用是 50 个效用单位，消费者愿意用 10 元钱购买这件上衣，因为这时的一元钱的边际效用与用在一件上衣的一元钱的边际效用相等。此时消费者实现了消费者均衡，也可以说实现了消费（满足）的最大化。低于或大于 10 元钱，都没有实现消费者均衡。我们可以简单地说在消费者收入既定、商品价格既定的情况下，花最少的钱得到最大的满足程度就实现了消费者均衡。

我们前边讲到商品的连续消费边际效用递减，其实货币的边际效用也是递减的。在收入既定的情况下，消费者存的货币越多，购买的物品就越少，这时货币的边际效用下降，而物品的边际效用在增加，明智的消费者就应该把一部分货币用于购物，增加他的总效用；反过来，则消费者卖出商品，增加货币的持有，也能提高他的总效用。通俗地说，假定你有稳定的职业收入，你的银行存款有 50 万元，但你非常节俭，吃、穿、住都处于温饱水平。实际上这 50 万元足以使你实现小康生活。要想实现消费者均衡，你应该用这 50 万元的一部分去购房、用一部分去买一些档次高的服装，同时银行账户里也要有一些积蓄；相反，如果你没有积蓄，购物欲望非常强，见到新的服装款式，甚至借钱去买，买的服装很多，而效用降低，如果遇到一些家庭风险，没有一点积蓄，生活就会陷入困境。

经济学家的消费者均衡的理论看似难懂，其实一个理性的消费者，他的消费行为已经遵循了消费者均衡的理论。比如你在现有的收入和积蓄下是买房还是买车，你会做出合理的选择。你走进超市，见到琳琅满目的物品，你会选择你最需要的。你去买衣服肯定不会买回你已经拥有的衣服。所以说经济学是选择的经济学，而选择就是在你资源（货币）有限的情况下，实现消费满足的最大化，使每一分钱都用在刀刃上，这样就实现了消费者均衡。

资料来源：online.njtvu.com。

两种商品均衡条件的解释（经济含义）如下。

如果 $\frac{MU_1}{P_1} < \frac{MU_2}{P_2}$，说明：对于消费者，同样的一元钱购买商品 1 的边际效用小于商品 2 的边际效用。

这样，理性的消费者就会调整这两种商品的购买量：减少商品 1；增加商品 2。这意味着总效用会增加。直到两种商品的边际效用相等时，即 $\frac{MU_1}{P_1} = \frac{MU_2}{P_2}$，便获得最大效用。反之亦然。

三、消费者剩余

消费者剩余就是消费者对于某种商品所愿意支付的最大总价格与实际支付的总价格之

间的差额。由于消费者对于每一单位所愿意支付的价格取决于这一单位的边际效用,所以消费者所愿意支付的价格是逐步下降的。

下面以表 3-4 为例,进一步说明消费者剩余的内容。

表 3-4 某消费者的消费者剩余表

消费者愿付的价格/元	茶叶数量/两[一]	实际支付的市场价格/元	消费者剩余
8	1	4	4
7	2	4	3
6	3	4	2
5	4	4	1
4	5	4	0

如表 3-4 所示,消费者按价格 4 元购买 5 两茶叶,总效用为 30 个单位 (8+7+6+5+4),而为此实际支出了 20 个单位 (4×5=20);消费者剩余为 10 个单位。对某个消费者来说,他愿意支付的价格取决于他对该物品效用的评价。边际效用递减决定了他所愿意付出的价格是随着该物品数量的增加而递减的。由此可见,消费者剩余是边际效用递减的直接结果。

消费者剩余是消费者的主观心理评价,它反映了消费者通过购买和消费商品所感受到的状态的改善,通常被用来度量和分析社会福利问题。

四、对需求曲线的推导

基数效用论以边际效用递减规律和建立在该规律上的消费者效用最大化的均衡条件为基础推导消费者的需求曲线。

在其他条件不变的前提下,随着消费者对某一种商品消费量的连续增加,该商品的边际效用是递减的,相应地,消费者为购买这种商品所愿意支付的最高价格即需求价格也越来越低,即消费者的需求曲线是向右下方倾斜的。

考虑消费者购买一种商品的情况,消费者效用最大化的均衡条件为:

$$\frac{MU}{P} = \lambda \tag{3-6}$$

该式意味着,随着需求量的不断增加,边际效用 MU 是递减的,为了保证式 (3-6) 中的均衡条件实现,在货币的边际效用 λ 不变的前提下,商品的需求价格 P 必然应同比例于 MU 的递减而递减。

基数效用论在对消费者行为的分析中,运用边际效用递减规律的假定和消费者效用最大化的均衡条件,推导出了单个消费者的需求曲线(见图 3-2),同时解释了需求曲线向右下方倾斜的原因。

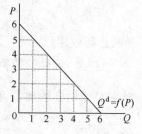

图 3-2 单个消费者的需求曲线

[一] 1 两 = 50 克。

图 3-2 中的横轴表示商品的数量,纵轴表示商品的价格,需求曲线 $Q^d = f(P)$ 是向右下方倾斜的。它表示:商品的需求量随商品价格的上升而减少,随着商品价格的下降而增加,即商品的需求量与商品的价格呈反方向的变动。

第三节 序数效用论

第二节中,我们用基数效用论分析了消费者效用最大化的条件,并推导出了需求曲线。但序数效用论者认为,效用是一种心理活动或感觉,无法用具体数字衡量,只能用顺序或等级来表示。本节我们就用序数效用论的无差异曲线分析方法来讨论消费者行为,并在此基础上推导消费者的需求曲线。

一、无差异曲线

1. 无差异曲线的含义

无差异曲线是指 X_1、X_2 两种商品不同数量的各种组合却能给消费者带来相同效用的一条曲线,即处于同一条无差异曲线上的两个点:两种商品的组合不同,但效用水平相同。

无差异曲线的意义:在现实生活中,消费者在消费两种可相互替代的商品 X_1 和 X_2 时,可以多消费一点 X_1 而少消费一点 X_2,或少消费一点 X_1 而多消费一点 X_2,但得到的总效用水平不变。例如在对猪肉和羊肉、苹果和梨、咖啡和茶等替代品进行消费时,都可能出现这种情况。

现在我们假定消费者消费苹果和梨。该消费者原来消费 10 单位的梨和 1 单位的苹果,若梨的价格出于某种原因上升而苹果的价格不变甚至下降时,该消费者会多买些苹果而少买些梨,但仍可得到同样程度的满足。假定苹果和梨有如表 3-5 所示的不同组合。

表 3-5 梨和苹果的不同组合

组合	梨 X_2	苹果 X_1
A	10	1
B	6	2
C	4	3
D	2.5	4

表 3-5 给出了梨和苹果两种商品有 A、B、C、D 等四种数量不同的组合,但是它们所提供的效用水平是相等的。我们把表中所反映的内容在坐标图上表现出来,即可得到一条无差异曲线,如图 3-3 所示。

可见,无差异曲线是表示能给消费者带来同等效用的两种商品的不同组合的曲线,即线上任何一点 X_1 与 X_2 的不同组合,给消费者所带来的效用相同。U_0 是个常数,表示某个效用水平。

2. 无差异曲线的基本特征

（1）向右下方倾斜，斜率为负。该特征表明为实现同样的满足程度，增加一种商品的消费，必须减少另一种商品的消费。

（2）凸向原点。无差异曲线不仅向右下方倾斜，而且是以凸向原点的形状向右下方倾斜的。图3-3即显现出了这一点，图3-4显现得更明显。

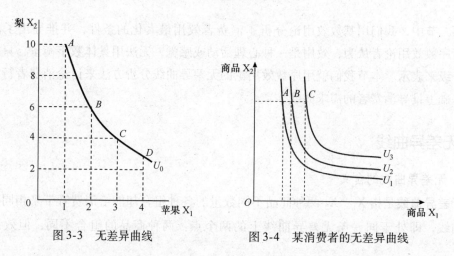

图3-3　无差异曲线　　　　图3-4　某消费者的无差异曲线

（3）无差异曲线离原点越远，效用水平越高。在同一坐标平面上的任何两条无差异曲线之间可以有无数条无差异曲线。同一条曲线代表相同的效用，不同的曲线代表不同的效用。离原点越远的无差异曲线代表的效用水平越高。

简单说明如下：如图3-4所示，在U_1、U_2、U_3三条无差异曲线的A、B、C三点上，所消费的X_2商品数量是相等的，X_1的商品数量却是逐步递增的，根据非饱和性假定，效用水平也应该是逐步递增的。

（4）无差异曲线不相交。在偏好的完全性假定和非饱和性假定下，同一坐标平面图上的任何两条无差异曲线都不会相交。

假设两条无差异曲线相交，那么交点同时在两条不同的无差异曲线上。由于不同的无差异曲线表示不同的满足程度，这就意味着交点所代表的同一个商品组合对于同一个消费者来说有不同的满足程度，这显然是不合逻辑的。所以，无差异曲线不能相交。

3. 无差异曲线的特殊形状

无差异曲线的形状表明在维持效用水平不变的前提下一种商品对另一种商品的替代程度。一般情况下，无差异曲线的形状是凸向原点的，但有时也存在一些极端情况，此时无差异曲线有着特殊的形状。

（1）完全替代品的情况。完全替代品是指两种商品之间的替代比例是固定不变的情况。在这种情况下，两种商品的无差异曲线是一条斜率不变的直线。例如，在某消费者看来，一杯茶和一杯咖啡之间是无差异的，两者总是可以以1:1的比例相互替代，相应的无差异曲线如图3-5a所示。

(2) 完全互补品的情况。两种商品必须按固定不变的比例同时使用，它们之间完全不可以替代。因此，为了维持满足程度不变，就不能增加一种商品的数量以取代另一种商品，即减少另一种商品的数量。此时，无差异曲线呈直角形状。例如，一副眼镜架必须和两片镜片同时配合，才能构成一副可使用的眼镜，相应的无差异曲线如图 3-5b 所示。

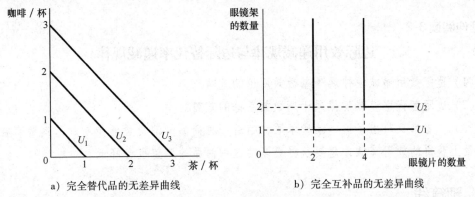

a) 完全替代品的无差异曲线　　　　b) 完全互补品的无差异曲线

图 3-5　无差异曲线

4. 边际替代率

一般情况下，无差异曲线总是凸向原点的，这是由边际替代率递减规律决定的，那么什么是商品的边际替代率呢？

(1) 商品的边际替代率。

边际替代率 (MRS) 是指为了保持同等的效用水平，消费者要增加 1 单位的 X_1 物品就必须放弃一定数量的 X_2 物品。X_1 对 X_2 的边际替代率定义公式为：

$$\text{MRS}_{12} = -\frac{\Delta X_2}{\Delta X_1} \tag{3-7}$$

式中，ΔX_1 和 ΔX_2 分别为 X_1 物品和 X_2 物品的变化量。由于 ΔX_1 是增加量，ΔX_2 是减少量，两者的运算符号肯定是相反的，所以，为了使 MRS_{12} 的计算结果是正值以便于比较，就在公式中增加了一个负号。

当商品数量的变化趋于无穷小时，商品的边际替代率公式为

$$\text{MRS}_{12} = \lim_{\Delta X_1 \to 0} -\frac{\Delta X_2}{\Delta X_1} = -\frac{\mathrm{d}X_2}{\mathrm{d}X_1} \tag{3-8}$$

显然，无差异曲线上某点的边际替代率就是无差异曲线在该点的斜率的绝对值。

📖 **延伸阅读 3-1**

边际替代率与边际效用的关系（一般规律）

任意两个商品的边际替代率等于该两种商品的边际效用之比，即 $\text{MRS}_{12} = \dfrac{\text{MU}_1}{\text{MU}_2}$　(3-9)

(2) 商品的边际替代率递减规律。

西方经济学家认为，在维持效用水平不变的前提下，随着一种商品消费数量的连续增

加，消费者为得到每一单位的这种商品所需要放弃的另一种商品的消费数量是递减的。

出现这种现象的原因在于：随着一种商品的消费量逐步增加，消费者想要获得更多的这种商品的愿望就会递减，从而为了多获得一单位的这种商品而愿意放弃的另一种商品的数量就会越来越少。

延伸阅读 3-2

边际效用递减规律与边际替代率递减规律

（1）边际效用递减规律属于基数效用论的范畴。

（2）边际替代率递减规律属于序数效用论的范畴。

（3）二者都反映出了这一消费本质，随着一种商品的消费量逐步增加，消费者在单位消费量上获得的效用降低，想要获得更多的这种商品的愿望也会降低。

二、预算线

1. 预算线的含义

预算线又称为预算约束线、消费可能线和价格线。预算线表示在消费者的收入和商品价格给定的条件下，消费者的全部收入所能购买到的两种商品最大数量的各种组合的轨迹。

预算线的意义：在现实生活中，对某一消费者来说，在一定时期内的收入水平和他所面对的两种物品的价格都是一定的，他不可能超越这一现实而任意提高自己的消费水平，也就是说，他的购买受到收入和价格的制约。

假定某消费者的一笔收入为 120 元，全部用来购买商品 1 和商品 2，其中，商品 1 的价格 $P_1=4$ 元，商品 2 的价格 $P_2=3$ 元。那么，全部收入都用来购买商品 1 可得 30 单位，全部收入都用来购买商品 2 可得 40 单位。由此画出的预算线为图 3-6 中的线段 AB。

如以 I 表示消费者的货币收入，P_1 和 P_2 分别表示商品 1 和商品 2 的价格，X_1 和 X_2 分别表示商品 1 和商品 2 的数量，那么，相应的预算线的公式为

$$P_1X_1+P_2X_2=I \qquad (3\text{-}10)$$

式（3-10）表示：消费者的全部收入等于他购买商品 1 和商品 2 的总支出。

预算线的斜率为 $-\dfrac{P_1}{P_2}$。

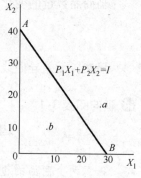

图 3-6 预算线

从图 3-6 中可以看到，预算线 AB 把平面坐标图划分为三个区域：预算线 AB 以外的区域中的任何一点，如 a 点，是消费者利用全部收入都不可能实现的商品购买组合；预算线 AB 以内的区域中的任何一点，如 b 点，表示消费者的全部收入在购买该点的商品组合以后还有剩余；唯有预算线 AB 上的任何一点，才是消费者刚好花完全部收入所

能购买到的商品组合点。

2. 预算线的变动

预算线是在收入和价格一定的条件下的消费可能性曲线,如果收入或价格变了,预算线将发生变动。

预算线的变动可以归纳为以下四种情况。

第一种情况:两种商品的价格 P_1 和 P_2 不变,消费者的收入 I 发生变化。这时,相应的预算线的位置会发生平移,收入增加往右移,收入减少往左移。其理由是,P_1 和 P_2 不变,意味着预算线的斜率 $-P_1/P_2$ 保持不变。于是,I 的变化只能使预算线的横、纵截距发生变化,如图 3-7a 所示。

第二种情况:消费者的收入 I 不变,两种商品的价格 P_1 和 P_2 同比例且同方向发生变化。这时,相应的预算线的位置也会发生平移,价格下降往右移,价格上升往左移。其理由是,P_1 和 P_2 同比例且同方向的变化并不影响预算线的斜率 $-P_1/P_2$,而只能使预算线的横、纵截距发生变化,如图 3-7a 所示。

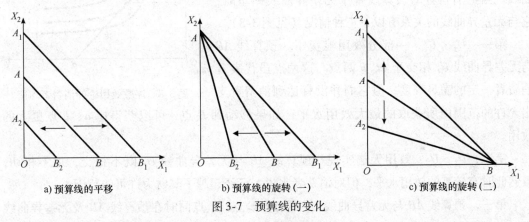

a) 预算线的平移 b) 预算线的旋转(一) c) 预算线的旋转(二)

图 3-7 预算线的变化

第三种情况:消费者的收入 I 不变,商品 1 的价格 P_1 发生变化而商品 2 的价格 P_2 保持不变。这时,预算线的斜率 $-P_1/P_2$ 会发生变化,预算线的横截距 I/P_1 也会发生变化,但是,预算线的纵截距 I/P_2 保持不变。那么仅由商品 1 价格的下降与提高,分别引起预算线由 AB 移至 AB_1 和 AB_2,如图 3-7b 所示。类似情况,商品 1 的价格 P_1 保持不变而商品 2 的价格 P_2 发生变化,预算线的变化如图 3-7c 所示。

第四种情况:消费者的收入 I 与两种商品的价格 P_1 和 P_2 都同比例且同方向发生变化。这时预算线不发生变化。其理由是,此时预算线的斜率 $-P_1/P_2$,以及预算线的横截距和纵截距都不会发生变化。它表示消费者的全部收入用来购买任何一种商品的数量都未发生变化。

三、序数效用论的消费者均衡条件

序数效用论关于消费者均衡研究的是单个消费者如何在既定的收入水平、商品价格和偏好程度下进行商品组合的选择，以获得最大的效用。

序数效用论关于消费者均衡的假设前提：

（1）消费者的偏好（嗜好）既定。

（2）消费者的收入既定。

（3）商品的价格既定。

消费者均衡的基本情况（条件）：

（1）把全部收入用完，即最优的商品组合必须位于给定的预算线上。

（2）效用最大化，即最优的商品组合必须是能给消费者带来最大效用的商品组合。

具体做法：把消费者的无差异曲线和预算线结合在一起，来分析消费者追求效用最大化的购买选择行为。

消费者的收入和商品的价格既定，意味着给定了该消费者一条预算线。同时，该消费者的偏好一定，意味着给定了一组（无数条）效用水平不同的无差异曲线。当把消费者的预算线置于无差异曲线图里时，它与无差异曲线的关系有以下三种情况（见图3-8）。

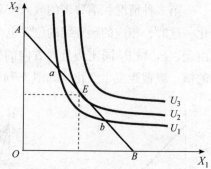

图3-8 序数效用论的消费者均衡

第一，$U_1 < U_2$，一部分效用浪费了。预算线 AB 与无差异曲线 U_1 相交于 a、b 两点。这两点虽代表着消费者一定的满足程度，但它们并没有达到消费者支出允许的范围内所获取的最大效用水平，如果移动到 E 点，可以获得比 a、b 点更大的效用。

第二，$U_3 > U_2$，效用无法实现。预算线 AB 与无差异曲线 U_3 既不相交，也不相切，虽然此时有较高的效用水平，但对消费者来说，已经超越了其财力许可的范围。

第三，预算线 AB 与无差异曲线 U_2 相切于 E 点。E 点同时在预算线 AB 及无差异曲线 U_2 上，意味着它所代表的商品组合是消费者在既定的收入下可以实现的，同时能给消费者带来最高水平的满足。显然，只要 E 点沿着预算线偏离原来的位置，它所代表的满足程度都将低于 U_2 水平。

综上所述，消费者效用最大化的均衡点发生在一条给定的预算线与无数条无差异曲线中的一条无差异曲线相切的 E 点上，该点是在既定收入下能给消费者带来最大效用的商品组合点，此时预算线的斜率等于无差异曲线在该点切线的斜率。

无差异曲线的斜率的绝对值就是商品的边际替代率 MRS_{12}，预算线的斜率的绝对值可以用两种商品的价格之比 P_1/P_2 来表示。

由此，在均衡的 E 点有：

$$\text{MRS}_{12} = \frac{P_1}{P_2} \tag{3-11}$$

这就是序数效用论关于消费者效用最大化的均衡条件。它表示：在一定的预算约束下，为了实现最大的效用，消费者应该选择最优的商品组合，使两种商品的边际替代率等于两种商品的价格之比,也等于两种商品的边际效用之比。

由于 MRS_{12} 一般性地等于 $\dfrac{MU_1}{MU_2}$(见式3-9),因此在均衡点有:

$$MRS_{12} = \frac{P_1}{P_2} = \frac{MU_1}{MU_2} \tag{3-12}$$

四、价格变化对消费者均衡的影响及对需求曲线的推导

令一种商品价格变化可以得到价格-消费曲线。价格-消费曲线是在其他条件不变的情况下,与某一种商品的不同价格水平相联系的消费者效用最大化的均衡点的轨迹。图3-9a说明了价格-消费曲线的形成。

在图3-9a中,有两种商品 X_1、X_2,当商品 X_1 的价格从 P_1^1 逐步下降到 P_1^2 和 P_1^3 时,预算线 AB 将绕 A 点向外逆时针方向转动到 AB_1 和 AB_2,并分别和三条无差异曲线相切,把这些切点连接起来就形成一条价格-消费曲线。

由价格-消费曲线可以推导出需求曲线。

分析图3-9a中价格-消费曲线上的三个均衡点 E_1、E_2 和 E_3,可以看出,在每一个均衡点上,都存在着商品 X_1 的价格与商品 X_1 的需求量之间一一对应的关系。当价格由 P_1^1 下降到 P_1^3 时,均衡点由 E_1 移动到 E_3,随之商品 X_1 的需求量由 X_1^1 增加到 X_1^3。

根据一种商品的不同价格水平和相应的最优消费量即需求量之间的一一对应关系,把每一个 P_1 数值和相应的均衡点上的 X_1 数值描绘在同一坐标平面上,就可以得到需求曲线(见图3-9b)。

显然,需求曲线是向右下方倾斜的,它表示商品的价格和需求量呈反方向变化。需求曲线上与每一价格水平相对应的商品需求量都是可以给消费者带来最大效用的均衡数量。

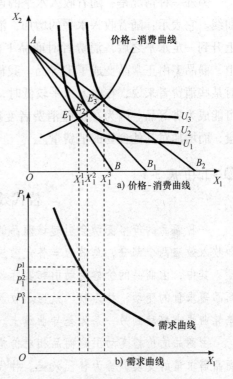

图3-9 价格-消费曲线和需求曲线

五、收入变化对消费者均衡的影响

在其他条件不变而仅有消费者的收入水平发生变化时,也会改变消费者效用最大化的均衡量的位置,并由此可以得到收入-消费曲线。收入-消费曲线是在消费者的偏好和商品的价格不变的条件下,与消费者的不同收入水平相联系的消费者效用最大化的均衡点的轨迹。

图 3-10 说明了收入–消费曲线的形成。

在图 3-10 中，随着收入水平的不断增加，预算线由 AB 移至 A_1B_1，再移至 A_2B_2，于是，形成了三个不同收入水平下的消费者效用最大化的均衡点 E_1、E_2 和 E_3。如果收入水平的变化是连续的，则可以得到无数个这样的均衡点的轨迹，这便是图 3-10 中的收入–消费曲线。图 3-10 中的收入–消费曲线是向右上方倾斜的，它表示：随着收入水平的增加，消费者对商品 1 和商品 2 的需求量都是上升的，这说明这两种商品都是正常品。

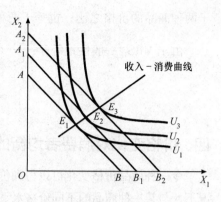

图 3-10　收入–消费曲线

另外一种情况是：随着收入水平的连续增加，可以描绘出一条向后弯曲的收入–消费曲线。它表示：随着收入水平的增加，消费者对商品 1 的需求量开始是增加的，但当收入上升到一定水平之后，消费者对商品 1 的需求量反而减少了。这说明在一定的收入水平上，商品 1 由正常品变成了劣等品。我们可以在日常经济生活中找到这样的例子。譬如，对某些消费者来说，在收入水平较低时，土豆是正常品；而在收入水平较高时，土豆就有可能成为劣等品。因为在这些消费者变得较富裕的时候，他们可能会减少对土豆的消费量，而增加对其他食物的消费量。

知识扩展 3-1

替代效应和收入效应

一种商品的价格变动会引起该商品的需求量的变化，这种变化可以被分解为替代效应和收入效应两个部分，总效应 = 替代效应 + 收入效应。

其中，由商品的价格变动引起实际收入水平变动，进而由实际收入水平变动所引起的商品需求量的变动，称为收入效应。收入效应引起效用水平变化，表现为均衡点从一条无差异曲线上移动到另一条无差异曲线上。

由商品的价格变动引起商品相对价格发生变动，进而由商品的相对价格变动所引起的商品需求量的变动，称为替代效应。替代效应不改变消费者的效用水平。

对于正常品来说，替代效应与价格呈反方向变动；收入效应也与价格呈反方向变动，在它们的共同作用下，正常品的总效应必然与价格呈反方向变动，所以正常品的需求曲线是向右下方倾斜的。

对于劣等品来说，替代效应与价格呈反方向变动，收入效应与价格呈同方向变动，而且，在大多数的场合，收入效应的作用小于替代效应的作用，所以，总效应与价格呈反方向变动，相应的需求曲线是向右下方倾斜的。

但是，在少数场合，某些劣等品的收入效应的作用会大于替代效应的作用，于是，就会出现违反需求曲线向右下方倾斜的现象。这类物品就是吉芬商品。

吉芬商品是一种特殊的劣等品。随着价格的上升，消费者对吉芬商品的需求量不减反增。作为劣等品，吉芬商品的替代效应与价格呈反方向变动，收入效应则与价格呈同方向变动。

吉芬商品的特殊性就在于：它的收入效应的作用很大，以至于超过了替代效应的作用，从而使总效应与价格呈同方向变动。这也就是吉芬商品的需求曲线呈现向右上方倾斜的特殊形状的原因。

不同商品的价格变化与替代效应和收入效应的关系如表3-6所示。

表3-6　不同商品的价格变化与替代效应和收入效应的关系

商品类别	价格的关系			需求曲线形状
	替代效应	收入效应	总效应	
正常品	反向变化	反向变化	反向变化	右下方倾斜
劣等品	反向变化	同向变化	反向变化	右下方倾斜
吉芬商品	反向变化	同向变化	同向变化	右上方倾斜

个案研究3-5

保姆赚"小费"的故事

一位朋友虽事业蒸蒸日上，但为特别爱哭泣的小孩伤透了脑筋。为此两口子想了不少办法，但收效甚微。经过一段时间的摸索，最后总算找到了偏方：小孩特别爱吃一种小颗粒糖，也爱玩欢乐球。所以每当小孩快要哭的时候，给他一两个欢乐球或给他吃几颗糖，小孩很快就会安静下来，甚至还会高兴得手舞足蹈。要是不让小孩哭，每周得破费54元左右，包括购买100多个价格为0.25元的欢乐球和约280粒价格为0.1元的糖。

有一天，他们从保姆市场雇了一位保姆专门照顾小孩，基本要求是不能让小孩哭，当然每周的预算仍然是54元左右。在雇主的帮助下，保姆很快学会了如何买球和糖以及对付小孩哭泣的招数。然而，一个多月以后，欢乐球降价了，由原来的0.25元降到0.15元。保姆当然高兴，因为现在虽然买280粒糖仍需28元，但买105个欢乐球不需要26元了，而只需要16元，每周就可以省出10元。但保姆没有把省出的钱交还给雇主，而是装进了自己的腰包，算是赚点"小费"。就这样，欢乐球降价后，保姆每次花约44元买105个欢乐球和280粒糖，并赚10元小费，雇主全然不知。日复一日，循环往复，但保姆总琢磨着，既然欢乐球降价了，为什么不多买点欢乐球，而少买点糖。经过不断尝试，她觉得花上44元，买145个欢乐球和220粒糖效果最好，不仅能制止小孩哭泣，有时还会看到小孩的笑脸。

一次周末，保姆利用雇主每周给的一天假，到正在读经济系研究生的哥哥处串门，并洋洋得意地把在雇主家的故事一五一十地讲给哥哥听。哥哥听后，觉得挺有意思，夸妹妹"聪明"。但仔细想想，还不够，因为让小孩高兴当然好，但这并不是妹妹的本职工作，她完全可以在不让小孩哭泣的前提下，更好地组合球与糖，省出更多的钱，赚更多的"小费"。经此点拨，妹妹觉得言之有理。回去之后，又经过不断尝试，她每次买大约140个欢乐球和210粒糖，花费约42元，就能保证小孩不哭。结果，每次可赚约12元"小费"，比哥哥点拨前多赚2元。

转眼间已是春节临近，保姆打算回家过年，期间只能由雇主去买东西和照顾小孩。如果雇主去买东西，必使其赚"小费"之事暴露无遗。为此，她以退为进，开始将每次能省出的12元分文不要，即把雇主所给的54元全部用于购买欢乐球和糖。至于购买的数量，经尝试，每周买180个欢乐球和270粒糖能使小孩最高兴。见此情景，雇主当然非常高兴，夸保姆很能干，而保姆就将球降价的事告诉雇主，还得了个"诚实"的美名。

这虽然只是一个保姆赚"小费"的故事，却揭示了消费中包括的替代效应和收入效应的原理。价格变化对预算约束具有双重影响：一是消费者实际收入水平的变化。这是由于商品价格变动所引起实际收入水平变动，从而引起需求量的变动，称为收入效应。二是使商品的相对价格变化。这种由于商品价格变动所引起的相对价格的变动，从而引起需求量的变动，称为替代效应。所以，一种商品的价格变化会引起需求量的变化，这种变化可分解为收入效应和替代效应两部分，即总效应＝收入效应＋替代效应。

资料来源：曲辰.保姆赚"小费"的故事［N］.经济学信息报，2001-12-28（6）.

四 本章小结

效用是消费者消费商品时所感受到的满足程度。在分析消费者行为时有两种观点，一种是基数效用论，另一种是序数效用论。基数效用论用边际效用分析消费者行为，序数效用论用无差异曲线分析消费者行为。

边际效用是指某商品消费量改变一单位所引起的总效用的改变量。在一定时期内，其他条件不变的情况下，随着某商品消费量的连续增加，消费者所获得的边际效用是递减的。

消费者均衡研究单个消费者在既定收入、价格和偏好条件下获得最大效用的问题。

基数效用论中，消费者均衡的条件是：

$$\frac{MU_1}{P_1} = \frac{MU_2}{P_2} = \cdots = \frac{MU_n}{P_n} = \lambda$$

即每一单位货币所购买到的任何商品的边际效用相等，并且都等于这一单位货币的边际效用。

无差异曲线是指消费者在一定的偏好、技术和资源条件下，满足程度相同的两种商品的所有组合。

预算线表示在消费者收入和商品价格既定时，消费者的全部收入所能够买到的两种商品的各种组合。

序数效用论中，消费者均衡的条件是：

$$MRS_{12} = \frac{MU_1}{MU_2} = \frac{P_1}{P_2}$$

即两种商品的边际替代率等于两种商品的价格比率。

基数效用论与序数效用论之间的异同：

(1) 假设不同。基数效用论认为效用是可以用数字进行计量和比较的，而序数效用论认为效用无法用具体数字表示，只能有大小次序的区别。

(2) 分析方法不同。基数效用论采用边际效用分析法；序数效用论采用无差异曲线分析法。

(3) 均衡条件形式不同。基数效用论根据边际效用递减规律得到消费者均衡条件，而序数效用论根据边际替代率递减规律得到消费者均衡条件。

一种商品价格变化所引起的该商品的需求量变动的总效应可被分为替代效应和收入效应。正常品的替代效应、收入效应以及总效应与价格呈反方向变动，需求曲线总是向右下方倾斜。劣等品的替代效应和总效应与价格呈反方向变动，收入效应与价格呈同方向变动，需求曲线一般也是向右下方倾斜的。吉芬商品是特殊的劣等品，其收入效应大于替代效应，使总效应与价格呈同方向变动。

本章内容结构

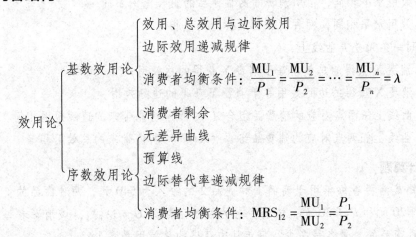

综合练习

一、名词解释

效用　　总效用　　边际效用　　无差异曲线　　预算线　　消费者均衡
边际效用递减规律　　边际替代率递减规律

二、选择题

1. 消费者张某只准备买两种商品 X 和 Y，X 的价格为 10，Y 的价格为 2。若张某买了 7 个单位的 X 和 3 个单位的 Y，所获得的边际效用值分别为 30 个单位和 20 个单位，则（　　）。

   A. 张某获得了最大效用
   B. 张某应当增加 X 的购买，减少 Y 的购买
   C. 张某应当增加 Y 的购买，减少 X 的购买
   D. 张某要想获得最大效用，需要借钱

2. 若某消费者消费了效用为两个单位的某物品之后,得知边际效用为零,则此时( )。
   A. 消费者获得了最大平均效用 B. 消费者获得的总效用最大
   C. 消费者获得的总效用最小 D. 消费者获得的总效用为负

3. 如果商品 X 对商品 Y 的边际替代率 MRS_{XY} 小于 X 和 Y 的价格之比 P_X/P_Y,则( )。
   A. 该消费者获得了最大效用
   B. 该消费者应该增加 X 的消费,减少 Y 的消费
   C. 该消费者应该增加 Y 的消费,减少 X 的消费
   D. 该消费者要想获得最大效用,需要借钱

4. 同一条无差异曲线上的不同点表示( )。
   A. 效用水平不同,但所消费的两种商品的组合比例相同
   B. 效用水平不同,两种商品的组合比例也不相同
   C. 效用水平相同,但所消费的两种商品的组合比例不同
   D. 效用水平相同,两种商品的组合比例也相同

5. 在同一条无差异曲线上,( )。
   A. 消费 X 获得的总效用等于消费 Y 获得的总效用
   B. 消费 X 获得的边际效用等于消费 Y 获得的边际效用
   C. 曲线上任两点对应的消费品组合(X,Y)所能带来的边际效用相等
   D. 曲线上任两点对应的消费品组合(X,Y)所能带来的总效用相等

三、计算题

1. 已知某消费者每年用于商品 1 和商品 2 的收入为 540 元,两种商品的价格分别为 $P_1 = 20$ 元和 $P_2 = 30$ 元,该消费者的效用函数为 $U = 3X_1 X_2^2$,该消费者每年购买这两种商品的数量各是多少?每年从中获得的总效用是多少?

2. 若某人的效用函数为 $U = 4\sqrt{X} + Y$,原来他消费 9 个单位的 X,8 个单位的 Y,现在 X 减少到 4 个单位,问需消费多少单位的 Y 才能与以前的满足相同?

3. 若消费者张某的收入为 270 元,他在商品 X 和 Y 的无差异曲线上的斜率为 $dY/dX = -20/Y$ 的点上实现均衡。已知 X 和 Y 的价格分别为 $P_X = 2$,$P_Y = 5$,那么此时张某将消费 X 和 Y 各多少?

四、分析讨论题

1. 如果你有一辆需要四个轮子才能开动的车子的三个轮子,那么当你有第四个轮子时,第四个轮子的边际效用似乎超过了第三个轮子的边际效用,这是不是违反了边际效用递减规律?

2. 钻石用处极小而价格昂贵,生命必不可少的水却非常的便宜。请用边际效用的概念加以解释。

第四章

厂商行为理论

📖 内容提要

消费者行为是从需求角度入手的,并根据效用理论推导出了需求曲线。然而,市场上的均衡价格与均衡数量是需求与供给共同作用的结果,因此,在本章我们将从供给的角度入手,分析生产者的行为,研究厂商如何有效地利用各种投入要素从事生产活动(生产论),以及厂商的生产成本与产量之间的关系问题(成本论)。

🎯 学习目标与重点

- ◆ 深刻理解等产量线、等成本线、边际技术替代率等一系列重要概念;
- ◆ 掌握生产函数的含义,典型的生产函数与图形,各种产量变动的规律与相互关系;
- ◆ 重点掌握短期生产理论中实现生产要素最佳组合的生产者均衡的条件;
- ◆ 深刻理解经济成本与会计成本的区别,掌握各种成本曲线之间的关系。

🔑 关键术语

等产量线;等成本线;边际技术替代率;生产者均衡;机会成本;规模经济

💡 引入案例

春运"一票难求"现象能否成为历史

随着2018年春节的脚步逐渐临近,春节火车票"一票难求"现象再次成为民众关注的重点。交通部有关负责人在新闻发布会上指出,春运期间40天近30亿人次的客运量,大大超出了交通运输系统日常的服务能力,为此,交通运输部门将采取多种措施,全面提高运输服务能力。

中国国家铁路集团有限公司相关负责人表示，截至2017年底，中国铁路营运里程达到12.7万千米，居世界第二位，其中高铁2.5万千米，居世界第一位。党的十八大以来的五年，我国新增铁路里程近2万千米，其中高铁1.07万千米，极大地缓解了春运"一票难求"现象。网络、手机、固定电话订票的普及，使广大旅客的购票体验大为改善，原来排长队、通宵购票的现象已经成为历史。2018年的春运，铁路部门又采取了有力措施，努力实现"平安春运、有序春运、温馨春运，让旅客体验更美好"的目标。一是增开旅客列车。在开行图定旅客列车的基础上加开临时旅客列车，每天可增加运力150万人左右。二是加开夜间高铁。通俗来讲就是"红眼高铁"，在需求量最集中的京广铁路、沪昆铁路、贵广铁路、京哈铁路等干线，增开88.5对夜间高铁列车，每天可增加运力10万人左右。三是充分利用新线能力。2017年，铁路部门投产新线3 038千米，2018年春运前又开通了西成高铁、渝贵铁路、兰渝铁路三条大能力运输通道，极大地缓解了成渝地区的春运压力，仅广深地区往成渝地区的运力增幅就可达到40%以上。铁路部门还将根据客票预售情况，对需求旺盛方向尽最大可能安排加开列车。

中国国家铁路集团有限公司相关负责人指出，对于春运特殊时期的旅客需求，铁路还不可能完全满足高峰需求，2018年春运全国发送旅客29.8亿人次，铁路的运力只有3.9亿人次，一方面，铁路部门还会继续加大铁路建设力度，努力解决运输供给不充分、不平衡的问题。另一方面，铁路部门还会充分发挥综合交通体系的作用，最大限度地满足人民群众的出行需求。

2020年2月，中国铁路呼和浩特局集团有限公司相关负责人撰文指出，截至2019年底，中国高铁运营里程突破3.5万千米，随着运输能力和运输质量的增长，春运的"一票难求"其实已经得到很大改善。现如今，互联网、手机、固定电话等途径的客票预订，极大地改善了旅客的购票体验和购票速度。另外，铁路部门采取增加旅客列车、增加夜间高铁等便民利民措施，不断保障好、服务好新时代中国老百姓的出行需求。相信在不久的将来，随着祖国铁路事业的飞速发展，"一票难求"终将成为永久记忆。

2021年9月26日，人民日报刊文指出，中华人民共和国成立之初，我国铁路运营里程仅2.2万千米。70多年来，铁路建设砥砺前行，路网品质不断提升。党的十八大以来，"八纵八横"高铁路网从图纸变为现实，中国铁路跨越塞北风区，蜿蜒岭南山川，驰骋东北雪海，穿梭江南水乡……截至2020年底，我国铁路运营里程14.6万千米，其中高铁运营里程3.8万千米，较"十一五"末增长近5倍，占世界高铁运营里程的2/3以上。

《2022年国民经济和社会发展统计公报》显示：2022年新建铁路投产里程为4 100千米，其中高速铁路里程为2 082千米；新建铁路复线投产里程为2 658千米，电气化铁路投产里程为3 452千米。

资料来源：中国政府网，国家统计局。

第一节 生产函数

一、生产函数的含义与具体形式

【预备知识4-1】 企业

在西方经济学中,生产者称企业或厂商,它是指能够做出统一的生产决策的单个经济单位。企业的目标是实现利润最大化。因此,在之后的讨论中,本书始终坚持一个基本假设:实现利润最大化是一个企业竞争生存的基本准则。企业进行生产的过程就是从投入生产要素到生产出产品的过程。

企业和家庭一样是市场经济中的基本经济单位,它购买各种生产要素进行生产,向社会提供物品与劳务。企业也是经济人,它生产的目的是实现自己的利润最大化。企业在实现这一目的时,遇到了三种限制:一是企业组织内部的效率。在现代社会中企业是一种组织,它的内部比家庭复杂得多,因此,它的内部组织是否协调决定了效率的高低,这种效率对企业的利润最大化至关重要。二是企业所拥有的资源和技术水平。企业必须有效地配置自己的资源,提高资源配置效率。三是市场竞争。企业只有在市场竞争中把自己的产品卖出去才能实现利润最大化。前两个限制因素要在企业内部解决。

资料来源:梁小民. 经济学是什么[M]. 北京:北京大学出版社, 2017.

1. 生产要素

生产要素是指在生产中投入的各种经济资源。在西方经济学中,生产要素一般被划分为劳动、资本、土地和企业家才能这四种类型。

劳动是人类为了进行生产或者为了获取收入而提供的劳务,包括体力劳动和脑力劳动;资本的实物形态是指机械、工具、厂房、仓库等,资本的货币形态通常称为货币资本;土地则是一个广义的概念,不仅包括泥土地,还包括山川、河流、森林、矿藏等地上、地下的一切自然资源。除了以上三种传统的生产要素外,还有一种生产要素即企业家才能。生产任何一种产品都需要投入这些生产要素。

$$\text{生产要素} \begin{cases} \text{劳动 } (L)\text{:体力劳动和脑力劳动的总和。} \\ \text{资本 } (K)\text{:实物形态、货币形态。} \\ \text{土地 } (N)\text{:泥土地及地上、地下的一切自然资源。} \\ \text{企业家才能 } (E)\text{:建立企业与经营企业的才能。} \end{cases}$$

2. 生产函数

生产函数是指在一定时期内,在同一技术水平下,生产中所使用的各种生产要素的数量与所能生产的最大产量之间的关系。

产量 Q 与生产要素 L、K、N、E 等投入存在着一定的依存关系,即生产函数:

$$Q = f(L, K, N, E) \tag{4-1}$$

式中，土地 N 是固定的，企业家才能 E 难以估算，所以简化为只使用劳动和资本两种生产要素：

$$Q = f(L, K) \tag{4-2}$$

式中，L 表示劳动的投入数量，K 表示资本的投入数量，f 表示函数关系。

研究生产函数一般都以特定时期和既定生产技术水平作为前提条件；这些因素发生变动，会形成新的生产函数。

3. 生产函数的典型形式

生产函数的具体形式是多种多样的，其中最常用的有三种。

（1）固定替代比例的生产函数。

固定替代比例的生产函数也叫线性生产函数，表示在每一产量水平上任何两种生产要素间的替代比率是固定的。它的一般形式为

$$Q = aL + bK \tag{4-3}$$

式中，Q 表示产量；L 和 K 分别为劳动投入量和资本投入量；a 和 b 为常数且 a、$b > 0$。假定劳动和资本之间的固定替代比例为 $1:1$，则相应的等产量线如图 4-1 所示。

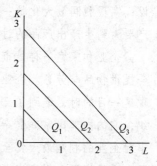

图 4-1　固定替代比例的生产函数的等产量线

（2）固定投入比例的生产函数。

固定投入比例的生产函数通常称为里昂惕夫生产函数，这一生产函数表示在每一个产量水平上任何一对生产要素投入数量的比例是固定的。它的一般形式为

$$Q = \min\left(\frac{L}{u}, \frac{K}{v}\right) \tag{4-4}$$

式中，Q 表示产量；L 和 K 分别为劳动投入量和资本投入量；u 和 v 为常数，分别为固定的劳动和资本的生产技术系数，u、$v > 0$；$\min$ 表示括号内两个数值中的最小者。

在这种情况下，产量 Q 只取决于 $\frac{L}{u}$ 和 $\frac{K}{v}$ 这两个数值中较小的那一个，即使其中的一个数值较大，那也不会提高产量 Q。比如两个人抬一桶水是最合适的组合，如果再增加一个人则必然会导致人员的闲置；同样的道理，再增加一个桶也是没有效率的。

如图 4-2 所示，横轴和纵轴分别表示劳动投入量和资本投入量，以 a、b 为顶点的两条直角线是两条等产量线，依次表示生产既定的产量 Q_1 和 Q_2 的各种要素组合情况。OR 表示这一固定投入比例生产函数的所有产量水平的最小要素投入量的组合。

通常假定生产要素投入量 L、K 都满足最小要素投入组合的要求，所以：

$$Q = \frac{L}{u} = \frac{K}{v} \tag{4-5}$$

（3）柯布－道格拉斯生产函数。

柯布－道格拉斯生产函数是 20 世纪 30 年代初，美国数学家柯布和经济学家道格拉斯

为了分析美国的经济状况,一起提出来的经验性假说,这一生产函数被认为是一种很有用的生产函数,它的一般形式为

$$Q = AL^{\alpha}K^{\beta} \tag{4-6}$$

式中,Q 表示产量,L 和 K 分别为劳动投入量和资本投入量;A、α 和 β 为参数,$0 < \alpha$、$\beta < 1$。A 作为技术参数,表示给定的技术水平对总产量的效应,其数值越大,在既定投入的情况下所能生产的产量就越大。

α 和 β 分别代表增加 1% 的资本和劳动时产量增加的百分比,即分别反映了资本和劳动在生产过程中的相对重要程度。

此外,根据参数 α 和 β 之和,可以判断规模报酬的情况。若 $\alpha + \beta > 1$,则规模报酬递增;若 $\alpha + \beta = 1$,则规模报酬不变;若 $\alpha + \beta < 1$,则规模报酬递减。

图 4-3 给出了柯布 – 道格拉斯生产函数的等产量曲线。

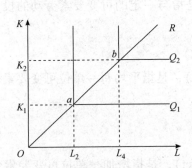

图 4-2　固定投入比例的生产函数的等产量线　　图 4-3　柯布 – 道格拉斯生产函数的等产量曲线

二、短期生产函数——一种可变生产要素的生产函数

【预备知识 4-2】　长期与短期

微观经济学的生产理论可以分为短期生产理论和长期生产理论。这里的"短期""长期",不是指一个具体的时间跨度,那么如何区分短期和长期呢?

"短期"是指生产者来不及调整全部生产要素的数量,至少有一种生产要素的数量是固定不变的时间周期;"长期"是指生产者可以调整全部生产要素数量的时间周期。在长期中,一切生产要素都是可以变动的;而在短期中,只有一部分生产要素是可变的,另一些生产要素是不变的。"短期""长期"的区分是相对的。

在有些生产部门中,如在钢铁工业、机器制造业等部门中,所需资本设备数量多,技术要求高,变动生产规模不容易,则几年也许算是"短期";反之,有些行业如普通服务业、食品加工业,所需资本设备数量少,技术要求低,变动生产规模比较容易,也许几个月可算是"长期"。

1. 一种可变生产要素的生产函数

由生产函数 $Q = f(L, K)$ 出发,假定资本的投入量是固定的,用 $\bar{K}$ 表示;劳动的投入

量是可变的，用 L 表示，则生产函数可以写成：

$$Q = f(L, \bar{K}) \tag{4-7}$$

这就是通常所采用的一种可变生产要素的生产函数的形式，也被称为短期生产函数。由于这时资本的投入量是固定不变的，所以这个生产函数还可以简写为

$$Q = f(L) \tag{4-8}$$

即产量完全取决于劳动的投入量。

2. 总产量、平均产量和边际产量

式（4-7）表示，在资本投入量固定时，劳动投入量的变化带来最大产量的变化。为了探讨这个问题，需要从劳动的总产量、平均产量和边际产量这三个概念及其相互关系说起。

劳动的总产量，简写为 TP_L（total product），是指与一定的可变要素劳动的投入量相对应的最大产量，公式为

$$TP_L = f(L, \bar{K}) \tag{4-9}$$

劳动的平均产量，简写为 AP_L（average product），是指平均每一单位可变要素劳动的投入量所生产的产量，公式为

$$AP_L = \frac{TP_L}{L} \tag{4-10}$$

劳动的边际产量，简写为 MP_L（marginal product），是指增加一单位可变要素劳动投入量所增加的产量，公式为

$$MP_L = \lim_{\Delta L \to 0} \frac{\Delta TP_L}{\Delta L} = \frac{dTP_L}{dL} \tag{4-11}$$

类似地，可以得出：在劳动投入量固定时，由资本投入量的变化所带来的最大产量的变化，并得出资本的总产量、平均产量与边际产量的含义和公式。

为了说明上述三者之间的关系，我们假定只有一种可变要素劳动投入，生产一种产品，生产函数的具体形式设为 $Q = f(L) = 27L + 12L^2 - L^3$，则

$$AP_L = \frac{Q}{L} = 27 + 12L - L^2$$

$$MP_L = \frac{dQ}{dL} = 27 + 24L - 3L^2$$

根据以上计算公式，投入的劳动量、总产量、平均产量和边际产量可用表4-1表示。

表 4-1　投入的劳动量、总产量、平均产量和边际产量

L	TP_L	AP_L	MP_L
0	0	—	—
1	38	38	48
2	94	47	63
3	162	54	72

（续）

L	TP$_L$	AP$_L$	MP$_L$
4	236	59	75
5	310	62	72
6	378	63	63
7	434	62	48
8	472	59	27
9	486	54	0
10	470	47	-33

根据表 4-1，可画出劳动的总产量、平均产量和边际产量的曲线。边际报酬递减规律的三个阶段如图 4-4 所示。从表 4-1、图 4-4 中可以看出：

（1）随着劳动量的增加，总产量、平均产量和边际产量都呈现出先升后降的特征。

（2）当劳动量增加到 4 个单位时，从边际产量曲线 MP$_L$ 中可以看出，这时 MP$_L$ 达到最大，即在 E 点。

（3）当劳动量增加到 6 个单位时，平均产量达到最大，即 AP$_L$ = MP$_L$ 时，也就是图上的 F 点，这时平均产量达到最大。

（4）当劳动量增加到 9 个单位时，总产量达到最大，也就是图上的 G 点，这时边际产量为 0。这时若再增加劳动量，不会带来总产量的增加，只会使总产量减少。

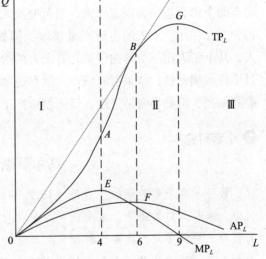

图 4-4　边际报酬递减规律的三个阶段

综上所述，我们可以得到这三个产量之间的关系。

总产量和边际产量的关系。只要边际产量是正的，总产量总是增加的；只要边际产量为负的，总产量总是减少的；当边际产量为 0 时，总产量达到最大值 G 点。在边际报酬递减规律的作用下，边际产量曲线先上升后下降，在 E 点达到最大值，所以相应的总产量曲线的斜率先是递增的，在 A 点为拐点，然后递减。也就是说，劳动的边际产量曲线的最大值点和总产量曲线的拐点是相互对应的。

平均产量和总产量的关系。连接劳动的总产量曲线上任何一点和坐标原点的线段的斜率就是相应的劳动的平均产量值。正是由于这种关系，在图 4-4 中，当平均产量曲线达到最大值 B 点时，总产量曲线必然有一条从原点出发的最陡的切线，其切点为 B 点。

平均产量与边际产量的关系。当 MP$_L$ > AP$_L$ 时，AP$_L$ 曲线是上升的；当 MP$_L$ < AP$_L$ 时，AP$_L$ 曲线是下降的；当 MP$_L$ = AP$_L$ 时，AP$_L$ 曲线达到最大值。

> MP_L 与 TP_L 之间的关系：
> (1) $MP_L > 0$，$TP_L \uparrow$。
> (2) $MP_L < 0$，$TP_L \downarrow$。
> (3) $MP_L = 0$，TP_L 最大，边际产量曲线与横轴相交。

> MP_L 与 AP_L 之间的关系：
> (1) 当 $MP_L > AP_L$，$AP_L \uparrow$。
> (2) 当 $MP_L < AP_L$，$AP_L \downarrow$。
> (3) 当 $MP_L = AP_L$，AP_L 最高，边际产量曲线与平均产量曲线相交。

3. 边际报酬递减规律

边际产量表现出的先上升后下降的特征，被称为边际报酬递减规律，有时也被称为边际产量递减规律或边际收益递减规律。即在一定的技术水平条件下，若其他生产要素不变，连续增加一种生产要素投入，当这种生产要素小于某一数值时，边际产量递增；继续增加这种生产要素投入超过这一数值时，边际产量会递减，甚至为负数。例如，一个面包房有两个烤面包炉为固定投入，当可变投入劳动从一个工人增加到两个工人时，烤面包炉得到充分利用，工人的边际产量递增，但如果增加到三个工人、四个工人，甚至更多工人，几个工人用一个烤面包炉，每个人的边际产量自然会递减，甚至为负数。有些地方盲目推行水稻密植，结果引起减产，就是边际报酬递减规律的典型例证。通过合理密植可以提高亩产，但如果密植过度，反而使亩产下降。

个案研究4-1

马尔萨斯与食品危机

经济学家马尔萨斯的人口论（1798年）的一个主要依据便是边际报酬递减规律。他认为，随着人口的膨胀，越来越多的劳动力耕种土地，地球上有限的土地将无法提供足够的食物。最终劳动的边际产量与平均产量均下降，但又有更多的人需要食物，因而会产生大的饥荒。幸运的是，人类的历史并没有按马尔萨斯的预言发展（尽管他正确地指出了"劳动边际报酬"递减现象）。

在20世纪，科学技术飞速发展，改变了许多国家食物的生产方式，劳动的平均产量因而上升。这些进步包括高产抗病的良种、更高效的化肥、更先进的收割机械。在第二次世界大战结束后，世界上总的食物生产的增幅总是或多或少地高于同期人口的增长。这就告诉我们，劳动边际报酬递减的规律是基于劳动生产率不变的前提发挥作用的，一旦劳动生产率有了大幅的提升，就有可能大大延缓这个规律发挥作用的时间。

资料来源：平狄克，鲁宾费尔德. 微观经济学[M]. 李彬，高远，等译. 北京：中国人民大学出版社，2013.

边际报酬递减规律发生作用必须具备以下三个前提条件。

第一，技术水平保持不变，其他生产要素投入不变。如果技术水平提高，在保持其他生产要素不变而增加某种生产要素时，边际收益不一定递减，可能会上升。同样，如果各种生产要素的投入量按原比例同时增加，边际收益也不一定递减。

第二，并不是一增加生产要素投入就会出现递减，只是投入超过一定量时才会出现递减。

第三，生产要素在每个单位上具有相同的效率。先投入和后投入在效率上没有区别，只在投入量上有区别。如果增加的第二个单位的生产要素比第一个单位的生产要素更为有效，则边际收益不一定递减。

边际报酬递减规律有以下三个阶段。

第一阶段，边际产量递增，总产量增加，上升加快。

第二阶段，边际产量递减，总产量增加，但增长趋缓。

第三阶段，边际产量为负，总产量开始减少。

总产量实际上是经历了一个"逐渐上升加快→增长趋缓→最大不变→绝对下降"的过程。

边际报酬递减规律产生的原因是在生产中，可变生产要素与不变生产要素之间在数量上都存在一个最佳配合比例，即最佳技术系数。开始时，可变生产要素投入量小于最佳配合比例所需投入量，随着可变生产要素投入量的逐渐增加，其越来越接近最佳配合比例。边际产量呈递增的趋势。当达到最佳配合比例后，再增加可变生产要素投入量，可变生产要素的边际产量就呈递减趋势。

延伸阅读 4-1

边际报酬递减规律与边际效用递减规律

边际报酬递减规律是短期生产的一条基本规律，是消费行为理论中边际效用递减规律在生产理论中的应用或转化形态。边际效用递减规律不存在先升后降的问题，而边际报酬递减规律表现为先升后降、最终下降的趋势。

4. 生产要素合理投入区域

现代西方经济学中，通常根据总产量曲线、平均产量曲线和边际产量曲线，把产量的变化分为三个区域，如图4-5所示，Ⅰ区域是平均产量递增阶段，Ⅱ区域是平均产量递减阶段，Ⅲ区域是负边际产量阶段。

Ⅰ区域，可变生产要素劳动量 L 投入的增加，会使平均产量增加，边际产量高于平均产量。这表明和可变生产要素劳动量 L 相比，固定生产要素 K 投入太多，很不经济。在这一区域，增加劳动量投入是有利可图的，它不仅会充分利用固定要素，而且带来总产量以递增的比率增加，有理性的厂商通常不会把可变要素投入的使用量限制在这一区域内。

Ⅱ区域，从平均产量的最高点开始，随着可变生产要素劳动量 L 投入的增加，边际产量虽然递减但是大于0，故总产量仍递增但是增速放慢，直到边际产量为0，总产量

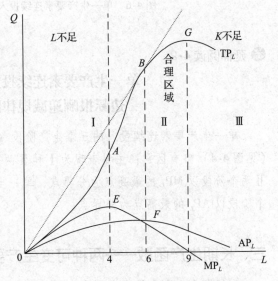

图4-5 单一生产要素连续投入的三个生产阶段

达到最大时为止。另外，平均产量开始递减，因为边际产量已小于平均产量。

Ⅲ区域，从总产量达到最高点开始，随着可变生产要素劳动量 L 投入的增加，边际产量成为负值，总产量开始下降，这时每减少一个单位的可变生产要素 L 投入反而能提高总产量，表明与固定生产要素 K 投入相比，可变生产要素投入太多了，也不经济。显然，理性的厂商也不会在这一区域进行生产。

可见，理性厂商必然要在Ⅱ区域进行生产。这一区域也是生产要素的合理使用区域，又称经济区域。但是在Ⅱ区域的生产中，究竟投入多少可变生产要素，或生产多少，还无法解决，因为这不仅取决于生产函数，而且取决于成本函数。

进一步示例如图 4-6 所示。

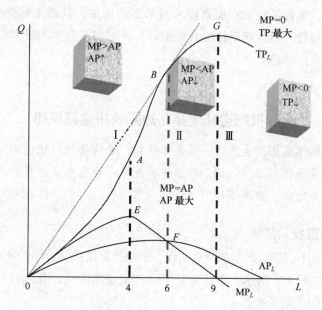

图 4-6 单一生产要素连续投入的三个生产阶段的进一步示例

延伸阅读 4-2

单一生产要素连续投入的三个生产阶段与边际报酬递减规律的三个阶段的区别

单一生产要素连续投入的三个生产阶段（见图 4-5）与边际报酬递减规律的三个阶段（见图 4-4）略有区别：主要表现为Ⅰ和Ⅱ两个阶段的分界线，边际报酬递减规律的Ⅰ和Ⅱ两个阶段以 MP_L 的最高点为分界点，单一生产要素连续投入的三个生产阶段的Ⅰ和Ⅱ两个阶段以 AP_L 的最高点为分界点。

三、长期生产函数——两种可变生产要素的生产函数

在长期中，所有的生产要素都是可变的。通常以两种可变生产要素的生产函数来研究

长期生产问题。

在长期内，所有的生产要素的投入量都是可变的。多种可变生产要素的长期生产函数可以写成：

$$Q = f(X_1, X_2, \cdots, X_n) \tag{4-12}$$

式中，Q 为产量；$X_i(i=1,2,\cdots,n)$ 为第 i 种可变生产要素的投入数量，f 表示函数关系。该生产函数表示：长期内在技术水平不变的条件下，由 n 种可变生产要素投入量的一定组合所能生产的最大产量。

与短期相对应，在这里，厂商可以根据企业的经营状况调整所有生产要素的投入量以改变产量。

为了简化分析，通常以劳动和资本两种可变生产要素的生产函数来考察长期生产问题，则长期生产函数可以写为

$$Q = f(L, K) \tag{4-13}$$

式中，L 表示可变生产要素劳动的投入数量，K 表示可变生产要素资本的投入数量。

这时，劳动与资本之间的任意一种组合，都对应着一个产出水平，这些投入组合与它们所能生产的最大产量之间的对应关系，就是我们所要分析的长期生产函数。

四、等产量曲线

1. 等产量曲线的含义

生产理论中的等产量曲线（也称等产量线）与效用理论中的无差异曲线很相似。**等产量曲线**（isoquant curve）表示在技术水平不变的条件下，两种生产要素劳动 L 和资本 K 的不同数量的组合可以带来相等产量的一条曲线，则等产量曲线函数可以表示为

$$Q = f(L, K) = Q_0 \tag{4-14}$$

式中，Q_0 表示资本和劳动的组合可以生产出的某一既定产量。

假设某乡镇的一家小型服装加工厂计划每天加工 100 条休闲裤。其可以选择的生产要素有缝纫机（资本）和雇员（劳动）两种，既可以选择较多的缝纫机和较少的雇员，也可以选择较少的缝纫机和较多的雇员。具体组合如表 4-2 所示。

表 4-2 生产要素的各种组合

要素组合	劳动投入量 L	资本投入量 K	总产量 Q_1
A	10	80	100
B	20	40	100
C	40	20	100
D	60	13.3	100
E	80	10	100

将表 4-2 中的数据描绘在以两个要素投入量为坐标轴的坐标图上，可以得出生产函数为 $Q = \dfrac{1}{8}KL$，这条曲线就是 $Q_1 = 100$ 的等产量曲线。如图 4-7 所示的 Q_1 曲线，在这条曲

线上的每一点都代表为生产 100 条休闲裤，两种生产要素可能的各种组合。

假定产量由 $Q_1 = 100$ 增加到 $Q_2 = 200$，$Q_3 = 300$，…，则在坐标图上可以给出无数条等产量曲线，如图 4-7 所示。等产量曲线的位置越高，代表的产量越大。在图 4-7 中的三条等产量曲线，$Q_3 > Q_2 > Q_1$。

2. 等产量曲线的特点

（1）向右下方倾斜，斜率为负。这说明两种生产要素之间具有一定的替代关系，要想维持相同的产量水平，在减少一种生产要素投入量的同时，必然要增加另一种生产要素的投入量。

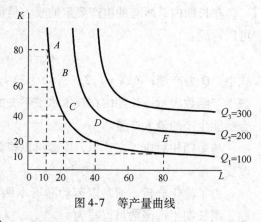

图 4-7　等产量曲线

（2）凸向原点。这说明两种生产要素之间不是简单的替代关系，简单地说就是一种要素对另一种要素替代能力减弱的结果。

（3）等产量曲线离原点越远产量越高。这是因为离原点越远，则生产中投入的资本和劳动数量也越多，产量必然也越大。

（4）任意两条等产量曲线不能相交。如果两条等产量曲线相交，意味着相同的资源组合生产出了两种不同的最大产量。

延伸阅读 4-3

等产量曲线与无差异曲线

效用论中引进了无差异曲线的概念，即能给消费者带来同等效用的两种商品的各种数量组合而形成的曲线。同样，在生产论中引进了等产量曲线，说的是能给生产者带来同样产量的两种生产要素（劳动与资本）的各种数量组合而形成的曲线。两者具有类似的基本特征：向右下方倾斜，斜率为负；凸向原点；离原点越远，效用或产量越高；任意两条曲线不相交。

3. 边际技术替代率

图 4-7 中，A 点表示 $10L$ 和 $80K$，可生产 100 条休闲裤，将劳动增加到 $20L$，资本减少为 $40K$ 的 C 点时，根据等产量曲线的特性，仍可生产 100 条休闲裤，增加劳动所得的产量恰恰弥补了因资本投入减少而损失的产量。

产量不变，正是两种投入量相互替代的结果。为了表达两种要素相互替代的能力，经济学家提出了边际技术替代率的概念。

边际技术替代率（marginal rate of technical substitution，MRTS）是指在产量不变的情况下，当某种生产要素增加一单位时，与另一种生产要素所减少的数量的比率。劳动对资本的边际技术替代率的定义公式为

$$\text{MRTS}_{LK} = -\frac{\Delta K}{\Delta L} \tag{4-15}$$

式中，ΔK 和 ΔL 分别为资本投入量的变化量和劳动投入量的变化量。公式中加一负号是为了使 MRTS 值在一般情况下为正值，以便于比较。

如果要素投入量的变化量为无穷小，则边际技术替代率公式为

$$\text{MRTS}_{LK} = \lim_{\Delta L \to 0} -\frac{\Delta K}{\Delta L} = -\frac{dK}{dL} \tag{4-16}$$

边际技术替代率还可以表示为两要素的边际产量之比。这是因为，对于任意一条给定的等产量曲线来说，当用劳动投入去替代资本投入时，在维持产量水平不变的前提下，由增加劳动投入量所带来的产量增加量和由减少资本量所带来的产量减少量必定是相等的，即 $|\Delta L \times \text{MP}_L| = |\Delta K \times \text{MP}_K|$，根据边际技术替代率的定义公式整理得：

$$\text{MRTS}_{LK} = -\frac{dK}{dL} = \frac{\text{MP}_L}{\text{MP}_K} \tag{4-17}$$

等产量曲线上任一点的边际技术替代率，从几何意义上看，是经过该点的等产量曲线切线的斜率，即边际技术替代率等于等产量曲线上的这一点斜率的绝对值。

4. 边际技术替代率递减规律

在两种生产要素相互替代的过程中，普遍存在一种现象：在维持产量不变的前提下，当一种生产要素的投入量不断增加时，每一单位的这种生产要素所能替代的另一种生产要素的数量是递减的。这一现象被称为边际技术替代率递减规律。

边际技术替代率递减的主要原因在于：任何一种产品的生产技术都要求各生产要素投入之间有适当的比例，这意味着生产要素之间的替代是有限制的。以劳动和资本两种生产要素投入为例，在劳动投入量很少和资本投入量很多的情况下，减少一些资本投入量可以很容易地通过增加劳动投入量来弥补，以维持原有的产量水平，即劳动对资本的替代是很容易的。但是，在劳动投入增加到相当多的数量和资本投入减少到相当少的数量的情况下，再用劳动去替代资本将会很困难。

延伸阅读 4-4

边际技术替代率（MRTS）与边际替代率（MRS）

效用论中不仅引进了无差异曲线的概念，还导出了边际替代率及其递减规律；同样，在生产论中不仅引进了等产量曲线，还导出了边际技术替代率及其递减规律。边际替代率与边际技术替代率二者具有类似的公式和相同的递减规律。

第二节　最优的生产要素组合

上一节讨论了厂商生产的三个阶段和合理的生产区域（经济区域），以上分析给出了生产者对生产投入的可选择范围，但并没有解决最优选择问题。本节我们要解决生产要素的最优组合问题，即生产者均衡。

在两种可变生产要素投入下，如何使生产要素投入量达到最优组合，以使既定成本下

产量最大,或使既定产量下成本最小呢?

一、等成本线

在生产要素市场上,厂商对生产要素的购买支付,构成了厂商的生产成本。成本问题是追求利润最大化的厂商必须要考虑的一个经济问题。而成本还依存于生产要素的价格,为此,要讨论生产要素的最优组合,需要引入等成本线的概念。

等成本线(isocost curve),又称企业预算线,是指在既定的成本和生产要素价格条件下,生产者可以购买到的两种生产要素**最大数量**的各种组合的轨迹。

假定要素市场上给定的劳动的价格(即工资率)为 w,给定的资本的价格(即利息率)为 r,厂商的既定成本支出为 C,则购买到的劳动和资本的数量组合可用公式表示为

$$C = wL + rK \tag{4-18}$$

该式即为厂商的等成本方程。该方程可改写为

$$K = \frac{C}{r} - \frac{w \cdot L}{r} \tag{4-19}$$

根据式(4-19),即可得出等成本线,如图4-8所示。

图4-8中,等成本线在纵轴上的截距是 $\frac{C}{r}$,表示厂商把全部成本支出都用来购买资本时所能购买的数量;在横轴上的截距是 $\frac{C}{w}$,表示厂商把全部成本支出都用来购买劳动时所能购买的数量。连接这两点的线段就是等成本线。等成本线的斜率是 $-\frac{w}{r}$,它是两种生产要素价格之比的负值。

与消费者预算约束线相似,等成本线之内的区域里的 b 点,表示厂商用既定的全部成本购买劳动和资本的组合以后还有剩余;而等成本线之外的区域里的 a 点,则表示厂商在现有预算限制情况下无法购买的劳动和资本的组合。唯有等成本线上的点表示厂商用既定的全部成本刚好可以购买到的劳动和资本的组合。

当生产要素的价格不变,厂商的成本支出增加($C_1 > C$)时,等成本线会向右平移;反之,当厂商的成本支出减少($C_2 < C$)时,等成本线会向左平移(见图4-9)。

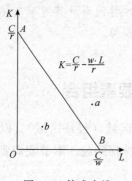

图4-8 等成本线

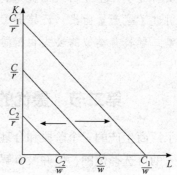

图4-9 等成本线的平移

延伸阅读 4-5

等成本线与预算线

预算线是指消费者的全部收入所能购买到的两种商品最大数量的各种组合。

等成本线是指厂商在既定成本下所能购买到的劳动和资本两种生产要素最大数量的各种组合。

二者具有类似的特性。

二、既定成本条件下的产量最大化

要解决生产要素的最优组合问题，必须将等产量线和等成本线结合起来。生产要素的最优组合可以是产量一定时成本最低的生产要素组合，也可以是成本一定时产量最高的生产要素组合。这两种情况的生产要素组合点表现在图形上，都是等成本线和等产量线相切之点。

假定在给定技术水平条件下，厂商用固定的成本支出 C_0 购买任何劳动和资本的组合，用以生产一种产品，如何使产量最大？劳动的价格 w 和资本的价格 r 已知，把三条典型的等产量曲线和既定的一条等成本线画在同一平面坐标系中，如图4-10所示，我们就能确定厂商在既定成本下实现最大产量的最优要素组合点 E，即生产的均衡点。

其中 AB 为等成本线，Q_1、Q_2 和 Q_3 为等产量曲线。等成本线 AB 的位置和斜率决定于既定的成本量 C_0 和已知的两个生产要素的价格比率 $-\frac{w}{r}$。由图4-10可见，既定的

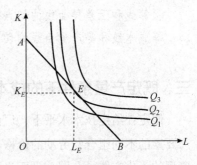

图4-10 既定成本条件下产量最大的要素组合

一条等成本线 AB 与其中一条等产量线 Q_2 相切于 E 点，该点就是生产的均衡点。它表示：在既定成本条件下，厂商应该按照 E 点的生产要素组合进行生产，即劳动投入量和资本投入量分别为 L_E 和 K_E，这样，厂商就会获得最大的产量 Q_2。

E 点是最优的生产要素组合点。这是因为，Q_1、Q_2、Q_3 是三条分别代表不同产量水平的等产量曲线，且 $Q_1 < Q_2 < Q_3$，AB 是厂商的等成本线，代表厂商固定的成本支出 C_0，等产量曲线 Q_3 位于等成本线 AB 以外的区域，根据前面对等成本线内外区域的分析，我们知道，AB 线以外的部分是厂商在既定成本下无法实现的产量，而 AB 线以内的部分表示既定成本还有剩余的产量，因此并不是既定成本的最大产量。所以，只有在既定的等成本线 AB 和等产量曲线 Q_2 的相切点 E，才是实现既定成本条件下的最大产量的要素组合。

满足既定成本下要素投入最优组合的两个条件如下所述。

（1）要素投入的最优组合处在既定的等成本线上，这意味着厂商必须充分利用资金，而不让其剩余下来。

（2）要素投入的最优组合发生在等产量线和等成本线相切之点，即要求等产量曲线的

切线斜率与等成本线的切线斜率相等：

$$\mathrm{MRTS}_{LK} = \frac{\mathrm{MP}_L}{\mathrm{MP}_K} = \frac{w}{r}$$

进而有

$$\frac{\mathrm{MP}_K}{r} = \frac{\mathrm{MP}_L}{w} \tag{4-20}$$

式（4-20）表示：厂商可以通过对两个生产要素投入量的不断调整，使最后一单位的成本支出无论用来购买哪一种生产要素所获得的边际产量都相等，从而实现既定成本条件下的最大产量。

延伸阅读 4-6

生产者均衡与消费者均衡

两者都是在资源有约束的情况下，想要将手中有限的资源发挥最大效用时所采用的解决方法。

预算线和无差异曲线的切点是消费者效用最大化的均衡点。

等成本线和等产量曲线的切点是厂商既定成本下产量最大化的均衡点。

三、既定产量条件下的成本最小化

假定在给定技术水平下，厂商要生产一定的产量 Q_0，应如何选择劳动和资本两种生产要素的不同组合？劳动的价格 w 和资本的价格 r 已知，把既定的一条等产量曲线和三条典型的等成本线画在同一平面坐标系中，如图 4-11 所示，我们就能确定厂商在既定产量下实现成本最小的最优要素组合点 E。

在图 4-11 中，Q_0 是代表既定产量的等产量曲线，A_1B_1、A_2B_2、A_3B_3 是厂商的一组等成本线，分别代表不同的成本支出水平，且 $A_1B_1 < A_2B_2 < A_3B_3$。由图 4-11 可见，既定的一条等产量曲线 Q_0 与其中一条等成本线 A_2B_2 相切于 E 点，该点就是生产的均衡点。它表示：在既定的产量条件下，厂商应该按照 E 点的生产要素组合（L_E，K_E）进行生产，这样，厂商就会花最小的成本实现既定的产量。

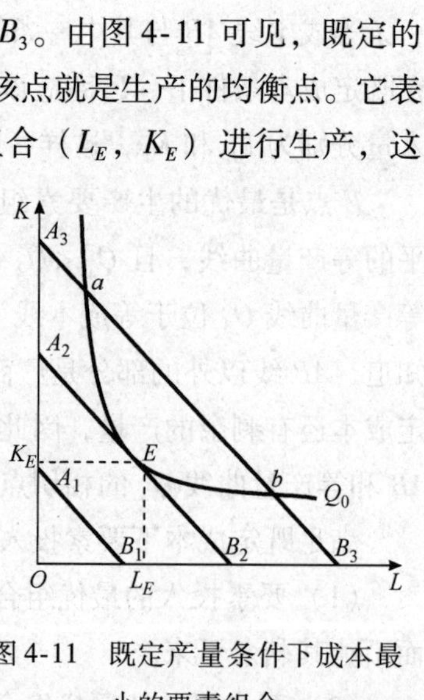

E 点是最优的生产要素组合点，这是因为 A_1B_1 与既定的等产量曲线 Q_0 既无交点又无切点，虽然所花成本低但却实现不了所需的产量；而 A_3B_3 与 Q_0 有两个交点 a 和 b，在这两点虽可以实现所需产量但成本却不是最低的。当 a、b 两点相向运动时，成本逐步降低。所以，只有在切点 E，才是实现既定产量条件下最小成本的要素组合。

满足既定产量下要素投入最优组合的两个条件：

（1）要素投入的最优组合处在既定的等产量曲线上，这意味着厂商必须恰到好处地生产出所需的产量，既不多

图 4-11　既定产量条件下成本最小的要素组合

也不少。

（2）要素投入的最优组合发生在等产量曲线和等成本线相切之点，即要求等产量曲线的切线斜率与等成本线的斜率相等：

$$\frac{MP_K}{r} = \frac{MP_L}{w} \tag{4-21}$$

式（4-21）表示：为了实现既定产量条件下的最小成本，厂商应该通过对两个要素投入量的不断调整，使花费在每一种要素上的最后一单位的成本支出所带来的边际产量都相等。

延伸阅读 4-7

既定成本下产量最大与既定产量下成本最小的均衡分析

（1）既定成本下产量最大的均衡分析是一条既定的等成本线与三条典型的等产量线之间的分析。

（2）既定产量下成本最小的均衡分析是一条既定的等产量线与三条典型的等成本线之间的分析。

（3）均衡时，均有 $\frac{MP_K}{r} = \frac{MP_L}{w}$。

四、等斜线与扩展线

在其他条件不变时，若生产的产量或成本发生了变化，企业则会重新选择最优的生产要素的组合，那么最优要素组合均衡点就会发生变化。扩张路径即扩展线涉及的就是这方面的问题。

1. 等斜线

等斜线（isocline）是一组等产量曲线中两要素的边际技术替代率相等的点的轨迹。在图 4-12 中，Q_1、Q_2 和 Q_3 为三条等产量曲线，T_1、T_2 和 T_3 依次为 Q_1、Q_2 和 Q_3 的切线，且三条切线相互平行。这就表明，这三条等产量曲线各自在切点 A、B 和 C 三点上的两个要素的边际技术替代率 $MRTS_{LK}$ 是相等的。连接这些点以及原点的曲线 OS 被称为等斜线。

2. 扩展线

在生产要素的价格、生产技术和其他条件不变时，如果企业改变成本，等成本线就会发生平移；如果企业改变产量，等产量曲线就会发生平移。这些不同的等产量曲线将与不同的等成本线相切，形成一系列不同的生产均衡点，这些生产均衡点的轨迹就是**扩展线**（expansion line），如图 4-13 所示。

其中 ON 是一条扩展线，由于生产要素的价格保持不变，两个要素的价格比例是固定的，生产均衡的条件是两个要素的边际技术替代率等于两个要素的价格比例，所以，在扩展线上的所有的生产均衡点上边际技术替代率都是相等的。也就是说，扩展线一定是一条等斜线。

扩展线表示：在生产要素的价格、生产技术和其他条件不变的情况下，当生产的成本或产量发生变化时，厂商必然会沿着扩展线来选择最优的生产要素组合，从而实现变化了的成本条件下的最大产量，或变化了的产量条件下的最小成本。扩展线是厂商在长期的扩张或收缩生产时所应遵循的路线。

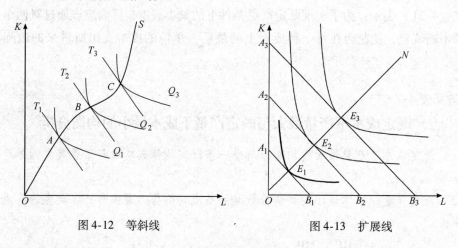

图 4-12　等斜线　　　　　　　图 4-13　扩展线

五、规模报酬

起初产量的增加要大于生产规模的扩大，随着生产规模扩大，并超过一定的限度，产量的增加将小于生产规模的扩大，甚至使产量绝对地减少。这就使规模经济逐渐走向规模不经济。

规模报酬是指在技术水平和要素价格既定的条件下，企业内部各种生产要素按相同比例变化时所引起的产量的变动情况。规模报酬分析属于长期生产理论问题。

假定一个生产面包的厂商，日产面包 100 万个，需要投入资本 10 个单位，劳动 5 个单位，资本与劳动的比例是 2∶1，这时如果厂商扩大生产，投入 20 个单位的资本和 10 个单位的劳动，即各增加一倍，则每天生产面包的数量可能有三种情况：一是生产面包数恰好为 200 万个；二是生产面包数超过 200 万个；三是生产面包数不足 200 万个。这就是三种不同的规模报酬。

通常来讲，当要素投入同时按相同比率变动时，产量的变动会有三种情况：规模报酬递增、规模报酬递减和规模报酬不变。上述生产面包的厂商增加一倍的资本和劳动投入，日产量为 200 万个面包则是规模报酬不变，日产量大于 200 万个面包则是规模报酬递增，日产量小于 200 万个面包则是规模报酬递减。

1. 规模报酬递增

规模报酬递增是指当各种生产要素投入量同时按同一比例变动时，产量增加的比例大于各种生产要素增加的比例。规模报酬递增如图 4-14 所示。假定厂商的生产函数为

$$Q = f(L, K) \tag{4-22}$$

则规模报酬递增可以用生产函数的形式表示为

$$f(\lambda L, \lambda K) > \lambda f(L, K) \tag{4-23}$$

规模报酬递增的原因有三点：

（1）生产专业化程度提高。生产要素同时增加时，可提高生产要素的专业化程度，劳动分工更细了，这会提高生产效率。

（2）生产要素具有不可分的性质。有些要素必须达到一定的生产水平，才能更有效率。这表明原有生产规模中含有扩大生产的潜力。假如一个邮递员原来每天给

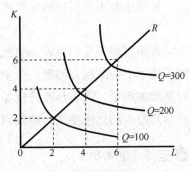

图 4-14　规模报酬递增

某地段送 100 封信，现在有 2 000 封信要送时，也许只要增加 2 个或 3 个邮递员就够了，并不需要配备 20 个邮递员。

（3）管理更合理。生产规模扩大时，容易实行现代化管理，形成一种新的生产力，更合理、先进的管理可以进一步充分发挥各生产要素的组合功能，带来更高的效率和收益。当一个生产经营单位规模过小时，就不能取得应有的效率，这种情况可称为规模不经济，通过扩大规模，可提高效率，以取得规模经济。

2. 规模报酬递减

规模报酬递减是指当各种生产要素投入量同时按同一比例变动时，产量增加的比例小于各种生产要素增加的比例（见图 4-15）。

规模报酬递减可以用生产函数的形式表示为

$$f(\lambda L, \lambda K) < \lambda f(L, K) \tag{4-24}$$

规模报酬递减的原因，主要是规模过大造成管理效率的下降。表现在管理上，内部机制难以协调，管理与指挥系统十分庞杂，一些重要问题只能一级一级反映给决策者，而重要的决定要由决策者一级一级传达给生产者，这样会贻误时机，造成规模报酬递减。

3. 规模报酬不变

规模报酬不变是指当各种生产要素投入量同时按同一比例变动时，产量增加的比例等于各种生产要素增加的比例（见图 4-16）。

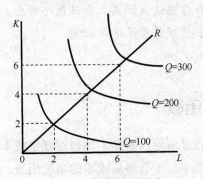

图 4-15　规模报酬递减

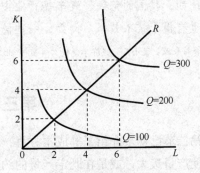

图 4-16　规模报酬不变

规模报酬不变可以用生产函数的形式表示为

$$f(\lambda L, \lambda K) = \lambda f(L, K) \tag{4-25}$$

规模报酬不变的原因,主要是规模报酬递增的效益吸收完毕,某种生产组合的调整受到了技术上的限制。假定一个生产面包的工人操纵两台机器生产面包以达到最大效率,这时要增加产量,除非是改进机器,或采用新机器,如果只是同比例增加工人和机器,产量只会与投入同比例变化,使规模报酬成为常数状态。

延伸阅读 4-8

规模报酬与生产要素报酬的区别

规模报酬是指一座工厂的规模本身发生变化时,产量如何变化;而生产要素报酬是指生产要素投入的边际产量收益。前者是厂商根据经营规模设计不同的工厂,属于长期分析;后者是在既定的生产规模中,增加可变要素导致相应产量的变化,属于短期分析。

企业规模扩大时既可能出现规模报酬递增,也可能出现规模报酬递减。在长期中通过扩大企业规模而实现技术效率就是要使企业实现适度规模,适度规模可以理解为规模报酬递增到最大时的企业规模。

知识链接 4-1

企业在什么时候能实现适度规模

应该说在不同的行业,适度规模的大小并不一样,甚至差别很大。到底"大的是美好的"还是"小的是美好的",取决于不同行业的特点。在钢铁、石化、汽车这类行业中,设备大而复杂、分工精细、技术创新需要大量投入,而产品又是标准化的,市场需求波动也小,因此,这些行业奉行"大就是好"的原则,企业规模越大越能实现技术效率。例如,钢铁厂的年产量都要达到1 000万吨以上,欧洲还在建设年产5 000万吨的钢铁厂。但在服装、餐饮这类轻工业或服务行业中,所用的设备并不复杂,产品的特点是多样化,要随变化的市场需求而变动,"船小"有好掉头的优势,奉行的原则是"小就是好"。这些企业过大反而会引起内部不经济,从而降低技术效率。可见规模多大能实现技术效率并没有一定的规则,适度规模在不同的行业是不同的。该做大的企业不做大,没有技术效率,比如,我国的钢铁、汽车等行业中的部分企业就存在这类问题。但该做小的企业盲目扩张也有损于技术效率。例如,一些民营企业盲目扩张就是犯了这种错误。

资料来源:梁小民.经济学是什么[M].北京:北京大学出版社,2017.

第三节 成本函数

第二节已初步介绍了等成本方程,并从产量的角度出发,阐述了如何在既定成本的约束下使产量最大,或是在既定产量的约束下使成本最小。本节将从成本的角度出发,进一步考察生产成本与产量之间的关系。

一、成本的概念

俗话说"世上没有免费的午餐",又说"天上不会掉馅饼"。这都是说,要获得一分收获,取得一分成果,就得付出代价。"不入虎穴,焉得虎子""一分辛劳,一分收获"。这里的"入虎穴"和"辛劳"都是付出的代价。这种代价在经济学里称为成本。前面我们讲到厂商愿意按照一定的供给价格提供一定数量的商品,那么厂商如何确定其产品的供给价格呢?最主要、最基本的决定因素就是产品的生产成本。

成本(cost)又称生产费用,是指生产一定产量所支付的生产要素费用。成本取决于产量 Q 和各种生产要素的价格 P。在经济学的分析中,成本分为机会成本、显性成本和隐性成本。

1. 机会成本

生产某种商品的**机会成本**(opportunity cost)是指生产者所放弃的使用相同的生产要素在其他生产用途中所能得到的最高收入。

机会成本的存在需要两个前提条件。第一,生产要素是稀缺的;第二,生产要素是具有多种用途的。如果一种生产要素既能用来生产航母又能用来生产粮食,那么,一旦该生产要素被用来生产航母,它就无法用于生产粮食,也就损失了因生产粮食而可能取得的潜在的收益,这笔钱的潜在的收益就构成了生产航母的机会成本。

从机会成本的角度考虑问题,要求我们把每种生产要素都用在能取得最佳经济效益的用途上,即做到人尽其才、物尽其用、地尽其利。否则,所损失的潜在收益将会超过所取得的现实收益,生产要素的配置不合理,将造成生产资源的浪费。

课堂讨论

请同学们自己举出一些机会成本的例子。

2. 显性成本和隐性成本

经济学从稀缺资源配置的角度来研究生产一定数量的某种产品所必须支付的代价。用机会成本来研究厂商成本。企业的生产成本可以分为显性成本和隐性成本。显性成本和隐性成本之和才是厂商经营的真实成本,在经济学里也称为**经济成本**(economic cost),是经济分析和经济决策中常用的概念。

$$生产成本 = 经济成本 = 隐性成本 + 显性成本 = 会计成本 + 机会成本 \quad (4\text{-}26)$$

显性成本,也称显成本,是指厂商在要素市场上购买或租用所需要的生产要素的实际支出,包括雇员工资,购买原材料、燃料及添置或租用设备的费用、利息、保险费、广告费,以及税金等。由于这些成本都在企业的会计账册上反映出来,因此又称会计成本。

隐性成本,也称隐成本,是指对自己拥有的且被用于生产的要素应支付的费用。实际上企业并没有支付隐性成本的相关费用,它也不在企业账目上反映。如自有房屋作厂房,在会计账目上并无租金支出。

之所以将这种成本称为隐性成本，是因为看起来企业使用自有生产要素是不用花钱的，即不发生货币费用支出，例如使用自有设备不用计提折旧费，使用自有原材料、燃料不用花钱购买，使用自有资金不用付利息，企业主为自己企业劳动服务时不用付工资等。然而，不付费用使用自有要素不等于没有成本。因为这些要素如不自用，完全可以给别人使用而得到报酬，这种报酬就是企业使用自有要素的机会成本。

3. 利润

企业的**经济利润**（economic profit）是指企业的总收益 TR 和总成本 TC 之间的差额，简称企业的利润。这里的总成本，即经济成本，是指显性成本和隐性成本之和。企业所追求的最大利润，指的就是最大的经济利润。经济利润也被称为超额利润。

$$\text{经济利润} = \text{总收益} - \text{总成本} \tag{4-27}$$

$$\text{总成本} = \text{经济成本} \tag{4-28}$$

经济利润与会计利润不一样。**会计利润**（accounting profit）是指总收益 TR 与会计成本的差额。

$$\text{经济利润} = \text{会计利润} - \text{机会成本} \tag{4-29}$$

在西方经济学中，还需区别经济利润和正常利润。**正常利润**（normal profit）是指厂商对自己所提供的企业家才能支付的报酬。需要强调的是，正常利润是厂商生产成本的一部分，它以隐性成本的形式计入经济成本。因此经济利润中不包括正常利润。所以，当厂商的经济利润为零时，厂商仍可以得到全部正常利润。

4. 成本函数

成本函数是表示成本与产出之间关系的函数，记作：

$$C = \Phi(Q) \tag{4-30}$$

式中，C 为成本，Q 为产量，Φ 为函数关系。

厂商行为理论包括生产论和成本论，分别从实物量和价值量角度研究生产问题。成本论是建立在生产论的基础之上的。成本函数与生产函数有着密切联系。我们已经知道，生产函数分为短期生产函数和长期生产函数，相应地，成本函数也分为短期成本函数和长期成本函数。

由于短期内企业根据其所要达到的产量，只能调整部分生产要素的数量而不能调整全部生产要素的数量，所以，短期成本有不变成本和可变成本之分。但在长期内企业根据其所要达到的产量，可以调整全部生产要素的数量。所以，长期内所有的生产要素成本都是可变的，因此，长期成本没有不变成本和可变成本之分。

个案研究 4-2

读大学的成本与收益

读大学的成本是什么？一般大家会把一个大学生上四年大学的学费、书费、生活费加总起来，但这种总和并不是一个大学生上大学所付出的全部成本。读四年大学的学费、书费和生活费只是上大学的会计成本,而计算上大学的成本需要考虑机会成本。

从这个意义上讲,生活费并不是上大学的真正成本。一个人即使不上大学,也要有睡觉的地方,也要吃东西。只有在大学的住宿和伙食比其他地方贵时,贵的这一部分才是上大学的成本。

上大学最大的成本是时间。当你把四年的时间用于听课、读书和写文章时,你就不能把这段时间用于工作。对于大多数学生而言,为上大学而放弃工作的收入是接受大学教育最大的一项机会成本。所以在计算上大学的代价时,应该把显性成本和隐性成本都考虑在内。

那么,为什么还要上大学?是因为上大学带来的潜在收益,即一生可能拥有更好的工作机会,以及较高的收入、高学历带来的名誉与地位等效应。一般来说,每个人上大学的成本可能相差不大,但收益却可能相差很大。

但对于一些特殊的人,情况就不是这样了。比如,一个有足球天赋的青年,如果在高中毕业后去踢足球,每年可收入200万元。这样,他上大学的机会成本就是800万元。这远远高于一个大学生毕业后的收入。因此,有这种天赋的青年,即使学校提供全额奖学金也可以选择先不去上大学。这就是把机会成本作为上大学的代价。对于这种情况,先不上大学的决策就是正确的。

同样,有些具备当模特气质与条件的姑娘,放弃上大学也是因为当模特时收入高,上大学的机会成本太大。再比如,对于比尔·盖茨这种特殊的人才,弃学创办了微软,显然是正确的决定。当你了解机会成本后就知道为什么有些年轻人不上大学了。可见机会成本这个概念对我们日常生活中的决策是十分重要的。

在这里顺便纠正一个错误的说法,有人说教育是消费行为,其实教育不是消费行为而是投资行为。消费与投资的区别是消费不会给你增值一分钱;但投资是为了增值,也是有可能增值的。但投资也是有风险的,如果一个家长不考虑孩子的实际情况,从小学到中学在教育上都是高投入,如果考不上大学或考上大学毕不了业,其投入与产出之比就可想而知了。

二、短期成本分析

短期成本理论是以短期生产理论为基础的。短期成本有以下七种:短期总成本、总固定成本、总可变成本、短期平均成本、平均固定成本、平均可变成本、短期边际成本。

1. 短期总产量与短期总成本

由厂商短期生产函数出发,可以得到相应的短期成本函数;而且,由厂商的短期总产量曲线出发,也可以得到相应的短期总成本曲线。前面已经介绍过短期生产函数:

$$Q = f(L, \overline{K}) \tag{4-31}$$

该式表示,在资本投入量固定的情况下,可变要素劳动投入量 L 与产量 Q 之间存在着相互依存的对应关系。该关系可以理解为,厂商通过对劳动投入量的调整来实现不同的产量;也可以理解为,厂商可根据不同的产量要求来确定相应的劳动投入量。

根据后一种理解，假定劳动的价格 w 和资本的价格 r 给定，则可以用下式表示每一产量水平上的短期总成本（英文缩写为 STC）：

$$\text{STC}(Q) = w \cdot L(Q) + r \cdot \overline{K} \tag{4-32}$$

在短期中，$\overline{K}$ 为固定投入，L 为变动投入，L 投入量与产量 Q 有关。式中，$w \cdot L(Q)$ 为可变成本部分（英文缩写为 TVC，与 Q 有关），$r \cdot \overline{K}$ 为不变成本部分，即固定成本部分（英文缩写为 TFC，与 Q 无关）。两部分之和构成厂商的短期总成本。

$$\text{STC}(Q) = \text{TVC}(Q) + \text{TFC} \tag{4-33}$$

如果以 $\Phi(Q)$ 表示可变成本部分，以 b 表示固定成本部分，则式（4-33）可以写成：

$$\text{STC}(Q) = \Phi(Q) + b \tag{4-34}$$

延伸阅读 4-9

固定成本与可变成本

在短期中，投入要素分为固定要素和可变要素。购买固定要素的费用支出就是固定成本，用 TFC 表示，它不随产量变动而变动，因而是个常数，即使企业停产，也要照样支付，包括借入资金的利息、租用厂房或设备的租金、固定资产折旧费、停工期间无法解雇的雇员（如总经理、总工程师、总会计师等）的薪金及保险费等。固定成本曲线是一条水平线，表明固定成本是一个既定的数量，不随产量的增减而改变。

购买可变要素的费用支出就是可变成本，用 TVC 表示，它随产量的变动而变动，是产量的函数，包括可随时解雇的工人的工资、原材料和燃料的费用、水电费和维修费等。可变成本的曲线形状主要取决于投入要素的边际生产率，是一条由原点出发向右上方倾斜的曲线。

由总产量 TP 曲线可以推导出总成本 TC 曲线：总产量曲线上，找到每一产量水平相对应的可变要素劳动的投入量，再用 L 去乘价格 w，便可得到每一产量的可变成本。将产量与可变成本的对应关系描绘在产量与成本的平面图中，即可得到可变成本曲线；加上固定成本，就得到 STC 曲线。

因此，总成本曲线的形状与可变成本曲线的形状完全相同，只不过是由可变成本曲线向上平移一段相当于 TFC 大小的距离，即在任意产量上的总成本曲线与可变成本曲线垂直距离等于固定成本 TFC（见图 4-17）。注意：STC 不从原点出发，而从固定成本 TFC 出发，即没有产量时，短期总成本最小也等于固定成本。

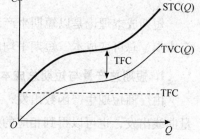

图 4-17 短期总成本曲线、可变成本曲线与固定成本曲线

2. 平均固定成本、平均可变成本与短期平均成本

上述 TFC、TVC、STC 分别除以产量 Q 就得到平均固定成本（AFC）、平均可变成本（AVC）和短期平均成本（SAC）。另可从总成本或可变成

本中推导出短期边际成本（SMC）。

平均固定成本（average fixed cost）是短期内平均生产每一单位产品所消耗的固定成本，等于总固定成本除以产量所得之商，计算公式为

$$\text{AFC} = \frac{\text{TFC}}{Q} = \frac{b}{Q} \qquad (4\text{-}35)$$

AFC 随产量 Q 的增加一直趋于减少，表示在总固定成本不变的前提下，随着产量的增加，分摊到单位产品上的固定成本越来越少。但 AFC 曲线不会与横坐标相交，因为总固定成本不会为 0（见图 4-18）。

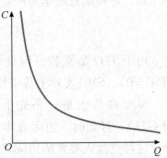

图 4-18 平均固定成本曲线

平均可变成本（average variable cost）是短期内生产平均每一单位产品所消耗的总变动成本，它等于总可变成本除以产量所得之商，计算公式为

$$\text{AVC} = \frac{\text{TVC}}{Q} = \frac{\Phi(Q)}{Q} \qquad (4\text{-}36)$$

AVC 初期随着产量增加而不断下降，当产量增加到一定量时，AVC 达到最低点；而后随着产量继续增加，开始上升（见图 4-19）。即 AVC 曲线形状为 U 形，表明平均可变成本随产量增加先递减后递增，其呈 U 形的原因是可变投入要素的边际报酬率先递增后递减。

短期平均成本（short-term average cost）是生产每一单位产品平均所需要的总成本，它等于短期总成本除以产量所得之商，也等于平均不变成本与平均可变成本之和，计算公式为

$$\text{SAC} = \frac{\text{STC}}{Q} = \frac{\Phi(Q) + b}{Q} = \text{AVC} + \text{AFC} \qquad (4\text{-}37)$$

SAC 曲线是一条二次曲线，是 AFC 曲线和 AVC 曲线的叠加。SAC 曲线的位置在 AVC 曲线之上，两条曲线之间的垂直距离即为平均不变成本。由于 AFC 随产量增大而递减，因此 SAC 曲线与 AVC 曲线的垂直距离也随产量增大而渐趋缩小。SAC 曲线的最低点与 AVC 曲线的最低点不在同一条垂直线上（见图 4-20）。

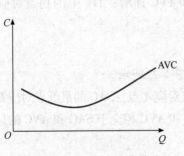

图 4-19 平均可变成本曲线

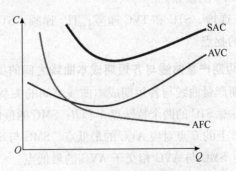

图 4-20 短期平均成本曲线、平均可变成本曲线和平均固定成本曲线

3. 短期边际成本

短期边际成本（short-term marginal cost，SMC）是每增加一单位产量所引起的总成本的增加，是短期总成本对产量的导数，计算公式为

$$\text{SMC}(Q) = \frac{\text{dSTC}}{\text{d}Q} = \Phi'(Q) \tag{4-38}$$

由于 TFC 是常数，因此 SMC 的变动与 TFC 无关（因为 dSTC = dTVC + dTFC，而 dTFC = 0），SMC 实际上等于增加单位产量所增加的可变成本。

SMC 曲线也是一条先下降而后上升的 U 形曲线（见图 4-21），开始时，边际成本随产量增加而减少，其递减部分对应可变投入要素的边际产量的递增阶段。当产量增加到一定程度时，就随产量的增加而增加，STC 曲线的拐点正好对应 SMC 曲线的极小值点。

SMC 曲线呈 U 形的原因是边际收益递减规律。MP↑，MC↓；投入增加超过一定界限，MP↓，MC↑。

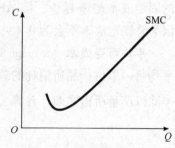

图 4-21 短期边际成本曲线

4. 成本函数与产量函数之间的关系

（1）平均产量与平均可变成本。

$$\text{AVC} = \frac{\text{TVC}}{Q} = w\frac{L(Q)}{Q} = w\frac{1}{\text{AP}_L} \tag{4-39}$$

AP_L 与 AVC 成反比。AP_L 递减，AVC 递增；AP_L 递增，AVC 递减；当 AP_L 达到最大时，AVC 最小。

AP_L 曲线的顶点对应 AVC 曲线的最低点。

SMC 曲线与 AVC 曲线相交于 AVC 的最低点。

MP_L 曲线与 AP_L 曲线在 AP_L 的顶点相交，所以 SMC 曲线在 AVC 曲线的最低点相交。

（2）边际产量与边际成本。

$$\text{SMC}(Q) = \frac{\text{dSTC}}{\text{d}Q}, \text{ 且 } \text{MP}_L = \frac{\text{dTP}_L}{\text{d}L}, \text{ 则 } \text{SMC}(Q) = w\frac{1}{\text{MP}_L} \tag{4-40}$$

SMC 与 MP_L 成反比。MP_L 先上升后下降，所以 SMC 先下降，然后上升；SMC 的最低点对应 MP_L 的顶点。

TP_L 递增，STC 和 TVC 递减；TP_L 递减，STC 和 TVC 递增；TP_L 上的拐点对应 STC 和 TVC 上的拐点。

5. 短期产量曲线与各短期成本曲线之间的关系

短期产量曲线与各短期成本曲线之间的关系如图 4-22 所示。

请注意 STC 的两个特殊点 A 和 B：SMC 的最低点对应 A 点，SAC 的最低点对应 B 点。另外，TVC 上的 C 点对应 AVC 的最低点。SMC 与 SAC 和 AVC 相交于 SAC 和 AVC 的最低点。

（1）SMC 与 AVC 相交于 AVC 的最低点。

- SMC < AVC，AVC↓。
- SMC > AVC，AVC↑。

- SMC = AVC，AVC 最低。

M 点后，增加一单位产量所带来的边际成本，大于产量增加前的平均可变成本；在产量增加后，平均可变成本一定增加。

(2) SMC 与 SAC 相交于 SAC 的最低点。

- SMC < SAC，SAC↓。
- SMC > SAC，SAC↑。
- SMC = SAC，SAC 最低。

相交之前，边际成本 < 平均成本。

相交之后，边际成本 > 平均成本。

相交，边际成本 = 平均成本，这时平均成本处于最低点。

(3) 收支相抵点与停止营业点。

基于短期分析，M 点为停止营业点；N 点为收支相抵点。

在 MR = MC = P 原则下：

- M 点之上，厂商虽亏损，但仍可生产。因为价格大于平均可变成本 AVC，说明厂商除了补偿全部的可变成本外，尚可收回部分固定成本，使亏损总额减少。
- M 点之下，连平均可变成本 AVC 都无法弥补，厂商应停止生产。
- M 点，厂商亏损全部固定成本，继续生产只能补偿可变成本。厂商停止生产也只亏损全部固定成本。所以，AVC 的最低点也称为停止营业点。当市场价格等于或低于 P_M 时，厂商不再生产。
- N 点之上，产品价格不仅能弥补 AVC，还能弥补 AFC，有盈余。
- N 点之下，M 点之上，产品价格能弥补全部 AVC 和部分 AFC，生产可以减少亏损。
- N 点，厂商收益 P_N 刚好弥补全部 SAC，不亏不赢，收支刚好相抵。因此，SAC 的最低点 N 称为利润零点，也称为短期收支相抵点或扯平点。此时，厂商按 MR = MC 所确定的产量 Q_3 进行生产，在其他产量点上，厂商都将出现亏损。

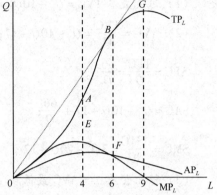

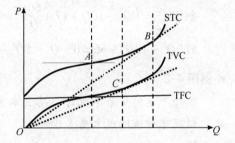

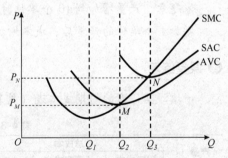

图 4-22 短期产量曲线与各短期成本曲线关系图

■ 例题 4-1

某厂商的成本方程：STC = $Q^3 - 10Q^2 + 17Q + 66$。

(1) 指出可变成本和固定成本；

(2) 分别求 AVC、AFC、SAC、SMC；

(3) 求出停止营业点和收支相抵点。

解：

(1) 可变成本 $TVC = Q^3 - 10Q^2 + 17Q$；固定成本 $TFC = 66$。

(2) $AVC = \dfrac{TVC}{Q} = Q^2 - 10Q + 17$；

$AFC = \dfrac{TFC}{Q} = \dfrac{66}{Q}$；

$SAC = Q^2 - 10Q + 17 + \dfrac{66}{Q}$；

$SMC = \dfrac{dSTC}{dQ} = 3Q^2 - 20Q + 17$

(3) 停止营业点 = AVC 最低点

令 $AVC' = (Q^2 - 10Q + 17)' = 2Q - 10 = 0$，则 $Q = 5$

收支相抵点 = SAC 最低点。

令 $SAC' = \left(Q^2 - 10Q + 17 + \dfrac{66}{Q}\right)' = 2Q - 10 - \dfrac{66}{Q^2} = 0$

则 $2Q^3 - 10Q^2 - 66 = 0$，$Q^3 - 5Q^2 - 33 = 0$，求出 Q 即可。

■ 例题 4-2

已知产量为 9 个单位时，总成本为 95 元；产量增加到 10 个单位时，平均成本为 10 元，由此可知边际成本为多少？

解：

依题意，产量增加到 10 个单位时，平均成本为 10 元，总成本为 $10 \times 10 = 100$（元）。增加 1 个单位的产量后，成本增加 $100 - 95 = 5$（元）。所以，边际成本是 5 元。

◎ 课堂练习

请填写某厂商的短期成本表（见表 4-3）。

表 4-3 某厂商的短期成本表

产量 Q	总成本			平均成本			边际成本 MC
	总固定成本 TFC	总可变成本 TVC	总成本 TC	平均固定成本 AFC	平均可变成本 AVC	平均成本 AC	
0	20	0					
1	20		50				
2	20	56					
3	20		95				
4	20	80					
5	20		125				
6	20	132					
7	20		202				
8	20	320					
9	20		740				

个案研究 4-3

大商场平时为什么不延长营业时间

节假日期间天津劝业场和许多大型商场都延长营业时间，为什么平时不延长？现在我们用边际分析理论来解释这个问题。

从理论上说延长时间 1 小时，就要支付 1 小时所耗费的成本，这种成本既包括直接的物耗，如水、电等，也包括由于延时而需要的售货员的加班费，这种增加的成本就是我们这一章所学习的边际成本。假如延长 1 小时增加的成本是 1 万元（注意这里讲的成本是西方经济学里的成本概念，包括成本和正常利润），那么在延长的 1 小时里，如果由于卖出商品而增加的收益大于 1 万元，作为精明的企业家会延长这 1 小时，因为这时他有一部分该赚的钱还没赚到手。相反，如果在延长的 1 小时里增加的收益不足 1 万元，则不会延时，因为延长 1 小时成本大于收益。

节假日期间，人们有更多的时间去旅游购物，使商场的收益增加，而平时工作紧张，家务繁忙，人们没有更多时间和精力去购物，就是延时服务也不会有更多的人光顾，增加的收益不足以抵偿延时所增加的成本。这就是节假日期间延长营业时间而在平时不延长营业时间的经济学道理。

无论是边际收益大于边际成本还是小于边际成本，厂商都要进行营业时间调整，说明这两种情况下都没有实现利润的最大化。只有在边际收益等于边际成本时，厂商才不调整营业时间，这表明已把该赚的利润都赚到了，即实现了利润的最大化。

资料来源：http://jingji.100xuexi.com/SpecItem/SpecDataInfo.aspx?id=66872B1B-5B63-4F02-AC91-368B9DB10EBC。

三、长期成本简要分析

在长期，厂商能根据产量调整全部要素。在每一个产量水平上总可以选择最优规模进行生产，因而不存在固定的生产要素和不变的生产成本，为此，长期成本仅分为长期总成本（LTC）、长期平均成本（LAC）和长期边际成本（LMC）三项。

1. 长期总成本

长期总成本是厂商在长期内生产一定数量的产品所支付的费用总额。它是厂商长期内在每一个产量水平上通过选择最优的生产规模所能达到的最低总成本。长期总成本的函数形式为

$$LTC = LTC(Q) \tag{4-41}$$

长期总成本曲线是短期总成本曲线的包络线。包络线是指厂商的长期总成本曲线把无数条短期总成本曲线（每条短期总成本曲线对应一个可供选择的生产规模）包围起来，每条短期总成本曲线与长期总成本曲线不相交但相切，如图 4-23 所示。若厂商可任意选择生产规模，那么，对于某个事先确定的产量水平，厂商要计算在各种可供选择的工厂规模上的生产总成本，并选择总成本最小的那个规模。

（1）LTC 曲线的基本特征。

由于无固定成本，故 LTC 曲线从原点出发。

LTC 曲线的形状：陡峭—平坦—陡峭。

开始阶段，要素无法充分利用，成本增加幅度大于产量增加幅度，LTC 曲线较陡。中间阶段，要素充分利用，属于规模经济，LTC 曲线平坦。后面阶段，规模产量递减，成本增加幅度又大于产量增加幅度，LTC 曲线较陡。

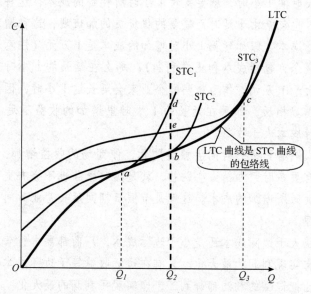

图 4-23　长期总成本曲线的形成

（2）LTC 曲线可以由 STC 曲线推导得出。

假设长期中只有三种可供选择的生产规模，分别用三条 STC 曲线表示。三条 STC 曲线的截距不同，生产规模由小到大依次为 STC_1、STC_2、STC_3。

假定生产 Q_2 的产量，厂商面临三种选择：

- STC_1 是较小规模，最低总成本在 d 点。
- STC_2 是中等规模，最低总成本在 b 点。
- STC_3 是较大规模，最低总成本在 e 点。

规模调整得到 LTC：

长期中可以调整选择最优规模，以最低总成本生产。

在 d、b、e 三点中 b 点的成本最低，所以长期中厂商在 STC_2 规模生产 Q_2 产量。

b 点是 LTC 曲线与 STC 曲线的切点，代表着生产 Q_2 产量的最优规模和最低成本。

同理，可以找出长期中每一产量水平上的最优规模和最低长期总成本，也就是可以找出无数个类似的 b 点，连接即可得到 LTC 曲线。

延伸阅读 4-10

LTC 曲线与 STC 曲线的比较

虽然 LTC 曲线与 STC 曲线的形状一样，但它们有两点区别。第一，LTC 曲线从原点出发而 STC 曲线不从原点出发。这是因为，在长期不存在固定成本，所以产量为零时，长期总成本也为零。第二，STC 曲线和 LTC 曲线的形状的决定因素是不同的。STC 曲线的形状是由于可变投入要素的边际收益率先递增后递减决定的，而在长期，由于所有的投入要素都是可变的，因此，这里对应的不是要素的边际收益率问题，而是要素的规模报酬问题。LTC 曲线的形状是由规模报酬先递增后递减决定的。

2. 长期平均成本

长期平均成本表示长期内厂商按产量平均计算的最低成本。计算公式为

$$\mathrm{LAC}(Q) = \frac{\mathrm{LTC}(Q)}{Q} \tag{4-42}$$

与长期总成本曲线和短期总成本曲线关系一样，长期平均成本曲线也是短期平均成本曲线的包络线，如图 4-24 所示。

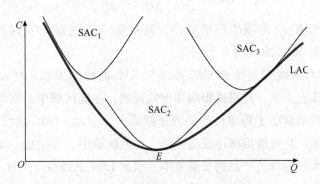

图 4-24　长期平均成本曲线的形成

（1）LAC 曲线与 SAC 曲线的关系。

三条短期平均成本曲线分别表示不同生产规模上平均成本的变化，越是往右，代表生产规模越大，在每一产量水平上都有一个 LAC 曲线与 SAC 曲线的切点，切点对应的平均成本就是生产相应产量水平的最低平均成本。由此得到 LAC 曲线是无数条 SAC 曲线的包络线。

每条 SAC 曲线与 LAC 曲线不相交但相切，并且只有一个切点。在切点之外，SAC 曲线高于 LAC 曲线，在其他条件相同的情况下，短期成本要高于长期成本。由于长期平均成本曲线和短期平均成本曲线的曲率不同，因此，在绝大多数情况下，不可能在两者的最低点相切。

（2）LAC 包络线的形状。

长期平均成本是先减少后增加的，因此，LAC 曲线是一条 U 形曲线，其最低点是 LAC 与 LMC 相等的点。原因在于规模经济。规模收益通常都是先上升、后下降，所以，LAC 曲线通常是 U 形的。但包络线并不是短期平均成本曲线最低点的连接。

- LAC 曲线递减，处于生产规模递增阶段，与 SAC 曲线最低点左端相切。
- LAC 曲线递增，处于生产规模递减阶段，与 SAC 曲线最低点右端相切。

- 只有在 LAC 曲线的最低点，LAC 曲线才与 SAC 曲线的最低点相切。

我们把短期平均成本曲线的最低点称为最优产出率，它意味着厂商通过确定可变投入要素的最佳数量来使单位产品成本降到最低，这是在生产规模既定条件下厂商所能选择的最佳点。我们把长期平均成本曲线的最低点称为最佳工厂规模，它意味着厂商通过选择最适宜的生产规模来使单位产品成本降到最低。

在 E 点，长期和短期的两种状态重合在一起，使厂商既做到 SAC 最低，又做到 LAC 最低，这是一种理想的状态。

3. 长期边际成本

长期边际成本是指每增加一单位产量的长期总成本的增量。长期边际成本是长期总成本对产量的导数，即

$$LMC = \lim_{\Delta Q \to 0} \frac{\Delta LTC}{\Delta Q} = \frac{dLTC}{dQ} \tag{4-43}$$

长期边际成本 LMC 是先减少后增加的，其最低点出现在 LTC 曲线拐点的对应处，LMC 曲线是一条类似 SMC 曲线的 U 形曲线。

LMC 曲线与 LAC 曲线的关系和 SMC 曲线与 SAC 曲线的关系一样，两者相交于 LAC 曲线的最低点。在该点左侧，是规模报酬递增的区域，在此区域中，每增加一单位产量所导致的长期总成本的增量小于每单位产品的长期成本，因此，LMC 曲线位于 LAC 曲线的下方；而在该点右侧，是规模报酬递减的区域，在此区域中，每增加一单位产量所导致的长期总成本的增量大于每单位产品的长期成本，因此 LMC 曲线位于 LAC 曲线的上方。

四、规模经济、外在经济与范围经济

1. 规模经济与规模不经济

规模经济和规模不经济是就一条给定的长期平均成本曲线而言的。**规模经济**（economies of scale），也称作内在经济，是指厂商由自身内部规模扩大所引起的经济效益提高的情况，即随着生产规模扩大，产品平均成本下降的情况。其他情况不变，产量增加倍数大于成本增加倍数。

出现规模经济的原因：①使用更先进的技术；②实行专业化生产；③提高管理效率；④对副产品进行综合利用；⑤要素的购买与产品的销售方面更加有利。

📖 延伸阅读 4-11

规模经济与规模报酬

规模经济的形成与规模报酬递增的原因基本上是相同的，也可以说规模报酬递增来自规模经济。假定多种要素投入量增加的比例是相同的，就是规模报酬问题。但两者不完全是一回事。规模报酬重点考察产品的数量与投入的数量变化之间的关系，重在实物形态；而规模经济重点考察产量变动过程中成本如何变动，重在价值形态。

规模不经济（diseconomies of scale），也称作内在不经济：随着厂商规模扩张到一定程度，由于本身规模过大而引起的经济效益的下降。其他情况不变，产量增加倍数小于成本增加倍数。

出现规模不经济的原因：①企业内部合理分工被破坏，生产难以协调；②管理阶层的增加；③产品销售规模庞大、环节增加；④难以获得企业决策的各种信息。

个案研究4-4
电影院中的经济学

电影院通过增加放映的屏幕来达到规模经济。如果一个只有一张放映屏幕的电影院需要三名员工来运营，其中一名售票，一名贩卖爆米花（在大部分的电影院，这些销售摊位的收入占了总收入的一半以上），一名操作影片放映机。但是如果增加了一张放映屏幕，这三名员工同样可以完成两张屏幕下的工作（生产率增加）。另外一些导致规模经济的因素如下所述。

（1）每一张放映屏幕的建造成本下降了，因为只需要一个大厅和一个休息室。
（2）电影院能够从电影销售商处拿到更好的折扣。
（3）电影院能够投放更大、更吸引人注意的广告。
（4）电影院能够将成本平摊到更多的电影中。

如果增加一张新的放映屏幕是好事，那么增加更多的放映屏幕总是更好的吗？但为什么大部分电影院都只有10~20张放映屏幕呢？为什么这些电影院不增加到30张屏幕，尤其是那些在人口密集区的电影院？答案很简单：这其中存在规模不经济。

（1）随着电影院屏幕的增加，电影院周围的交通会变得越来越拥挤。而公路资源是电影院无法操控的。
（2）电影的供给可能无法支持如此多的屏幕同时上映。
（3）时间也是电影院无法控制的资源之一，观众们只有在每天的一些特定时间段乐于观看电影，当很多观众集中在某一时间段来电影院时，想要安排好不重叠的电影放映时间变得尤为困难。电影院没法创造更多的黄金时间（为了吸引更多的观众，电影院往往对早上和下午早些时候场次的电影提供折扣）。

电影院无法控制诸如公路、电影供给和一天中黄金时间的投入，而这些因素导致了规模不经济。

资料来源：迈克易切恩. 微观经济学 [M]. 余森杰，译. 北京：机械工业出版社，2011.

2. 外在经济与外在不经济

外在经济和外在不经济是用来解释长期平均成本曲线位置变化的原因的。企业外在经济是由于厂商的生产活动所依赖的外界环境得到改善而产生的。

外在经济是指由于整个行业生产规模的扩大和产量的增加，给个别厂商带来产量与收益的增加。产生外在经济的原因：①交通、通信等基础设施更为经济并能够更好地供给；

②行业信息和人才更容易流通和获得。

外在不经济是指由于整个行业生产规模过大和产量过多，给个别厂商带来的产量与收益的减少。产生外在不经济的原因：①竞争加剧，要素价格提高；②环境污染；③对基础设施的压力增加。

延伸阅读4-12

规模经济与外在经济

规模经济和规模不经济是由厂商变动自己的企业生产规模所引起的，所以也被称为内在经济和内在不经济。规模经济和规模不经济是长期平均成本曲线呈U形的主要原因。

外在经济与外在不经济是由企业以外的因素引起的，它影响厂商的长期平均成本曲线的位置。外在经济使LAC曲线下移，如图4-25所示，外在不经济使LAC曲线上移。

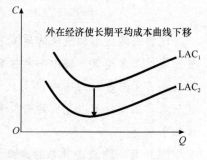

图4-25 长期平均成本曲线的移动

3. 范围经济

企业在生产中往往不只是生产一种产品，有时这些产品在性质上密切相关，有时则毫不相关，然而，企业通常在生产两种以上产品时拥有生产和成本的优势。这些优势主要来源于生产要素的联合运用。

当企业以任意组合方式生产两种产品的成本能够低于两家企业各自单独生产同一数量的同一种产品的成本时，就产生了范围经济。**范围经济**是指若干种相关联的产品联合生产比分别单独生产各自的产品更有效率。**范围不经济**是指若干种相关联的产品联合生产效率低于分别单独生产各自的产品的效率。

知识链接4-2

分工与专业化

亚当·斯密在其名著《国富论》中根据他对一个扣针厂的参观描述了一个例子。斯密所看到的工人之间的专业化和引起的规模经济给他留下了深刻的印象。他写道："一个人抽铁丝，另一个人拉直，第三个人截断，第四个人削尖，第五个人磨光顶端以便安装圆头；做圆头要求有两三道不同的操作；装圆头是一项专门的业务，把针涂白是另一项；甚至将扣针装进纸盒中也是一门职业。"

斯密说，由于这种专业化，扣针厂的每个工人每天生产几千枚针。他得出的结论是，如果工人选择分开工作，而不是作为一个专业工作者团队，"那他们肯定不能每人每天制造出20枚扣针，或许连一枚也造不出来"。换句话说，由于专业化，大扣针厂可以比小扣针厂实现更高的人均产量和更低的平均成本。

斯密在扣针厂观察到的专业化在现代经济中普遍存在。例如，如果你想盖一个房子，你可以自己努力去做每一件事。但大多数人找建筑商，建筑商又雇用木匠、瓦匠、电工、油漆工和许多其他类型工人。这些工人专门从事某种工作，而且，这使他们比作为通用型工人时做得更好。实际上，运用专业化实现规模经济是现代社会如此繁荣的一个原因。

资料来源：http://jingji.100xuexi.com/HP/20100629/DetailD1188776.shtml。

本章小结

厂商行为理论包括生产论和成本论，分别从实物量和价值量角度研究生产问题。成本理论是建立在生产理论的基础之上的。成本函数与生产函数有着密切的联系。

厂商的生产可以分为短期生产和长期生产。短期是指在生产中厂商至少有一种生产要素来不及调整的时期；长期是指在生产中厂商对于所有的生产要素都可以进行调整的时期。

短期生产的基本规律是边际报酬递减规律。该规律强调：在任何一种产品的短期生产中，在其他条件不变的前提下，任何一种可变生产要素的边际产量必然会从递增阶段发展为递减阶段。任何一种可变生产要素的短期边际产量曲线都呈现出倒 U 形的特征。短期生产可分为三个阶段，厂商生产的合理区间是第二阶段。

长期生产理论的主要分析工具是等产量曲线和等成本线。等产量曲线表示在技术水平不变的条件下，生产同一产量的两种生产要素投入量的所有不同组合。等产量曲线的斜率可以用边际技术替代率来表示，边际技术替代率是递减的。

等成本线是在生产成本和生产要素价格给定的条件下，生产者可以购买到的两种生产要素的各种不同组合的轨迹。等成本线的斜率可以用两个生产要素的价格之比来表示。

规模报酬属于长期生产的概念。在企业扩大规模的长期生产过程中，一般会先后经历规模报酬递增、规模报酬不变和规模报酬递减这样三个阶段。

机会成本是指厂商运用一定的生产要素进行生产时所放弃的运用相同生产要素在其他场合的生产中所能得到的最高收入。

短期成本有七种：短期总成本、总不变成本、总可变成本、短期平均成本、平均不变成本、平均可变成本以及短期边际成本。在理解七条短期成本曲线的各自特征及其相互之间的关系时，关键是抓住短期生产的基本规律，即边际报酬递减规律。

长期成本有三种：长期总成本、长期平均总成本和长期边际成本。在理解三条长期成本曲线的各自特征及其相互之间的关系时，关键是抓住：在长期中，厂商在每一个产量上都是通过对最佳生产规模的选择来将生产成本降到最低水平的。

企业长期生产的规模经济和规模不经济决定了长期平均成本曲线呈 U 形特征；企业长期生产的外在经济和外在不经济决定了长期平均成本曲线位置的高低。

本章内容结构

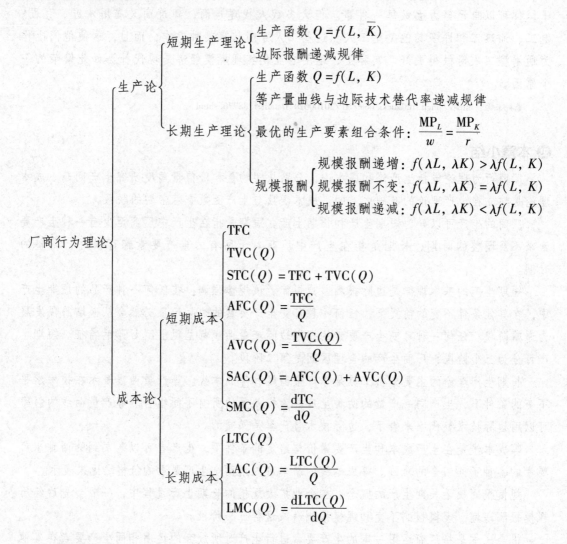

综合练习

一、名词解释

生产函数　　总产量　　平均产量　　边际产量　　边际收益递减规律
等产量曲线　等成本线　规模报酬　　机会成本　　边际技术替代率
经济成本　　经济利润　规模经济　　外在经济　　范围经济
收支相抵点　停止营业点

二、选择题

1. 当边际产量大于平均产量时，（　　）。

   A. 平均产量增加　　　　　　　　　B. 平均产量减少

   C. 平均产量不变　　　　　　　　　D. 平均产量达到最低点

2. 当劳动 L 的边际产量为负时，我们处于（　　）。
   A. L 的第一阶段　　　　　　　B. L 的第二阶段
   C. L 的第三阶段　　　　　　　D. 上述都不是

3. 已知产量为 8 个单位时，总成本为 80 元，当产量增加到 9 个单位时，平均成本为 11 元，此时的边际成本为（　　）。
   A. 1 元　　　　B. 19 元　　　　C. 88 元　　　　D. 20 元

4. 已知产量为 500 个单位时，平均成本是 2 元，产量增加到 550 个单位时，平均成本等于 3 元（平均成本最低点所对应的产量为 400 个单位），在这个产量变化范围内，边际成本（　　）。
   A. 随着产量的增加而上升，并在数值上大于平均成本
   B. 随着产量的增加而上升，并在数值上小于平均成本
   C. 随着产量的增加而下降，并在数值上小于平均成本
   D. 随着产量的增加而下降，并在数值上大于平均成本

5. 长期平均成本曲线呈 U 形的原因与（　　）。
   A. 规模报酬有关　　　　　　　　B. 外在经济和外在不经济有关
   C. 要素的边际生产率有关　　　　D. 固定成本与可变成本所占比重有关

三、计算题

1. 已知短期生产函数 $Q = 2KL - 0.5L^2 - 0.5K^2$，且 $K = 10$。
   （1）写出在短期生产中该厂商关于劳动的 TP、AP、MP 函数。
   （2）分别计算当 TP、AP、MP 各自达到最大值时的劳动投入量。
   （3）什么时候 MP = AP？

2. 已知某企业的生产函数 $Q = L^{2/3}K^{1/3}$，劳动的价格 $w = 2$，资本的价格 $r = 1$。求：
   （1）当成本 $C = 3\,000$ 时，企业实现最大产量时的 L、K 和 Q 的均衡值。
   （2）当产量 $Q = 800$ 时，企业实现最小成本时的 L、K 和 C 的均衡值。

3. 下面是一张短期生产函数产量表。

资本	劳动	总产量	平均产量	边际产量
12	1		2	
12	2			10
12	3	24		
12	4		12	
12	5	60		
12	6			6
12	7	70		
12	8			0
12	9	63		

（1）填表。

（2）该生产函数是否呈现出边际报酬递减？如果是，从第几个单位的劳动投入量开始的？

四、简答题

1. 生产的三个阶段是如何划分的？为什么厂商只会在第二阶段上生产？
2. 画图说明各短期成本曲线之间的关系。

第五章

产品市场理论

❷ 内容提要

第三章和第四章分别从单一的消费者行为和生产者行为的角度来分析，本章通过市场将二者结合起来进行分析。市场按照其不同的特点，可以分为完全竞争、完全垄断、垄断竞争和寡头垄断四种。本章从产品市场结构来分析市场的价格与产量的决定问题。厂商在各种市场结构中如何决定产品价格和产量的理论被称为市场理论或市场论。通过本章的学习，读者可以掌握四种竞争市场的基本知识，并能简单分析实际生活中的一些例子。

❷ 学习目标与重点

- 了解不同市场结构的划分及其划分依据，以及四类竞争市场组织形式的特点及成因；
- 掌握完全竞争厂商的需求曲线与收益曲线和供给曲线与短期均衡的不同情况；
- 掌握垄断厂商的定价策略，理解各类不完全竞争厂商的均衡分析和效率分析；
- 能结合实际对完全竞争市场的经济效率做出评价。

❷ 关键术语

完全竞争市场；完全垄断市场；垄断竞争市场；寡头垄断市场

❷ 引入案例

阿里巴巴、美团遭反垄断处罚

根据举报，2020年12月起，本机关（这里是指国家市场监督管理总局，下同）依据《中华人民共和国反垄断法》（以下简称《反垄断法》）对当事人（这里是指阿里巴巴，下同）涉嫌实施滥用市场支配地位行为开展了调查。

经查，2015年以来，当事人为限制其他竞争性平台发展，维持、巩固自身市场地位，滥用其在中国境内网络零售平台服务市场的支配地位，实施"二选一"行为，通过禁止平台内经营者在其他竞争性平台开店和参加其他竞争性平台促销活动等方式，限定平台内经营者只能与当事人进行交易，并以多种奖惩措施保障行为实施，违反《反垄断法》第二十二条第一款第（四）项关于"没有正当理由，限定交易相对人只能与其进行交易或者只能与其指定的经营者进行交易"的规定，构成滥用市场支配地位行为。

当事人限制平台内经营者在其他竞争性平台开店或者参加其他竞争性平台促销活动，形成锁定效应，以减少自身竞争压力，不当维持、巩固自身市场地位，背离平台经济开放、包容、共享的发展理念，排除、限制了相关市场竞争，损害了平台内经营者和消费者的利益，削弱了平台经营者的创新动力和发展活力，阻碍了平台经济规范有序创新健康发展。

2021年4月10日，根据《反垄断法》第四十七条、第四十九条规定，综合考虑当事人违法行为的性质、程度和持续的时间，同时考虑当事人能够按照要求深入自查，停止违法行为并积极整改等因素，本机关对当事人做出如下处理决定：（一）责令停止违法行为。（二）对当事人处以其2019年度中国境内销售额4 557.12亿元4%的罚款，计182.28亿元。

无独有偶，美团随后也遭到了反垄断调查。

根据举报，2021年4月起，本机关依据《中华人民共和国反垄断法》（以下简称《反垄断法》）对当事人（这里是指美团，下同）涉嫌实施滥用市场支配地位行为开展了调查。

经查，2018年以来，当事人为阻碍其他竞争性平台发展，进一步提升、维持、巩固自身市场地位，滥用其在中国境内网络餐饮外卖平台服务市场的支配地位，系统、全面实施"二选一"行为，阻碍平台内经营者与其他竞争性平台合作，限定平台内经营者只能与当事人进行交易，并以多种措施保障行为实施，违反《反垄断法》第二十二条第一款第（四）项关于"没有正当理由，限定交易相对人只能与其进行交易或者只能与其指定的经营者进行交易"的规定，构成滥用市场支配地位行为。

当事人滥用在中国境内网络餐饮外卖平台服务市场的支配地位，限制平台内经营者与其他竞争性平台合作，形成锁定效应，减少自身竞争压力，不当巩固并强化自身市场力量，排除、限制了相关市场竞争，损害了平台内经营者和消费者利益，削弱了网络餐饮外卖平台经营者的创新动力和发展活力，阻碍了平台经济规范有序创新健康发展。

2021年10月8日，根据《反垄断法》第四十七条、第四十九条和《中华人民共和国行政处罚法》第五条、第三十二条规定，综合考虑当事人违法行为的性质、程度和持续的时间，同时考虑当事人在调查开始前主动承认实施"二选一"行为并供述违法事实、在调查过程中主动提供执法机构尚未掌握的重要证据、停止"二选一"行为并全面自查整改、积极退还收取的独家合作保证金等因素，本机关对当事人做出如下处理决定：（一）责令停止违法行为。全额退还违法收取的独家合作保证金12.9亿元。(二)对当事人处以其2020年度中国境内销售额1 148.48亿元3%的罚款,计34.42亿元。

2021年12月8日至10日举行的中央经济工作会议指出,微观政策要持续激发市场主体活力。要提振市场主体信心,深入推进公平竞争政策实施,加强反垄断和反不正当竞争,以公正监管保障公平竞争。强化知识产权保护,营造各类所有制企业竞相发展的良好环境。强化契约精神,有效治理恶意拖欠账款和逃废债行为。

资料来源:澎湃网,国家市场监管总局对阿里巴巴的行政处罚决定书;新浪财经,国家市场监管总局对美团的行政处罚决定书;证券日报网,中央经济工作会议在北京举行。

思考题:

什么是垄断?为什么国家市场监督管理总局会对阿里巴巴和美团启动反垄断调查?国家市场监督管理总局是如何认定阿里巴巴和美团具有市场支配地位的?垄断的危害有哪些?

第一节 完全竞争市场

一、市场的类型与市场需求曲线

1. 市场的类型

什么是市场?市场一般是指一种货物或劳务买卖的场所,买卖双方在市场上决定商品交换的价格。

每一种商品都有一个市场,商品在同一市场上通常只有一个价格。一个市场不一定是,甚至通常不是一个单一的地点,而是一个区域。它有可能有固定场所,也可能通过电话、电传实现买卖成交。例如,黄金、宝石及政府担保的金边证券具有世界范围的市场,而一些价值低、重量大的商品,如砂、石、砖等,其市场往往缩小到地区或地方范围。

从本质上讲,市场是物品买卖双方相互作用并得以决定其交易价格和交易数量的一种组织形式或制度安排。

市场可以按不同方法进行分类,西方经济学家通常按照竞争与垄断的程度将市场和市场中的厂商分为四类:完全竞争、垄断竞争、寡头垄断和完全垄断。完全竞争市场是竞争程度最高的市场,垄断竞争次之;完全垄断市场是垄断程度最高的市场,寡头垄断次之。

影响竞争程度的主要因素有以下五点。

第一,厂商的数量。数量越多,集中程度越低,竞争程度就越高。

第二,不同厂商之间各自提供产品的差别程度。各厂商提供的产品越是相似,可以预料,竞争就越激烈。

第三,单个厂商对市场价格控制的程度。单个厂商若无法控制价格,表明市场竞争很激烈。

第四,厂商进入或退出市场的难易程度。如果存在进入市场的障碍,则意味着原有厂商拥有了一些新加入者不具备的有利条件。

第五,市场信息畅通程度。当今社会,市场信息对竞争程度的影响越来越重要。

其中第一个因素和第二个因素是最基本的决定因素,第三个因素是前两个因素的必然结果,第四个因素是第一个因素的延伸。

关于四种市场类型的划分及其特征如表5-1所示。

表5-1 市场类型的划分与特征

市场特征	市场类型			
	完全竞争	垄断竞争	寡头垄断	完全垄断
厂商的数量	很多	较多	少数	一个
产品差别程度	无差别,同质替代品多	有些差别,轻微	有差别或同质	唯一产品,无替代品
对价格控制的程度	对价格无控制能力,企业只能接受市场价格	企业有一定的定价自由,但不大	有相当的控制能力,但对竞争者的反应十分敏感	对价格控制的程度很大,但经常受到政府管制
进出市场的难易程度	完全自由	比较自由	较多进入障碍	很困难,无新企业进入
市场信息畅通程度	买卖双方都掌握完备的信息	条件优越的卖方掌握信息	信息不完全	卖方控制信息
广告的效果	很少有价值	普遍使用	普遍使用	不经常使用
现实中接近的行业	农产品	零售业	钢铁行业、汽车制造业	电力、自来水等公用事业

对表5-1的理解应该注意以下几点。一是理论上的竞争模式与现实中人们理解的似乎有些矛盾。如理论模式的竞争无须广告,而实际经商者把广告当作一种竞争武器,做广告是竞争激烈的表现。二是完全垄断市场中有一些行业,如公用事业(自来水、电力等)独家经营要比两家以上经营有更低的平均成本。三是寡头垄断市场中的情况比较复杂,寡头因其产品是否同质可分为两类,即无差别寡头(或纯粹寡头)和有差别寡头,前者如钢铁、水泥、制糖等行业,后者如汽车、家电等行业。

延伸阅读5-1

行业、产业与市场

行业或产业是指制造或提供同一或类似产品或劳务的厂商的集合,如纺织业、机器制造业、食品加工业等,而纺织业又可分为棉织业、针织业、丝织业等。厂商与行业是成员与集体的关系,在经济分析中必须区分厂商与行业。行业与市场这两个概念也要弄清楚,行业是生产或供给方面的概念,而市场则包括供求双方。

2. 市场需求曲线

市场的均衡价格和均衡数量取决于市场的需求曲线和供给曲线。消费者追求效用最大化的行为决定了市场的需求曲线，厂商追求利润最大化的行为决定了市场的供给曲线。

在第三章，我们讨论了单个消费者对某种商品的需求曲线，本章将在此基础上进一步推导市场需求曲线。

一种商品的**市场需求**是指在一定时期内在各种不同的价格下市场中**所有消费者**对该种商品的需求量。因此，一种商品的市场需求不仅依赖于每一个消费者的需求函数，还依赖于该市场中所有消费者的数量。

【回忆】 单个消费者对某种商品的需求函数

假定在某一商品市场上有 n 个消费者，他们都具有不同的个人需求函数 $Q^d = f_i(P)$，$i = 1, 2, \cdots, n$，则该商品市场的需求函数为

$$Q^d = \sum_{i=1}^{n} f_i(P) = F(P) \tag{5-1}$$

可见，一种商品的市场需求量是每一个价格水平上该商品所有个人需求量的加总。只要有了某商品市场的每个消费者的需求表或需求曲线，就可以通过加总的方法，得到该商品市场的需求表或需求曲线。因此，市场需求曲线与单个消费者的需求曲线一样，也是向右下方倾斜的。

从单个消费者的需求表到市场需求表如表 5-2 所示。

表 5-2 从单个消费者的需求表到市场需求表

商品价格（1）	消费者 A 的需求量（2）	消费者 B 的需求量（3）	市场需求量（2）+（3）
0	20	30	50
1	16	24	40
2	12	18	30
3	8	12	20
4	4	6	10
5	0	0	0

由于市场需求曲线是对无数条单个消费者的需求曲线的水平加总，所以，如同单个消费者的需求曲线一样，市场需求曲线一般也是向右下方倾斜的。市场需求曲线表示某商品市场在一定时期内、在各种不同的价格水平上所有消费者愿意而且能够购买该商品的数量。

市场需求曲线上的每个点都表示在相应的价格水平上可以给消费者带来最大的效用水平或满足程度的市场需求量。

二、完全竞争市场的条件

个案研究 5-1

农村春联市场：完全竞争市场的缩影

贴春联是中国民间的一大传统。春节临近，春联市场红红火火，而在农村，此种风俗

更浓。在某春联市场中，需求者是 5 000 多家农户，供给者为 70 多家供应商，市场中存在许多买者和卖者；供应商的进货渠道大致相同，且产品的差异性很小，产品具有高度同质性（春联所用纸张、制作工艺相同，区别仅在于春联中书写内容的不同）；供应商进入、退出没有限制；农民购买春联时的习惯是逐个询价，最终决定购买，信息充分；供应商的零售价格水平相近，若提价，基本上销售量为零，降价会引起利润损失。原来，我国有着丰富文化内涵的春联，其销售市场结构竟是一个高度近似的完全竞争市场。

春联市场是一个特殊的市场，时间性很强，仅在春节前存在 10 天左右，供应商只有一次批发购进货物的机会。供应商对于该年购入货物的数量主要基于上年销售量和对新进入者的预期分析。如果供应商总体预期正确，则该春联市场总体商品供应量与需求量大致相同，价格相对稳定。一旦出现供应商总体预期偏差，价格机制就会发挥巨大的作用，一些供应商将会出现暴利或者亏损。

资料来源：杨晓东，《经济学消息报》，2004 年 6 月 25 日。

完全竞争市场（perfect competition market），又称纯粹竞争市场，是指不包含任何垄断因素且不受任何阻碍和干扰的市场结构。它有以下四个特征，缺少其中任何一个特征，就不是完全竞争市场。

第一，市场上有大量的买者和卖者，从而单个厂商的价格既定。由于市场上有无数相互独立的买者和卖者，他们购买和出售的产量只占市场总额中极小的一部分，因而任何一个厂商或消费者只能按照既定的市场均衡价格销售和购买他们愿意买卖的任何数量，而不致对价格产生明显的影响。市场价格只能由全体买者的需求总量和全体卖者的供给总量共同决定，每一个厂商或消费者只是市场价格的接受者，而不是价格的制定者，竞争地位平等。

第二，市场上每一个厂商提供的商品都是完全同质的，不存在产品差别。所有厂商提供标准化产品，它们不仅在原料、加工、包装、服务等方面一样，完全可以相互替代，而且对消费者来说，根本不在乎是哪家厂商的产品。如果一个厂商稍微提高其产品价格，所有的消费者将会转而购买其他厂商的产品。

第三，所有的资源具有完全的流动性。完全竞争的市场要求所有的资源都能在行业之间自由流动，该行业的工厂规模和厂商数量在长期内可以任意变动，不存在任何法律、社会或资金的障碍，能阻止厂商进入或退出该行业。这样，任何一种资源都可以及时投向能获得最大利润的生产，缺乏效率的厂商将被市场淘汰。

第四，市场信息是完全的、畅通的。所有的买者和卖者都具有充分的知识，并完全掌握与自己经济决策有关的一切信息。因而不会有任何人以高于市场的价格进行购买，以低于市场的价格进行销售。排除了一个市场按照不同的价格进行交易的情况。

以上四个假设极为苛刻，尤其是第四条。现实中并不存在完全符合这些假设的市场，比较接近的是农产品市场，比如我国的大米市场，有上亿家农户在生产，有数亿个消费者在消费，某一个或某几个厂商或消费者不可能影响价格，无论是东北大米，还是其他地方的大米，其不同之处要比奔驰汽车和桑塔纳汽车的差别小得多，因而价格也不会相差得像后者那样大。

市场价格会随着很多因素的改变而变化，比如气候的变化或大部分农户对市场预期的变化会影响农业产量，从而影响粮食价格。对于农户和消费者来说，当粮食价格发生变化时，只能接受变化了的价格。也就是说，如果你是完全竞争市场中的个体，市场会影响你的行为，而作为个体的你是不可能影响市场的。

为了分析方便，我们有必要对行业进行界定。微观经济学里的行业是指互相竞争的，生产无差别产品的所有厂商构成的集合，与人们理解的一般意义上的行业稍有区别。

就个案研究 5-1 中所提到的农村春联市场来看，从春联产品的同质性、厂商进入与退出市场没有障碍、买卖双方的数量很多以及信息的充分性与对称性说明春联市场接近于一个完全竞争的市场。这种竞争的充分性主要来源于产品的同质性，即产品之间的完全替代，而厂商的无限性保证单个厂商不能控制产品的价格，在模型中要求参与者的数量是无数个，厂商的经济行为对价格没有影响。在现实中，尽管厂商和消费者的数量很大，但总是有限的，也就不能满足个体行为对价格没有影响的条件。从信息的充分性与对称性来看，这个案例忽略了获取信息是有成本的。人们对于信息的搜寻与获取是建立在成本与收益的比较之上而做出决策的。在现实中人们往往根据经验来做出产品相关性质的判断，所以在一些外观形状、颜色等较容易判断的低级产品上容易产生接近于完全竞争性质的市场，而对于一些个体化的、对产品和服务需要更多信息的高级产品，以及需要相关制度安排来保证交易顺利进行的产品和服务，就不太容易形成接近于完全竞争性质的市场。

三、完全竞争厂商的需求曲线、厂商收益和收益曲线

1. 完全竞争厂商的需求曲线

处于完全竞争中的单个厂商是市场价格的接受者，它在给定的市场价格下能出售任何数量的产品，或者说，它出售任何数量的产品都不会影响市场价格，因此，完全竞争厂商的需求曲线就是一条由既定市场价格出发的与横轴平行的水平线（见图 5-1b）。

市场的需求曲线和供给曲线决定了市场的均衡价格 P_e（见图 5-1a），在这一价格下，单个厂商可以卖出它能够生产的任何产品数量，因此厂商所面对的市场使它的需求曲线是图 5-1b 中与 E 点相对应的直线 d。直线 d 是水平的，意味着厂商只能被动接受市场价格，而且既然在该价格下，厂商可以卖出任何它所能够出售的数量，厂商也就没有必要以低于 P_e 的价格出售产品。

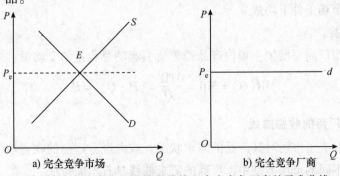

图 5-1 完全竞争市场的均衡价格和完全竞争厂商的需求曲线

在完全竞争市场中，单个消费者和单个厂商无力影响市场价格，他们中的每一个人都被动地接受既定的市场价格，但这些并不意味着完全竞争市场的价格是固定不变的。当某些原因（比如干旱使全球粮食减产）导致供给曲线左移时，就会形成新的均衡价格。这时，我们就会得到一条由新的均衡价格水平出发的水平线，如图 5-2 所示。

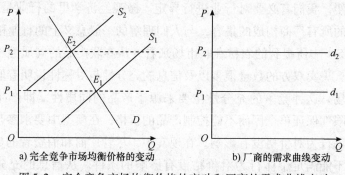

a) 完全竞争市场均衡价格的变动　　　　b) 厂商的需求曲线变动

图 5-2　完全竞争市场均衡价格的变动和厂商的需求曲线变动

在图 5-2 中，开始时的供给曲线为 S_1，市场的均衡价格为 P_1，相应的厂商的需求曲线是由价格水平 P_1 出发的一条水平线 d_1。当供给曲线的位置由 S_1 移至 S_2 时，市场均衡价格上升为 P_2，于是相应的厂商的需求曲线是由新的价格水平 P_2 出发的另一条水平线 d_2。不难看出，厂商的需求曲线可以出自各个不同的给定的市场均衡价格水平，但它们总是呈水平线的形状。

2. 完全竞争厂商的厂商收益

厂商收益就是厂商销售其产品所取得的全部收入，而不是所赚取的钱。厂商的收益分为总收益（TR）、平均收益（AR）和边际收益（MR）。

（1）总收益。

总收益是指厂商出售一定数量产品时所得到的全部收入。用公式表示为

$$\text{TR}(Q) = P \cdot Q \tag{5-2}$$

（2）平均收益。

平均收益是指厂商销售每单位产品所得到的平均收入。用公式表示为

$$\text{AR}(Q) = \frac{\text{TR}(Q)}{Q} = \frac{P \cdot Q}{Q} = P \tag{5-3}$$

该式在任何市场条件下均成立。

（3）边际收益。

边际收益是指厂商每增加一单位产品销售所引起的总收益的变动量。用公式表示为

$$\text{MR}(Q) = \text{MR} = \frac{\text{dTR}}{\text{d}Q} = (P \cdot Q)' = P \tag{5-4}$$

3. 完全竞争厂商的收益曲线

厂商的收益取决于市场对其产品的需求状况，或者说，厂商的收益取决于厂商的需求曲线的特征。在不同的市场类型中，厂商的需求曲线具有不同特征。

(1) 完全竞争厂商的收益特点。

假定厂商的销售量等于厂商所面临的需求量，在每一销售量上，厂商的销售价格是固定不变的，于是，必然会有 $AR = MR = P$。随着销售量的增加，由于产品价格保持不变，所以，总收益是以不变的速率上升的。

(2) 完全竞争厂商的收益曲线的特征。

完全竞争厂商的平均收益曲线、边际收益曲线和需求曲线 d 三条线重叠，都是由既定价格水平出发的水平线，即 $AR = MR = P_e$（见图5-3a）。

注意：$AR = P$ 在任何市场条件下均成立，但是 $AR = MR = P_e$ 只有在完全竞争的市场中才能成立。因为只有在完全竞争市场上，厂商才是价格的接受者，其产品的价格才是常数，因此厂商每销售一单位产品所获得的边际收益才等于价格。

在每一个销售量水平，MR 的值是 TR 曲线的斜率，在完全竞争市场上，MR 的值等于固定不变的价格水平 P，因此，完全竞争厂商的总收益曲线是一条由原点出发的斜率不变的直线，且向右上方倾斜（见图5-3b）。

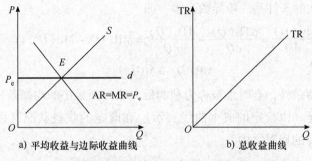

a) 平均收益与边际收益曲线　　b) 总收益曲线

图 5-3　完全竞争厂商的收益曲线

四、完全竞争厂商的短期均衡

1. 厂商实现利润最大化的均衡条件

图 5-4 是某完全竞争厂商的一条短期的边际成本（MC）曲线和一条由既定价格水平 P_e 出发的水平的需求曲线 d，这两条线相交于 E 点。E 点即是完全竞争厂商实现最大利润的生产均衡点，相应的产量 Q^* 是厂商实现最大利润时的均衡产量。

当产量小于 Q^*，如 Q_1 时，厂商的边际收益大于边际成本，即有 $MR > MC$。这表明厂商增加一单位产量所带来总收益的增加量大于所付出的总成本的增加量，也就是说，厂商增加产量是有利可图的，可以使利润增加。因此，只要 $MR > MC$，厂商就会增加产量。

随着产量的增加，厂商的边际收益保持不变而厂

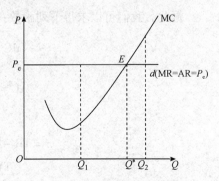

图 5-4　利润最大化

商的边际成本是逐步增加的，当 MR = MC 时，厂商得到了扩大产量所带来的全部好处，获得了其所能得到的最大利润，此时的产量为 Q^*。

当 MR < MC，如 Q_2 时，厂商的边际收益小于边际成本，这表明厂商增加一单位产量所带来的总收益的增加量小于所付出的总成本的增加量，也就是说，厂商增加产量是不利的，厂商会亏损。因此，只要 MR < MC，厂商就会减少产量。

随着产量的减少，厂商的边际收益仍保持不变，而厂商的边际成本是逐步下降的，最后会逐步变成 MR = MC，厂商获得最大利润。

不管是增加产量，还是减少产量，厂商都是在寻找能够带来最大利润的均衡产量，而这个均衡产量就是使 MR = MC 的产量。只有在 MR = MC 时，厂商既不扩大，也不缩小产量，而是维持产量，表明该赚的利润都已赚到，即实现厂商的利润最大化。所以，边际收益等于边际成本是厂商实现利润最大化的均衡条件。

用数学方法证明如下。

用 π 表示厂商的利润，$\pi(Q) = \mathrm{TR}(Q) - \mathrm{TC}(Q)$ (5-5)

满足利润最大化的条件是一阶导数为零，即

$$\frac{\mathrm{d}\pi(Q)}{\mathrm{d}Q} = \frac{\mathrm{dTR}(Q)}{\mathrm{d}Q} - \frac{\mathrm{dTC}(Q)}{\mathrm{d}Q} = \mathrm{MR}(Q) - \mathrm{MC}(Q) = 0 \quad (5\text{-}6)$$

得

$$\mathrm{MR}(Q) = \mathrm{MC}(Q) \quad (5\text{-}7)$$

MR = MC 的均衡条件，有时也被称为利润最大或亏损最小的均衡条件，能保证厂商处于由既定的成本状况（由给定的成本曲线表示）和既定的收益状况（由给定的收益曲线表示）所决定的最好的境况之中。

2. 完全竞争厂商的短期均衡

厂商均衡：当厂商的生产水平保持不变，既不扩大也不缩小时，厂商处于均衡状态。

在完全竞争厂商的短期生产中，市场的价格是给定的，而且生产中的不变要素的投入量是无法变动的，即生产规模也是给定的。在短期，厂商是在给定的生产规模下，通过对产量的调整来实现 MR = MC 的利润最大化的均衡条件。

假设某厂商的成本函数和价格分别是：

$$\mathrm{TC} = 2Q^3 - 5Q^2 + 10Q + 25, \quad P = 66$$

据此，我们可以求得下列函数：

$$\mathrm{MC} = \frac{\mathrm{dTC}}{\mathrm{d}Q} = 6Q^2 - 10Q + 10$$

$$\mathrm{AC} = \frac{\mathrm{TC}}{Q} = 2Q^2 - 5Q + 10 + \frac{25}{Q}$$

$$\mathrm{TR} = P \times Q = 66Q$$

$$\pi = \mathrm{TR} - \mathrm{TC} = -2Q^3 + 5Q^2 + 56Q - 25$$

$$\mathrm{TVC} = 2Q^3 - 5Q^2 + 10Q$$

先分别求出产量从 0 增加到 6 时的 TC、MC、AC、TR、π、TVC 等的具体数值，再由

MC = P 的均衡条件，可求得利润最大化时的产量及利润（见表5-3）。

表5-3 完全竞争厂商的成本、收益与利润

产量 Q	价格 P	固定成本 TFC	变动成本 TVC	总成本 TC	边际成本 MC	平均成本 AC	总收益 TR	利润 π
0	66	25	0	25	—	—	0	−25
1	66	25	7	32	6	32	66	34
2	66	25	16	41	14	20.5	132	91
3	66	25	39	64	34	21	198	134
4	66	25	88	113	66	28.25	264	151
5	66	25	175	200	110	40	330	130
6	66	25	312	337	166	56	396	59

根据表5-3我们可以看出，当 $Q=4$ 时，MC = MR = P = 66，利润 π = 151 时最大。当 $Q<4$ 时，MC < MR，扩大生产可以增加利润；当 $Q>4$ 时，MC > MR，随着产量继续增加，利润已经开始下降。进一步验证了前述厂商实现利润最大化的均衡条件。

厂商是盈利还是亏损，取决于市场价格与厂商均衡产量下的平均成本的对比。短期内，在完全竞争市场中，供求作用形成的价格可能高于、等于、低于厂商的平均成本，厂商可能处于盈利、盈亏平衡或亏损等不同状态。

当 $P>$ AC 时，$\pi>0$；

当 $P<$ AC 时，$\pi<0$；

当 $P=$ AC 时，$\pi=0$。

一般来说，完全竞争市场中由供求决定的市场均衡价格是变动的，厂商在短期内随价格变动而调整平均成本是困难的，因此 AC 与 P 常常不相等，也就是说厂商在短期内既可能有盈余，也可能出现亏损。

（1）行业供给小于需求，价格水平比较高。

利润最大化原则：MR = MC，E 点为厂商决

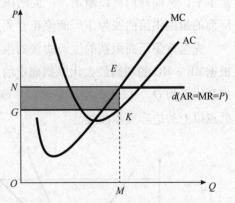

图5-5 盈利状态的厂商短期均衡

策点，决定产量 OM，价格 ON。TR = S_{OMEN} > TC = S_{OMKG}，存在超额利润 $S_{GKEN} = S_{OMEN} - S_{OMKG}$。$P$ = AR > AC，厂商处于盈利状态（见图5-5）。

（2）行业供给大于需求，价格水平比较低。

利润最大化原则：MR = MC，E 点为厂商决策点，决定产量 OM，价格 ON。TR = S_{OMEN} < TC = S_{OMKG}，存在亏损 $S_{GKEN} = S_{OMKG} - S_{OMEN}$。$P$ = AR < AC，厂商处于亏损状态（见图5-6）。

（3）厂商需求曲线切于 AC 最低点。

$P = AR = AC$，厂商的经济利润恰好为0，处于盈亏平衡状态（见图5-7）。

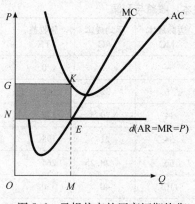

图5-6 亏损状态的厂商短期均衡

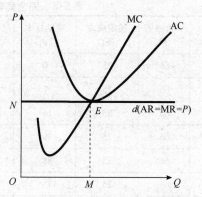

图5-7 盈亏平衡状态的厂商短期均衡

3. 完全竞争厂商的短期供给曲线

根据完全竞争厂商的短期均衡条件，可以推导出其短期的供给曲线。前面曾提到供给曲线的含义，对于任意一个价格水平，厂商愿意并且能够生产和销售的产品数量，就是这一价格水平下的供给量；而供给量与价格水平之间的对应关系就是供给曲线。

根据上述分析，给定任意一个市场均衡价格，只要高于厂商的平均可变成本的最低点，厂商就会根据其利润最大化原则，确定一个使自己的边际成本等于市场均衡价格的产量水平，从而我们可以断定，厂商的决策点总是在边际成本曲线上移动。因此，完全竞争厂商的短期供给曲线为该厂商停止营业点以上（$P \geq AVC$）的边际成本曲线。

完全竞争厂商短期的供给曲线的推导如图5-8所示。当市场均衡价格为P_1时，厂商根据MR = MC的利润最大化原则确定的产量水平为Q_1；当市场均衡价格为P_2时，确定的产量水平为Q_2。以此类推，显然，厂商的短期供给曲线就是其平均可变成本曲线AVC最低点以上的边际成本曲线。

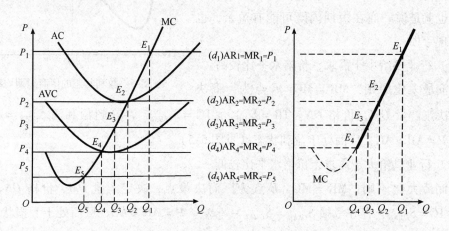

图5-8 由完全竞争厂商的边际成本曲线到短期供给曲线

知识扩展 5-1

完全竞争行业的短期供给曲线

完全竞争行业的短期供给曲线为所有厂商的短期供给曲线之叠加，即由所有厂商的停止营业点以上部分的边际成本曲线在水平方向相加而成，表示相对于各种价格水平来说，行业内所有厂商将提供产量的总和。

完全竞争行业的短期供给曲线保持了完全竞争厂商的短期供给曲线的基本特征，即曲线也是向右上方倾斜的，它表示市场的产品价格和市场的短期供给量呈同方向变动。而且，行业的短期供给曲线上与每一价格水平相对应的供给量都是可以使全体厂商在该价格水平获得最大利润或最小亏损的最优产量。

4. 生产者剩余

生产者剩余（producer surplus）是指厂商在提供一定数量的某种产品时，实际接受的总支付和愿意接受的最小总支付之间的差额。它通常用市场价格线以下、厂商的供给曲线以上的面积来表示。

由于所有边际成本的总和必然等于可变成本的加总，因而，生产者剩余也可由厂商的收入与其可变总成本的差额定义。

延伸阅读 5-2

生产者剩余与消费者剩余

两者的定义类似，只不过生产者剩余是从厂商供给的角度分析，消费者剩余则是从消费者消费的角度分析。**消费者剩余**（consumer surplus）就是消费者对于某种商品所愿意支付的最大总价格与实际支付的总价格之间的差额。

5. 完全竞争厂商的长期均衡

这里的长期，既是指厂商可根据市场需求变化而调整生产规模的时期，又是指厂商有时间进入或退出行业的时期。也就是说，一个行业在长期中可通过两种方式进行调整：一是行业中厂商数量变动；二是原有厂商经营规模变动。

（1）行业中厂商数量变动。

假定某行业有经济利润，就会吸引新厂商进入，于是该行业供给增加，在需求没有变化的情况下，产品价格会下跌，一直跌到经济利润消失时厂商停止进入。反之，若某行业产品价格使厂商经营有亏损，则厂商会退出行业，该行业供给就减少，在需求不变的情况下，产品价格会上升，直到不亏损时厂商停止退出。因此，厂商进入或退出的结果必然是厂商只能获得正常利润而经济利润为零，即产品价格等于平均成本。

（2）厂商经营规模变动。

假如厂商扩大规模可降低成本并获得经济利润，厂商就会扩大规模。当所有厂商都这样做时，行业供给就会扩大，在市场需求不变时，产品价格会下降，直到经济利润消失时，厂商变动规模的行动才会停止。这时候，产品价格也等于长期平均成本。厂商收缩规模的情况同样如此。

可见，在一个完全竞争市场上，长期均衡就是既无经济利润又无亏损的状态。这时，没有厂商进入或退出该行业，也没有厂商扩大或收缩经营规模。

延伸阅读 5-3

完全竞争市场简评

(1) 完全竞争市场的优点。
- 完全竞争市场最理想；资源得到最优配置。
- 供给与需求相等，不会有生产不足或生产过剩，需求得到满足。
- 长期均衡时，平均成本最低，要素作用最有效。
- 平均成本最低决定了产品价格最低，对消费者有利。

(2) 完全竞争市场的缺点。
- 厂商平均成本最低不一定是社会成本最低。
- 产品无差别，消费者多种需求无法得到满足。
- 生产者规模可能都很小，无力去实现重大科技突破。
- 实际中完全竞争很少，且竞争一般会引起垄断。

(3) 研究完全竞争市场的积极意义。

尽管完全竞争市场在现实经济生活中几乎是不存在的，但是，研究完全竞争市场仍有其积极的意义。研究完全竞争市场有利于建立完全竞争市场类型的一般理论，在人们熟练掌握了完全竞争市场类型的理论及其特征以后，就可以用其指导自己的市场决策。

例如，生产者就可以在出现类似情况时（如作为价格的接受者时等）做出正确的产量和价格决策。更重要的是分析研究完全竞争市场，可以为我们分析研究其他市场类型提供借鉴。例如，在对有关完全垄断市场、垄断竞争市场和寡头垄断市场中竞争与效率问题进行比较研究的过程中，完全竞争市场的相关研究结果可以作为一个衡量标准起到借鉴作用。

第二节 垄断市场

垄断厂商的行为与上一节完全竞争市场中厂商的行为完全不同。竞争性厂商只是价格接受者，而垄断厂商则是价格制定者。

一、垄断市场的条件及成因

垄断市场（monopoly market），也称完全垄断市场，是指整个行业中只有唯一一个厂商提供市场全部供给的市场结构。具体地说，垄断市场具有以下条件与特征。

- 本行业中只有单个生产者面对众多的消费者。
- 本行业存在进入障碍，使其他厂商难以进入，即缺乏潜在的进入者。
- 垄断厂商提供的产品不存在任何相近的替代品，因此，不会受到任何竞争的威胁。例如电厂在照明能源上具有垄断地位，因为蜡烛或煤油灯虽然是电灯的替代品，但不是相近的替代品。
- 垄断厂商是价格的制定者，可以自行决定其产量和销售价格，以使自己的利润最大化。
- 垄断厂商可以根据获取利润的需要在不同销售条件下实行不同的价格，即实行差别定价。

垄断市场的存在，主要是由于其他厂商认为这个市场是无利可图的或者无法进入这个市场。归纳起来，形成垄断的原因主要有以下四个方面。

一是对特种资源的控制。某一企业可能控制着某些稀缺资源，使其他企业无法参与，并与之竞争。如对于全世界的动物园来说，中国是熊猫的垄断提供者，华盛顿的国家动物园每年需要支付100万美元从中国租一对熊猫。

二是专利权。一旦某个厂商拥有了生产某种产品或生产某种产品关键技术的专利权，并且不存在可替代的技术，由于专利禁止了其他人生产这种产品或使用这种技术，那么该厂商在一段时期内就会成为垄断者，该商品的市场也就相应地成为垄断市场。如微软几乎垄断了计算机操作系统市场。

三是市场特许权。垄断还可能因为厂商拥有某种商品或劳务的专卖权而产生。如烟草专卖，城市中独家经营的自来水公司、煤气公司、电力公司等。

四是规模经济形成的自然垄断。如果一个行业内，由一家厂商供给时的平均成本低于两家或两家以上厂商同时供给时的平均成本，就会形成由规模经济引起的垄断，一般称为"自然垄断"，如自来水、煤气、电力供应和污水处理等行业都存在明显的规模经济性，很容易形成自然垄断。

如同完全竞争市场一样，垄断市场的假设条件也很严格。在现实生活中，完全垄断市场也几乎是不存在的。

二、垄断市场的需求曲线和收益曲线

1. 垄断厂商的需求曲线

由于垄断市场上只有一家厂商，因而市场的需求曲线就是垄断厂商所面临的需求曲线，它是一条向右下方倾斜的曲线。假定厂商的销售量等于市场的需求量，于是，垄断厂商的需求曲线表示：垄断厂商可以用减少销售量的办法来提高市场价格，也可以用增加销售量的办法来压低市场价格。即垄断厂商可以通过改变销售量来控制市场价格，而且，垄断厂商的销售量与市场价格呈反方向的变动。

2. 垄断厂商的收益曲线

垄断厂商所面临的需求状况直接影响厂商的收益。垄断厂商的需求曲线是向右下方倾斜的，其相应的平均收益曲线 AR、边际收益曲线 MR 和总收益曲线 TR 的一般特征如图 5-9 所示。

垄断厂商收益曲线的特征如下：

（1）厂商的平均收益曲线 AR 与市场需求曲线 D 重叠，同时市场需求曲线也就是垄断厂商的需求曲线。

（2）边际收益曲线 MR 位于平均收益曲线的下方，且也是向右下方倾斜的趋势。

（3）总收益曲线 TR 呈先升后降的形态。

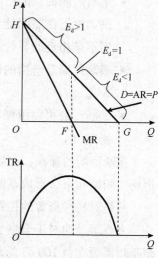

图 5-9　垄断厂商的收益曲线

垄断厂商的需求曲线 D 可以是直线型的，也可以是曲线型的。无论厂商的需求曲线是否为线性，以上三个特征都能满足。

当厂商需求曲线为直线型时，边际收益曲线还有一些重要的特征：

当垄断厂商的需求曲线 D 为线性时，边际收益曲线也为线性；需求曲线和边际收益曲线在纵轴上的截距相等；边际收益曲线在横轴上的截距是需求曲线在横轴上截距的一半，如图 5-9 所示。

3. 边际收益、价格和需求的价格弹性

当厂商所面临的需求曲线向右下方倾斜时，厂商的边际收益、价格和需求的价格弹性三者之间的关系为

$$\mathrm{MR} = P\left(1 - \frac{1}{E_\mathrm{d}}\right) \tag{5-8}$$

式中，E_d 为需求的价格弹性。

当 $E_\mathrm{d} > 1$ 时，MR > 0。此时，TR 曲线的斜率为正，表示厂商总收益随着销售量 Q 的增加而增加。

当 $E_\mathrm{d} < 1$ 时，MR < 0。此时情况与上面相反。

当 $E_\mathrm{d} = 1$ 时，MR $= 0$。此时，表示厂商的总收益达到极大值点。

三、垄断厂商的短期均衡

垄断厂商的生产目的与完全竞争厂商是一样的，都是追求利润最大化。因此，垄断厂商的决策依据也是 MR = MC 原则。在短期内，垄断厂商无法改变固定要素投入量。垄断厂商是在既定的生产规模下通过对产量和价格的调整，来实现 MR = MC 的利润最大化的原则。垄断厂商的短期均衡有三种情况，分别是盈利、收支相抵和亏损。下面我们将一一进行分析。

1. 垄断厂商盈利的情形

如图 5-10 所示，总收益为平均收益（价格）与产量的乘积，即 S_{OMKN}；总成本为平均成本与产量的乘积，即 S_{OMFG}；总收益 > 总成本，S_{GFKN} 为超额利润。

🗨 **课堂讨论**

为什么垄断厂商只有在 MR = MC 的均衡点上，才能获得最大的利润呢？

2. 垄断厂商收支相抵的情形

如图 5-11 所示，总收益 = 总成本，即 S_{OMKN}，厂商只有正常利润。

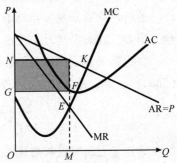

图 5-10　垄断厂商盈利时的短期均衡

3. 垄断厂商亏损的情形

如图 5-12 所示，总收益（S_{OMKN}）< 总成本（S_{OMFG}），S_{GFKN} 为亏损。这时，已经亏损的厂商是否还会继续生产呢？与完全竞争厂商一样，在目前情况下厂商还是会继续生产的，因为继续生产能够弥补厂商的全部可变成本和一部分固定成本，而如果停止生产则会损失掉全部固定成本。如果垄断厂商面临的平均可变成本曲线即市场需求曲线 AR(D) 低于其平均成本曲线 AC，继续生产的收益将不足以弥补平均可变成本，则厂商会停止生产。

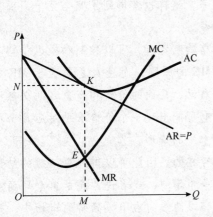

图 5-11　垄断厂商收支相抵时的短期均衡

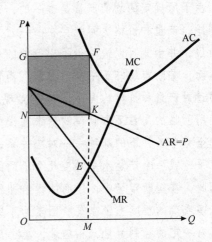

图 5-12　垄断厂商亏损时的短期均衡

📖 **知识扩展 5-2**

垄断厂商的长期均衡

垄断厂商在长期内可以调整全部生产要素的投入量即生产规模，从而实现最大的利润。同时，垄断行业排除了其他厂商进入的可能性，垄断厂商在长期内是可以保持利润的。

在长期中，垄断厂商根据市场需求水平来调整生产规模，使短期成本降低到长期成本的水平。厂商根据市场需求曲线确定其平均收益曲线 AR 和边际收益曲线 MR，并根据边际成本等于边际收益的原则选择产量水平，并对应市场需求曲线确定所要的价格。

垄断厂商在短期可能面临三种情况：盈利、收支相抵和亏损。如果在短期厂商能够盈利，那么，在长期通过扩大生产规模，垄断厂商能够获得更多利润。

在达到长期均衡时，长期边际成本（LMC）等于边际收益，并与短期边际成本（SMC）相等，垄断厂商的长期均衡条件为

$$MR = LMC = SMC$$

长期平均成本曲线 LAC 与短期边际成本曲线相切。由于不存在直接的竞争对手，垄断者的经济利润可以长期保持。

最后，由于垄断厂商所面临的需求曲线就是市场的需求曲线，垄断厂商的供给量就是全行业的供给量，所以，本节所分析的垄断厂商短期和长期的均衡价格与均衡产量的决定，就是垄断市场的短期和长期的均衡价格与均衡产量的决定。

知识扩展5-3

垄断厂商的供给曲线

供给曲线表示在每一个价格水平生产者愿意而且能够提供的产品数量。它表示产量和价格之间的一一对应关系。在完全竞争市场中，每一个厂商都是价格的接受者，它们按照给定的市场价格，根据 $P = MC$ 的均衡条件来确定唯一的能够带来最大利润或最小亏损的产量。由于所确定的均衡产量是唯一的，而且，每一个确定的产量也只对应一个给定的价格，因此，产量和价格之间就存在一一对应的关系，这样也就得到了完全竞争厂商的短期供给曲线，并由此可以进一步推出行业的供给曲线。

然而，垄断市场却不一样。垄断厂商作为价格的制定者，可以控制和操纵价格。垄断厂商通过对产量和价格的同时调整来实现 $MR = MC$ 的原则，而且 P 总是大于 MR 的。随着厂商所面临的向右下方倾斜的需求曲线的位置移动，厂商的价格和产量之间必然不再存在像完全竞争条件下的那种一一对应关系，而是有可能出现一个价格水平对应几个不同的产量水平，或一个产量水平对应几个不同的价格水平的情形。

因此，在垄断市场中，厂商的供给曲线是不存在的。由此可以得到更一般的结论：凡是在或多或少的程度上带有垄断因素的不完全竞争市场中，或者说，凡是单个厂商对市场价格具有一定的控制力量，相应地，单个厂商的需求曲线向右下方倾斜的市场中，是不存在具有规律性的厂商和行业的短期供给曲线与长期供给曲线的。这一结论同样适用于下面两节将要分析的垄断竞争市场和寡头市场。

四、垄断者的定价原则与策略

完全垄断厂商是市场价格的制定者，垄断者为获得更大利润，会根据市场情况选取不同的定价策略来确定市场价格，即价格歧视。

价格歧视，也称差别定价，是指垄断者在同一时间内对同一成本产品向不同购买者收取不同的价格，或是对不同成本的产品向不同的购买者收取相同的价格。

垄断厂商实行价格歧视，必须具备以下的基本条件。

第一，市场的消费者具有不同的偏好，且这些不同的偏好可以被区分开。这样厂商才有可能对不同的消费者或消费群体收取不同的价格。

第二，不同的消费者群体或不同的销售市场是相互隔离的。这样就排除了中间商由低价处买进商品，转手又在高价处出售商品而从中获利的情况。

具体来说，价格歧视可分为：一级价格歧视、二级价格歧视、三级价格歧视。这三种价格歧视产生的条件不同，影响也不同，其中三级价格歧视最为普遍。

1. 一级价格歧视

一级价格歧视是指垄断厂商能够对不同支付意愿的每个消费者（或每单位商品）分别收取不同的价格，又被称为完全价格歧视。此时，垄断厂商就不必担心由于向低支付意愿消费者出售商品而减少较高支付意愿消费者支付的价格。

这样的话，垄断厂商就会不断提供产品，对每一单位产品索取可以得到的最大价格，直到消费者对最后一单位产品的支付意愿等于生产的边际成本为止。这也正好是社会最优的产量。

垄断厂商实行一级价格歧视时，每一产量都将按市场支付意愿来收取价格。实行一级价格歧视的厂商将所有消费者剩余榨光，转化为生产者的垄断利润。

一级价格歧视在现实中很少，因为这需要垄断的生产者对不同消费者的支付意愿了解得一清二楚。

2. 二级价格歧视

二级价格歧视，又称为成批定价、分段定价或数量折扣，是指垄断厂商对某一特定的消费者，按其购买商品数量的不同制定不同的价格，以此获利的一种方法。如根据产品销量定价，对成批购买者实行优惠。在二级价格歧视下，垄断厂商剥夺了部分消费者剩余。

如图 5-13 所示，AB 为某电力公司面临的市场需求曲线。为了鼓励家庭多用电，当用电量为 Q_1 时，每千瓦时的价格为 P_1；用电量为 Q_2 时，每千瓦时的价格为 P_2；用电量为 Q_3 时，每千瓦时的价格为 P_3。

实行这样的价格歧视之后，电力公司的总收益显然超过全部按照 P_3 收费的总收益。如果不存在价格歧视，全部按照 P_3 的价格收费，消费者剩余为图中三角形 P_3AE_3 的面积，而如果实行二级价格歧视，则垄断厂商即电力公司的总收益的增加量刚好是消费者剩余的损失量，消费者剩余减少为图 5-13 中的阴影面积。

由此可见，实行二级价格歧视的垄断厂商利润会增加，部分消费者剩余转化为垄断利润。此外，垄断厂商

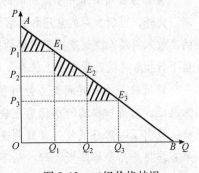

图 5-13 二级价格歧视

有可能达到或接近 $P = MC$ 的有效率的资源配置产量。

3. 三级价格歧视

三级价格歧视是指垄断厂商把不同类型的购买者分割开来，形成各子市场；然后把总销量分配到各子市场出售，根据各子市场的需求价格弹性分别制定不同的销售价格。三级价格歧视在现实经济生活中最为普遍。

例如，对同一种产品，在富人区的价格高于在贫民区的价格；同样的学术刊物，图书馆购买的价格高于学生购买的价格；对于同一种商品，国内市场和国外市场的价格不一样；同一班飞机上的头等舱、公务舱和经济舱的机票价格不一样等。下面我们将具体分析三级价格歧视的做法。

假设垄断厂商拥有两个独立的市场（且只拥有这两个市场），这两个市场上的消费者需求不同。那么，厂商如何决定两个市场上的销售量和价格呢？

厂商应该根据 $MR_1 = MR_2 = MC$ 的原则来确定产量和价格。其中，MR_1 和 MR_2 分别表示两个市场的边际收益，MC 表示产品的边际成本。原因在于：第一，就不同的市场而言，厂商应该使各个市场的边际收益相等。只要市场之间的边际收益不相等，厂商就可以通过不同市场之间的销售量的调整，把产品从边际收益较低的市场转移到边际收益较高的市场出售，以实现利润最大化。第二，厂商应该使生产的边际成本 MC 等于各市场相等的边际收益。只要二者不等，厂商就可以通过增加或减少产量来获得更大的收益，直至达到 $MR_1 = MR_2 = MC$ 的条件。

三级价格歧视要求厂商在需求价格弹性小的市场上制定较高的产品价格，在需求价格弹性大的市场上制定较低的产品价格。如果两个市场具有相同的需求弹性，则垄断厂商就不可能实现价格歧视。

个案研究 5-2

麦当劳的价格歧视

麦当劳一直采取向消费者发放折扣券的促销策略。其对来麦当劳就餐的顾客发放麦当劳产品的宣传品，并在宣传品上印制折扣券。为什么麦当劳不直接将产品的价格降低呢？因为折扣券使麦当劳公司实行了三级价格歧视。

麦当劳公司知道并不是所有的顾客都愿意花时间将折扣券剪下来保存，并在下次就餐时带来。此外，剪折扣券的意愿和顾客对物品支付的意愿与他们对价格的敏感度相关。富裕而繁忙的高收入阶层人群到麦当劳用餐的需求弹性低，对折扣券的价格优惠不敏感，通常不会花时间剪下折扣券并随时带在身上保存，以备下次就餐时用，而且对折扣券所省下的钱也不在乎。

但低收入的人群到麦当劳用餐的需求弹性高，他们更可能剪下折扣券，因为他们的支付意愿低，对折扣券的价格优惠比较敏感。麦当劳通过只对这些剪下折扣券的顾客收取较低价格，吸引了一部分低收入家庭到麦当劳用餐，成功地实行了价格歧视，并从中多赚了钱。如果直接将产品价格降低，那些从不带折扣券的高收入阶层的消费中多得的收入就会流失。

资料来源：http://course.zjnu.cn/sxyly/xxjjx/alfx/new_page_8.htm.htm。

知识扩展 5-4

两部收费

两部收费又称双重收费。垄断厂商要求消费者先付费以获得商品的购买权,然后为每一单位该商品支付额外的费用。

两部收费不完全等同于价格歧视,不过目的也是攫取消费者剩余。

垄断厂商面临如何确定进入费(用 T 表示)和使用费(用 P 表示)的问题。进入费 T 为固定价,与消费量无关;而使用费 P 是不固定的,与消费量的变化有关。如出租车的起步价和所走路程的价格,手机的月租费和话费等。

知识扩展 5-5

捆绑销售

捆绑销售是指厂商要求客户购买其某种产品的同时,也必须购买其另一种产品。在顾客偏好存在差异而厂商又无法实施价格歧视的条件下,使用这一决策,可以增加厂商的利润。

捆绑销售一般适用于对两种产品的需求是负相关的情况。如对两种产品的需求是正相关的,则捆绑销售不会给厂商带来额外的收益。

五、政府对垄断行业的调节

通常认为,竞争与垄断相比有更高的经济效率,因为垄断厂商是在价格高于边际成本处生产,从而垄断产量比竞争产量低,而垄断价格比竞争价格高。于是,垄断使消费者受到了损失,在现实生活中,确实也存在这种现象。

例如,1998 年之前加拿大电话业被几个大公司控制,国内外话费异常昂贵,如著名的贝尔公司线路,打到中国的话费每分钟 1.2 加元(当时合人民币 6.72 元/分)。后来,加拿大引入竞争机制,几家公司竞相降价以争夺客源,贝尔公司无奈之下实行话费新方案,将话费下降至 0.08 加元(合人民币 0.556 元)。可见,竞争增加了消费者福利。

政府对垄断的调节措施有以下两种。

1. 立法

反垄断法为政府打击垄断提供了法律依据。美国政府可以根据反垄断法来阻止导致市场垄断的企业合并或收购行为,也可以对垄断企业进行拆分。此前,美国司法部对微软的反垄断诉讼使微软公司放弃了对一家主要的软件竞争者的收购。

历史上,美国政府对美国电话电报公司(AT&T)的拆分也是政府成功运用反垄断法的一个著名案例,在这个占有 96% 的长途电话市场份额和 80% 以上本地电话市场份额的电信巨头被拆分为 8 个公司之后,美国的电话设备、服务质量以及价格都有了革命性的变化。

近年来,中国政府推动的电信拆分、电力改革、民航重组等改革措施无不以打破行业垄断为目标。2008年，中国的反垄断法开始实施。2009年，商务部裁定禁止可口可乐收购汇源果汁案，就是我国反垄断法实施以来首例收购未通过审查的案例。

知识链接5-1

"大数据杀熟"被立法禁止

2018年2月28日，《科技日报》报道了一位网友自述被大数据"杀熟"的经历。据了解，他经常通过某旅行服务网站订一个出差常住的酒店，长年价格在380元到400元。偶然一次，通过酒店前台了解到，淡季的价格在300元上下。他用朋友的账号查询后发现，果然是300元；但是用自己的账号去查，还是380元。

从此，"大数据杀熟"这个词正式进入公众的视野。所谓大数据杀熟，是指同样的商品或服务，老客户看到的价格反而比新客户看到的要贵出许多的现象。实际上，这一现象已经持续了多年。2018年12月，"大数据杀熟"入选为2018年度社会生活类十大流行语。

"大数据杀熟"总是处于隐蔽的状态，多数消费者是在不知情的情况下"被溢价"了。大数据杀熟，实际上是对特定消费者的"价格歧视"，与其称这种现象为"杀熟"，不如说是"杀对价格不敏感的人"。谁帮企业找到了那些"对价格不敏感"的人群呢？是大数据。

北京市消费者协会的一项调查显示，许多被调查者表示曾被"杀熟"，而网购平台、在线旅游、网约车类移动客户端或网站是"重灾区"。大数据"杀熟"严重侵害了消费者权益，如果不加以整治，也不利于电商行业的持续健康发展。事实上，大数据"杀熟"并不是新鲜话题，但一段时间以来，有些运营平台却依然我行我素，说到底还是利益驱动。这说明，治理大数据"杀熟"不能单凭行业自觉，还须提升监管强度，强化日常的制度约束。

2020年8月，文化和旅游部发布了《在线旅游经营服务管理暂行规定》，自2020年10月1日起施行。规定明确了在线旅游经营者不得滥用大数据分析等技术手段，侵犯旅游者的合法权益。

2021年2月，国务院反垄断委员会发布关于平台经济领域的反垄断指南，对消费者反映较多的"大数据杀熟"等问题做出了专门规定。

2021年4月，市场监管总局会同中共中央网络安全和信息化委员会办公室、国家税务总局召开互联网平台企业行政指导会。会议指出，实施"大数据杀熟"的问题必须得以严肃整治。

2021年8月，十三届全国人大常委会第三十次会议表决通过《中华人民共和国个人信息保护法》，其中明确了相关机构不得进行"大数据杀熟"。

资料来源：360百科，《科技日报》。

2. 管制

对自然垄断造成的低效率需要由政府的管制来加以改进。由于垄断的低效率是产量偏低导致的，因此通过政府管制让垄断厂商按边际成本等于市场的边际支付意愿（由需求曲线表示）来决定产量是一个首先会被想到的做法。

然而，自然垄断行业低边际成本与高固定成本（平均成本）的特点会使按此原则定产后的市场价格很低，不能弥补厂商的总成本，使厂商面临亏损的困境。

此时，一个可能的办法是要求厂商在用边际成本定价的同时由政府对其进行补贴。然而，现实中政府通常并不清楚自然垄断行业的真实成本状况，这就为实行价格管制以及补贴带来了极大的困难。

另一种更为常见的管制方式是对自然垄断行业实行收益率管制，即把厂商的资本收益率控制在一个合理的水平之上。然而，这样的措施同样面临信息不足的问题。由于行业中只有一家厂商，因而对于怎样的收益率才算合理没有一个可比的参照。

另外，对收益率进行规定不仅使厂商没有积极性去降低成本，甚至还会使厂商借助于增加工资成本的方法来为本企业内部的员工谋取利益。事实上，政府部门掌握信息的不足以及与之相联系的激励问题才是管制需要解决的核心问题。

然而，如果就此认为垄断就绝对不如完全竞争，那就错了。

首先，大企业在市场经济运行中有利于发挥规模经济的优势，因而使产品价格下降而不是提高。大规模生产的企业与小规模生产的企业相比，成本更低，质量更稳定，这是众所周知的。

其次，技术进步的需要也许是一些垄断存在的一个更重要的理由。正如美国经济学家约瑟夫·熊彼特所说，经济发展的本质在于创新，而垄断实际上是资本主义经济技术创新的源泉。这是因为，投资于开发和研究常常有很大风险，只有大企业才能承担这种风险，才有能力筹措投资所需的巨额资金。

当然，这些企业有权利在一段时间内独享技术创新的成果，这就是专利权之所以成为导致垄断存在的一个重要因素。在熊彼特看来，垄断的缺陷——产量不足，可以通过用垄断利润进行的研究与开发所带来的好处加以弥补。

可见，对垄断和竞争的利弊得失及功过是非问题，不能得出过分简单的结论，具体问题还得具体分析。

个案研究 5-3

2016 年海外并购之"堵"

入主西部数据（WD）流产、并购美光科技遇阻，紫光股份海外并购接连遭遇美国外资投资委员会（CFIUS）阻止。无独有偶，德国政府在 2016 年 10 月撤回了已经颁发的批准令，以重新评估中国宏芯投资基金对该国半导体企业爱思强价值超过 7 亿美元的并购案。两个月后，时任美国总统奥巴马发布行政令叫停了这一交易，理由是爱思强在美国有分支机构，收购行为"涉及（美国）国家安全"。2016 年中国企业在科技领域的海外并购频频受阻。

2016 年 2 月 24 日，紫光股份拟入主纳斯达克上市公司西部数据的计划正式宣布流产。

据紫光股份公告，该收购事项由于需要履行 CFIUS 的审查程序，公司董事会决议终止收购。加上此前并购美光科技遇阻，紫光股份已经两度遭 CFIUS 阻止。"再次凸显了中国企业在美国寻求投资时面临的严格的政策审批挑战。"业内人士称。

紫光股份的失意不是孤例。有报告显示，根据 CFIUS 最新披露的 2014 年提交安全审查的案件情况，中国企业遭受审查数量连续第三年名列榜首，其中涉及中国投资者的案件有 24 起，英国有 21 起，加拿大有 15 起。涉及的行业包括计算机、电子产品、运输设备、化学用品等。

而 2016 年以来，中国企业赴美并购半导体行业的获批难度表现突出。除了紫光股份收购 WD 案，近来因担心无法通过 CFIUS 审查而被拒绝的中资企业收购案例还包括：被誉为半导体产业"西点军校"的美国仙童半导体拒绝了央企华润集团子公司中国华润微电子和北京清芯华创联合提出的收购要约；飞利浦公司停止向金沙江创投主导的投资基金出售旗下 Lumileds（芯片和车灯公司）80.1% 的股份等。

CFIUS 的担心是什么？业内一致的观点是：CFIUS 一贯担忧中国企业通过并购，获得敏感技术。

对比被 CFIUS 阻止的案子，华润集团原拟收购的仙童半导体是 IGBT（绝缘栅双极型晶体管）器件的全球五强企业之一，而 IGBT 属于技术难度最大的晶体管之一，目前我国 90% 以上的相关产品都需要进口；金沙江创投主导收购的飞利浦 Lumileds 公司，据美国本土媒体报道认为否决是因为一种名叫氮化镓（GaN）的半导体材料，美国反弹道导弹雷达和美国空军用来追踪空间碎片的雷达系统"太空篱笆"（Space Fence）均使用了氮化镓芯片。虽然 Lumileds 掌握的氮化镓基 LED 半导体材料技术仅用于照明领域，但 CFIUS 仍小题大做，将中资财团收购 Lumileds 后将获得的氮化镓技术与军工领域微芯片应用相关联。

由于我国正在加强芯片产业建设，并且自 2015 年以来紫光股份在半导体行业频频收购，尽管紫光股份的领导明确表示"我们实际是市场导向的公司"，可是，"获得政府支持的清华控股公司"仍是美国投行们给紫光股份"钉上"的背景标签。国内并购专家俞铁成认为"紫光背景"也成了这里的"敏感词"。

中国科学院和中债资信评估有限责任公司发布的《对外投资与风险蓝皮书：中国对外直接投资与国家风险报告》（以下简称《蓝皮书》）指出，中国企业的海外并购引起了西方国家的警觉，各国可能设置更多障碍干预并购行为，以防止高端技术外流。

《蓝皮书》指出，海外并购是获取高端技术的高效途径。近年来，中国企业大量收购美国、欧洲的高新技术公司，希望以此获取更多的尖端技术，从而实现中国经济从依赖低端制造业过渡到依赖高附加值产业的转型。2015 年，中国的对美投资首次超过美国的对华投资，其中大部分资金被用于企业并购。

《蓝皮书》指出，全球经济增长放缓可能激发了西方的贸易保护情绪。各国担心中国的海外并购可能会使自己丧失技术优势，因此呼吁加大对中国对外投资的审查力度。另外，由于人民币对美元贬值，中国政府也收紧了对海外投资的审批，以防止更多资金流向海外，这也会造成中国企业海外并购步伐放缓。

鉴于中国海外并购不断遭遇东道国或第三国以"国家安全"为理由造成的阻碍，中国社会科学院工业经济研究所相关专家建议，中国应"通过获得世界贸易组织的'市场经济地位'，以解除非公平贸易的歧视"。

资料来源：李小兵. 海外并购之"堵"［J/OL］. 上海证券报，（2016-02-25）［2017-08-18］. http://finance.sina.com.cn/roll/2016-02-25/doc-ifxpvutf3321748.shtml.

江晓川. 中企海外并购频频受阻，困境何解？［J/OL］. 腾讯财经，（2017-01-13）［2017-08-10］. http://finance.qq.com/a/20170113/032991.htm.

张倩. 西方国家警惕技术外流 中国企业海外并购受阻［J/OL］. 环球网，（2017-04-14）［2017-08-18］. http://tech.huanqiu.com/it/2017-04/10474837.html.

第三节 垄断竞争市场

完全竞争市场和完全垄断市场是理论分析中两种极端的市场形态。比较现实的市场是既存在竞争因素又存在垄断因素，即介于完全竞争和完全垄断之间，竞争和垄断混合在一起的市场。根据竞争因素和垄断因素的程度，这种市场又可区分为垄断竞争市场和寡头垄断市场。前者竞争的因素多一些，是比较接近于完全竞争市场的市场结构，而后者垄断的因素多一些，是比较接近于完全垄断市场的市场结构。

一、垄断竞争市场的条件及形式

垄断竞争是一种商品有许多交易者且卖者所提供的商品之间有一定差别，从而形成不完全竞争格局的市场结构。在现实经济生活中，垄断竞争市场是非常普遍的，它广泛出现在各种零售业、轻工业和服务业中，如彩电、洗涤剂、牙膏、饮料、快餐等。

具体地说，垄断竞争市场的条件主要有以下三点。

（1）同种产品之间存在差别，是同类但不同质的市场。这是垄断竞争市场最基本的条件。在这里，产品差别不仅是指同一种产品在质量、构造、外观、销售服务条件等方面的差别，还包括商标、广告方面的差别和以消费者的想象为基础的任何虚构的差别。例如，在两家拉面馆出售的同一种拉面在实质上没有差别，但是，消费者却认为一家拉面馆的拉面比另一家的好吃。这时，即存在着虚构的产品差别。

一方面，由于市场上的每种产品之间存在着差别，因此，每个厂商对自己的产品价格都具有一定的垄断力量，从而使生产带有垄断的因素。一般来说，产品的差别越大，厂商的垄断程度就越高。另一方面，由于有差别的产品之间又是很相似的替代品，因此，市场中又具有竞争的因素。这样便构成了垄断因素和竞争因素并存的垄断竞争市场的基本特征。例如，不同品牌的饮料、化妆品和香烟。

（2）市场中有众多的厂商生产和销售该产品。由于厂商数量众多，以至于每个厂商都认为自己的行为对市场的影响极小，而不会引起其他厂商的注意和反应，因而自己也不会受到竞争对手的任何报复性措施的影响，如理发行业、快餐行业等。

（3）厂商的规模比较小，进出该市场不存在太大的困难，基本上属于自由进出。由于市场不存在竞争壁垒，因此，新厂商带着同种商品进入市场，以及已有厂商在无利可图时退出市场是比较容易的。

垄断竞争市场的特点决定了垄断竞争厂商之间的竞争形式是多样的。一般来说，它们往往会采用以下三种形式来扩大商品销售量或增加利润。

一是价格竞争。垄断竞争厂商对商品的价格有一定的控制力，它们可以通过降低价格来吸引更多的消费者。

二是品质竞争。由于价格竞争有可能会降低垄断厂商的利润，因此大部分厂商一般不会轻易变动价格，而转向采取非价格竞争。垄断竞争厂商通过创建和维护自身商标、树立品牌、提高产品质量和服务等手段，巩固自己产品在消费者心目中的特殊地位，从而达到扩大产品销售量、增加利润的目的。

三是广告竞争。广告宣传是另外一种非价格竞争方式，是形成产品差别化的一个重要原因，垄断竞争市场最需要进行广告宣传。在完全竞争市场中，广告宣传是没有必要的，但在垄断竞争市场中，对扩大销售量却起着重大的作用，它能够适当调整消费者的需要以适应产品的差别。

二、垄断竞争厂商的需求曲线

根据垄断竞争市场的特征，一方面，由于每个厂商提供的产品在消费者看来具有差别，因而对某一厂商生产的产品，存在着一批"忠实的"消费者，他们特别偏爱这一厂商的产品。对这些消费者而言，这家厂商就具有垄断的性质。也就是说，厂商供给的产量具有一定的影响价格的能力，因而垄断竞争厂商面临着一条向右下方倾斜的需求曲线。

另一方面，垄断竞争市场又区别于完全垄断市场。垄断竞争市场上单个厂商生产的产品不仅具有替代品，而且行业中随时都有厂商进入和退出。正因为如此，当厂商试图提高产品价格时，其损失掉的需求量必然比完全垄断厂商大；相反，当垄断竞争厂商降低价格时，其争取到的需求量又必然比完全竞争厂商大。

综合以上两方面的因素，垄断竞争厂商面临着一条向右下方倾斜的需求曲线，其相对于完全竞争厂商而言要更陡一些，即更缺乏弹性；其相对于完全垄断厂商来讲要更缓一些，即更富有弹性。

作为有差别的同类产品，对某厂商产品的需求不仅取决于该厂商的价格，还取决于其他厂商是否采取对应措施。

一个厂商降价，如果其他厂商不降价，则该厂商的需求量增加很多；如果其他厂商也采取降价措施，则该厂商的需求量不会增加很多。

d 曲线：单个厂商改变价格，其他厂商保持不变时，该厂商的需求曲线斜率较小，又被称为主观需求曲线。

D 曲线：单个厂商改变价格，其他厂商为了保住自己的市场，跟着降价，该厂商需求量的上升幅度没有那么多。这就存在着另外一条需求曲线，又被称为客观需求曲线。

垄断竞争厂商面临的两条需求曲线的关系：

（1）当垄断竞争市场中的所有厂商都以相同的方式改变产品价格时，整个市场价格的变化会使单个垄断竞争厂商的 d 需求曲线的位置沿着 D 需求曲线发生平移。

（2）由于 d 需求曲线表示单个垄断竞争厂商单独改变价格时所预期的产品销售量，D 需求曲线表示每个垄断竞争厂商在每个市场价格水平实际所面临的市场需求量，所以，d 需求曲线和 D 需求曲线相交意味着垄断竞争市场的供求均衡状态。

（3）很显然，d 需求曲线的弹性大于 D 需求曲线的弹性，即前者较后者更平坦一些。

三、垄断竞争厂商的均衡

1. 短期均衡

垄断竞争厂商在进行产量或价格决策时不必考虑行业内其他厂商的反应，也就是说，在短期内，厂商认为自己所面临的是一条不变的向右下方倾斜的市场需求曲线。于是，和通常一样，厂商总是根据边际收益等于边际成本的原则来确定利润最大化的产量。

垄断竞争厂商短期均衡的条件是：

$$MR = MC$$

在短期均衡的产量上，必定存在一个 d 曲线和 D 曲线的交点，它意味着市场上的供求是相等的。此时，垄断竞争厂商可能获得最大利润，也可能利润为零，还可能蒙受亏损。

在企业亏损时，只要均衡价格大于 AVC，企业在短期内总是继续生产的；只要均衡价格小于 AVC，企业在短期内就会停产。

由于垄断竞争厂商也对自己的产品价格具有一定的影响力，因此，与完全垄断厂商一样，垄断竞争厂商在短期内也没有明确的供给曲线。

2. 长期均衡

在长期内，垄断竞争厂商的内外部都会进行调整。首先，从内部来看，厂商可以调整生产规模，使提供的每一个产量所花费的成本都是现行生产技术水平下的最小成本。因而，长期内厂商依据长期成本进行决策。在长期中，如果厂商面临的需求不发生变动，厂商将根据边际收益等于长期边际成本的原则决定产量，并且只有在盈利或收支相抵时才会进行生产。

其次，从外部来看，其他行业中的厂商可以自由进入该行业，而行业中已有的厂商也可以自由地退出。正是这种进入或退出使单个垄断竞争厂商面临的状况发生变动。这是垄断竞争市场上长期与短期最重要的区别，也是其与垄断市场最重要的区别。

在长期内，如果垄断竞争厂商能够盈利，其他行业中的厂商受到利润的吸引会进入该行业，新厂商的加入提供了相替代的产品与行业中原有的厂商竞争，使原有厂商的市场份额下降，产品价格也相应下降，直到正的经济利润消失为止。反之，如果行业中的垄断竞争厂商亏损，一部分厂商便会逐渐退出，从而未退出的厂商市场份额增加，产品价格也相应上升，直到不再亏损为止。这种情形与完全竞争市场类似。

如图 5-14 所示，垄断竞争厂商达到长期均衡时，不但要求 $MR = LMC$，而且要求 $P = $

LAC，而对于垄断厂商来说，完全有可能在价格高于平均成本的情况下实现长期均衡，因为它独占整个市场。

注意图中 E 点，它是平均收益曲线和长期成本曲线的切点，由于平均收益曲线向右下方倾斜，该点必然位于长期平均成本曲线最低点的左侧，也就是说，厂商的生产成本并未达到最低水平，从而说明垄断竞争厂商是存在闲置生产能力的。

多余的生产能力是为得到多样化的产品而必须付出的成本。在现实经济生活中，垄断竞争市场所存在的多余的生产能力，往往表现为市场里小规模的厂商数量过多。

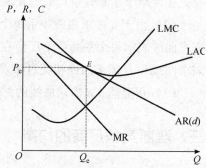

图5-14 垄断竞争厂商的长期均衡

比如，城市里分布密集的杂货店就大大超过了实际需求。因此，在垄断竞争市场中，减少厂商数量，扩大单个垄断竞争厂商的规模，可以提高经济效率和增进社会福利。

综上所述，垄断竞争厂商的长期均衡条件是：

$$MR = LMC = SMC, \quad AR = LAC = SAC$$

即厂商的产量由边际收益等于长期边际成本决定，而对应于平均收益上的价格恰好等于其长期平均成本。

知识扩展5-6

垄断竞争市场的经济效率

从竞争或者垄断的程度来看，垄断竞争市场介于完全竞争市场和完全垄断市场之间。而从经济效率的高低来看，垄断竞争市场也是位于两者之间的，其均衡产量高于完全垄断市场，但低于完全竞争市场；其均衡价格高于完全竞争市场，但低于完全垄断市场。

（1）从资源配置的效率上讲，垄断竞争市场在达到长期均衡时，价格高于边际成本，而价格高于边际成本的完全竞争市场是最具有效率的。

（2）从生产能力利用的角度来讲，垄断竞争市场达到长期均衡时没有把生产平均成本推到最低点，说明垄断竞争厂商存在着一部分闲置的生产能力。

尽管垄断竞争市场的效率低于完全竞争市场，但是我们也应该看到，垄断竞争市场厂商产品的差别可以满足消费者多样的需求，同时也有一些经济学家认为从长期看垄断竞争市场比完全竞争市场更有动态的效率。因为在垄断竞争市场上无论是价格竞争还是非价格竞争，竞争的激励性都有利于长期的技术进步，能降低产品价格，增进社会福利。

四、非价格竞争

在垄断竞争市场上，厂商之间既存在价格竞争，也存在非价格竞争。就价格竞争而言，它虽然能使一部分厂商得到好处，但从长期看，价格竞争会导致产品价格持续下降，最终使厂商的利润消失。因此，非价格竞争便成为垄断竞争厂商普遍采取的另一种竞争方式。

在垄断竞争市场上，由于每一个厂商生产的产品都是有差别的，所以，垄断竞争厂商往往通过改进产品品质、精心设计商标和包装、改善售后服务以及广告宣传等手段，来扩大自己产品的市场销售份额，这就是非价格竞争。这也是我们经常会在各种媒体上看到大量的牙膏、洗发水、休闲食品等产品广告的原因。

产品变异是非价格竞争的重要手段之一。产品变异是指变换产品的颜色、款式、质地、做工和附带的服务等来改变原有的产品，以形成产品差别，影响市场均衡。产品变异会影响产品成本和产量，但关键要看产品经过变异能否形成较大的需求，从而给垄断竞争厂商带来更大的超额利润。如果经过变异之后，在新的均衡条件下超额利润高于原来均衡时的超额利润，这种变异就是优化的变异。

推销活动也是一种非价格竞争的重要手段。推销活动会引起销售成本的变化。销售成本是用来增加产品需求的成本，包括广告开支；各种形式的推销活动，如送货上门、陈列样品、举办展销活动、散发订单之类的开支。其中以广告最为重要。

与完全竞争市场和完全垄断市场不同，广告对垄断竞争厂商具有十分重要的作用。它是垄断竞争厂商扩大产品销路的重要手段。广告一方面会增加产品的销量，另一方面会增加销售成本，因此，是否做广告以及花费多少费用做广告是垄断竞争厂商必须充分考虑的事情。

在完全竞争市场，由于每一个厂商生产的产品都是同质的，所以，厂商之间不可能存在非价格竞争。而在垄断竞争市场，短期内每个厂商都可以在部分消费者中形成自己的垄断地位，处于完全垄断状态。

垄断竞争厂商进行非价格竞争，仍然是为了获得最大利润。进行非价格竞争是需要花费成本的。例如，改进产品性能会增加生产成本，增设售后服务网点需要增加投入，广告宣传的费用也是相当可观的。

厂商进行非价格竞争所花费的总成本必须小于由此所增加的总收益，否则，厂商是不会进行非价格竞争的。很显然，边际收益等于边际成本的利润最大化原则，对于非价格竞争仍然是适用的。

● 知识链接 5-2

产品差异化

产品差异化是垄断竞争市场上一种常见的现象，不同企业生产的产品或多或少存在相互替代的关系，但是它们之间存在差异，并不是完全可替代。垄断竞争厂商的产品差异化包括产品本身的差异和人为的差异，后者包括服务的差异、包装的差异、营销手法的差异等，企业往往希望通过产品差异化来刺激产品的需求。

（1）产品的原材料——"农夫山泉有点甜"强调的就是选取天然优质的水源。

（2）产品的手感——TCL通过李嘉欣告诉大家"手感真好"，因为手感好也是消费者自己判断开关质量的简单而又重要的标准。

（3）产品的颜色——高露洁有一种三重功效的牙膏，膏体由三种颜色构成，给消费者以直观感受：白色的使消费者的牙齿洁白，绿色的使消费者的口气清新，蓝色的可以清除口腔细菌。

（4）产品的味道——牙膏一般都是甜味的，可是 LG 牙膏反而是咸味的，大家会觉得这个牙膏一定好。

（5）产品的造型设计——对于摩托罗拉的 V70 手机而言，独特的旋转式翻盖成为其最大的卖点。

（6）产品功能组合——组合法是最常用的一种创意方法，许多发明都是据此而来的。海尔氧吧空调在创意上就是普通空调与氧吧的组合。

（7）产品构造——南孚电池通过"好电池底部有个环"给消费者一个简单的辨别方法，让消费者看到那个环就联想到了高性能的电池。

（8）新类别概念——建立一个新的产品类别概念。最经典的当属"七喜"汽水的非可乐概念。

（9）隐喻的概念——瑞星杀毒软件用狮子来代表品牌，以显示其强大的"杀力"；胡姬花食用油通过隐喻概念"钻石般的纯度"来强化其产品价值。

（10）事件概念——相信全国人民都知道海尔的"砸冰箱"事件，该事件为海尔的"真诚到永远"立下了汗马功劳，可见事件概念的传播也是威力巨大的。事件营销要注意把握时机，如能与社会上的热点话题联系起来，则会起到事半功倍的效果。

（11）广告传播创意概念——"农夫果园摇一摇""金龙鱼1:1:1"都属于此类型。

（12）专业概念——专业感是信任的主要来源之一，也是建立"定位第一"优势的主要方法。很多品牌在塑造专业感时经常直称专家：方太——厨房专家。

（13）建立"老"的概念——时间长会给人以信任感，因此，诉求时间的概念也是一种有效方法。而且，时间的概念越老越好，如玉堂酱园——始于康熙五十二年（1713年）。

（14）产地概念——有许多产品具有产地特点，如北京烤鸭、新疆葡萄，还有我们常说的川酒、云烟等。

（15）具体数字概念——越是具体的数字，给人的信任感越强。因此，挖掘产品或品牌的具体数字也是常用的一种方法。如"乐百氏27层净化"等都是该方法的应用。

（16）服务概念——同样的服务，如果有一个好的概念则能加强品牌的美好印象。比如海尔提出的"五星级服务"也为其"真诚到永远"做出了不少的贡献。

资料来源：http://chensi19870927.blog.163.com/blog/static/5629716020099810454753/。

第四节　寡头市场

一、寡头市场的特征、成因及分类

1. 寡头市场的特征

寡头市场又称寡头垄断市场，是指只有少数几家厂商控制某种商品的绝大部分乃至整个市场的一种市场结构。我们所熟悉的寡头厂商包括：中石油与中石化、中国移动与中国联通等。与其他市场组织形式相比，寡头市场通常具有以下特征。

第一，厂商数目极少，因此，每一家厂商都占有较大的市场份额。

第二，厂商生产的产品既可同质，也可有差别，由此分为无差别寡头垄断市场和有差别寡头垄断市场。厂商之间存在的激烈竞争可以是价格竞争，也可以是产量竞争。

第三，厂商之间相互依存，各个厂商的决策会相互影响，每一个厂商的价格和产量变动都会影响其对手的销售量和利润水平。因而每家厂商做出决策之前都必须考虑这一决策会对其对手产生什么样的影响。这就产生了厂商行为的不确定性，从而使厂商的决策面临着很大的困难，也使寡头垄断厂商的均衡产量和价格很难确定下来。

第四，存在进入的障碍，其他厂商无法顺利进入。行业存在规模经济；厂商相互勾结，构筑进入壁垒；大厂商采用收购、兼并一些小厂商等形式来减少厂商的数量；政府的产业政策所致（厂商数量较稳定）。

2. 寡头市场的成因

形成寡头市场的原因：首先是规模经济，在有些行业中，除非一个厂商的产量在整个市场中占较大的比重，否则它不可能取得较低的成本，其结果是，在这样的行业中，厂商的数量将变得非常少；其次，行业中几家企业有对自然资源的控制权或者拥有受法律保护的专利权；最后，政府的扶持和支持，比如中国的电信业。由此可见，寡头市场的成因与完全垄断市场的成因很相似，只是程度上有所差别而已。

3. 寡头垄断市场的分类

寡头行业可按不同方式分类。

（1）根据寡头垄断行业的厂商数量，可分为双头垄断（一个行业由两个厂商组成）、三头垄断（一个行业由三个厂商组成）和多头垄断。

（2）根据产品特征，可分为纯粹寡头行业和差别寡头行业。在纯粹寡头行业中，厂商生产的产品是没有差异的，如钢铁、石油和水泥等；在差别寡头行业中，厂商生产的产品是有差别的，如汽车、计算机等。

（3）在行为方式上，寡头可分为独立行动寡头和勾结性寡头。前者是指同一行业内各个厂商彼此独立，互不合谋；后者是指同一行业内的厂商相互勾结，联合行动。

个案研究 5-4

石油行业中的寡头垄断

中国海洋石油有限公司（以下简称中国海油）的一位高层分析说，大亚湾炼油厂的建成打破了目前的局面，在广东地区，与中国石油天然气集团公司（以下简称中国石油）、中国石油化工集团有限公司（以下简称中国石化）的市场竞争格局已经形成。

就广东地区而言，中国海油主要是与中国石化茂名分公司和中国石化广州分公司竞争，中国石化茂名分公司有 1 800 万吨的年加工能力，中国石化广州分公司有不到 700 万吨，大亚湾炼油厂加工出来的原油60%~70%供制造乙烯用，另一部分从成本最低原则出发，约有30%或40%的产品就地消费于广东、香港。

大亚湾炼油厂建在珠三角的入海口上，对于中国石油也是一个威胁，因为中石油原油从北方运来，成本相对较高。

资料来源：《广州日报》。

二、非勾结性寡头垄断模型

前面提到寡头厂商之间的竞争既可以是产量竞争，也可以是价格竞争。下面我们介绍几个典型的寡头模型来分析寡头厂商的行为。

在寡头市场中，单个厂商的产量变化将明显影响整个市场上的产量，从而影响市场价格。由于市场价格是由全部厂商的产量决定的，在不知道其他厂商产量的情况下，单个厂商就无法确定它所面临的价格与其产量的关系。

当一个厂商增加产量时，市场价格如何变化取决于其他厂商的行为。要想确定市场价格如何变化，必须假定其他厂商的行为。可是，关于其他厂商的行为，可选择的假设有多个。不同的假设得出不同的结论。所以，西方经济学家关于寡头的分析模型众多。

这些模型可以分为两大类：一类是非勾结性的模型，其中最主要的是古诺模型、斯威齐模型、斯塔克尔伯格模型和伯特兰德模型；另一类是勾结性的模型，其中最主要的是卡特尔和价格领导模型。

1. 古诺模型

古诺模型，又称古诺双寡头模型或双寡头模型、双头垄断理论或双头模型，是一个只有两个寡头厂商的简单模型。该模型假定一种产品市场只有两个卖者，并且相互间没有任何勾结行为，但相互间都知道对方将怎样行动，从而各自确定最优的产量来实现利润最大化。

古诺模型是早期的寡头模型，它由法国经济学家古诺（Cournot）于1838年提出，是纳什均衡应用的最早版本。古诺模型通常被作为寡头理论分析的出发点，其结论可以很容易地推广到三个或三个以上的寡头厂商的情况中。

该模型有以下基本假定。

（1）有两个相同的矿泉在一起，一个为A厂商所占有，另一个为B厂商所占有。

（2）两个矿泉是自流井，因此厂商生产矿泉水的成本为零。

（3）两个厂商面对相同的线性市场需求曲线，并采取相同的市场价格。

（4）两个厂商都是在已知对方产量的情况下，各自确定能给自己带来最大利润的产量，即每一个厂商都是消极地以自己的产量去适应对方已确定的产量。

（5）两个厂商独立进行决策，不存在勾结行为。

（6）两个厂商同时做出决策。

古诺均衡解：

只要一个厂商变动产量，另一个厂商也必须跟着变动自己的产量。市场均衡意味着两个厂商都没有变动产量的意愿。两个厂商均衡的产量都是市场容量的 1/3，两个寡头厂商的总产量实际只有市场总容量的 2/3。剩余的 1/3 的市场容量是寡头垄断市场所无法满足的，因而可以看作寡头垄断给社会所造成的损失。

推论：

$$寡头厂商提供的产量 = 市场容量 \times 1/(厂商数量 + 1)$$

该模型的不足：

古诺模型通过对双寡头行为的基本假定，得到了均衡价格和数量。但这一模型也存在着一些缺陷。最重要的问题是，在古诺模型中，厂商的最优行为是以竞争对手的产量不变为前提的，这显然不完全符合现实中寡头的行为。正是基于这一原因，古诺模型并不是寡头行为的一般分析。

2. 斯威齐模型

斯威齐模型是美国经济学家保罗·斯威齐（Paul Sweezy）于 1939 年提出的用以说明一些寡头市场价格刚性现象的寡头模型。价格刚性表明当需求或成本发生适度变动或两者都发生适度变动时，价格却保持不变。

斯威齐断言，寡头厂商推测其他厂商对自己价格的态度是：跟跌不跟涨，即预期自己降价时，其他厂商也会采取同样的降价行为，以免丧失自己的市场；而自己涨价时，其他厂商却不跟着涨价，以夺取客户。因此，寡头垄断厂商的需求曲线是弯折的需求曲线。

斯威齐模型对寡头市场的价格刚性做了一定的解释，但由于其他厂商价格"不跟涨"的假设在现实中难以成立，也由于其对如何确定价格没有做出解释，因此受到了一些经济学家的批评。斯威齐模型只能看作关于寡头定价行为的未完成的模型。

3. 斯塔克尔伯格模型

斯塔克尔伯格模型是德国经济学家海里希·冯·斯塔克尔伯格（Heinrich von Stackelberg）在 20 世纪 30 年代创立的模型。该模型是一种先动优势模型，即首先行动者在竞争中取得优势。

前面我们假定两个寡头厂商是同时做出产量决策的。现在我们来看一下，如果其中一个厂商能先决定产量会发生什么情况。先决策的厂商是否有利？

结论是有利。理由是先决策就造成了一种既成事实——不管你的竞争者怎么做，你的产量都是大的。为了使利润最大化，你的竞争者只能将你的产量视为既定，并为自己确定一个低产量水平（如果你的竞争者生产一个大的产量水平，就会将价格压低，你们双方都会亏损）。

古诺模型和斯塔克尔伯格模型是寡头垄断行为的不同代表。哪种模型更适宜一些，取决于不同的产业。对于一个由大致相似的厂商构成，没有哪个厂商具有较强的经营优势或领导地位的行业，古诺模型大概更适宜。有些行业是由一个在推出新产品或定价方面领头的大厂商主导的，大型计算机市场就是一个例子——其中 IBM 就是领导者，此时斯塔克尔伯格模型可能更符合实际。

4. 伯特兰德模型

伯特兰德模型是由法国经济学家约瑟夫·伯特兰德（Joseph Bertrand）于1883年建立的。如古诺模型一样，各厂商生产同一种产品。但现在它们进行的是价格竞争，而不是产量竞争。这会对结果产生很大影响。

现在假设这两个厂商同时选择价格而不是产量。因为产品是同质的，所以消费者只会从价格最低的卖方那里购买。因此，如果两个厂商设定不同的价格，价格较低的厂商将供给整个市场，而价格较高的厂商将什么都卖不出去。如果两个厂商定价相同，则消费者对于从哪个厂商处购买是无差异的，所以我们可以假定此时两个厂商各供给市场的一半。

与古诺模型相比较，不难发现，从产量竞争到价格竞争的变化使结果相去甚远。在古诺均衡中，两厂商均能得到利润，而伯特兰德均衡使两厂商只能赚到零利润。

伯特兰德模型并不十分完备。一方面，在现实生活中，生产同质产品的厂商之间更多是通过产量竞争，而非价格竞争的。另一方面，即使各厂商之间进行价格竞争并用模型分析选择相同价格，也未必就能分到一半的市场份额。尽管如此，伯特兰德模型表明了一个寡头垄断的均衡结果是如何决定的，即取决于厂商对策略变量的选择——是产量还是价格。

三、勾结性寡头垄断模型

前面我们介绍了非勾结性模型的几种主要模型，下面我们将接着分析一些公开和不公开勾结的行为模型。

1. 卡特尔——寡头厂商的公开勾结

卡特尔是指寡头厂商正式公开地相互勾结，采取协议形式共同确定价格、产量、市场划分等而形成的合作组织。由于卡特尔可以像一个完全垄断企业那样行事，因此有些国家制定了反垄断法来反对这种公开的勾结行为。

● 个案研究 5-5

欧佩克的限产保价

1960年，伊朗、伊拉克、科威特、沙特阿拉伯和委内瑞拉成立了石油输出国组织（Organization of the Petroleum Exporting Countries，OPEC，欧佩克）。它是典型的卡特尔。

石油输出国组织压缩产量，抬高价格，会对世界石油市场产生很大影响。

卡特尔制定统一价格的原则是使整个卡特尔的利润最大化，因此，必须使边际成本等于边际收益，即 $MC = MR$。为此，卡特尔要根据有关资料确定在每一可能的价格水平上对该行业产品的需求量，以确定卡特尔的需求曲线，从而得出边际收益曲线。同时，将各厂商的边际成本曲线水平加总形成卡特尔的边际成本曲线，从而根据二者的交点确定卡特尔的利润最大化的产量和价格。

如图 5-15 所示，D 是卡特尔的需求曲线，MR 和 MC 分别是从各厂商的边际收益曲线和边际成本曲线求出的卡特尔的边际收益曲线和边际成本曲线。MR 和 MC 的交点确定了卡特尔的总产量 Q_e 和统一价格 P_e。

卡特尔的价格和产量的决定同完全垄断厂商的价格和产量的决定是完全一样的。实际上，也可以将卡特尔看成是一个完全垄断厂商。

卡特尔确定了总产量之后，会按照事先达成的协议向各个成员分配产量配额。由于各个成员的经济实力不完全相同，因此，获得产量配额的机会也不均等。卡特尔内部成员之间的产量分配受到各厂商地位、争议能力、生产能力、销售规模等的影响，并且，卡特尔的各成员还可以通过广告、信用、服务等非价格竞争手段拓宽销路、增加产量。

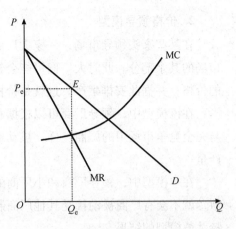

图 5-15　卡特尔的价格和产量的决定

若成员单独违背合同，偷偷扩产以独享限产好处，将导致卡特尔的不稳定性。因此，卡特尔本身是不稳固的。

在现实生活中，成功的卡特尔并不多见。原因之一是在大多数国家，卡特尔都是违法的。即使没有法律限制，要建立成功的卡特尔，还必须具备如下条件。

（1）市场需求缺乏弹性。只有在市场需求缺乏弹性的情况下，限制产量才能有效地提高价格，从而增加利润。

（2）只有少数厂商。厂商们就产量配额和价格的谈判是有成本的，厂商数量太多，谈判和组织成本就会太高，甚至无法达成协议。

（3）整个行业中有愿意担当发起人的大厂商。大厂商从成功的卡特尔中得到的利益最大，从而愿意担当发起人，而且大厂商一般来说也比较有号召力。

（4）存在进入这个行业的障碍。当现有厂商联合起来限制产量和提高价格后，如果其他厂商可以轻易进入这个行业，那么，卡特尔就不可能成功。所以，一个行业要建立成功的卡特尔，必须有进入这个行业的障碍。这些障碍既可以是天然的，也可以是人为的。

（5）必须能够有效地监督和惩罚违背协议者。当卡特尔有效地提高价格后，价格会远远高于单个厂商的边际成本。这时，单个厂商会有强烈的作弊动机，即突破产量配额。如果没有有效的监督和惩罚手段，则所有厂商都会突破产量配额，最终导致卡特尔名存实亡。

对于成功的卡特尔，上述条件缺一不可。这就可以解释为什么现实中成功的卡特尔很少。在上述条件中，尤其难以做到的是防止其他厂商进入，有效监督和惩罚作弊者。所以，在没有任何暴力的纯粹自由市场中，几乎不可能有成功的卡特尔。这也意味着在现实中，每个成功的卡特尔背后都有某种形式的暴力（包括强制和威胁）。

2. 价格领导模型

在某些寡头领导市场，一家大厂商拥有总销售量的主要份额，而其他较小的厂商供给市场的其余部分。此时大厂商可能会领先制定价格，其他小厂商则把该价格当作市场给定的价格，并据此安排生产。这就是价格领导模型。

在该模型中，领导厂商可以根据利润最大化的原则来制定价格和产量，而跟随厂商则与完全竞争市场中的厂商一样，被动地接受领导厂商制定的价格，安排自己的利润最大化产量。

在本模型中，领导厂商和小厂商的规模相差较大是一个重要的前提。如果厂商规模类似，就不会有厂商被动接受其他厂商制定的价格，其结果就有可能类似于前面所介绍的伯特兰德模型的结果。

【阅读文章】 博弈论简介——寡头之间的博弈

我们已经知道，在寡头市场上，厂商们之间的行为是相互影响的，每一个厂商都需要首先推测或了解其他厂商对自己所要采取的某一个行动的反应，然后，在考虑到其他厂商这些反应方式的前提下，再采取最有利于自己的行动。

在寡头市场上的每一个厂商都是这样思考和行动的，因此，厂商之间行为的相互影响和相互作用的关系就如同博弈一样。

1. 博弈论的概念

博弈论，也称对策论，是相互影响的行为人在一定的规则下，根据对手的行动或可能的行动所做出的旨在使自己利益最大化的反应。博弈中的行为主体称为参与人，作为博弈的结果，每个参与人都将得到各自的报酬或支付。每个参与人都有可供选择的策略，通过行动来使自己的支付或效用最大化。

策略就是行动的规则，它规定了参与人在什么时候采取什么行动。所有参与人最优策略的组合就是博弈的均衡。参与人有关博弈的知识称为信息，当一个参与人对其他参与人的行动有准确了解时，就是完美信息博弈。当某一信息对所有参与人是共同信息时（没有一方比另一方知道得更多），我们称为共同知识。

2. 囚徒困境和占优策略均衡

囚徒困境是由阿尔伯特·塔克（Albert Tucker）在20世纪40年代首先提出的，之后作为博弈论的经典案例被广泛引用。它刻画了这样一个博弈故事：有两个人因涉嫌一桩盗窃案而被拘捕。地方法官找不到任何证据来证明他们的犯罪事实，但又急于获得他们的供认，于是法官将他们隔离在两个房间里进行审讯。这两个人都成了囚徒。

每个囚徒都有两个选择：坦白和不坦白。如果只有一个囚徒坦白，那么这个囚徒就可以免予起诉而被无罪释放，另一个囚徒则会承担所有责任而被从严发落，被判处8年有期徒刑；如果两个囚徒都不坦白犯罪事实，那么根据法规都将被判处2年有期徒刑；如果两个囚徒都坦白交代犯罪事实，那么两人都将从轻发落，各自被判处4年有期徒刑。

表 5-4 给出了这两个囚徒的支付矩阵。矩阵中，左边的数字代表囚徒 A 在不同组合下的支付水平，右边代表囚徒 B 在不同组合下的支付水平。

表 5-4　两个囚徒的支付矩阵

		囚徒 B	
		坦白	不坦白
囚徒 A	坦白	−4, −4	0, −8
	不坦白	−8, 0	−2, −2

我们先看囚徒 A 的决策情况。假定囚徒 B 选择坦白，那么囚徒 A 选择坦白将被判处 4 年有期徒刑，而如果选择不坦白将被判处 8 年有期徒刑，于是，理性的囚徒 A 同样会选择坦白；假定囚徒 B 选择不坦白，那么囚徒 A 选择坦白将被无罪释放，而如果选择不坦白，那他将被判处 2 年有期徒刑，于是理性的囚徒 A 便会选择坦白。这样，无论囚徒 B 选择坦白还是不坦白，囚徒 A 都会选择坦白，即囚徒 A 有一个占优策略，就是坦白。

囚徒 B 的决策情况与囚徒 A 的完全相同。无论囚徒 A 选择坦白还是不坦白，囚徒 B 选择坦白总是要比选择不坦白的状况要好，即囚徒 B 也有一个占优策略，就是坦白。于是，这个案例的最终结果是两个囚徒都选择了坦白，交代了犯罪事实，法官也就根据规则各判处他们 4 年有期徒刑。

所以，我们得到的结论就是：博弈双方都有一个占优策略，即坦白。这就是说，囚徒困境的博弈有一个占优策略均衡（坦白，坦白）。当我们得到这样一个占优策略均衡后，再回过头分析表 5-4 的支付矩阵，就会发现：如果两人都选择不坦白，则都可以获得最好的结局。

但是由于他们之间不能互通信息，所以每一方都担心另一方坦白而自己不坦白时自己所遭受的重判。在这种情况下，每个囚徒从自己的利益考虑，最后的选择都是坦白。显然，（坦白，坦白）是囚徒困境博弈模型的一个必然的均衡结果，而且是一个很强的占优策略均衡。

最后，我们需要特别指出的是，囚徒困境的均衡反映了一个深刻的问题：从个人理性角度出发所选择的占优策略的结局不如合作策略的结果。或者说，从个人理性角度出发所选择的占优策略的结局，从整体来看是最差的结局。很显然，囚徒困境的占优策略均衡反映了一个矛盾：个人理性和团体理性的冲突。

囚徒困境在经济学上和其他领域中都有广泛的应用。例如，当市场上有两家寡头厂商时，如果联合起来形成卡特尔，选择能使垄断利润最大化的产量，将会使每一个寡头厂商得到更多的利润，但是，卡特尔有潜在的不稳定性。

原因在于，在给定对手遵守协议的情况下，增加产量会增加利润，如果每个寡头都想这样做，最终的结果是都增加产量，卡特尔自动解体，对于团体有利的协议却因为个体理性而不能得到遵守。卡特尔的成员越多，不遵守协议的激励就越强，卡特尔就越不稳定。OPEC 是一个石油卡特尔，必须经常开会协调成员国的行动，主要原因就是囚徒困境问题。

军备竞赛问题。冷战时期，对于苏联和美国两个超级大国，在不存在比它们更强的第三个军事大国时，如果都减少军费预算，将资源用于经济发展和居民福利的改善显然有一个更好的结果。但是，在给定苏联缩减军费预算的情况下，如果美国偷偷增加军费预算，对美国而言是更有利的选择。苏联也一样。最终结果是无休止的军备竞赛，劳民伤财。尽管苏联和美国不断就削减军费预算进行谈判，达成协议，但很难真正得到持久遵守，军备竞赛最终以苏联的解体而宣告结束。

3. 纳什均衡

占优策略均衡是博弈均衡中的一种情况。有时候博弈的均衡策略并不一定由占优策略构成。当给定其他人的策略时，博弈者选择自己的最优策略时，由这些策略构成的均衡结果就是纳什均衡。这一概念是由美国数学家纳什（Nash）于1951年提出来的。

换言之，在纳什均衡里，任何一个参与人都不会改变自己的策略。纳什均衡是更广泛的均衡概念，它比占优策略均衡的要求更低。如果一个均衡是占优均衡，那么一定是纳什均衡，而一个均衡是纳什均衡时并不一定是占优均衡。纳什均衡是占优均衡的必要条件，占优均衡是纳什均衡的充分条件。假定甲、乙二人在博弈中有如表5-5所示的支付矩阵。

表5-5 甲、乙二人在博弈中的支付矩阵

		乙	
		策略A	策略B
甲	策略A	2, 1	0, 0
	策略B	0, 0	1, 2

显然，该博弈没有占优均衡，因为乙选A时，甲最好也选A；乙选B时，甲最好也选B，不存在不管乙采取策略A或B，甲总应该采取某一策略的情况。对乙来说，同样如此。只存在在给定对方某一策略时，甲或乙才能有正确的策略，这种策略组合构成纳什均衡。（策略A，策略A）和（策略B，策略B）都是纳什均衡，但不是占优均衡。

4. 重复博弈

前面所分析的博弈都是一次性的，即每个参与人只有一次策略选择，而且，在每一个参与人选择自己的策略时，并不知道其他对手的选择。也可以理解为，每个参与人都是同时做出自己的一次性的策略选择的。

在这种一次性的博弈中，一旦每个参与人的策略选定，整个博弈的均衡结局也就确定了，每个参与人不可能再对博弈的过程和结果施加什么影响。这类博弈被称为静态博弈。上述的博弈实际上就是一种静态博弈。

"只玩一次"是这一博弈的特点，正因为"只玩一次"，所以，就囚徒困境来说，即便事前有攻守同盟、君子协定，甚至签订了协议，但是在只行动一次的情况下，任何一方背叛约定时，没有被报复的可能性，在对手背叛约定时，也没有进行报复的机会，因此，从自己的利益最大化出发，就存在不遵守协议的激励。陷入"困境"是必然的。

与静态博弈相对应的是动态博弈。动态博弈是一种反复进行的博弈。重复博弈是动态博弈的一种特殊情况。在重复博弈中，一个结构相同的博弈将被重复多次，可分为有限次重复博弈和无限次重复博弈。而有限次重复博弈又可以分为两种情况，知道哪一次是最后一次的重复博弈和不知道哪一次是最后一次的重复博弈。

首先看无限次重复博弈，当博弈可以进行无限次时，任何背叛或违约行为都有被对手报复的机会。比如石油卡特尔，当某个参与人在某一局违约时，其他成员就可以在下一局采用该违约者在这一局选择的策略——不与他合作——实施惩罚，而且这样的惩罚机会不止一次。基于这种害怕对手惩罚的考虑，每一个成员都自觉遵守协议，纳什合作解是可以达到的。

在有限次重复博弈中，如果参与人知道最后一局是哪一局，就不存在遵守协议的激励，有约束力的协议很难被自我执行。原因在于，如果参与人知道第5局是最后一局，当参与人在第5局违约时，就不存在被惩罚的可能性，那么，参与人在第5局就没有守约的激励。这样，第5局单个参与人的占优策略就是采取不合作的违约或背叛行为。逆推到第4局，每个参与人都知道，第5局时参与人的最优策略都是不合作，所以他们在第4局也不会合作。依次逆推，直到博弈开始的第1局，每个参与人都会采取违约的不合作策略。这种推理叫逆向推理法。

对于有限次重复博弈，如果每个人都不知道哪一局是最后一局时，参与人选择合作策略的可能性很高。原因在于，每个参与人都不知道他试图选择违约策略的那一局是不是最后一局，因此，他一旦在某局选择个人理性的违约行动，就有被其他参与人惩罚的可能性。所以，在这种情况下，均衡的合作解是可能存在的。

现实中，尽管博弈往往是有限次的，但自愿合作的行为却广泛存在，主要原因就是谁也不知道合作到底能进行多少次，也就是说，没有人能确信哪一局是最后一局。

在重复博弈中，行动的规则实际上很简单——针锋相对，以牙还牙。也就是说，选择对手在上一局所选择的策略是每个参与人的占优策略。当对手在上一局与你合作时，你在这一局就与他合作，如果他在上一局违约，那么你在这一局也应该采取违约的策略。

上述博弈都是同时进行的，即便不是同时进行的，参与人也观察不到其他参与人的行动。还有一类动态博弈与上述动态博弈不同，就是序贯博弈。序贯博弈中，参与人在观察到其他参与人的选择后再采取行动，这是现实中大量存在的一类博弈，比如下棋、打扑克，寡头市场里厂商的定价博弈等一般是序贯博弈。

本章小结

在经济学的研究中，根据市场上厂商和消费者的数量；行业中厂商各自生产的产品的差异程度；单个厂商对市场价格的控制程度；以及厂商进入或退出一个行业的难易程度等将市场结构分为四类，它们是完全竞争市场、垄断竞争市场、寡头垄断市场和完全垄断市场。

在一个完全竞争市场中，有大量的买者和卖者；市场上每一个厂商生产的商品是无差异的；所有的经济资源可以在各厂商之间和行业之间完全自由流动且信息完全。在完全竞争市场上的每一个消费者和每一个生产者都是既定的市场价格的接受者，而且，厂商在长期均衡时经济利润等于零。

在完全竞争市场上，厂商的平均收益曲线、边际收益曲线和厂商的需求曲线三线重叠，都是由既定价格水平出发的水平线，即 $AR = MR = P$。$AR = P$ 在任何市场条件下均成立，但是 $AR = MR = P$ 只有在完全竞争的市场中才能成立。

因为只有在完全竞争市场上，厂商才是价格的接受者，其产品的价格才是常数，因此厂商每销售一单位产品所获得的边际收益才等于价格。

完全竞争厂商实现利润最大化或亏损最小化的均衡条件是：边际收益等于边际成本，即 $MR = MC$。此原则对于所有不同市场结构条件下的厂商的短期生产和长期生产都是适用的。

在短期，完全竞争厂商是在既定的生产规模下，通过对产量的调整来实现 $MR = MC$ 的利润最大化原则的。在厂商 $MR = MC$ 的短期均衡点上，其利润可以大于零，或者小于零，或者等于零。

当厂商亏损时，厂商需要根据平均收益 AR 与平均可变成本 AVC 的比较，来决定是否继续生产。当 $AR > AVC$ 时，厂商虽然亏损，但仍继续生产；当 $AR < AVC$ 时，厂商必须停止生产；$AR = AVC$ 时，厂商处于生产与不生产的临界点。

完全竞争厂商的短期供给曲线是向右上方倾斜的，表示厂商供给量与商品价格呈同方向的变化，厂商在每一价格水平上的供给量都是可以给厂商带来最大利润或最小亏损的最优产量。

将完全竞争厂商的短期供给曲线水平加总，便可以得到完全竞争行业的短期供给曲线。在完全竞争市场上，行业的短期供给曲线保持了厂商的短期供给曲线的基本特征与性质：完全竞争行业的短期供给曲线也是向右倾斜的，它表示整个行业的供给量与商品价格呈同方向的变化。

生产者剩余表示生产者提供一定数量的产品时，其所得到的实际总支付与所愿意接受的最小总支付之间的差额。

在完全竞争条件下，达到均衡就不存在任何形式的超额（经济）利润。垄断企业要获得垄断利润，必须实现产品的差异化。

垄断是指行业内只有一家厂商，且该厂商生产的产品缺少相近的替代品，该行业也缺乏潜在的进入者。法律或政策造成的进入壁垒、企业对关键资源的独占以及行业的规模经济特征都会导致垄断。

与竞争性厂商相比，垄断厂商面临向下倾斜的需求曲线。这使垄断厂商的边际收益小于产品价格。征收单一价格的垄断厂商根据边际收益等于边际成本的原则确定利润最大化的最优产量。然而，与竞争性行业相比，垄断行业的产量偏低，价格偏高。

垄断厂商偏低的产量使市场上消费者的支付意愿仍然高于生产的边际成本，这就导致了垄断的无谓损失。政府能够通过立法或管制来克服垄断的低效率，然而信息与激励才是问题的关键所在。

垄断竞争既有竞争的因素，又有垄断的因素。垄断竞争厂商有两条向右下方倾斜的需求曲线：d 需求曲线是单个厂商独自变动价格时的需求曲线；D 需求曲线是市场上所有厂商都以相同的方式改变价格时的单个厂商的需求曲线。两条需求曲线的相交点意味着商品市场的供求相等。

在寡头市场上，寡头厂商之间的行为是相互影响的。古诺模型说明了寡头市场上每一个寡头都消极地以自己的行动来适应其他竞争对手行动时的均衡，斯威齐模型利用弯折的需求曲线和间断的边际收益曲线解释了寡头市场上的价格刚性。

博弈论是分析寡头市场的重要理论和方法。博弈论的基本均衡概念是占优策略均衡和纳什均衡。在寡头市场上，寡头出于对自身利益的考虑，会达成共谋即采取合作的策略。但是，同样是出于对自身利益的考虑，寡头们所达成的合作协议往往是很不稳定的。

在重复博弈中加入"以牙还牙"的策略，可以使寡头厂商维持合作的协议，摆脱相互之间合作协议不稳定的困境，并使个体理性与团体理性能够一致。

四类市场综合比较如表 5-6 所示。

表 5-6　四类市场综合比较

市场类型	新厂商加入	超额利润		均衡条件	
		短期	长期	短期	长期
完全竞争	容易	有	无	MR = MC	MR = MC = AR = AC
垄断竞争	较易	有	无	MR = MC	MR = MC，AR = AC
寡头垄断	不易	有	有	—	—
完全垄断	不可能	有	有	MR = MC	MR = LMC = SMC

本章内容结构

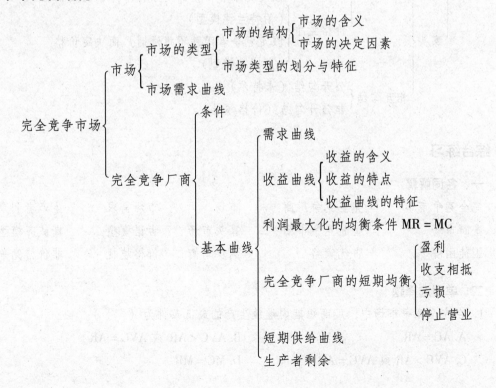

$$\text{不完全竞争市场}\begin{cases}\text{垄断}\begin{cases}\text{垄断市场需求曲线与垄断厂商平均收益曲线重叠：向右下方倾斜}\\\text{垄断厂商短期均衡条件：}MR=SMC\begin{cases}AR>AVC\text{，继续生产}\\AR<AVC\text{，停止生产}\\AR=AVC\text{，生产与不生产都一样}\end{cases}\\\text{垄断厂商长期均衡条件：}MR=LMC\\\text{定价策略}\begin{cases}\text{一级价格歧视}\\\text{二级价格歧视}\\\text{三级价格歧视}\end{cases}\\\text{政府对垄断行业的调节}\begin{cases}\text{立法}\\\text{管制}\end{cases}\end{cases}\\\text{垄断竞争}\begin{cases}\text{垄断竞争厂商需求曲线}\begin{cases}\text{需求曲线 }d\\\text{需求曲线 }D\end{cases}\\\text{垄断竞争厂商短期均衡条件：}MR=SMC\\\text{垄断竞争厂商长期均衡条件：}MR=LMC\\\text{非价格竞争}\end{cases}\\\text{寡头}\begin{cases}\text{独立行动}\begin{cases}\text{产量竞争}\begin{cases}\text{假定竞争者产量不变，双寡头厂商同时做产量决定}\\\text{（古诺模型）}\\\text{假定主导厂商产量决策在先，随从厂商决策在后}\\\text{（斯塔克尔伯格模型）}\end{cases}\\\text{价格竞争}\begin{cases}\text{假定竞争者价格固定条件下厂商决定价格}\\\text{（伯特兰德模型）}\\\text{假定竞争者跟跌不跟涨时厂商决定价格}\\\text{（斯威齐模型）}\end{cases}\end{cases}\\\text{相互勾结}\begin{cases}\text{公开勾结（卡特尔）}\\\text{非公开勾结（价格领导）}\end{cases}\end{cases}\end{cases}$$

综合练习

一、名词解释

完全竞争市场　　完全竞争厂商　　市场　　市场需求　　生产者剩余
垄断市场　　　　垄断竞争市场　　寡头市场　　古诺模型　　斯威齐模型
囚徒困境　　　　占优策略　　　　纳什均衡　　价格歧视　　非价格竞争

二、单项选择题

1. 在完全竞争市场中，厂商短期内继续生产的最低条件为（　　）。

　　A. $AC=AR$　　　　　　　　　　B. $AVC<AR$ 或 $AVC=AR$
　　C. $AVC>AR$ 或 $AVC=AR$　　　D. $MC=MR$

2. 在完全竞争的条件下，市场价格处于厂商的平均成本的最低点，则厂商将（　　）。
   A. 获得超额利润　　　　　　　　B. 不能获得最大利润
   C. 亏损　　　　　　　　　　　　D. 获得正常利润
3. 在完全竞争市场上，已知某厂商的产量是500个单位，总收益是500元，总成本是800元，总不变成本是200元，边际成本是1元，按照利润最大化原则，它应该（　　）。
   A. 增加产量　　　　　　　　　　B. 停止生产
   C. 减少产量　　　　　　　　　　D. 以上任何一个措施都采取
4. 已知产量为8个单位时，总成本为80元，当产量增加到9个单位时，平均成本为11元，此时的边际成本为（　　）。
   A. 1元　　　B. 19元　　　C. 88元　　　D. 20元
5. 随着产量的增加，平均固定成本（　　）。
   A. 在开始时下降，然后趋于上升　　B. 在开始时上升，然后趋于下降
   C. 一直趋于上升　　　　　　　　　D. 一直趋于下降
6. 完全垄断厂商的总收益与价格同时下降的前提条件是商品的需求价格弹性（　　）。
   A. 大于1　　　B. 小于1　　　C. 等于1　　　D. 等于0
7. 在短期，完全垄断厂商（　　）。
   A. 收支相抵　　　　　　　　　　B. 盈利
   C. 亏损　　　　　　　　　　　　D. 以上任何一种情况都可能出现
8. 在斯威齐模型中，拐点左右两边的需求弹性是（　　）。
   A. 左边弹性大，右边弹性小　　　B. 左边弹性小，右边弹性大
   C. 左右两边弹性一样大　　　　　D. 以上都不对
9. 在完全垄断厂商的最好或最优产量处，（　　）。
   A. $P = MC$　　B. $P = SAC$ 的最低点的值　　C. P 最高　　D. $MR = MC$
10. 超额利润（　　）。
    A. 能为垄断厂商在短期内所获得
    B. 能为垄断厂商在长期内所获得
    C. 能为完全竞争厂商在短期内所获得
    D. 能为完全竞争厂商在长期内所获得

三、简答题

1. 完全竞争市场必须具备哪些特征？
2. 为什么完全竞争厂商的短期供给曲线是 SMC 曲线上等于和高于 AVC 曲线最低点的部分？
3. 导致完全垄断的原因是什么？
4. 什么是价格歧视（差别价格）？垄断厂商实行价格歧视的市场条件是什么？
5. 根据斯威齐模型，寡头厂商的需求曲线为什么是弯折的？

四、分析讨论题

1. 为什么完全竞争厂商不愿意为产品做广告而花费任何金钱?
2. 小王的剪草中心是利润最大化的完全竞争性企业。他每剪一块草坪收费27元。他每天的总成本是280元,其中30元是固定成本。他一天剪10块草坪。你对于他的短期停止营业决策和长期退出决策能说点什么呢?
3. 老李和老王在同一块地上放牧。如果这块地上有20头牛,每头牛一生中可以生产价值4 000元的牛奶。如果这块地上有更多的牛,那么每头牛能吃的草就少了,而且它的牛奶产量也减少了。当这块地上有30头牛时,每头牛生产价值2 800元的牛奶;有40头牛时,每头牛生产价值1 800元的牛奶。一头牛本身的价值为1 000元。
   (1) 假设每人既可以买10头牛,也可以买20头牛,但当一方购买时并不知道另一方买多少头牛。计算每种结局的获利(用报酬矩阵表示)。
   (2) 这个博弈最可能的结局是什么?最好的结局是什么?为什么?

五、计算题

1. 如果完全竞争市场的需求函数为 $Q = 50\,000 - 2\,000P$,供给函数为 $Q = 40\,000 + 3\,000P$。求:
   (1) 市场均衡价格和均衡数量。
   (2) 厂商的需求函数是怎样的?
2. 完全竞争行业中某厂商的成本函数为 $TC = Q^3 - 6Q^2 + 30Q + 40$,成本用人民币计算,假设产品价格为66元。
   (1) 计算利润最大化时的产量及利润总额。
   (2) 由于竞争市场供求发生变化,新价格为30元,在新价格下,厂商是否会发生亏损?最小亏损额为多少?
   (3) 厂商在什么情况下会退出该行业(停止生产)?
3. 垄断厂商的总收益函数为 $TR = 100Q - Q^2$,总成本函数为 $TC = 10 + 6Q$,求:厂商利润最大化的产量和价格。
4. 假设垄断者的产品的需求曲线为 $P = 16 - Q$,P 以美元计,求:
   (1) 垄断者出售8个单位产品的总收益是多少?
   (2) 如果垄断者实行一级价格歧视,垄断者的收益为多少?他掠夺的消费者剩余为多少?
   (3) 如果垄断者实行二级价格歧视,对前4个单位的商品定价为12美元,后4个单位的商品定价为8美元,垄断者的收益为多少?他掠夺的消费者剩余为多少?

第六章

要素价格理论

📖 内容提要

前几章中,无论是消费者行为分析,还是生产者行为分析,都是围绕产品市场展开的,那么生产产品使用的生产要素——劳动、资本、土地的市场又是如何运作的呢?本章我们将简要介绍生产要素市场的价格决定。在社会上,每个人都是消费者,也是生产要素的所有者,生产要素的价格就是他们的收入,因此,生产要素的价格如何决定的问题也就是国民收入如何分配的问题,这就是微观经济学所要回答的为谁生产的问题。

📖 学习目标与重点

- 理解和掌握引致需求的含义,掌握完全竞争厂商使用生产要素的原则。
- 掌握厂商与行业的生产要素需求曲线和生产要素供给曲线,掌握生产要素市场均衡的确定。
- 了解基尼系数的基本含义及与居民收入分配差异程度的关系。

📖 关键术语

引致需求;生产要素需求曲线;生产要素供给曲线;工资率;地租;利息;利润

📖 引入案例

"漂亮"的收益

一些人笃信,一张美丽的面孔能在日益内卷的职场为自己争取更高溢价。招聘app "BOSS直聘"联合微整形平台"更美APP"发布的《中国青年颜值竞争力报告》显示,94.3%的受访者认为高颜值有利于加薪。美貌到底能为我们带来多少收益?花在美貌上的每一分钱是否都能起到应有的作用？

美国经济学家丹尼尔·哈莫米斯与杰文·比德尔在1994年第4期《美国经济评论》上发表了一份调查报告。根据这份调查报告，"漂亮的人"的收入比长相一般的人高5%左右，长相一般的人又比长相稍差一点的人的收入高5%~10%。为什么"漂亮的人"的收入更高一点？

一些经济学家认为，人的收入差别取决于人的个体差异，即个人能力、勤奋程度和机遇的不同。个人能力包括先天的禀赋和后天培养的能力，长相与人在体育、文艺、科学方面的才能一样是一种先天的禀赋。一个长相更漂亮的人在从事某些职业时可能更成功（如当演员或模特）。按照供求关系去分析，漂亮的人少，供给有限，自然市场价格高，因而收入高。

漂亮不仅仅指脸蛋和身材，还包括一个人的气质。在一项调查中，漂亮程度由调查者打分，实际是包括外形与内在气质的一种综合。这种气质是人内在修养与文化的表现。因此，在漂亮程度上得分高的人，实际往往是文化高、受教育程度高的人。两个长相接近的人，也会由于受教育程度不同而表现出不同的漂亮程度。所以，漂亮是反映人受教育水平的标志之一，而受教育水平是个人能力的来源。因此，受教育多，文化高，收入水平高也是正常的。

漂亮也可以反映人的勤奋和努力程度。一个工作勤奋、勇于上进的人，自然会打扮得体，举止文雅，有一种朝气。这些都会提高一个人的漂亮程度。漂亮在某种程度上反映了人的勤奋，与收入相关也就不奇怪了。

最后，漂亮的人的工作机遇相对更多。有些工作只有漂亮的人才能从事，漂亮往往是许多高收入工作的条件之一。在所有人都能从事的工作中，漂亮的人在一定程度上可能干得更好。漂亮的人从事推销更易于被客户接受，当服务员会让顾客觉得更亲近。有些人把漂亮的人机遇更多、更易受雇称为一种歧视，这也有一定道理。但目前没有法律禁止这种歧视。这在某种程度上也是一种无法克服的社会习俗。

两个各方面条件大致相同的人，由于漂亮程度不同而得到的收入不同。这种由漂亮引起的收入差别，即漂亮的人比长相一般的人多得到的收入称为"漂亮贴水"。

资料来源：梁小民. 微观经济学纵横谈 [M]. 北京：生活·读书·新知三联书店，2000.

生产要素市场理论又被称为收入分配理论，主要研究市场的全部收入（产出）是如何在各种生产要素之间进行分配的。也就是说，通过本章的分析，我们试图回答以下问题：为什么人们的收入不同——有的人月薪两万元，有的人月薪两千元？是什么决定了一个人的工作时间？销售产品的收入按什么比例分配给生产过程中使用的劳动和资本？

在分析开始之前，以下两个问题是需要首先说明的。

（1）生产要素市场也像产品市场一样，有生产者和消费者，不同的是生产要素市场上的生产者是生产要素供给者——提供资本的出资人和提供劳动的劳动者；而生产要素市场上的消费者是生产要素需求者——厂商，细心的读者会发现，生产要素市场上的角色刚好与产品市场上相反。

（2）生产要素市场也像产品市场一样，有完全竞争和不完全竞争之分，即完全竞争的生产要素市场、买方垄断的生产要素市场（生产要素购买者具有垄断势力的市场结构）、卖方垄断的生产要素市场（生产要素出售者具有垄断势力的市场结构）。

我们先简要介绍完全竞争的生产要素市场的价格决定。像完全竞争的产品市场一样，完全竞争的生产要素市场也有以下特征。

（1）市场上有大量的生产要素需求者和生产要素供给者，由于没有单个需求者或供给者可以影响生产要素价格，因此，每个人都是生产要素价格的接受者。

（2）生产要素是同质的，没有差异。

（3）生产要素可以自由流动。

（4）生产要素的供求双方具有完全信息。

生产要素市场上的价格同样是由生产要素的需求和供给决定的。因此，我们仍将从需求和供给两个方面来分析。

知识链接 6-1

生产要素

19世纪的西方经济学家们习惯于把生产要素分为三类，即土地、劳动和资本。这三类生产要素的价格，则分别称作地租、工资和利润。因此，那时的生产要素价格理论就是地主、工资收入者和资本家这三个主要社会经济阶级之间的收入分配理论。到19世纪末，第四种生产要素——企业家才能被"发现"。于是，利润被看作企业家才能的收益，而资本所有者的收益被看作"利息"。

第一节 要素需求理论

一、引致需求与共同需求

生产要素的需求与产品的需求具有不同的性质。这种差别主要体现在两个方面。

1. 对生产要素的需求是引致需求

在产品生产市场上，对产品的需求来自消费者的购买行为。消费者之所以购买面包、衣服、电视机等产品，是因为这些产品能够直接满足他们的相关需求，也称**直接需求**（direct demand），是指消费者为了直接满足自己的吃、穿、住、行等需要而购买产品的需求。

对生产要素的需求却与此不同，在生产要素市场上，对劳动、资本等生产要素的购买并不是来自消费者而是来自厂商。厂商对这些生产要素的需求，不是要直接消费这些生产要素，而是为了生产消费者所直接需要的汽车、冰箱等，并从中获得收益。这种由消费者对最终产品的需求而引发的厂商对要素的需求，称为**引致需求**（derived demand），也称派生需求。

- 在生产要素市场上，厂商成为生产要素的需求方，消费者成为生产要素的供给方。
- 厂商购买生产要素不是为了满足自己的直接需要，而是为了生产和出售产品以获得收益。
- 厂商之所以对生产要素产生需求，是因为消费者对产品有需求，厂商为了满足消费者对产品的需求，就要使用生产要素来生产产品。

个案研究 6-1

软件公司对办公场地的引致需求

软件公司要为其编程人员、管理人员和其他雇员租用办公室，这就是对办公场地的需求。在每一个地区，都有一条斜率为负的办公面积的需求曲线，它将土地所有者所要求的租金与公司想要的办公面积的数量联系起来——价格越低，公司愿意租用的面积就越大。

软件公司租用办公场地并不是像消费者购买产品时获得效用那样直接从中得到满足，而是将办公场地投入到生产中，从而获得收入。如果我们追根溯源的话，不难发现这样的现象：消费者从软件中获得的满足决定了软件公司能卖出多少软件，决定了需要多少软件设计、编程与销售人员等，从而决定了必须租用多大的办公场地。

该软件越是成功，办公场地需求曲线就越向右移动。因此，要准确地分析引致需求，必须认识到消费者对产品的需求最终决定了企业对办公场地的需求。

2. 对生产要素的需求是共同需求

生产要素需求不仅是一种引致需求，也是一种共同需求。在研究生产理论时，我们知道生产过程是靠各种生产要素的综合作用完成的。威廉·配第（William Petty）爵士曾经用过这样一个形象而深刻的比喻：劳动是产品之父，而土地则是产品之母。我们一般不太确定多种生产要素中究竟哪一种生产要素"单独"创造了多少产出。这就是劳动、资本和土地在生产中的相互依赖性。

共同需求（joint demand），也称联合需求，是指对生产要素的需求是共同的、相互依赖的需求。对某种生产要素的需求，不仅取决于本身价格，也取决于其他生产要素价格。如果人工很便宜，使用昂贵的机器不如用人工合算，厂商就会更多地使用人力来替代机器，反之亦然。

知识链接 6-2

中间生产要素

中间生产要素是指厂商生产出来又投入到生产过程中去的产品。所有者是厂商，目的是实现利润最大化。对某一个企业来说是中间产品的东西，对另一个企业来讲可能就是产品。比如，钢铁对于汽车厂来讲是中间产品，但它对于钢铁厂来讲就是产品。本章所说的生产要素，是指原始生产要素。

知识链接 6-3

边际生产力理论

生产要素价格决定了在其他条件不变和边际生产力递减的前提下,一种生产要素的价格取决于其边际生产力。

当使用生产要素的边际成本和生产要素的边际生产力(边际收益)相等时,厂商才能在生产要素使用上达到利润最大化。

生产要素的市场价格由其需求和供给决定。具有不同于一般商品的需求和供给的特点,不同生产要素均衡价格的决定是不同的。

知识链接 6-4

生产要素有两种价格

源泉价格:买卖生产要素的服务"载体"(或称源泉)的价格,如土地所有权。

服务价格:买卖生产要素提供的服务的价格,如土地租金。

土地、资本具有两种价格;劳动、企业家才能只有服务价格。

本章所讲的生产要素价格除非特别指明,指的都是生产要素的服务价格。

生产要素价格构成厂商成本,也构成生产要素所有者的收入,生产要素价格的决定也是国民收入在生产要素所有者之间的分配问题。

二、完全竞争厂商对生产要素的使用原则

回顾前面对产品市场的分析,我们曾做过一个重要假定,即厂商以追求自身利润最大化为目标。利润最大化的条件是边际收益等于边际成本。这一结论不仅适用于前面对产品市场的分析,同样也适用于本章对生产要素市场的分析。

为了使说明便于理解,我们假定厂商只使用劳动和资本两种生产要素进行生产,并假定资本数量不变,从而厂商只需选择劳动的数量。一方面,厂商是生产要素市场上的消费者,它们花费生产成本购买劳动;另一方面,厂商又是产品市场上的生产者,它们使用劳动生产产品,并出售产品获取收益。

当增加一单位劳动投入时,若该单位劳动投入所增加的产品为厂商带来的收益的增加量大于厂商为该单位劳动支付的成本,那么增加该单位劳动会增加厂商的利润,则厂商会使用它;反之,若该单位劳动投入所增加的产品为厂商带来的收益的增加量小于厂商为该单位劳动支付的成本,那么增加该单位劳动会减少厂商的利润,则厂商不会使用它。因此,厂商使用生产要素的原则仍是"边际成本"等于"边际收益"。

有所不同的是,我们要从另一个角度对边际收益和边际成本进行定义——"使用生产要素的"边际收益和"使用生产要素的"边际成本,即边际产品价值和生产要素价格。完全竞争市场要求生产要素投入价格和产品产出价格都为常数。

1. 边际要素成本（生产要素价格）

边际要素成本（marginal factor cost，MFC）是指厂商增加一单位生产要素的使用所增加的成本。

$$\text{MFC} = \frac{\Delta C}{\Delta F} \tag{6-1}$$

根据前面的假定，成本与生产要素劳动的函数关系式为

$$C = w \cdot L \tag{6-2}$$

式中，w 表示工资率即劳动的价格，L 为劳动的数量。

因为在完全竞争的条件下，任何一家厂商单独增加或减少其生产要素购买量都不会影响生产要素价格，即工资 w 固定不变。现在对函数求导可得到生产要素的"边际成本"。

$$\text{MFC} = \frac{\mathrm{d}C(L)}{\mathrm{d}L} = w \tag{6-3}$$

它表示完全竞争厂商增加使用一单位劳动的边际成本恰好等于工资率 w（见图 6-1）。

2. 边际产品收益

边际产品收益（marginal revenue product，MRP）是指厂商增加一单位的生产要素所能增加的收益，又称边际生产力。

$$\text{MRP} = \frac{\Delta \text{TR}}{\Delta F} \tag{6-4}$$

厂商的收益取决于产量，厂商的产量又取决于生产要素，因此：

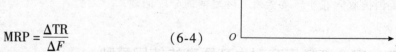

图 6-1 完全竞争市场劳动的边际成本

$$\text{MRP} = \frac{\Delta \text{TR}}{\Delta F} = \frac{\Delta \text{TR}}{\Delta Q} \cdot \frac{\Delta Q}{\Delta F} = \text{MR} \cdot \text{MP} \tag{6-5}$$

式中，MR 为边际收益，MP 为边际产量。

3. 厂商使用生产要素的一般原则：MRP = MFC

假定厂商使用一种生产要素、生产一种产品，追求最大利润 π：

$$\pi = \text{TR}(F) - \text{TC}(F) \tag{6-6}$$

令

$$\frac{\mathrm{d}\pi}{\mathrm{d}F} = \frac{\mathrm{d}\text{TR}(F)}{\mathrm{d}F} - \frac{\mathrm{d}\text{TC}(F)}{\mathrm{d}F} = \text{MRP} - \text{MFC} = 0 \tag{6-7}$$

得

$$\text{MRP} = \text{MFC} \tag{6-8}$$

式（6-8）即为厂商使用生产要素的一般原则。

- 如果 MRP > MFC，增加一个生产要素所增加的收益要大于增加的成本，利润将增加，为追求利润最大化，肯定会不断地增加生产要素，从而增加利润。

- 随着产量增加，边际产量下降而边际收益下降或不变，从而边际产品收益也是下降的，最终会达到 MRP = MFC。

4. 边际产品价值 VMP

在产品市场中，收益只被看成是产量的函数，与生产要素无关，即 $R(Q) = Q \cdot P$。一旦转入生产要素市场，则应进一步看到，产量本身又是生产要素的函数，根据前面的假定，产量与生产要素劳动的函数关系 $Q = Q(L)$，则有收益与生产要素劳动的函数关系式为

$$R(L) = Q(L) \cdot P \tag{6-9}$$

在完全竞争条件下，式 (6-9) 中的价格 P 为既定常数，不会随着厂商产量的变化而变化。由于价格固定不变，所以厂商的总收益实际上是产量的函数，随着产量的变化而变化。

对收益与产量的函数求导可以得到边际收益（MR）。同样现在对生产要素市场的生产要素与产量之间的函数求导就可以得到生产要素的边际产品收益（MRP）：

$$\text{MRP} = \frac{\mathrm{d}Q(L)}{\mathrm{d}L} \cdot P = \text{MP} \cdot P = \text{VMP} \tag{6-10}$$

它表示在完全竞争的条件下，厂商增加使用一个单位劳动所增加的收益。应特别注意 MRP 与 MR 的区别。边际收益 MR 是对产量而言的，是产品的边际收益。边际产品收益 MRP 是对生产要素而言的，是生产要素的边际产品收益。

显然**边际产品价值**（value of marginal product，VMP）只是 MRP 的一个特例，即在完全竞争市场，当 MR 为常数 P 时，产品价格与生产要素的边际产量的乘积。

5. 完全竞争厂商使用生产要素的原则：VMP = w

在完全竞争市场，由于边际成本等于工资率 w，所以完全竞争厂商使用生产要素的原则是：

$$\text{VMP} = w \tag{6-11}$$

完全竞争厂商使用生产要素的原则是：边际产品价值等于该生产要素的市场价格。

- 如果 MRP > w，这意味着厂商投入的最后一单位生产要素生产出的产品的收益大于为购买这一生产要素所付出的成本，净所得（即边际利润）大于零，继续增加生产要素投入还可以增加利润，直到 MRP = w 为止。
- 若 MRP < w，说明投入的最后一个单位生产要素的所得已经小于为购买这一单位的生产要素所付出的成本了，减少生产要素的使用尽管可能导致总产量和总收益下降，但可以使净所得（即边际利润）增加，因此，厂商减少生产要素购买量符合利润最大化目标的理性行为，直到 MRP = w 为止。

三、完全竞争厂商对生产要素的需求曲线

与研究产品市场的需求一样，厂商对生产要素的需求曲线研究厂商对生产要素的需求

量如何随生产要素价格的变化而变化，厂商对生产要素的需求量与生产要素价格之间的关系被称为生产要素需求函数。

完全竞争厂商对生产要素 L 的需求函数反映的是在其他条件不变时，完全竞争厂商对生产要素 L 的需求量与生产要素价格 w 之间的关系。现在假设某厂商在完全竞争市场上销售产品，可变生产要素 L 的投入量与边际产品、产品价格和边际产品价值如表6-1所示。

表6-1 完全竞争厂商的生产要素 L 的需求表

生产要素数量 L	边际产品 MP	产品价格 P	边际产品价值（VMP = MP $\cdot$ P）
1	18	10	180
2	16	10	160
3	14	10	140
4	12	10	120
5	10	10	100
6	8	10	80
7	6	10	60
8	4	10	40

将表6-1所反映的情况用图形表示出来，即是厂商的边际产品价值曲线，也就是厂商对生产要素（比如劳动）的需求曲线（见图6-2）。

在前面的描述中我们知道，在完全竞争的生产要素市场条件下，厂商想要达到利润的最大化就必须保持生产要素的边际成本与生产要素的边际收益相等，即 VMP = MFC = w。根据这个公式可以推导出完全竞争厂商的生产要素需求曲线。

根据 VMP = MP $\cdot$ P，可得 MP(L) $\cdot$ P = w。下面我们来说明这个函数的特点。

当 w 变大时，就有了 w > MP(L) $\cdot$ P，厂商为了实现利润的最大化必须对生产做出调整，由于完全竞争状态下厂商不能改变市场价格 P，只能对生产要素的使用量 L 进行增加或减少来调整平衡，根据第四章边际报酬递减规律，因为 w 变大，所以生产要素的使用量 L 减少了，反之亦是如此。

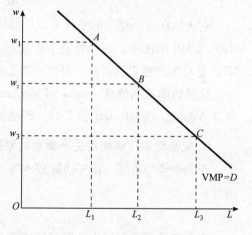

图6-2 完全竞争厂商对生产要素的需求曲线

这样便可以得到以下结论：随着生产要素价格的上升，厂商对生产要素的最佳使用量即需求量将下降。因此，完全竞争厂商的生产要素需求曲线向右下方倾斜。

利用公式 MP(L) $\cdot$ P = w 还可以说明在完全竞争条件下，厂商对单一生产要素的需求曲线 D 将与其边际产品价值曲线 VMP 完全重合。

从利润最大化的角度出发，厂商应该按照曲线 VMP 与 w 水平线的交点来决定生产要素的使用量 L，当 w 变动时，其生产要素 L 的数量就会沿着 VMP 曲线随之变动。如果 w

上升到 w_1，相应的利润最大化的 L 应变为 L_1，如果 w 下降到 w_2，则 L 将变为 L_2，因此，对生产要素市场的任意价格，厂商的 VMP 曲线确定的使用量 L 可以使厂商的利润达到最大化。所以，厂商的边际收益曲线 VMP 就是厂商的生产要素需求曲线。

知识扩展 6-1

从厂商需求曲线到市场的需求曲线

单个厂商的生产要素需求曲线不能横向加总得到市场需求曲线。原因：厂商需求曲线的推导都附加了一定前提。假定生产要素价格变动时，其他厂商的生产要素使用量不变。

劳动价格下降，厂商都会增加劳动使用，产品市场供给曲线右移，产量上升，产品价格下降，导致边际产品价值曲线的移动，从而厂商的生产要素需求曲线也会发生变动。

劳动价格上升，所有厂商都会减少使用量，产品的市场供给曲线会向左移动，产品价格上升，生产要素的边际产品价值曲线也会发生移动，生产要素的需求曲线跟着移动。

第二节 要素供给理论

一、生产要素的供给问题

马歇尔的"四位一体"：劳动 - 工资；资本 - 利息；土地 - 地租；企业家的才能 - 利润。

1. 生产要素所有者

生产要素所有者具有非单一性，既可以是生产者，也可以是消费者；既可以是"中间生产要素（投入）"所有者——生产中向生产过程再次投入的中间生产要素的生产者，也可以是原始生产要素所有者——向市场提供诸如劳动等生产要素的所有者。本章涉及的是原始生产要素所有者。

生产要素所有者及其行为目标的不一致自然会影响对生产要素供给的分析。生产者使用生产要素的目的是追求利润的最大化；而作为生产要素供给者的消费者，其目的是实现效用的最大化。根据生产者的利润最大化行为讨论其对中间生产要素的供给，根据消费者（或资源所有者，如劳动、土地和资本等的所有者）的效用最大化行为讨论其对原始生产要素的供给。

2. 生产要素供给数量的特点

消费者拥有的生产要素数量有限，消费者的决策只能在这有限的资源范围内进行。如消费者拥有的时间一天只有 24 小时，其可能的劳动供给时间不可能超过这个数；再如消费者拥有的收入为每天 500 元，则他每天储蓄的（即供给资本）财富不可能比 500 元更多。

由于资源是既定的，故消费者只能将其拥有的全部既定资源的一部分作为生产要素来提供给市场，从而获得租金、工资、利息等收入；剩余的部分可称为"保留自用"（或简称为"自用"）的资源。

因此，生产要素供给问题可以看成是消费者在一定的生产要素价格水平下，将其全部既定资源在"生产要素供给"和"保留自用"两种用途上进行选择分配以获得最大效用。

3. 生产要素供给原则

消费者生产要素供给的原则——实现效用最大化的条件，即提供给市场的生产要素的边际效用和消费者"保留自用"的生产要素的边际效用相等。

如果该生产要素供给市场的边际效用大于保留自用的边际效用，那么消费者增加生产要素的供给，减少保留自用的资源数量将能够使他的总效用增加；如果该生产要素供给市场的边际效用小于保留自用的边际效用，那么理性的消费者将会减少提供给市场的生产要素，增加保留自用的生产要素，从而提高自己的总效用。

二、劳动供给曲线与工资率的决定

1. 劳动的供给

劳动供给是指劳动者在不同劳动价格水平上愿意并能够提供的劳动数量。劳动价格通常用工资率加以衡量。工资率是指单位劳动（如每小时劳动）的工资。劳动价格水平高低实际上是指工资率高低。

一国或一地区在一定时期的劳动供给状况是由多种因素决定的，主要有人口及年龄结构、劳动力参与率和工作意愿等。一国或一地区中如果人口基数大，年轻人所占比重又大，劳动供给超过劳动需求的话，即使工资水平较低，也会有不少人失业。因此，控制劳动力供给首先要控制人口增长。

劳动力参与率是指想工作的劳动者占劳动年龄人口的比重。影响劳动力参与率的因素有很多，政府有关政策是其中的重要因素，如完善、丰厚的退休金制度会使许多健康的老年人不想继续工作，重视学历的政策会使许多年轻人延长在校时间而暂不工作等。

劳动的供给涉及消费者对其拥有的既定时间资源的分配，或者说，是如何决定其全部资源在闲暇和劳动供给两种用途上的分配以达到效用的最大化。劳动者的工作意愿在很大程度上取决于他对收入和闲暇效用的比较。

劳动可得到收入，收入给劳动者带来效用，闲暇也给劳动者带来效用。劳动作为闲暇的牺牲会给劳动者带来负效用，即痛苦和不舒适的感觉，劳动得多，收入也多，但闲暇会减少，可见收入和闲暇之间存在着替代关系。

劳动的供给主要取决于劳动成本，包括以下两类。

- 实际成本：维持本人及其家庭生活必需的费用。
- 心理成本：补偿劳动者心理负效用的费用。劳动以牺牲闲暇享受为代价，会给劳动者心理上带来负效用。

消费者选择一部分时间作为闲暇来享受，选择其余时间作为劳动供给。前者即闲暇直接增加了效用；后者带来了收入，通过将收入用于消费再增加消费者的效用。因此，就实质而言，消费者并不是在闲暇和劳动之间进行选择，而是在闲暇和收入之间进行选择。

知识链接 6-5

劳动与闲暇

闲暇时间包括除必需的睡眠时间和劳动供给之外的全部活动时间。例如，用于吃、喝、玩、乐等，即用于各种消费活动的时间。在现实生活中，闲暇时间也可用于非市场活动的"劳动"，例如干家务活。

在时间固定不变的情况下，劳动与闲暇之间存在着一种此消彼长的关系，劳动增加就意味着闲暇减少，劳动减少就意味着闲暇增加，这里产生了替代效用与收入效用。

随着工资的提高：

——从替代效应来看，闲暇变得更贵，劳动者想用工作替代闲暇。

——从收入效应来看，工资更高，收入更多；劳动者会购买更多的商品和服务，还想有更多的闲暇。

哪种效应更加有力，这取决于个人。

个案研究 6-2

钟鸣是否加班

在一家物流公司上班的钟鸣月薪 5 000 元。假设周六加班的工资是 200 元，钟鸣周六从来不加班，而是在家休息或约朋友钓鱼。现在经理让他周六加班，加班工资是一天 500 元，他接受了这一要求。尽管 500 元收入的代价是每周放弃一天的休息，但他觉得很划算。以前他周六休息的代价是放弃 200 元的收入，而现在，如果周六休息，他将为此付出 500 元的收入代价。如果他不接受这一要求，在他朋友看来，钟鸣所消费的"周六在家休息或钓鱼"这件商品简直就是奢侈品（价格高达 500 元一天）。显然，这就是替代效应。由于替代效应，闲暇的需求量与闲暇的价格（即工资）呈反方向变化，如果工资上涨，就应该用便宜的"劳动"替代贵的"闲暇"，这一点上，闲暇与其他商品没有区别。

上面所讲到的替代效应与前面所讲的商品没有太大的区别，但收入效应与前面所讲的商品就有一些区别了，需要特别注意。对于一般的商品而言，价格上升后，消费者买到的商品数量将减少，消费者的实际收入是下降的。而这里讲到的"闲暇"与一般的商品就恰恰相反，闲暇的特殊性在于，它的价格的上升可以提高消费者的收入，在不减少对闲暇消费的情况下得到更多的收入。为此，他可以更多地劳动，也可以增加对闲暇的消费。

我们接着拿上面的例子来说明。由于钟鸣干得很出色，经理多次提高他的工资，年底时他的工资已经涨到了 10 000 元，工作时间由每天的 8 小时增加到了 9 小时，周六的加班工资涨到了每天 600 元。

由于业务增加，但经理又不想增加新员工，故要求钟鸣增加工作时间，工资也可以增加,但钟鸣不但不愿意继续增加加班时间,甚至还要求找新员工,并将他周六的加班也取消。他为什么不愿意加班了呢?这就是收入效应的作用。

简单地说,当工资富足,达到人的满意程度后,人们就会更加珍惜闲暇,减少劳动,即使现在的劳动能换更多的钱。

2. 劳动供给的特殊规律与劳动供给曲线

初期,工资增加,劳动会增加。到一定程度后,劳动的供给曲线向后弯曲,即工资高过一定限度,货币收入的边际效用不足以抵补劳动的负效用,劳动的供给量反而减少(见图6-3)。

3. 劳动市场的供给曲线和均衡工资的决定

将所有单个消费者的劳动供给曲线水平相加,就会得到整个市场的劳动供给曲线。尽管许多消费者的劳动供给曲线可能会向后弯曲,但劳动的市场供给曲线却不一定也是如此。在较高的工资水平上,现有的劳动者也许提供较少的劳动,但高工资也会吸引新的劳动者进来,因而总的市场的劳动供给一般还是随着工资的上升而增加,从而市场供给曲线仍是一条向右上方倾斜的曲线。

在前面我们已经学过,均衡点是供给曲线与需求曲线的交点,这里也不例外,劳动的供给曲线与劳动的需求曲线的交点就是均衡工资点,它会随着劳动的供给曲线和劳动的需求曲线的变动而变动(见图6-4)。导致以上两种曲线发生变动有很多种原因,这里我们就不多解释了。

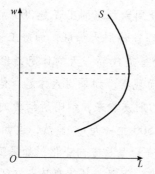

图6-3 消费者个人的劳动供给曲线

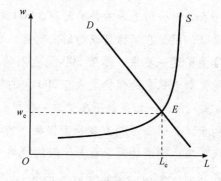

图6-4 均衡工资的决定

三、土地的供给曲线与地租的决定

1. 土地的供给与供给曲线

经济学家已经对土地进行了界定,经济学上的土地不仅仅是土地,还包括水、森林、矿产等一切自然资源,其特点被描述为"原始的和不可毁灭的"。说它是原始的,是因为它不能被生产出来;说它是不可毁灭的,是因为它在数量上不会减少。

土地数量既不能增加也不能减少,因而是固定不变的。或者说,就一个国家或一个地区而言,土地的"自然供给"是固定不变的,它不会随着土地价格的变化而变化。因此,土地的供给曲线是一条垂直的直线（见图6-5）。

既然土地的数量是固定不变的，作为一个理性的土地所有者，他将会使自己的土地效用达到最大，或使自己的土地收益达到最大。

我们可以将土地的配置分为两种用途：自用和供给市场。自用没有收入，但可以直接带来效用，比如，养花种草等。供给市场可以带来收入。土地通过购买的行为可以转化为商品，最终给所有者带来效用。

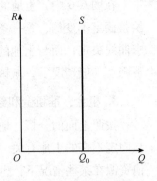

图6-5 土地的供给曲线

土地所有者在土地用途选择上所面临的效用函数可以记为

$$U = U(X, Y) \tag{6-12}$$

式中，U 表示效用，X 表示自用土地数量，Y 表示供应市场上的土地数量，其中，$X + Y = Q$，Q 为固定的土地供给量。

在劳动供给中，时间的消费性使用占了全部时间的一个较大部分。工资对于闲暇的消费具有较大的影响。与劳动供给不同的是，土地的自用通常只占其所有者拥有土地量的很小一部分，这部分可以忽略不计，从而效用函数可以简化为

$$U = U(Y) = U(Q) \tag{6-13}$$

也就是说，土地所有者的效用只取决于土地收入而与自用土地数量大小无关。在这种情况下，为了获得最大效用就必须使土地收入达到最大，而为了使土地收入达到最大就要求尽可能多地供给土地。

知识扩展6-2

行业土地的供给可变

倘若从某行业的角度来看土地供给，则土地的使用量或供给量是会随着地租水平的变化而发生变化的。例如，当土地用来建筑住宅可以产生较高的报酬，即可以支付较高的地租时，用于种植或其他用途的土地就会被转用于建筑住宅。因此，从一个行业来说，土地的供给是可变的。土地的供给与使用土地的机会成本有关。从一个特定行业看，地租的上升可以引起土地供给量的增加。

2. 土地的需求曲线与地租的决定

在前面我们以劳动的需求为代表分析了生产要素需求曲线，而劳动的需求曲线就是劳动的边际产品价值曲线，劳动的边际产品价值曲线因为劳动的边际产量的递减而向右下方倾斜，因此，劳动的需求曲线向右下方倾斜。据此可推出土地的需求曲线也向右下方倾斜。

地租是土地这一生产要素的收益或价格，是由土地供给和土地需求共同决定的。将土地的供给曲线与需求曲线相结合，就能得到土地的均衡价格 R_e，如图6-6所示。

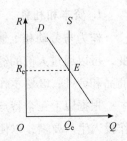

图6-6 土地的均衡价格

在图 6-6 中,土地的供给曲线和需求曲线的交点决定了社会均衡地租。由于土地的供给是固定不变的,是一条垂直的直线 S,不随价格的变化而变化,故地租完全由土地的需求曲线决定,而与土地的供给曲线无关:地租随着需求的上升而上升,随着需求的下降而下降。一般情况下,城镇的地租比较高,农村的地租比较低。

3. 租金、准租金和经济租金

按照上面的分析,地租是土地这种供给固定不变的生产要素的服务价格,因而地租只与固定不变的土地有关。但在现实中,不仅土地可以被看成是固定不变的,而且有许多其他资源在某些情况下,也可以被看成是固定不变的。这种供给数量固定不变的一般资源的服务价格叫作"租金"。地租是当所考虑的资源为土地时的租金,而租金则是一般化的地租。

租金和地租都是针对供给固定不变的生产要素的服务价格,这里的固定不变显然是长期和短期都适用。但是,在现实生活中,有些生产要素尽管在长期中可变,但在短期中却是固定的。

例如,由于厂商的生产规模在短期不能变动,故其固定的生产要素对厂商来说就是固定供给的,既不能从现有的用途中退出转到收益较高的其他用途中,也不能从其他相似的生产要素中得到补充。这些生产要素的服务价格在某种程度上类似于租金,被称为"准租金"。"准租金"就是对供给量暂时固定的生产要素的支付,即固定生产要素的收益。

有许多生产要素的收入尽管从整体上看不同于租金,但其收入的一部分却可能类似于租金,即如果从该生产要素的全部收入中减去这一部分并不会影响生产要素的供给。我们将这一部分生产要素收入叫作"经济租金"。

经济租金的大小取决于生产要素供给曲线的形状,供给曲线越陡峭,经济租金就越大,特别是当供给曲线垂直时,全部生产要素收入均变为经济租金,它恰好等于租金或地租。由此可见,租金实际上是经济租金的一种特例,即当生产要素供给曲线垂直时的经济租金,而经济租金则是更为一般的概念,不仅适用于供给曲线垂直的情况,还适用于不垂直的一般情况。如果供给曲线呈水平状,则经济租金完全消失。

四、资本的供给曲线与利息的决定

1. 资本和利息

作为与劳动和土地并列的一种生产要素,资本具有如下特点:①资本的数量可以改变,可以通过人们的经济活动生产出来;②它之所以被生产出来,是为了以此获得更多的商品和劳务;③资本作为投入要素,通过用于生产过程来得到更多的商品和劳务。

根据以上三个特点,**资本**(capital)可以被定义为:由经济制度本身生产出来并被用作投入生产要素,以便进一步生产更多的商品和劳务的物品。

延伸阅读 6-1

资本与劳动和土地的区别

由于第一个特点,资本便与其他两个生产要素即土地和劳动区别开了。因为土地和劳动均是"自然"给定的,不能从人们的经济活动中生产出来。由于第二个及第三个特点,资本便与一切非生产要素的东西区别开来。

利息是厂商在一定时期内为利用资本的生产力所支付的代价,或者说是资本所有者在一定时期内因让渡资本使用权,承担风险所索取的报酬。利息与本金的比率就是利率,用 r 表示,利率就是资本的使用价格。利率也是由使用资本的供求关系决定的。

2. 资本的供给

当资本市场的利率变动后,对消费者的跨期消费决策来说,会产生两种效应:替代效应与收入效应。替代效应指的是,利率越高,对牺牲当前消费的补偿就越大,消费者就愿意减少当前的消费,增加储蓄以获得更多的利息。

收入效应指的是,利率越高,消费者就越有可能在维持未来消费水平的前提下增加现有的消费,从而减少储蓄。因此,利率的提高带来的替代效应与收入效应是相反的。这种情况与劳动者工资的提高所带来的变化类似,利率的提高有可能使消费者增加当前的储蓄,也有可能减少当前的储蓄,最终的结果取决于利率水平的高低及消费者当前收入的大小与对未来收入的预期。

一般来说,当低利率水平时,利率的提高使储蓄增加的财富较少,其替代效应会大于收入效应,消费者会减少当前的消费而增加储蓄;而在高利率水平,利率增加使储蓄增加的财富较多,其收入效应会大于替代效应,消费者会减少当前的储蓄而增加消费。

所以,消费者的利率储蓄关系与劳动者的工资劳动关系类似。消费者个人的资本供给曲线也是一条向里弯曲的曲线(见图6-7),而市场的资本供给曲线则为一条向右上方倾斜的供给曲线。

3. 利率的决定

利率 r 的决定取决于对资本的需求与供给。资本需求曲线 D(投资)与供给曲线 S(储蓄)相交于 E,决定利率水平 r_e 和资本量 K_e(见图6-8)。

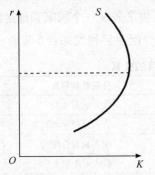

图 6-7 消费者个人的资本供给曲线

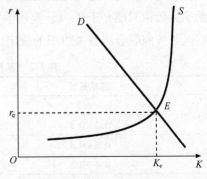

图 6-8 利率水平和资本量

五、企业家才能与利润理论

利润分为正常利润和超额（经济）利润。

1. 正常利润

正常利润，即企业家才能的价格，是一种特殊的工资。正常利润的决定与工资类似，取决于"企业家才能"的供求关系。

由于企业家才能的需求很大，而企业家才能的供给很少，所以，企业家才能的供求曲线的交点所决定的正常利润就会远远高于一般劳动者的工资。

正常利润包括在经济学分析的成本之中，所以收支相抵就获得了正常利润。在完全竞争中，利润最大化就是获得正常利润。超过正常利润以后的超额利润在完全竞争时并不存在。

2. 超额利润

超额利润是指超过正常利润部分的利润。在完全竞争条件下，达到均衡就不存在任何形式的超额（经济）利润。企业获得超额利润的途径：①创新，是指企业家对生产要素实行新的组合。合理，应予鼓励。②垄断，对经济的长远发展不利。不合理。③承担风险，对某项事业可能失败的补偿。

六、收入分配与基尼系数

1. 基尼系数

基尼系数（Gini coefficient）是意大利经济学家科拉多·基尼（Corrado Gini）于1912年根据劳伦茨曲线所定义的判断收入分配公平程度的指标所提出的，能够定量测定收入分配差异程度，是国际上用来综合考察居民内部收入分配差异状况的一个重要分析指标。

其经济含义是，在全部居民收入中，用于进行不平均分配的那部分收入占总收入的百分比。基尼系数最大为1，最小等于0。等于1表示居民之间的收入分配绝对不平均，即100%的收入被一个单位的人全部占有了；而等于0则表示居民之间的收入分配绝对平均，即人与人之间收入完全平等，没有任何差异。

但这两种情况只是理论上的绝对化形式，在实际生活中一般不会出现。因此，基尼系数的实际数值只能介于0~1。经济学家们通常用基尼指数来表现一个国家和地区的财富分配状况。按照联合国有关组织的规定，基尼系数对应的分配差异程度如表6-2所示。

表6-2 基尼系数与分配差异程度的关系

基尼系数	分配差异程度
<0.2	收入绝对平均
0.2~0.3	收入比较平均
0.3~0.4	收入相对合理
0.4~0.5	收入差距较大
>0.5	收入差距悬殊

数值越低，表明财富在社会成员之间的分配越均匀；反之亦然。通常把 0.4 作为收入分配差距的"警戒线"，根据黄金分割律，其准确值应为 0.382。一般发达国家的基尼系数为 0.24~0.36，2010 年美国达到 0.46[⊖]。中国国家统计局公布的基尼系数，2012 年为 0.474，2013 年为 0.473，2014 年为 0.469，2015 年为 0.462，2016 年为 0.465，总体上来说呈下降趋势，但仍属于收入差距相对较大的范畴。

目前，国际上用来分析和反映居民收入分配差距的方法与指标有很多。基尼系数由于给出了反映居民之间贫富差异程度的数量界线，可以较客观、直观地反映和监测居民之间的贫富差距，预报、预警和防止居民之间出现贫富两极分化，因此得到世界各国的广泛认同和普遍采用。

个案研究 6-3

重庆市的基尼系数逐步下降

某位重庆市原市长指出，2011 年，重庆多项经济社会指标增幅居全国前列，其中 3 个指标特别重要，体现了重庆可持续发展的能力：一是工商企业户数，2011 年增长了 23%，达到 113 万户，重庆发展更具后劲；二是进出口贸易增幅居全国第一，其中 32% 是转口贸易，重庆开始出现过去只有沿海才有的口岸高地特征，标志着重庆内陆开放高地建设取得了重大突破；三是基尼系数缩小，从 2010 年的 0.438 降至 2011 年的 0.421。与此同时，城乡、区域差距也在逐步缩小，代表了促进共同富裕的发展方向。

资料来源：新浪网。

2. 收入分配政策

在现实生活中，人们占有生产要素的状况不同。效率的发挥建立在承认差别或者说不平等的基础上，有差别才有动力。效率来自个人努力和勤奋，不重视和不承认有差别，就是鼓励懒惰，那样的平等只能成为普遍贫困。然而，如果差距过大，贫富悬殊，也会造成严重社会问题。无法生活下去的人们必然铤而走险，造成社会动荡。因此，有必要通过政府的收入分配政策来缓和收入分配的不公平现象。

(1) 税收。
- 个人所得税。根据收入的高低确定不同的税率，对高收入者按高税率征税，对低收入者按低税率征税。
- 遗产税、赠予税、财产税等。纠正财产分配的不平等。
- 消费税。

[⊖] 资料来源：中国经营网，2011-10-27，http://www.cb.com.cn/1634427/20111027/292498.html，在题为"美国贫富差距拉大 2010 年基尼系数达到 0.46"一文中指出，"据中国新闻网报道，美国国会预算办公室最新报告指出，从 1979 年到 2007 年，美国最富的 1% 人口的收入增加了 2.75 倍，而最穷的 20% 人口同期收入只增加 18%，富人收入增幅为穷人的 15 倍。报告还发现一个现象，收入越低的阶层，过去 30 年收入增幅越小。""据理财周刊报道，2010 年，美国的基尼系数达到了 0.46。"

(2) 社会福利政策。
- 给穷人提供补助来实现分配的均等化。
- 社会保障与社会保险。
- 保护劳动者的各种立法，包括最低工资法和最高工时法以及环境保护法、食品和医药卫生法等。
- 各种福利设施和公共工程的建设。

【阅读文章】 帕累托最优

意大利经济学家维弗雷多·帕累托（Vilfredo Pareto）在关于经济效率和收入分配的研究中最早使用了帕累托最优的概念，故此概念以他的名字命名。帕累托最优和帕累托改进是博弈论中的重要概念，并且在经济学、工程学和社会科学中有着广泛的应用。

维弗雷多·帕累托

个案研究6-4

猎鹿，还是猎兔

在原始社会，人们靠狩猎为生。为了使问题简化，假设村庄里只有两个猎人，主要猎物只有两种：鹿和兔子。如果两个猎人齐心合力，忠实地守着自己的岗位，他们就可以共同捕得一头鹿。要是两个猎人各自行动，仅凭一个人的力量是无法捕到鹿的，但可以抓住4只兔子。从能够填饱肚子的角度来看，4只兔子可以供一个人吃4天；1只鹿如果被抓住将被两个猎人平分，可供每人吃10天。

也就是说，对于两位猎人，他们对资源的不同配置可以有如下几种结果：要么分别打兔子，每人吃饱4天；要么合作，每人吃饱10天（平分鹿之后的所得）。如果一个人去抓兔子，另一个人去打鹿，则前者能吃饱4天，而后者只能是一无所获。在上述资源的配置中，要么两人分别打兔子，每人吃饱4天；要么大家合作，每人吃饱10天，这就是两个可能的结局。

资料来源：马加力. 猎鹿博弈[J]. 时事报告, 2009 (3)：40-41.

1. 帕累托最优标准

帕累托最优（Pareto optimality），也称帕累托效率、帕累托改善、帕累托最佳配置，是指资源配置的一种理想状态，即假定固有的一群人和可分配的资源，从一种分配状态到另一种分配状态的变化中，在没有使任何人境况变坏的前提下，也不可能再使某些人的处境变好。换句话说，就是不可能再改善某些人的境况，而不使任何其他人受损。

帕累托改进是指一种变化，在没有使任何人境况变坏的前提下，通过重新配置资源，使至少一个人变得更好。

- 帕累托最优是指没有进行帕累托改进余地的状态。
- 帕累托改进是达到帕累托最优的路径和方法。
- 帕累托最优是公平与效率的"理想王国"。

2. 实现帕累托最优的 3 个条件

(1) 交换最优。

即使再交易,个人也不能从中得到更大的利益。此时对任意两个消费者,任意两种商品的边际替代率是相同的,且两个消费者的效用同时达到最大化。

(2) 生产最优。

这个经济体必须在自己的生产可能性边界上。此时任意两个生产不同产品的生产者,需要投入的两种生产要素的边际技术替代率是相同的,且两个生产者的产量同时达到最大化。

(3) 交换和生产最优。

经济体生产产品的组合必须反映消费者的偏好。此时任意两种商品之间的边际替代率必须与任何生产者在这两种商品之间的边际产品转换率相同。

3. 社会福利最大化与经济效率

(1) 效率的一般含义。

效率的一般含义是指投入产出比,或者说是指在一定条件下实现目标的程度。效率最大化在本质上是一种数学最优化问题。通常效率最大化是一种约束决策,即投入一定、产出最大的决策或产出一定、投入最小的决策。

经济效率是指社会经济运行的总体效率。在既定的技术条件下,对现有经济资源的使用达到了不可能使社会成员福利进一步增加的状态。

但是经济学上通常又追求帕累托最优,那么帕累托最优与效率的通常含义有什么关系?帕累托最优只是经济效率的一种,那么经济效率主要包括哪些具体表现形式?

(2) 经济效率的主要表现形式。

个体经济决策的经济效率分两种。

有约束决策中实现经济效率,比如消费者的预算支出一定、效用最大化决策,其对偶决策为,消费者的效用水平一定、支出最小化决策。厂商的成本一定、产量最大化决策及其对偶决策产量一定、成本最小化决策。

无约束经济决策中实现经济效率,通常表现为完全竞争厂商的利润最大化决策。其最优一阶条件为 $MR = MC$,这已经成为边际分析的经典表述。

涉及集体决策的经济效率主要有两个:一是帕累托最优;二是社会福利最大化。

本质上,帕累托最优是一种相对最优化,这里的相对最优化是指假定在其他人效用水平既定的情况下,求剩余的一个人的效用最大化。帕累托最优是一种局部概念,是从某一点出发,看能否做出帕累托改进而定义的。但不同的帕累托最优之间无法进行大小比较。

因此帕累托最优并不能完全解决资源配置问题。

社会福利最大化是全局最优的概念，其目标函数是社会福利函数，即社会所有个人的效用水平函数，约束条件包括每个人的效用函数等。社会福利最大化是真正的全局性的经济效率概念，而帕累托最优只是局部性的经济效率概念。

因此，社会福利最大化一定是帕累托最优；但是反过来讲，帕累托最优不一定能实现社会福利最大化。因此，帕累托最优的概念不足以进行公共政策决策。社会福利函数是实现公共政策决策的必要理论基础。

然而人际效用比较的困难则成为社会福利函数的最大障碍。由于社会福利函数必然涉及人际效用比较，使经济学家们为了避免人际效用比较的困难，宁愿避免使用社会福利函数最大化的经济效率概念而使用帕累托最优的经济效率概念。

由于主流经济学主要以局部最优或作为极大值点的帕累托最优来作为经济效率的主要概念，因而使分配公正性问题在经济学中一直悬而未决。

延伸阅读 6-2

社会福利最大化的两种观点

一种观点是把社会福利看作消费者的效用之和，另外一种观点是把社会福利看作消费者剩余和生产者剩余之和。

本章小结

直接需求，是指消费者为了直接满足自己的吃、穿、住、行等需要而购买产品的需求。引致需求，也称派生需求，是指由消费者对最终产品的需求而引发的厂商对生产要素的需求。对生产要素的需求是引致需求，也是共同需求。

生产要素市场也像产品市场一样，有生产者和消费者，不同的是生产要素市场上的生产者是生产要素供给者——提供资本的出资人和提供劳动的劳动者；而生产要素市场上的消费者是生产要素需求者——厂商。生产要素市场上的角色刚好与产品市场上相反。

生产要素分为土地、劳动、资本和企业家才能四类。这四类生产要素的价格，则分别被称作地租、工资、利息和利润。

边际要素成本（生产要素价格，MFC），是指厂商增加一单位生产要素的使用所增加的成本。边际产品收益（MRP），是指厂商增加一单位的生产要素所能增加的收益，又称边际生产力。厂商使用生产要素的一般原则：$MRP = MFC$。

边际产品价值 VMP 是 MRP 的一个特例，即在完全竞争市场，当 MR 为常数 P 时，产品价格与生产要素的边际产量的乘积。完全竞争厂商使用生产要素的原则：$VMP = w$。在完全竞争的生产要素市场条件下，厂商想要达到利润的最大化就必须保持生产要素的边际成本与生产要素的边际收益相等，即 $VMP = MFC = w$。厂商的边际收益曲线 VMP 就是厂商的生产要素需求曲线。

生产要素的所有者具有非单一性,既可以是生产者,也可以是消费者。消费者拥有的生产要素数量有限,消费者的决策只能在这有限的资源范围内进行。由于资源是既定的,消费者只能将其拥有的全部既定资源的一部分作为生产要素来提供给市场,从而获得租金、工资、利息等收入;剩余的部分"保留自用"。

消费者生产要素供给的原则——实现效用最大化的条件,即提供给市场的生产要素的边际效用和消费者"保留自用"的生产要素的边际效用相等。

劳动的供给涉及消费者对其拥有的既定时间资源的分配,或者说,是如何决定其全部资源在闲暇和劳动供给两种用途上的分配以达到效用的最大化。劳动者的工作意愿很大程度上取决于他对工资和闲暇效用的比较。

劳动供给的特殊规律与劳动供给曲线。初期,工资增加,劳动会增加。增加到一定程度后,劳动的供给曲线向后弯曲,即工资高过一定限度,货币收入的边际效用不足以抵补劳动的负效用,劳动的供给量反而减少。

就一个国家或一个地区而言,土地的"自然供给"是固定不变的,它不会随着土地价格的变化而变化。因此,土地的供给曲线是一条垂直的直线。与劳动供给不同的是,土地的自用通常只占其所有者拥有土地量的很小一部分,这部分可以忽略不计。

由于土地的供给是固定不变的,是一条垂直的直线 S,不随价格的变化而变化,故地租完全由土地的需求曲线决定,而与土地的供给曲线无关:地租随着需求的上升而上升,随着需求的下降而下降。一般情况下,城镇的地租比较高,农村的地租比较低。

资本是由经济制度本身生产出来并被用作投入生产要素,以便进一步生产更多的商品和劳务的物品。消费者的利率储蓄关系与劳动者的工资劳动关系类似。消费者个人的资本供给曲线也是一条向里弯曲的曲线,而市场的资本供给曲线则为一条向右上方倾斜的供给曲线。

正常利润,即企业家才能的价格,是一种特殊的工资。正常利润的决定与工资类似,取决于"企业家才能"的供求关系。超过正常利润部分的利润,叫超额利润。在完全竞争条件下,达到均衡就不存在任何形式的超额(经济)利润。企业获得超额利润的途径有创新、垄断以及承担风险等。

基尼系数是国际上用来综合考察居民内部收入分配差异状况的一个重要分析指标。实际数值介于 $0 \sim 1$,数值越低,表明财富在社会成员之间的分配越均匀;反之亦然。通常把 0.4 作为收入分配差距的"警戒线"。

本章内容结构

要素价格理论
- 要素需求理论
  - 引致需求
  - 共同需求
  - 边际要素成本（要素价格）MFC
  - 边际产品收益（MRP）
  - 厂商使用生产要素的一般原则：MRP = MFC
  - 边际产品价值 VMP
  - 完全竞争厂商使用生产要素的原则：VMP = w
- 要素供给理论
  - 生产要素供给的原则是实现效用最大化的条件
  - 劳动市场的供给曲线和均衡工资的决定
  - 土地的供给曲线与地租的决定
  - 资本的供给曲线与利息的决定
  - 企业家才能与利润理论
  - 基尼系数
  - 收入分配政策
    - 税收
    - 社会福利政策

综合练习

一、名词解释

引致需求　　边际要素成本　　边际产品收益　　正常利润　　工资　　地租
经济租金　　边际产品价值　　基尼系数　　超额利润　　租金　　利息
准租金

二、选择题

1. 假定在完全竞争的生产要素市场上各种生产要素的价格、产品的价格和边际收益均等于4美元，且此时厂商得到了最大利润，则各种生产要素的边际物质产品为（　　）。

   A. 2　　　　　　B. 1　　　　　　C. 4　　　　　　D. 不可确知

2. 工资率的上升所导致的替代效应是指（　　）。

   A. 工作同样长的时间可以得到更多的收入
   B. 工作较短时间也可以得到同样的收入
   C. 工人宁愿工作更长时间，用收入带来的享受替代闲暇带来的享受
   D. 以上均正确

3. 准租金与厂商的总利润相比，（　　）。

   A. 两者相等　　B. 前者大　　C. 后者大　　D. 均有可能

4. 正常利润是（　　）。

A. 经济利润的一部分　　　　　B. 经济成本的一部分
C. 隐含成本的一部分　　　　　D. B 和 C 都对

5. 假设某歌唱家的年薪为 10 万元，但若她从事其他职业，最多只能得到 3 万元，那么她所获的经济地租为（　　）万元。
   A. 10　　　　B. 7　　　　C. 3　　　　D. 不可确知

三、计算题

1. 假设劳动市场的需求曲线为 $D_L = -10w + 150$，供给曲线为 $S_L = 20w$，其中：S_L、D_L 分别为劳动市场供给的人数、劳动市场需求的人数，w 为每日工资。问：
   (1) 在这一市场中，劳动与工资的均衡水平为多少？
   (2) 假如政府希望把均衡工资提高到 6 元/日，其方法是将钱直接补给企业，然后由企业给工人提高工资。为使工人的平均工资由原来水平提高到 6 元/日，政府需补贴给企业多少？新就业水平是多少？企业付给工人的总补贴将是多少？

2. 假设某厂商只把劳动作为可变要素，其生产函数为 $Q = -0.01L^3 + L^2 + 36L$，Q 为厂商每天的产量，L 为工人的日劳动小时数。所在市场为完全竞争市场，单位产品价格为 0.10 美元，工资为 4.80 美元/时。
   试求当厂商利润最大化时：
   (1) 厂商每天将投入多少劳动小时？
   (2) 如果厂商每天支付的固定成本为 50 美元，厂商每天生产的纯利润为多少？

3. 一厂商生产某种商品，其单价为 10 元，月产量为 100 个单位，每单位产品的平均可变成本为 5 元，平均不变成本为 4 元。试求其准租金和经济利润。两者相等吗？

四、分析讨论题

1. 劳动供给曲线为什么向后弯曲？资本的供给曲线呢？
2. 为什么土地的供给曲线可以看成是垂直的？

第七章

市场失灵与微观经济政策

📖 内容提要

在理想市场，追求个体利益最大化能够导致资源有效配置。当条件不能满足时，就会出现资源配置的失当，即市场失灵。导致市场失灵的原因主要有市场势力、外部影响、公共物品和非对称信息等。本章将分析市场失灵的原因，并阐述在出现市场失灵的情况下，政府如何通过微观经济政策对其加以有效的弥补和矫正，并引出宏观政策的必要性。本章是学习微观经济学与宏观经济学的承上启下之章。

🎯 学习目标与重点

- ◆ 掌握市场失灵的概念及表现；掌握导致市场失灵的主要原因。
- ◆ 领会市场势力、外部影响、公共物品、非对称信息的后果与应对策略。
- ◆ 领会经济运行中的微观经济政策；理解出现"政府失灵"的原因。

🔑 关键术语

市场失灵；市场势力；外部影响；公共物品；不完全信息；微观经济政策

💡 引入案例

市场失灵，"蒜你狠"还是"蒜你完"

"蒜你狠"是曾经在中国流行的一句时髦用语。这是源于大蒜疯涨超过100倍，价格超过部分肉和部分鸡蛋的现象。

2009年起，随着通货膨胀向普通商品蔓延。大蒜价格居高不下。2009年全国大蒜半年上涨40多倍，很多中间商都获得了很大利润。2009年初，金乡县鱼山镇五名装卸工人见到大蒜便宜，合资买入七百多吨大蒜，当时价格仅为每千克2角4分，2010年8月以每千克5元6角出货，赚取了很多收入。2010年11月28日，在淘宝网上，一个山东苍山的"大蒜头"索价7元。这些炒蒜的投资者们被称为"炒蒜团"。

2010年7月26日，南京大蒜市场价升到10元/斤。部分超市甚至卖出了12元/斤的高价，比当时的部分优质五花肉还贵。然而，2011年在大蒜主产地山东，大蒜种植量非常大，又遇丰收年，货多价低的规律致使地头价也就在1.1元/斤上下，远远低于往年。

2015年7月，金乡大蒜收获后开始收购，入库时的价格约为4.7元/千克，而2016年3月中旬达到12.8元/千克，上涨170%。"2016年的最高价格已经超过了2010年时的高点。"时任金乡县大蒜产业信息协会常务会长、中国大蒜产业信息联盟秘书长的杨桂华说。

"世界大蒜看中国，中国大蒜看金乡"。在金乡县南店子大蒜市场，每天都聚集着上百名大蒜经纪人。这里在业内有"大蒜华尔街"之称，全国甚至全世界的大蒜价格都由这里主导。在这里，"炒大蒜"并不是什么秘密，有时一批蒜在冷库里没动，就被转手了好几次，在"蒜你狠"的行情推动下，许多投资者一夜暴富。

2016年广州蒜头价格再次暴涨，出现零售价20元/千克的情况。

"有车有房？那还算不上有钱，得有大蒜！"这是部分市民对大蒜价格上升的调侃。记者走访广州部分市场了解到，2010年、2013年红极一时的"蒜你狠"现象，又有"卷土重来"的势头。在江南果菜批发市场，蒜头批发价已经飙升至20元/千克，创了6年来新高；在东川新街市，蒜头零售价则涨至22元/千克。

是什么因素导致了大蒜价格暴涨呢？卓创资讯农产品分析师崔晓娜表示，大蒜价格上涨有三个原因：一是产量下降；二是内需及出口等需求不减甚至增加；三是炒作，即投机者的推波助澜。大蒜价格上涨过程中不乏炒作成分，炒蒜的人一般都是行业内的大户，长期从事大蒜经销，在大蒜的供求失衡里看到了商机后，就会通过鼓动蒜农使其惜售、借入资金大批量囤货等办法，人为抬高价格，再伺机抛售牟利。

2017年洛阳蒜价回落明显，回落幅度超50%，出现了"蒜你完"的现象。

洛阳市价格监测中心数据显示当年5月洛阳的大蒜均价为每千克6.34元，较月初每千克15.28元的价格相比，回落幅度超50%。2016年底洛阳的大蒜均价涨至全年最高每千克16元左右，同比上涨86.75%。到了2017年，洛阳的大蒜价格继续高位运行，较2016年继续上涨，均价维持在每千克18元左右。2017年5月后，洛阳的大蒜价格开始明显回落。

自从大蒜价格暴涨之后，不少农民纷纷"跟风"，盲目扩大了大蒜的种植面积，每年5月中旬之后是大蒜的收获时节，然而，2017年大蒜的价格风光已逝，价格的低迷已是不可避免的。大蒜价格的一落千丈让部分农民措手不及，望着满田丰收的大蒜，这些农民却怎么也笑不起来。

巨大的收益也意味着巨大的风险。蒜价大"跳水"，大家戏称的"蒜你狠"一夜之间成了"蒜你完"。纵观这些年，2010年、2012年、2016年是大蒜价格的高峰，其余年份则较低。特别是2008年底，大蒜价格曾一度跌至只有几角钱甚至是几分钱一斤。

2020年5月以来，根据农业部统计数据，大蒜的批发价格持续下降，2020年5月1日，大蒜的批发价格为8.4元/千克，截至2020年5月24日，价格下跌至6.06元/千克。

起起落落，暴涨暴跌，除季节性因素外，农产品周期性的供求失衡以及游资炒作等因素是导致大蒜价格变化的重要原因。专家认为，稳定农产品价格，既要引导农民规范生产，做好信息服务，也要警惕游资对农产品的炒作，政府可通过"有形之手"抑制过度的投机炒作，保障农产品产业链健康发展。

资料来源：搜狐网，本地宝网，《广州日报》。

思考题：
1. 市场是不是总是有效的？大蒜价格的暴涨暴跌是否正常？
2. 市场如果失灵了怎么办？政府在维护广大农民的切身利益时应如何发挥作用？

前面各章中，我们用了大量的篇幅论证了市场机制在调节社会资源配置与产品产量中的作用。分析表明，在完全竞争市场条件下，社会有可能运用既定的资源实现帕累托最优。然而，如果完全竞争的条件受到破坏，或者即使存在完全竞争条件，市场机制仍然可能出现失灵。造成市场失灵的因素主要有市场势力、外部影响、公共物品和非对称信息等。

第一节 微观经济的市场失灵

一、市场失灵及表现

理想市场中，追求个体利益最大化能够导致资源有效配置。当条件不能满足时，就会出现资源配置的扭曲。

1. 市场失灵

市场失灵（market failure），是指市场机制（即价格调节市场的机制）不能实现资源的有效配置，即市场机制造成资源的配置失当。

【知识回顾】 第一章 经济学导论
- 微观经济学的本质：市场有效、市场万能。
- 宏观经济学的基本假设是市场失灵、市场不完善，政府有能力。

按照前面章节所讲的内容，在完全竞争的条件下，不仅单个商品和生产要素市场能处于供求相等的均衡状态，而且所有的市场可以同时处于均衡状态。但是，完全竞争的市场经济是以一系列假设为前提的，是一种远离现实的"理想状态"。

关于微观经济运行机制所做的三个基本假设，即市场出清、完全理性和完全信息至少存在着以下缺陷。

（1）关于市场出清。市场出清的含义是依靠市场上价格机制的调节就可以实现充分就业下的供求平衡。然而从多次重复的经济周期中，经济学家认识到仅仅靠价格调节是难以实现市场出清的。这是因为，价格调节是一种自发调节，因而也是一种盲目的、事后的调节。这种调节只有经过一系列失衡后才会达到均衡，而且这种均衡也是不稳定的。在这种调节过程中经济难免会受到破坏。

（2）关于完全理性。完全理性的含义是指经济活动的主体，无论是消费者还是厂商都以追求个人利益最大化为目的。他们自觉地对价格信号做出反应，并按利益最大化原则行事。这是价格机制发挥作用的基本前提之一。但是实际上人无完人。就经济行为而言，每个人不可能都具有完备的经济学知识，了解各种经济变量之间的关系及其规律；也不可能具备完全的市场信息，永远做出正确的判断；更不可能在任何时候都能自觉地按利益最大化原则行事。

（3）关于完全信息。完全信息是价格调节经济的重要前提，即每个人都能得到充分的信息，而且获取这种信息是免费的。然而现实中信息的获取、收集、整理、分析都需要付出代价，因而只有当利益大于代价时，人们才愿意去获取信息。此外，并不是每个人都能获得完全而准确的信息。因此，现实中的个人往往不是处于完全信息的状态，而是处于信息不对称的状态。信息的不完全性同样会影响价格机制发挥作用。

2. 市场失灵的三大表现

（1）微观经济缺乏效率。市场经济中的调节机制不能促使微观经济提高效率，具体表现如下。首先，市场不能满足公共物品的有效供给。其次，价格体系受到外部影响，存在没有经济报偿的经济交易。最后，自然垄断市场的存在，导致只有少数企业供给商品，如果这些企业按经济上有效率的水平来生产，其利益就会受损；若按垄断价格出售商品就会导致低效率，生产能力过剩，社会资源不能得到最优配置。

（2）宏观经济的不稳定性。在经济周期的作用下国民经济仅靠市场来调节，犹如"孤帆航海"。在市场经济的汪洋大海中，天有不测风云，一旦面临狂风暴雨般的经济危机，给予国民经济的打击就可能是致命的。这种不稳定性有时也表现为重复出现的通货膨胀和失业，或消费和投资不平衡。1929—1933年美国的经济大萧条正是长期执行自由放纵政策，任经济自由发展的结果。爆发于1997年的东南亚金融危机使一些国家至今还心有余悸。2008年始自美国的全球金融危机与经济衰退也对很多国家的经济造成了负面影响。

（3）社会分配缺乏与效率相适应的公平性。一个国家在经济发展过程中始终存在着怎样把"蛋糕做大"和怎样"合理分割蛋糕"这两个涉及全局的重要问题，即效率与公平的问题。市场失灵不仅会引起效率低下，还可能引起分配不公。

二、市场失灵的原因

造成市场失灵的因素主要有市场势力、外部影响、公共物品和非对称信息等。

（1）市场势力（market power）：少数经济主体不适当地影响市场价格的能力，即由少数的市场参与者影响或决定市场价格。

(2) 外部影响（externality）：一种消费或生产活动对其他消费或生产活动，所产生的不反映在市场价格中的直接效应。

(3) 公共物品（public goods）：使所有消费者都得益而市场不能供给或供给不足的物品。

(4) 非对称信息（asymmetric information）：信息成本高昂，信息不能均匀分配，信息不完全可能造成垄断力量，以影响消费者福利为代价谋取垄断利润。

以上因素中，只要其中一种因素存在，都会导致资源配置效率的损失。下面将会具体分析这些因素的影响。

三、市场势力

1. 影响价格的市场势力普遍存在

一个市场要有效运转，就要求生产者和消费者都是价格的接受者，而不是价格的操纵者。实际上完全竞争很少，而且竞争一般必然引起垄断。如果某些人和厂商是价格制定者，那么资源配置一般是低效率的。

一个拥有市场势力的厂商可能通过减少供应的方式将价格提高，这样用于生产的资源变得不充分。帕累托生产最优遭到破坏，出现市场失灵问题。

2. 市场势力的副作用

市场势力对整个经济而言是一种损害，致使生产无效率。

(1) 垄断厂商通过控制产量、提高价格来获取高额利润，导致资源配置的无效率，也带来收入分配的不公平。交易价格大于平均成本。

(2) 导致管理松懈。缺乏尽可能降低成本的动力。

(3) 导致寻租行为。如果垄断来自政府规则，那么相关政府部门可以被游说，进而产生寻租。

(4) 造成研发费用的减少。

3. 制约市场势力的公共政策

(1) 公共管制。

管制原因：市场势力导致缺乏效率。自然垄断行业具有自然垄断性及规模经济特征；资本的专用性强。自然垄断行业往往面对低需求弹性。企业可以通过提高价格来获得暴利。

公共管制的措施：①价格管制，防止垄断定价；②市场准入和退出管制；③微观管制，企业质量、安全要求。

国有化政策：国家直接从事生产活动，或者把某些过去由私人从事的生产活动转归国家。适用的行业主要有：①对国家利益重大的行业；②私人不愿意经营，或者无力经营的行业；③投入高、风险大的新兴行业。

(2) 反垄断措施。

反垄断法：①政府采取措施，促进竞争；②禁止合并、分解公司；③限制贸易的协议和共谋；④限制相关公司企图垄断市场和价格歧视。

垄断的积极作用：①公司合并没有减弱竞争，而是更有效率地降低成本；②公司虽然可以垄断国内市场，但却在国际竞争中保持优势。

区别对待不同产业：①重工业可以适当垄断；②轻工业应当鼓励竞争。

第二节 外部影响

一、外部影响及其分类

1. 外部性的含义

外部性（externality），是指一个经济行为主体（个人或企业）的行为对其他经济行为主体的福利形成影响，但其他经济行为主体并未因此承担成本或获得补偿的情形，也称为外部影响或外部效应。

这种影响是"非市场性"的影响，是指一种活动所产生的成本或利益未能通过市场价格反映出来，而是无意识强加于他人。施加这种成本或利益的人并没有为此付出代价或得到收益。私人成本或收益与社会成本或收益的不一致，导致实际价格不同于最优价格。

2. 外部性的类型

外部性分为正外部性和负外部性。

正外部性（positive externality）（外部经济）：社会收益大于私人收益。一个经济单位的经济活动对社会和其他经济单位产生积极的外部影响，无偿为他人带来利益，这时就产生了正外部性。最典型的正外部性的例子是发明创造。

> **个案研究 7-1**
>
> **发明带来的正外部性**
>
> 发明人在一定时间内可以利用专利或奖金等获得收益，但发明给他人和社会带来的利益绝不仅限于此。一项发明给社会带来的财富有时是不可估量的，比如电灯的发明，其经济效益就无从估量。相当数量的人们从发明中获取利益而无须向发明人支付费用或是支付较少费用就可享受到极大好处，这就是正外部性。
>
> 再如，受教育者从教育中得到私人利益：能得到较理想的工作、较丰厚的报酬，能较好地享受文化生活等。此外，教育还会产生许多积极的社会影响。

负外部性（negative externality）（外部不经济）：社会收益小于私人收益。某些个人或企业的行为给其他个人或企业造成消极的影响，使其利益受损，这就是负外部性。

> **个案研究 7-2**
>
> **化工厂带来的负外部性**
>
> 某地区有一条河流，河流上游建有一个大型的化工厂，化工厂的生产污水不经处理就

直接排入该河，造成严重的污染。水污染给农业生产造成了严重的破坏，使下游农业减产，甚至颗粒无收；造成农作物有毒物质富集，使农产品质量降低，甚至丧失价值；造成渔业损失，污水所到之处鱼虾绝迹，用重污染水体养殖鱼虾售价低甚至卖不掉。污染还直接威胁着下游农村居民的饮用水安全。这就是负外部性。

从生产和消费两个方面看：

（1）生产的正外部性。生产者的经济行为产生了有利于他人的良好影响，却不能从中取得报酬。如蜜蜂作为生产者，传播了花粉。上游居民种树，保护水土，下游居民的用水因此得到保障。

（2）消费的正外部性。消费者采取的行动对于他人产生的有利影响。如养花的人给养蜂人和邻居带来了好处。

（3）生产的负外部性。生产者的行为给他人造成了损害，但没有给他人予以补偿。如造纸厂的"三废"；木工装修房子所产生的噪声；上游伐木造成洪水泛滥和水土流失，对下游的种植、灌溉、运输和工业产生不利影响。

（4）消费的负外部性。消费者的行为给他人造成了损害，但没有给予补偿。如吸烟者在公共场合吸烟，某人在三更半夜时大声唱歌影响他人休息。

3. 外部性的特征

外部性的特征主要表现在以下几个方面。

（1）外部性独立于市场机制之外。外部性的影响不是通过市场发挥作用而产生的结果，不属于交换关系的范畴，因而市场机制无法对产生外部性的厂商给予惩罚。如果市场机制有能力自动地惩罚产生污染的工厂，补偿污染的受害者，那么，市场机制就不会产生这种外部性的缺陷了。

（2）外部性产生于决策范围之外，具有明显的伴随性。对于排放污染物的工厂来说，它进行决策的动机并不是排污，排污只是生产过程中的伴随现象，而不是故意制造的效应。就污染物的排放而言，并不是因为污染本身能够使总收益超过总成本，而是因为在这样处理废物时的生产收益超过了它所负担的那部分成本。在这种情况下，创造负外部性的厂商的产出水平有可能超过最优水平。外部性是伴随着生产或消费而产生的某种副作用，是市场机制允许生产者或消费者在做出决策时可以忽视的行为结果。

（3）外部性与受损者之间具有某种关联性。外部性所产生的影响并不一定能明确表示出来，但它必定要有某种正的或负的影响。当受损者对外部性不是漠不关心的时候，它就是相关的，否则就不是相关的。例如邻居听音乐时把音响的声音开得很大，影响了你的正常休息，便产生了外部性；但如果你并不介意，那就不能说有外部性存在。

（4）外部性具有某种强制性。在很多情况下，不管人们是否愿意，外部性会强加在承受者身上。如住宅附近的飞机场的轰鸣声，附近工厂烟囱排放的废气污染等。这种强制性是不能由市场机制来解决的。

（5）外部性很难完全消除。例如，一般来说，工业污染是不可能完全消除的。即使对于政府来说，其作用也只能是限制污染，使之达到人们能够接受的某种标准。完全消除是难以做到的。

二、外部影响与资源配置失当

1. 外部性存在的原因

外部性存在的根本原因在于私人成本和社会成本之间存在差异。私人成本是指一个经济单位从事某项经济活动所需要支付的费用。社会成本是指全社会为了这项活动需要支付的费用，包括从事该项经济活动的私人成本加上这一活动给其他经济单位施加的成本。

如果一项活动产生负的外部经济影响，那么该项活动对其他经济单位施加正成本，从而使社会成本大于私人成本；反之，如果经济活动给其他经济单位带来正的经济影响，即存在正外部性现象时，社会成本小于私人成本。

社会成本与私人成本之间的差异导致资源配置低效率的机制可以通过图 7-1 说明。

图 7-1 中 SMC 和 PMC 是两条边际成本曲线，水平直线 $D = MR$ 是某竞争厂商的需求曲线和边际收益曲线，例如"个案研究 7-2"中化工厂生产造

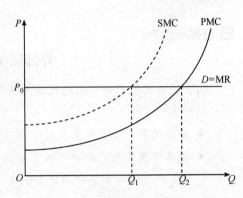

图 7-1 资源配置低效率的机制

成水污染，由于存在着生产上的负外部性，所以社会边际成本 SMC 高于私人的边际成本 PMC，从而社会边际成本曲线位于私人边际成本曲线的左上方。

由于 PMC 小于 SMC，如果生产者只按私人成本来决定化工产品生产的数量，那么生产者会生产私人成本与边际收益曲线的交点决定的产量 Q_2；但是如果把污染造成的成本计算进来，应按社会成本与边际收益曲线的交点来决定生产的情况，即只能按产量 Q_1 来生产。

由于社会并没有向化工厂收取因污染形成的成本，所以，生产者最终会按照实际成本即 PMC 与 MR 的交点决定产量为 Q_2，而社会实际需要量为 Q_1，企业多生产出 $(Q_2 - Q_1)$ 数量的产品，社会资源因为负外部性的存在而出现配置失当。

2. 外部性的经济后果

从上面可以看出，由于负外部性的存在，其经济后果是产品的过量供给。当我们考虑到社会成本，按照边际收益等于边际社会成本的原则安排生产时，产量应从 Q_2 压缩到 Q_1，从前面的分析可知，压缩产量使社会的总体福利增加了。换言之，产量从 Q_2 压缩到 Q_1 的行为就是帕累托改进。

既然负外部性造成的后果是产品的过度供给，那么我们猜想正外部性造成的经济后果就是产品的供给不足了。图 7-2 反映的是具有正外部性的产品，比如在自家庭院种植花草，这样的活动给社会带来正面效应，因而边际社会收益大于边际私人收益，边际社会收

益曲线 SMR 位于边际私人收益曲线 PMR 之上。

企业按边际私人收益与边际成本（私人成本 MC）的交点决定的均衡产量进行生产，只生产 Q_1 数量的产品，产品价格为 P_1。由于产品具有正外部性，社会边际收益较大，所以社会对该产品需求的均衡数量应当为 Q_2，产品价格为 P_2。也就是说，社会对该产品的需求量大于企业实际生产出来的数量，其差额为 (Q_2-Q_1)。社会资源的配置因为正外部性的存在而出现资源配置失当。

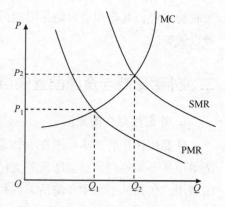

图7-2　正外部性产品对产量和价格的影响

延伸阅读 7-1

外部影响与资源配置失当

由于正外部性对外带来的好处无法得到回报，导致正外部性的物品供应不足。例如教育和新技术。

- 物品消费或生产的收益小于应当得到的收益（社会收益）；
- 物品消费或生产的成本大于应当支付的成本（社会成本）。

由于负外部性对外带来的危害没有进行补偿，导致负外部性的物品供应过多。例如乱扔垃圾。

- 物品消费或生产的收益大于应当得到的收益（社会收益）；
- 物品消费或生产的成本小于应当支付的成本（社会成本）。

三、外部影响的解决途径

前面已经列举了很多例子来考察外部性对经济社会的各种影响。无论外部性给经济带来怎样的影响（正面的或是负面的），都会带来资源配置失当，造成效率的损失。那么怎样才能减轻或消除外部性所造成的影响呢？可以通过采取经济措施、行政措施或明确所有权等方式来纠正外部性。

1. 政府的反外部性计划

（1）经济措施：庇古税与补贴。

庇古（1877—1959）是英国著名经济学家，剑桥学派的主要代表之一。其主要著作有《财富与福利》（1912）、《福利经济学》（1920）。

政府可以采取征税和补贴的方法，对造成负外部性的企业征税，对造成正外部性的企业发放补贴。许多经济学家认为，这比政府制定规章制度进行行政干预有效得多，并且更符合社会经济的需要。

英国著名经济学家庇古

有人把征税和补贴比喻成大棒和胡萝卜的关系，两者综合作用，其目的都是对私人成本进行调整，使之接近于社会成本。①征税。数额等于该企业给社会其他成员造成的损失，使企业的私人成本等于社会成本。企业私人成本提高，产量就会减少。抑制外部性的常见税种是消费税，但它是以货物税的形式出现的。这种征税的对象和目的非常明确：主要对烟、酒、石油产品这三种货物征税，因为它们对个人、家庭和社会都有一定的外部性影响。②发放可交易的污染排放许可证。政府确定污染水平，将排放额度在厂商中间进行分配。③给予补贴。政府给予具有正外部性的企业相应补贴，以减少其边际私人成本来增加产量。补贴通常存在于下面三种情况：第一，对于负外部性中的受损者给予补贴。第二，对产生外部经济的厂商或公共产品提供者给予补贴。例如对考古队、博物馆、医院等给予补贴。第三，给负外部性的产生者提供补贴。有人将这类补贴称为"向污染者行贿"。

征税与补贴的不足在于政府对各种经济行为的外部性难以逐个做出精确的测量，也就是说对产品的社会边际成本无法精确计量，因而也就无法制定出合理的征税与补贴的标准。

课堂讨论

为什么要"向污染者行贿"？

（2）行政措施：管制与指导。

当采用经济措施难以纠正由于外部性造成的资源配置低效时，政府采用行政手段来干预和调节资源配置活动就是必要的。

政府能够规定经济主体从事经济行为所必须遵循的规章制度。规定科学具体的环境指标和排放标准，对有害气体、污水、尘埃、噪声的排放，根据生态环境的要求，以立法或行政法规的形式确定排放的上限，若排放超标则给予罚款。

但是，这种行政干预的实施效果依赖于政府组织体系、官员效率等各方面的综合作用，如果管制不严或是执行不力都会使政府干预失败，比如政府关于在公共场合禁止吸烟的规定就需要各级人员严格执行才能落实。

另外，政府规章制度的制定需要确定资源的最优配置，从行政上给生产者或消费者提供最优的产量组合、消费组合。这需要政府在制定政策规章时具备相当的科学性、准确性，以保证其干预的正确性，但是，这在实际操作中存在相当大的难度。

2. 自愿协商：科斯定理与权利界定

罗纳德·科斯（Ronald Coase，1910—2013），英国经济学家，新制度经济学的鼻祖。因其对经济的体制结构取得突破性的研究成果，荣获1991年诺贝尔经济学奖。其代表作是《企业的本质》（1937），该作品独辟蹊径地讨论了企业存在的原因及其扩展规模的界限问题，创造了"交易成本"这一重要概念来解释相关问题。其思想被概括为"在完全竞争条件下，

英国著名经济学家科斯

私人成本等于社会成本",并命名为"科斯定理"。

(1) 外部性内部化。

企业合并:合并成一个企业,此时的外部影响就"消失"了,即被"内部化"了。

个案研究 7-3

外部性的内部化

某条河流沿岸有两个厂商。在上游的是一个钢铁厂,在下游的是一个养鱼场。钢铁厂在生产过程中排放废水,污染了河水,使养鱼场的产量大为减少。这样,钢铁厂给养鱼场造成损失,产生了负外部性。现在,可以把两个企业合并成一家企业。合并以后,为了自身的利益,合并在一起的企业会把钢铁产量推进到使上游钢铁厂的边际收益等于下游养鱼场的边际成本时为止。这样可以使经济处于最有效率的状态。这种办法被称为"外部性的内部化"。

(2) 规定产权。

规定产权:如果产权能够完全确定并得到充分保障,有些外部影响就可能不会发生。

在许多情况下,外部影响会导致资源配置失当是由于产权的不明确。1960年,科斯出版了《社会成本问题》一书,提出了通过所有权的明确化来解决外部性问题的思想。

这里所说的所有权不仅限于传统意义上的资源所有权或物的所有权,还包括其他许多法定权利,例如按某种方式使用土地的权利、避免土地受污染的权利、对事故进行赔偿的权利、按照契约行事的权利等。

所有权学派经济学家指出,只要明确界定所有权,经济行为主体之间的交易行为就可以有效地解决外部性问题。著名的科斯定理概括了这一思想。

科斯定理(Coase theorem)是指在没有交易成本(或交易成本很低),并且对财产权做出明确规定与实施条件时,外部经济效果不影响资源的有效配置。它也可以表述为只要财产权明确,并且交易成本为零或者很小,则无论财产权最初赋予谁,市场均衡的最终结果都是有效率的。

如果给下游用水者使用一定质量水源的产权,则上游的污染者将因把下游水质降到特定水平以下而受罚。

科斯定理告诉人们,在产生外部性的场合,并不一定需要政府的干预,只要明确外部性的所有权,同样可以解决外部性问题,达到资源的有效配置。然而,他忽略了交易成本的问题。

交易成本是指围绕自由交易而发生的任何谈判或使契约强制执行的成本。交易成本不同于生产中所耗费的资源成本,比如劳动力成本、资本或土地成本等。交易成本包括信息成本、谈判成本、订立或执行契约的成本、防止交易的参与者在议价时进行欺骗的成本、维持所有权的成本、监督和执行成本等。

如果交易成本太大,通过市场也许无法有效地解决外部性问题,使资源达到有效的配置。我们应当认识到：产权的明确能够解决一部分外部性问题，但对于大多数外部性问题，特别是与环境有关的外部性问题，还是需要政府从中进行积极的干预和管制。同时，涉及产权确定和变更的问题在实际中是一个利益分配的问题，不可能轻易解决。

(3) 其他方案。

利益各方的协商与谈判、道德规范和社会约束等，如倡导不乱扔垃圾、鼓励捐款等。

第三节　公共物品

一、公共物品及其分类

1. 产品的划分

社会产品可分为两类：私人物品和公共物品。

(1) 私人物品：既具有排他性，也具有竞用性的物品。例如，用于吃的食物、用于穿的服装以及用于日常生活的个人用品等。

注：这里的竞用性（rivalness）过去常常被译为"竞争性"，本书采用竞用性以便与一般意义的"竞争"（competition）相区别。

(2) 公共物品：与私人物品相反，既无排他性，也无竞用性的物品，即具有非竞用性和非排他性的物品。

- 排他性：不付费，就会被排除在消费之外。
- 竞用性：一旦某人消费了某个商品，其他人就不能再消费该商品。

比如，某人买了一件服装，其他人就不能穿这件服装了。

- 非排他性：一旦被提供，便可以由任何消费者进行消费。无法排除一些人"不付费便可消费"，或者排他成本过高。
- 非竞用性：不需增加成本，即可增加对它的消费。增加消费者，并不影响他人。

比如，公路上的一盏路灯并不会因为路过的车辆和行人增加而需要更多的费用去维护。

2. 公共物品的特征

除了排他性和竞用性外，与公共物品生产相联系的还有以下两个特点。

(1) 规模性。产品的生产只有达到一定的规模，其平均成本才能降到一定的水平，即在长期平均成本曲线的最低点处的规模最佳，如城市供应水、电、燃气等的基础设施。

(2) 自然垄断性。公共物品的规模性决定了它的自然垄断性。如城市基础设施这一类公共物品，市场上的竞争将导致效率低下、资源浪费。政府介入并控制价格以限制因垄断产生的高额利润。

3. 公共物品的分类

不同公共物品的非竞用性和非排他性的程度是不同的。根据非竞用性与非排他性的程度，公共物品又被进一步划分为纯公共物品和准公共物品。

（1）纯公共物品具有完全的非竞用性和完全的非排他性，包括国防、外交、警察、法律、法规、灯塔、港口、太空探索等。

（2）准公共物品：只具有局部的非竞用性和局部的非排他性，或只具有排他性、竞用性两者之一的物品。准公共物品也可以分为以下两类。

一类是与规模经济有联系的产品，称为自然垄断型公共物品，如下水道系统、供水系统、铁路运输系统、公路交通系统、天然气煤气系统、电力输送系统、电话电信系统、道路照明与桥梁涵洞设施、基础科学研究工作等。一般来说，这类公共物品都属于社会基础设施。

另一类称为优效物品，即那些不论人们的收入水平如何都应该消费或应该得到的公共物品。这类优效产品的典型例子包括社会卫生保健、住房、义务教育、传染病免疫措施、必要的娱乐设施、必要的社会安全保障条件等。

现实中纯公共物品种类较少，准公共物品种类较多。以下讨论中，无论是纯公共物品，还是准公共物品，我们都称之为公共物品。

个案研究 7-4

公地悲剧——公共物品的典型案例

公地悲剧（the tragedy of commons）是指对于具有公共物品特征的自然资源，如海洋、湖泊、公共草场等，资源可能被滥用。举例如下。

（1）公海捕鱼：假设有一大湖，内有鱼虾无数，每个钓鱼者的钓鱼边际成本为零。在"自利"假设下，钓鱼者自由进入，每个人竞相捕鱼，最终导致"鱼虾"资源的滥用。

（2）过度放牧：有一块公共草场，虽然每个人放羊不影响其他人放羊。然而一旦羊的数量大于草地能容纳的羊的数量，结局只能是，公共草场被滥用，最终导致大家都放不成羊。

二、公共物品与市场失灵

通过对公共物品特征的分析，消费者可能做一个"免费乘车者"以免费享用公共物品。例如，国防保护了一个公民，同时也保护了另一个公民，最终保护了每一个公民。然而，国防虽然必要，但是，人们却都想避免为国防而纳税，都想做一个"免费乘车者"。

搭便车（free riding）：即使不付费也能享受到有关利益的行为。搭便车的存在，使市场不能达到帕累托最优的供给水平。

市场机制只有在同时具备排他性和竞用性两个特点的私人物品场合才能真正起作用，才能有效率。

公共物品带有共享的含义，具有非排他性，导致虽有需求但供给太少甚至没有，即私人不愿意提供这种物品。但这种物品又是必需的，如国防、公墓、公园等。

公共物品影响到几乎所有居民，但靠市场机制却无法解决，只能通过政府的干预和组织来供给公共物品。政府要尽可能地正确估计社会对公共物品的实际需求，按照社会福利最大化的原则确定比率，并用税收收入购置公共物品，为公众提供服务。

根据前面所讲的原理，如果已知公共物品的需求曲线和供给曲线，就可以求出公共物品的均衡价格和均衡数量。这样，公共物品生产的问题就会像私人物品一样得到解决。

但是，西方学者认为，关于公共物品的供求分析并没有多少实际意义。原因在于公共物品的需求曲线是虚拟的，是建立在许多不可能做到的假设条件之上的。其中的一个假设是消费者能准确地说出他对公共物品价格和需求量的关系。

这一假设显然不符合事实。问题在于谁也不清楚一个人是否具有"如实显示"其偏好的动机；相反，按照个人效用最大化的理性行为，出于"搭便车"的相同动机，人们更是只有不说实话的动机。

这是因为，如果一个人知道税赋将根据自己申报的愿付数额征收，而不会改变社会提供公共物品的数量，那么他就会尽量少报，以便做到少花钱多享用；如果一个人知道税赋是给定的，无论自己申报多少数额都不改变，那么他会多申报，这样可以提高公共物品的享用量，而自己不必多花钱。

这种个人不报告自己的真实效用，企图不花钱或少花钱享用公共物品的现象，是"搭便车"问题的具体表现。而这种个人的"理性行为"的最终结果，便让公共物品的实际消费量偏离最优消费量，导致整个社会的"无效率"配置。

三、公共物品的集体选择政策

私人产品的均衡取决于市场机制运行。公共产品的供给做出的公共选择，取决于政治运行机制。

1. 阿罗不可能定理

阿罗不可能定理（Arrow's impossibility theorem）：依靠多数同意规则，要在各种个人偏好中选择出共同一致的顺序，是不可能的，即公共产品的提供要想借助于投票过程来达到协调一致的集体选择结果，是不可能的。

阿罗不可能定理认为多数同意规则的选举制度无效，强调了确立政府的权威性。公共选择是由政府对公共物品的提供做出的选择。

2. 公共选择理论

布坎南（Buchanan）等人创立的公共选择理论认为，只要在个人选择的基础上形成有效的公共选择机制，就可以避免阿罗不可能定理的出现。公共选择理论的几种投票机制如下所述。

（1）一致同意规则（unanimity rules）：在全体投票人都认可的情况下实施。

优点：按这个规则通过的方案，实现了帕累托最优，满足了全体投票人的偏好。

缺陷：决策成本太高，很多情况下无法达成协议。

（2）多数同意规则（majority voting rules）：超过半数的人同意。

优点：多数同意规则协商成本低，易达成协议，能增进多数人福利。

缺点：多数同意规则使少数人福利受损，不能满足全体成员的偏好。赞成的多数人给反对的少数人增加了负担。赞成者净福利增加；反对者净福利减少。

- "认可"：意味着明确赞成或至少不反对；如果有一个人反对，则相关议案即被否决。
- 简单多数规则，赞成人数超过总数的一半，方案就算通过。
- 比例多数规则，要求赞成人数要占总数的2/3以上，才算有效。

3. 政府对于公共物品的干预

（1）建立国有企业，提供公共物品。

（2）委托私人企业生产公共产品。

- 签订合同，让私人企业经营公共产品。如基础设施等。
- 授予经营权，委托私人企业经营。如自来水、电话、电力等。
- 经济资助，对私营企业提供的公共物品给予经济资助。如科技、教育、卫生等。
- 政府参股。如桥梁、水坝、公路、铁路等行业可以公私合营。

（3）法律保护私人企业进入相关行业。采取法律手段，允许私人适当进入相关行业。

第四节 不完全信息

一、信息的不完全与不对称

1. 完全信息

完全信息（complete information）：市场参与者具有对某种经济环境状态的全部知识，即消费者与厂商在任何时点都能了解市场中各种商品的供求状态。完全竞争模型假定消费者和厂商对于市场销售的商品具有完全的信息。

例如，厂商应当具有的信息包括他们知道最合适的生产技术、工人的生产率；每一种可能的投入要素的价格以及所有投入品的特征、产品的市场价格及消费者对产品需求的信息；不仅知道现在的价格，而且知道将来在每种可能条件下的价格等。

消费者需要具有的信息包括市场上所有产品的价格和质量，产品的性能和用途；他们不仅知道自己的偏好，而且知道怎样达到效用最大化等。这些条件对于完全竞争市场是不可缺少的。

2. 不完全信息

传统的新古典经济学关于市场参与者拥有完全信息的假设与现实情况是相违背的。在现实情况中，信息的传播和接收都需要成本，市场通信系统的局限性和市场参加者施放市场噪声等主客观因素，会严重地阻碍市场信息交流和有效传播，市场参与者只能拥有不完全信息。

厂商无法准确预测市场上各种产品需求和生产要素供给变动的情况，消费者也无法了解所有商品市场上待售商品的质量和价格情况。例如求职者并不知道所有空缺职位的信息，而雇主也无法了解每一位雇员的才能和潜力；汽车的卖者一般比买者更了解汽车的性能；药品的生产者和销售者比买者更了解药品的功效等。

不完全信息（incomplete information）：在现实经济中，信息常常是不完全的，即由于知识能力的限制，人们不可能知道在任何时候、任何地方发生和将要发生的任何情况。而且，在相对意义上，市场经济本身不能生产出足够的信息并有效地配置它们。

市场参与者拥有价格的不完全信息，价格不可能灵敏地反映市场供求，市场机制因此失灵，市场出清不能通过价格体系达到。

市场出清主要是通过实物形式的调节机制，即商品数量的调整来实现。

3. 非对称信息

在另一些市场，买方所掌握的信息多于卖方，医疗保险市场与信用卡市场往往就是这种情况。医疗保险的购买者显然比保险公司更了解自己的健康状况；信用卡的办理者当然比提供信用卡的金融机构更了解自己的信用状况。

上述这些情况，即市场上买方与卖方所掌握的信息是不对称的，一方掌握的信息多一些，另一方掌握的信息少一些，就叫作非对称信息，也称为信息不对称。一旦供求双方所掌握的信息不对称，市场将出现问题，在此情况下所导致的均衡结果对社会来讲将是一种无效率的状况。

非对称信息（asymmetric information）：不同经济主体拥有的信息量存在差异，不相等或不平衡（至少有一个当事人的信息不完全）。

非对称信息的基本含义：

（1）有关交易的信息在交易双方之间的分布不对称，即一方比另一方占有较多的信息。

（2）交易双方对各自信息占有方面的相对地位是清楚的。处于信息劣势的一方缺乏相关信息，但可以知道相关信息的概率分布，并据此对市场形成一定的预期。

信息不对称会严重降低市场运行效率，在极端情况下甚至会造成市场交易的停顿。而分工、专业化和获取信息需要成本，使社会成员之间的信息获取能力的差别日益扩大。

对称信息和非对称信息是完全信息和不完全信息的一种结构的延伸，非对称信息是不完全信息的一种特殊表现形式，体现为信息在非对称结构上的不完全。

信息不对称发生在市场交易合同签订之前，导致市场交易产生"逆向选择"，存在交易风险；信息不对称发生在交易合同签订之后，会产生道德风险。

二、逆向选择与道德风险

1. 逆向选择

逆向选择（adverse selection）有如下两种情况。

（1）消费者掌握的信息不对称时，出现违背需求定理的现象：价格下降，需求量减少。

（2）生产者掌握的信息不对称时，出现违背供给定理的现象：价格上升，供给量减少。

"逆向选择"的存在，导致低质量产品把高质量产品逐出市场，即"劣币驱良币"，意味着市场的低效率和市场的失灵。例如：信贷市场、旧车市场、医疗保险市场、劳动市场等。

个案研究 7-5

信贷市场

贷方（如银行）在信息方面处于劣势，而借方（企业和个人）处于优势，因为借方了解所选投资项目的风险程度。风险是决定利率（借用资金的价格）的一个重要因素，风险越大，利率就应当越高。

如果贷方对项目风险知之甚少，风险因素便不能通过供求关系反映到价格上来，价格就难以起到平衡供求的作用。比如两个贷款企业的投资回报率有所不同，这是明显的公开信息，而投资回报率高的企业风险也大，但风险因素只有该企业自己知道。

当银行调整利率以排斥低质量投资项目时，投资回报率低的企业当然先退出市场。结果投资回报率高了，风险却增大了。银行自身的利润率可能反而下降，资金的供给也会跟着下降。结果是随着利率的提高，借贷资金需求下降，供给也下降，仍不能实现均衡。

个案研究 7-6

旧车市场

你刚买了一辆新车，但由于一个突发事件急需用钱，于是你决定把这辆车卖掉。你会发现，尽管车还非常新，但却不得不以大大低于其实际价值的价格出售它。

原因就在于买卖双方存在着车辆质量信息上的不对称。

旧车市场，卖者的信息多于买者。买者可能怀疑车的质量有问题，卖者也可能为了把"次品"推销出去而不愿意告诉买者具体的车辆质量状况。

因此，质量不同的车可能按相同价格出售，买者只会按一个平均质量支付价格。卖方就不愿意出售高质量的旧车，低质量的旧车充斥在市场，导致买者进一步压低价格，进而高质量的旧车所占的比重更少。

个案研究 7-7

医疗保险市场

对于医疗保险市场，买方比卖方具有更多信息。投保人清楚自己的情况，但保险公司对投保人的情况难以全面了解。

健康的人知道自己患病的风险低，不愿为医疗保险支付高价；不健康的人愿意接受较高的费用。保险公司为弥补损失被迫提高医疗保险价格。

随着医疗保险价格上升,投保人的结构发生变化,健康的投保人所占比例越来越小,若保险公司继续提高价格,投保人的结构会急剧恶化。

可能出现:所有投保人都是不健康的人。这样保险公司出售医疗保险无利可图,医疗保险市场消失。

个案研究 7-8

劳动市场

劳动市场上存在信息不对称。雇主为信息劣势方,雇员为信息优势方。

在雇用前,雇主不知道谁的能力强。雇主只好按照相同的工资招聘所有的雇员。

如果雇主降低工资,能力强的人就会离开。随着工资降低,雇员人数在减少,雇员能力结构发生变化,能力低的雇员所占比重越来越高。

2. 道德风险

(1) **道德风险**(moral hazard)的含义。

信息不完全产生的另一个问题是道德风险(败德行为),也就是交易双方在签订协议后,一方利用占有信息多于另一方的优势,有可能采取有悖于合同规定的行为,有目的地损害另一方利益而增加自己的利益。

在信息不对称的情况下,达成协议的另一方无法准确地核实对方是否按照协议办事,这会破坏市场的运作。在严重的情况下,会使某些服务的私人市场难以建立。

交易双方在签约时信息是对称的。但在签约后,一方对另一方的某些信息不完全了解,就有可能会引起道德风险。

(2) 道德风险分类。①隐藏行动的道德风险模型。签约后,代理人拥有私人信息,委托人只能观测到结果,不能完全观测到代理人的行为过程和自然状态本身。这时,代理人容易采取危害委托人的行动。决定代理人的行为结果的,不仅有行动,还有其他自然原因。委托人无法确定这个结果是不是由代理人的行动所导致的。②隐藏信息的道德风险模型。签约后,委托人可以观测到代理人的行为,但代理人比委托人拥有信息优势,可能隐藏或利用独占的信息,做出损害委托人的事。建立委托-代理关系之后,委托人无法观察到代理人的某些私人信息,尤其是代理人努力程度的信息。③委托人的道德风险模型。契约签订后,委托人可以观测到产出结果并据此支付给代理人报酬。但是,在许多雇用关系中,关于产出结果的度量带有很大的主观随意性。代理人可能无法证实委托人观测到的东西。在这种情况下,委托人可能故意低估产出,从而降低给代理人支付的报酬。

个案研究 7-9

委托人的道德风险

比如某软件公司 A,雇用程序员李某开发大型操作系统软件中的一个子模块。当李某按照合同要求设计出合格程序后，A 公司可能借口该子模块与其他模块冲突而降低给李某的报酬，而由于商业秘密的保护，李某无法证实 A 公司的理由是否真实。

个案研究 7-10

保险市场的道德风险

对于保险市场，对于投保人来说，在个人没有购买家庭财产保险的情况下，个人会采取多种防范措施，如安装防盗门以防止家庭财产失窃，从而使家庭财产失窃的概率降低。但是，在购买了全额保险之后，人们的行为可能会变得不合情理。

由于家庭财产失窃后由保险公司负责赔偿，个人有可能不再采取防范性措施，如购买了家庭财产盗窃险的人不愿花钱加固门锁，买了汽车偷盗保险的车主不再愿意安装先进的防盗装置等。所有这些行为都是保险市场上的道德风险，会损害保险公司的利益。此外还有，如买了医疗保险的人会让医生多开一些不必要的贵重药品等。

三、市场信号及其传递

1. 市场信号

两种市场信号如下。

（1）信息优势方发出：证明自己商品质量的信号。

（2）信息劣势方给出：甄别不同类型信息优势方的信号。

两种信号的传递方式如下。

（1）信号传递模型：信息优势方为了信誉而首先披露自己的信息。

（2）信息甄别模型：信息劣势方发出信号以诱使信息优势方披露信息。

2. 信号传递模型

迈克尔·斯宾塞（Michael Spence），1943 年生于美国新泽西州，因其在不对称信息市场分析方面所做出的开创性研究并提出信号传递模型，成为 2001 年诺贝尔经济学奖获得者，历任美国哈佛大学经济学系主任、艺术与科学院院长，斯坦福大学商学院研究生院院长等。

在信号传递模型里，信息劣势方可以等待信息优势方主动传递信息。

信号传递模型是指由于信息不对称，信息优势方的信息难以被信息劣势方完全了解。信息优势方为了信誉，选择某种信号，首先将自己的信息披露出来，以便信息劣势方识别。信息劣势方在观察到信息优势方的信号后，与信息优势方签订合同。

迈克尔·斯宾塞

例如中介服务业、猎头公司等，掌握更多信息的一方可以通过传递可靠性信息而在市场上获益。

● 个案研究 7-11

劳动市场里的教育

当斯宾塞在哈佛大学读博士的时候，他观察到一个很有意思的现象：很多 MBA 的学生在进哈佛之前很普通，但接受了几年哈佛大学的教育后再工作，就能比教授多挣几倍甚至几十倍的钱。哈佛大学的教育难道真有这么厉害吗？

斯宾塞研究的结果是：教育不仅仅具有生产性，更重要的是教育具有信号传递的作用。教育程度方面，较低教育水平代表了低能力雇员，较高教育水平代表了高能力雇员。雇员把受教育程度作为生产率的信号向公司传递，以获得与生产率相匹配的工资。

● 个案研究 7-12

产品质量与标准

高质量产品的销售者建立声誉，来向购买者传达产品信息，让购买者相信他们产品的高质量。日常生活中，消费者常根据企业声誉做出购买决策。

解决企业信息不对称的一种方法：当一项生意很难建立或根本没有机会做出声誉时，生产一种标准化产品，以连锁经营方式或其他方式提供给顾客，如麦当劳、肯德基等。

价格信号能缓解逆向选择问题，卖方通过价格信号向买方传达产品质量信息。厂商可以通过签订内容广泛的保证书来向消费者传递质量信号。

3. 信号甄别模型

信号甄别模型：由于信息不对称，信息劣势方给出某种信号以诱使信息优势方披露信息，从而甄别不同类型的信息优势方。信息劣势方发出提问，通过对方的回答加以甄别。但在专业性约束下，并不能必然实现信息均衡。

保险市场。保险公司作为信息劣势方，可以设计两类保单，差别化保险合同，分别适用于高风险投保人和低风险投保人。

信贷市场。银行是信息劣势方，对于不同风险程度的企业进行信贷配给，利率高低有别。

劳动市场。雇主作为信息劣势方，制定不同工资和绩效考核的劳动合同，供雇员选择。

四、委托－代理问题与激励机制

1. 委托－代理问题

委托－代理关系在当今社会普遍存在，股东与经理、经理与员工、房东与房客、选民与被选举人、公民与政府官员、诉讼委托人与律师、土地所有者与佃农、雇主与雇员，甚至买者与卖者、债权人与债务人之间的关系都可以归结为委托－代理关系。

委托－代理关系：一个人（代理人）以另一个人（委托人）的名义来承担和完成一

些事情，就形成了委托-代理关系。由于委托-代理关系是普遍存在的，所以，代理人活动的质量直接影响到经济活动的效率。

当代理人为委托人工作时，工作的成果由代理人的努力程度和各种客观因素共同决定，而委托人无法完全区分这两方面的原因时，就会产生代理人的"道德风险"，即"委托-代理问题"。委托-代理问题实际上是隐藏行为问题。

委托-代理问题有三个重要特征：①委托人利益的实现取决于代理人的行为；②委托人的目标不同于代理人的目标；③有关代理人行为的信息是不对称的。代理人掌握的信息明显要多于委托人的信息，代理人的行为不易直接被委托人观察到。

代理人不利于委托人的行为包括：①偷懒，即代理人所付出的努力小于其获得的报酬；②机会主义，即代理人付出的努力是为了增加自己而不是所有者的利益，也就是说其努力是负方向的。

个案研究7-13

无处不在的委托-代理问题

例如，由于农作物的收成既取决于农民付出的劳动，也取决于天气等不可控制的因素，因此，如果一位农场主雇用几位农民耕种土地，在某年收成不佳，这位农场主很难判断产量较低的主要原因到底是风雨不调还是雇用的农民偷懒少干。只要农场主无法监督农民的整个劳动过程，就不能准确断定产量低下的具体原因，这样农民就会产生偷懒动机，损害农场主的利益。

同样，请人维修家电时，顾客和修理人之间也是委托人和代理人的关系，顾客希望修理人只收取被更换的零件的钱，但事实上这一点很难做到，修理人总是虚开一些并未更换的部件的费用，或是更换掉并没有坏的部件，让顾客多掏些钱。

2. 激励机制的基本原理

在现代企业，所有权与经营权的分离使企业实际上是一系列委托-代理关系的总和。所有者事先要制定一个契约来限制经营者，将经营者的利益尽可能地整合到所有者的利益里，在两者之间建立正相关关系，即构建一个所有者和经营者基本一致的目标利益函数，并最终接近对称信息的最优状态。委托人使代理人从自身效用最大化出发，自愿或不得不选择与委托人目标和标准相一致的行动。

3. 激励机制的具体设计

委托人与代理人之间的差异有如下两点。

（1）利益不相同，追求的目标不一致。委托人追求的是资本收益最大化，而代理人追求的是自身效用最大化。

（2）责任不对等。代理人掌握着企业的经营控制权，但不承担盈亏责任；委托人失去经营控制权，但最终承担盈亏责任。

具体设计：

（1）代理人分享部分剩余索取权。
（2）设计最优激励方案，以合作和分担风险为中心。
（3）充分利用市场竞争机制。

第五节　微观经济政策与政府失灵

一、政府的微观经济政策

1. 政府的经济职能

上述分析中导致市场失灵的每一个问题都能成为政府干预经济活动的理由，即依靠政府确立法律体制和运用经济政策来克服市场机制本身的种种缺陷。政府对经济活动的干预本质上体现了政府的经济职能。这种经济职能主要包括如下四点。

（1）确立法律体制。这种职能不属于经济学的范围，但其对经济行为的影响却是极其深刻的。法律体制构成厂商、消费者甚至政府参加的经济比赛的"游戏规则"。

（2）实现宏观经济的稳定。宏观经济的基本问题包括如何实现国民收入的稳定增长、物价水平稳定、充分就业、国际收支平衡等。这些问题不可能完全通过市场来解决。

（3）制定微观经济政策。如果说宏观经济政策主要解决资源利用的问题，那么微观经济政策则主要解决资源配置的问题，即有关生产什么和怎样生产的问题。例如价格管制政策，其特点是针对某些物品的价格而不是针对整个物价水平。这就是微观经济政策。

（4）再分配。如果说"看不见的手"在市场经济中是有效率的，那么它对于国民收入如何做出公正和平等的分配却是盲目的。没有理由认为收入分配应该听从于自由放任。在现代社会中，政府除了为穷人提供最低生活标准以外，还通过征税和转移支付在公民中进行收入再分配。

2. 解决市场失灵的微观经济政策

（1）反垄断。在经济发展的历史上，政府为了促进生产集中，获得规模效益，曾采取过某些有利于垄断形成的政策。但是垄断也带来了许多弊端，如垄断厂商通过控制产量、提高价格的办法获取高额利润，导致资源配置和收入分配不合理，造成经济和技术停滞等。为此，政府要限制垄断，推动竞争，尽量发挥市场的作用。

（2）外部性的矫正措施。如在前面介绍的征税和补贴的办法、企业合并、明确产权等措施。

（3）有效率地提供公共物品。随着社会经济的迅速发展，世界各国公共物品的绝对量有较快增长，占国民生产总量的比重也有很大的增长，如何有效率地提供公共物品，已成为当前社会一个日益引起关注的问题。由于公共物品的特殊性，因而，政府在提供公共物品方面必须发挥重大的作用。

需要指出的是，政府的职能是"提供"而不是"生产"公共物品。"政府提供"与"政府生产"这两个概念之间存在着一定的区别。后者是指政府建立企业对公共产品直接进行生产，前者则不仅包括政府直接生产公共物品，而且包括政府通过预算安排或政策安排等以某种适当方式将公共物品委托给私人企业进行间接的生产。

二、政府失灵及原因

通过政府管制来干预经济活动从而弥补市场失灵是否就没有问题了呢？结论同样是不确定的。在现实经济运行过程中，人们期望政府能够办好市场办不好的事，结果却发现政府不仅未能补救市场失灵，相反却降低了社会效益。这就是20世纪六七十年代以来产生的政府失灵论。

由于现实经济社会极其复杂，用来弥补市场经济缺陷的政府职能本身并不是完美无缺的，在许多情况下，政府未能发挥作用，或者因这种干预而引发了不良的副作用，我们称之为政府失灵。

政府对市场的调节受到很多因素的限制。

（1）信息不完全。市场信息的不足是造成市场失灵的一个因素，政府往往要承担起提供信息的职能，但由于现实生活是相当复杂而难以预计的，政府也很难做到掌握充分信息。

（2）政府部门生产公共物品往往会缺乏效率和动力。这是由于政府部门在生产公共物品时没有受到私人部门的竞争；同时政府部门是非营利机构，因而缺乏一种动力去实现成本的最小化和利润的最大化；此外，不同的政府部门为了各自的利益，往往都强调本部门所生产的公共物品的重要性，希望获得尽可能多的预算。其结果是造成公共物品的过度供给，损害了效率。

（3）时滞限制。政府的公共政策从决策到执行都受到时滞的限制。比如从问题产生到被纳入政府考虑日程的这一段时间会产生认识时滞，从政府已认识到某一问题到政府最后得出解决方案的这一段时间会产生决策时滞等。

基于上述原因，政府失灵论认为政府在提高经济效率方面的作用将是十分有限的。政府如果能起积极作用的话，也主要是在社会财富再分配领域。市场在经济效率方面的失灵现象并不能成为把问题交给政府去处理的充分条件，相反许多情况可以通过市场本身解决。

但是，就像不能因为市场可能失灵就否定市场机制一样，我们也不能因为政府可能失灵就否定政府对市场经济活动的调节控制作用。事实上，在今天，无论是西方资本主义还是我国社会主义的市场经济制度都受到国家和政府机制的调控。

市场失灵论和政府失灵论的意义在于告诉人们，只有国家调控与市场相结合才能形成完善的市场经济。市场经济的历史和现实表明了这样一种趋势，即市场经济越是发达，国家调控就越是重要。毫无疑问，国家的作用是任何个人和集团都不能替代的。

【阅读文章7-1】 效率与公平

效率与公平这两个目标有时是相互促进的。例如，加强对低收入劳动者的教育和培训就能够一举两得：既可以提高这些劳动者的生产效率，又可以改善社会的收入分配。然而，在很多情况下，这两个目标却是相互矛盾的。

一方面，为了提高效率，有时必须忍受更大程度的不公平；另一方面，为了增进公平，有时又必须牺牲更多的效率。社会常常不得不面临一个两难的选择：是要更高的效率，还是更大程度的公平。

1. 效率与公平的矛盾

效率与公平的矛盾可以从两个方面来说明。

第一，效率的提高并不一定意味着公平的增进。伴随着效率的提高，收入分配的状况既可能得到改善，也可能保持不变，甚至还可能进一步恶化。所以，效率的提高并不能够自然而然地改善收入的分配。

第二，公平的增进也不一定有利于效率的提高。随着分配的改善，经济效率可能会提高，也可能会下降。例如，过低的工资不仅会影响工人的工作态度，也会影响他们的工作能力。此时，如果能够提高工人的工资水平，从而改善收入的分配状况，就能够提高他们的生产效率，从而提高整个社会的生产效率。

然而，在另外的情况下，收入的平等化不仅不能提高还会降低经济的效率。平等化的效率损失包括如下两个方面。

一方面是平等化的直接效率损失，它是为了获得更大程度的平等而不得不支出的各种费用。为了增进社会的平等，改善收入的分配，就必须建立一套制度来把富人的一部分收入"转移"到穷人手里，就必须建立专门的机构、购买专门的设备、雇用专门的人员来做这件事。这都需要耗费大量的费用和资源，而这些费用和资源本来是可以用来增加社会的生产、提高经济的效率的。

另一方面是平等化的间接效率损失，它产生于平等化本身所带来的对劳动、储蓄和投资等经济活动的各种"反刺激"效应。举一个极端的例子：如果收入的分配是绝对平均的，即不管一个人的干劲多大、成绩如何，最后所得到的收入都完全一样，那就很难保证人们工作、储蓄和投资的积极性。即使是那些较小的平等化努力，也仍会扭曲市场经济中的"努力-报酬"机制。

2. "效率优先"和"兼顾公平"

如何解决效率与公平之间的矛盾，并无一个标准的答案。一个较为普遍的做法是"效率优先，兼顾公平"。

所谓效率优先，就是在决定收入分配时，首先考虑效率，把效率当作决定收入分配的第一位因素。换句话说，就是当效率与公平发生冲突时，首先考虑的是效率，只有在保证效率的基础上，才能考虑公平的问题。经济效率高，所得到的收入也高；反之，经济效率低，所得到的收入也低。

那么怎样才能做到效率优先呢？让市场机制在收入分配领域里充分发挥作用，让市场的供求关系去决定各种生产要素的价格，去决定收入的分配。按照西方经济学的观点，只有在竞争性的市场经济中决定收入的分配才可以使各种资源达到最优的配置，才能使经济的效率达到最大。市场机制通过奖勤罚懒、优胜劣汰的办法，刺激人们去努力工作、储蓄和投资。

效率优先不是不要公平。在坚持效率优先的前提下，还必须兼顾公平。为了做到效率优先、兼顾公平，需要做好以下几方面的工作。

首先是要减少和消除那些不合乎市场经济要求的不合理的甚至是不合法的收入。按照西方经济学的观点，这些不合理和不合法的收入分配，并不是实行市场经济的结果；相反，是市场经济不健全的表现，是对市场经济正常运行的破坏。因此，减少和消除这些收入，既可以改善收入的分配，也可以起到提高经济效率的作用。

其次是促进机会均等。机会均等意味着公平的竞争，意味着所有参加竞争的人在起跑之前都处在同一条起跑线上。收入的不平等既可以在机会均等的基础上产生，也可以在机会不均等的基础上产生。

在现实生活中，一个机会比较均等的社会常常意味着其收入的分配也比较平等。反之，机会的不均等则常常扩大收入不平等的程度。为了促进机会的均等，一是争取在就业机会方面有更大程度的平等；二是争取在受教育机会方面有更大程度的平等。

再次是限制某些行业、某些个人的垄断性收入。在市场经济中，常常会出现许多垄断企业。这些垄断企业无论是在生产上，还是在分配上，都有其内在的"缺陷"。根据西方经济学理论，垄断既缺乏效率，又缺乏公平。因此，政府有必要对它进行干预。

最后是实现生存权利和消灭贫穷。贫穷的存在不仅大大影响了收入分配状况的改善，而且它本身就是一个严重的经济和社会问题。因此，向贫穷宣战至少有三个方面的意义：一是可以直接减少贫穷人口的数量；二是通过增加贫穷人口的收入改善社会收入分配的状态；三是通过向贫穷人口提供更多和更好的医疗保健、教育以提高他们的生产效率，进而提高整个经济的效率。

3. 收入再分配的具体措施

（1）征税政策。

征税是政府用来改变收入分配状况的一个重要手段。征税的再分配作用包括如下两个方面：①通过对不同的人征收不同数量的税费而直接地改变收入的分配；②通过改变市场的相对价格而间接地改变收入的分配。

（2）政府支出。

与征税相比，政府的支出计划在改善收入分配的问题上似乎应当有更大的作用。如对基本食品消费的补助计划，公共卫生计划，初等教育和中等教育计划，关于退休、伤残、失业人员的社会保障计划，农业发展计划，落后地区发展计划等。

然而，有些政府支出的项目不利于收入分配的改善，如政府债券的利息，多数情况下，来自利息的收入主要落到高收入阶层的手里，反而加剧了收入不平等；也有一些政府的补助计划，如政府对汽油的消费实行补贴，在一定程度上扩大了收入的不平等。

（3）其他措施。

政府除了利用各种征税和支出手段来直接地改变收入分配之外，还可以通过价格管制、重新分配产权等间接地达到影响收入的目的。西方国家政府对价格的管制有多种形式，其中包括关税、最低工资法、农产品价格支持、加速折旧、工资-价格控制等。

政府重新分配产权的形式也是多种多样的。如政府放宽原先对捕鱼的较严限制、颁布污染控制的标准、颁布食品卫生标准、禁止在某些场合做香烟广告等。与价格管制相比，重新分配产权对再分配的影响常常要更加猛烈一些。

资料来源：高鸿业. 西方经济学：微观部分 [M]. 3版. 北京：中国人民大学出版社，2005.

【阅读文章7-2】 效率、公平与共同富裕

中华人民共和国成立以来，我国经济发展过程中效率与公平的关系随着制度政策选择的变化，呈现明显的阶段性变化

1. 中华人民共和国成立初期："公平优先、兼顾效率"

从中华人民共和国成立初期到改革开放前期，"公平优先、兼顾效率"是我国处理公平与效率的指导思想。其核心是通过公有化程度和劳动者主观能动性来最终实现效率的提高，提高公有化程度是高效率的根本途径，于是，我国在经济社会建设中力图通过生产关系的改变实现生产力的提高，通过建立起单一的社会主义全民所有制来进一步提高效率。

从中华人民共和国成立初期到改革开放前期，中国GDP总量整体上虽然稳步增长，但是仍然位于较低水平，增长量有限，经济整体发展水平较低，人民生活水平不高。

2. 改革开放初期："效率优先、兼顾公平"

改革开放初期，"效率优先、兼顾公平"是我国处理公平与效率的指导思想。其核心是基于对中国国情的准确认识和马克思主义劳动价值理论的理解，提出了价值分配与生产效率新思想。当时要想谋求经济上的发展、物质财富的增加，就必须摒弃中华人民共和国成立初期不太重视经济效率的指导思想，改善生产关系，解放生产力，充分调动人们的生产积极性，提高生产效率。为此，中央做出了改革开放的伟大决策，在城市设立经济特区实行对外开放，在农村实行家庭联产承包责任制改革。

在这期间，人们的生产积极性被极大地调动起来，提高了生产效率，人民生活水平得到极大改善，经济发展水平有了很大的提高。

与此同时，在向市场经济转型的过程中，市场经济运行机制不太完善，少数人非法经营、投机钻营和权力寻租，造成贫富差距逐渐拉大。同时，社会保障制度的相对不完善和一些领域的不平等竞争也导致了贫富差距的拉大。

3. 21世纪以来："公平与效率并举"

21世纪以来，我国处理公平与效率的思想是"公平与效率并举"。其核心理念就是针对我国经济社会建设过程中公平与效率严重失衡的问题，加大力度进行改革。十九大报告中指出，人民日益增长的美好生活需要和不平衡不充分的发展之间的矛盾已成为我国社会的主要矛盾。只有实现效率与公平的均衡发展，解决不平衡不充分发展的问题才能真正践行中国梦，实现中华民族的伟大复兴。

习近平总书记指出,消除贫困、改善民生、实现共同富裕,是社会主义的本质要求。习近平总书记强调,实现共同富裕不仅是经济问题,而且是关系党的执政基础的重大政治问题。

党的十九大报告提出的2035年目标和2050年目标,都鲜明地体现了改善人民生活、缩小差距、实现共同富裕的要求。比如,到2035年的目标提出,"人民生活更为宽裕,中等收入群体比例明显提高,城乡区域发展差距和居民生活水平差距显著缩小,基本公共服务均等化基本实现,全体人民共同富裕迈出坚实步伐";到2050年的目标提出,"全体人民共同富裕基本实现,我国人民将享有更加幸福安康的生活,中华民族将以更加昂扬的姿态屹立于世界民族之林"。

2021年的《中华人民共和国国民经济和社会发展第十四个五年规划和2035年远景目标纲要》指出,展望2035年,我国将基本实现社会主义现代化。人均国内生产总值达到中等发达国家水平,中等收入群体显著扩大,基本公共服务实现均等化,城乡区域发展差距和居民生活水平差距显著缩小。人民生活更加美好,人的全面发展、全体人民共同富裕取得更为明显的实质性进展。

2021年12月举行的中央经济工作会议指出,要正确认识和把握实现共同富裕的战略目标和实践途径。在我国社会主义制度下,既要不断解放和发展社会生产力,不断创造和积累社会财富,又要防止两极分化。实现共同富裕目标,首先要通过全国人民共同奋斗把"蛋糕"做大做好,然后通过合理的制度安排把"蛋糕"切好分好。这是一个长期的历史过程,要稳步朝着这个目标迈进。要在推动高质量发展中强化就业优先导向,提高经济增长的就业带动力。要发挥分配的功能和作用,坚持按劳分配为主体,完善按要素分配政策,加大税收、社保、转移支付等的调节力度。支持有意愿有能力的企业和社会群体积极参与公益慈善事业。要坚持尽力而为、量力而行,完善公共服务政策制度体系,在教育、医疗、养老、住房等人民群众最关心的领域精准提供基本公共服务。

资料来源:《中国经贸》,2018年第5期;证券日报网。

四 本章小结

市场失灵是指市场机制(即价格调节市场的机制)不能实现资源的有效配置,即市场机制造成资源的配置失当。市场失灵有三大表现:一是微观经济缺乏效率;二是宏观经济的不稳定性;三是社会分配缺乏与效率相适应的公平性。

导致市场失灵的原因主要有市场势力、外部影响、公共物品和非对称信息等。

影响价格的市场势力普遍存在。一个拥有市场势力的厂商可能通过减少供应的方式,将价格提高,这样用于生产的资源变得不充分,帕累托最优遭到破坏。

外部影响,也称外部性,是指一个经济行为主体(个人或企业)的行为对其他经济行为主体的福利形成影响,这种影响是"非市场性"的影响,是无意识地强加于他人的。由于私人成本或私人收益与社会成本或社会收益的不一致,导致实际价格不同于最优价格。

正外部性对外带来的好处无法得到回报,导致正外部性的物品供应不足。同样,负外部性对外带来的危害没有进行补偿，导致负外部性的物品供应过多。

物品的差别在于它们是否具有排他性和是否具有竞用性。如果排除某个人使用某种物品是可能的，这种物品就具有排他性。而如果一个人对某种物品的享用使其他人无法享用同一物品，这种物品就具有竞用性。

市场运行最适于既有排他性又有竞用性的私人物品。市场运行不适于其他类型的物品。

公共物品既无竞用性又无排他性。由于不能对使用公共物品的人收费，所以在私人部门提供这种物品时，就存在搭便车的情况。

搭便车：即使不付费也能享受到有关利益的行为。搭便车的存在，使市场不能到达帕累托最优的供给水平。

非排他性：某一公共物品一旦被提供，便可以由任何消费者进行消费，其中任何一个消费者都不会被排斥在外。

非竞争性：某一公共物品一旦被提供，多一个消费者的加入并不影响其他人对该公共物品的消费。为实现对公共物品的消费，消费者之间不必要展开竞争或争夺。

公共物品带有共享的含义，具有非排他性，导致虽有需求但供给太少甚至没有，即私人不愿意提供这种物品，但这种物品又是必需的。只能通过政府的干预和组织来供给公共物品。

新古典经济学关于市场参与者拥有完全信息的假设与现实情况是相违背的。在现实情况中，信息常常是不完全的，即由于知识能力的限制，人们不可能知道在任何时候、任何地方发生和将要发生的任何情况。而且，在相对意义上，市场经济本身不能生产出足够的信息并有效地配置它们。

不同经济主体拥有的信息量存在差异，不相等或不平衡（至少有一个当事人的信息不完全）。一是有关交易的信息在交易双方之间的分布不对称，即一方比另一方占有较多的信息。二是交易双方对各自信息占有方面的相对地位是清楚的。

一个人（代理人）以另一个人（委托人）的名义来承担和完成一些事情，就形成了委托-代理关系。由于委托-代理关系是普遍存在的，所以，代理人活动的质量直接影响到经济活动的效率。

当代理人为委托人工作时，工作的成果由代理人的努力程度和各种客观因素共同决定，而委托人无法完全区分这两方面的原因时，就会产生代理人的"道德风险"，即"委托-代理问题"。

导致市场失灵的每一个问题都能成为政府干预经济活动的理由，即依靠政府确立法律体制和运用经济政策来克服市场机制本身的种种缺陷。政府对经济活动的干预本质上体现了政府的经济职能。

如果说宏观经济政策主要解决资源利用的问题，那么微观经济政策则主要解决资源配置的问题，即有关生产什么和怎样生产的问题。例如价格管制政策，其特点是针对某些物品的价格而不是针对整个物价水平。这就是微观经济政策。

由于现实经济社会极其复杂，用来弥补市场经济缺陷的政府职能本身并不是完美无缺的。在许多情况下，政府未能发挥作用，或者因这种干预而引发了不良的副作用，我们称之为政府失灵。

市场失灵论和政府失灵论的意义在于告诉人们，只有国家调控与市场相结合才能形成完善的市场经济。市场经济的历史和现实表明了这样一种趋势，即市场经济越是发达，国家调控就越是重要。毫无疑问，国家的作用是任何个人和集团都不能替代的。

本章内容结构

```
                    ┌ 市场失灵的含义
                    │
                    │ 市场失灵的三大表现
         市场失灵  ─┤
                    │ 市场失灵的四大原因
                    │
```

市场势力
- 市场势力普遍存在
- 市场势力的副作用
- 制约市场势力的公共政策

外部影响
- 外部影响分类
  - 正外部性（外部经济）
  - 负外部性（外部不经济）
- 外部性的特征
- 外部性的经济后果
  - 正外部性供应不足
  - 负外部性供应过多
- 外部性存在的原因
- 外部性的解决途径
  - 庇古税与补贴
  - 管制与指导
  - 科斯定理与权利界定

公共物品
- 产品划分
  - 私人物品
  - 公共物品
    - 纯公共物品
    - 准公共物品
- 公共物品的特征
- 公共物品的集体选择政策
  - 阿罗不可能定理
  - 公共选择理论
  - 政府的干预

不完全信息
- 信息不对称
  - 完全信息
  - 不完全信息
  - 非对称信息
- 逆向选择与道德风险
- 市场信号及其传递
- 委托-代理问题与激励机制

综合练习

一、名词解释

市场失灵	市场势力	外部影响	公共物品	不完全信息	科斯定理
排他性	竞用性	逆选择	道德风险	委托-代理问题	
政府失灵	非排他性	非竞用性	搭便车		

二、选择题

1. 市场失灵是指（　　）。
   A. 市场价格机制的运行不再具有灵活性
   B. 商品需求对价格变化的敏感程度下降
   C. 市场对稀缺性资源配置的无效率
   D. 收入分配不均

2. 某生产活动存在正外部性的性质时，其产量（　　）帕累托最优产量。
   A. 大于　　　　B. 小于　　　　C. 等于　　　　D. 大于、小于或者等于

3. 某人的行为给其他人带来利益，但其他人并没有为此利益支付费用，这种现象称为（　　）。
   A. 公共物品　　B. 搭便车　　C. 正外部性　　D. 负外部性

4. 卖主比买主知道更多关于商品生产和质量信息的情况称为（　　）。
   A. 道德风险　　B. 搭便车　　C. 排他性　　D. 不完全信息

5. "搭便车"现象源于（　　）问题。
   A. 公共物品　　B. 私人物品　　C. 社会福利　　D. 不完全信息

6. 如果上游工厂污染了下游居民的饮用水，按照科斯定理，（　　），问题即可妥善地解决。
   A. 不管财产权是否明确，只要交易成本为零
   B. 只要财产权明确，且交易成本为零
   C. 只要财产权明确，不管交易成本有多大
   D. 不论财产权是否明确，交易成本是否为零

三、分析讨论题

1. 一个胶水厂和一个钢铁厂排放烟雾，这种烟雾中含有一种大量吸入会有害健康的化学物质。政府对这种外部性做出反应的方法有哪些？每一种方法的优缺点是什么？学生可以自愿组合成讨论小组，分别模拟××市政府进行现场办公，分析问题、解决问题。

2. 设想你是一个与吸烟者同住一间房的不吸烟者。根据科斯定理，什么因素决定了你的室友是否在房间里吸烟？你和你的室友如何达成这种解决方法？

3. 概括说明下面对话的含义。
   苹果园的园主："你们家的蜜蜂真好，不仅自己采到了蜂蜜，还替我们家的苹果传播了花粉，是我们家苹果园的一大功臣啊！"
   养蜂人："你们家的苹果也替我们家的蜜蜂提供了蜂蜜，也是我们养蜂厂的功臣啊！"

四、实训项目

通过团队调研，了解当地政府提供了哪些公共物品。政府是否还提供了不是公共物品的东西？

第八章　国民收入核算理论
第九章　国民收入决定与调节理论
第十章　失业与通货膨胀理论
第十一章　经济周期与经济增长
第十二章　宏观经济政策

第三篇

宏观经济学

第八章

国民收入核算理论

📖 内容提要

本书从本章起介绍宏观经济学的基本原理。宏观经济学把社会总体的经济活动作为研究对象,所研究的是经济中的总量。国民收入就是衡量整个经济活动的一个重要指标。本章我们将着重介绍国民收入的核算体系与基本核算方法。

💡 学习目标与重点

- 理解并掌握国内生产总值（GDP）及其名义量和实际量的区别。
- 了解其他几个国民收入指标。
- 掌握国民收入核算的支出法和收入法，了解核算的生产法。

🔑 关键术语

国内生产总值；国民生产总值；支出法；收入法

💡 引入案例

中国经济"十四五"良好开局：2021 年 GDP 达到 114 万亿元

2021 年是党和国家历史上具有里程碑意义的一年。我们隆重庆祝中国共产党成立一百周年，实现第一个百年奋斗目标，开启向第二个百年奋斗目标进军新征程，沉着应对百年变局和世纪疫情，构建新发展格局迈出新步伐，高质量发展取得新成效，实现了"十四五"良好开局。我国经济发展和疫情防控保持全球领先地位，国家战略科技力量加快壮大，产业链韧性得到提升，改革开放向纵深推进，民生保障有力有效，生态文明建设持续推进。

初步核算,全年国内生产总值为114.37万亿元,比2020年增长8.1%,两年平均增长5.1%。2017—2021年国内生产总值及其增长速度如图8-1所示。其中,第一产业增加值为8.31万亿元,比2020年增长7.1%;第二产业增加值为45.09万亿元,增长8.2%;第三产业增加值为60.97万亿元,增长8.2%。第一产业增加值占国内生产总值比重为7.3%,第二产业增加值占国内生产总值比重为39.4%,第三产业增加值占国内生产总值比重为53.3%。全年最终消费支出拉动国内生产总值增长5.3个百分点,资本形成总额拉动国内生产总值增长1.1个百分点,货物和服务净出口拉动国内生产总值增长1.7个百分点。全年人均国内生产总值为8.1万元,比上年增长8.0%。国民总收入为113.35万亿元,比上年增长7.9%。全员劳动生产率为14.64万元/人,比2020年提高8.7%。

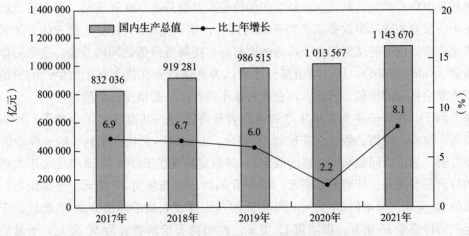

图8-1 2017—2021年国内生产总值及其增长速度

2021年末全国人口为14.13亿人,比2020年末增加48万人,其中城镇常住人口为9.14亿人。全年出生人口为1 062万人,出生率为7.52‰;死亡人口为1 014万人,死亡率为7.18‰;自然增长率为0.34‰。全国人户分离的人口为5.04亿人,其中流动人口为3.85亿人。

2021年末全国就业人员为7.47亿人,其中城镇就业人员为4.68亿人,占全国就业人员比重为62.7%,比2020年末上升1.1个百分点。全年城镇新增就业人员为1 269万人,比上年多增83万人。全年全国城镇调查失业率平均值为5.1%。2021年末全国城镇调查失业率为5.1%,城镇登记失业率为3.96%。全国农民工总量2.93亿人,比2020年增长2.4%。其中,外出农民工为1.72亿人,增长1.3%;本地农民工为1.21亿人,增长4.1%。

2021年末国家外汇储备为3.25万亿美元,比2020年末增加336亿美元。全年人民币平均汇率为1美元兑6.451 5元人民币,比2020年升值6.9%。

资料来源:国家统计局,《2021年国民经济和社会发展统计公报》,2022年2月28日。

第一节　国民收入核算体系

一、GDP 和 GNP

宏观经济学研究整个社会的经济活动，首先要有定义和计量总产出或总收入的一套方法。国民收入核算就是研究这套方法的。核算国民经济活动的核心指标是国内生产总值，因此，首先要弄清什么是 GDP。

假设某企业在某年生产和销售 500 万美元的制成品。能否说这 500 万美元的产品价值都是这个企业生产的或者说创造的呢？不能，因为生产中必须消耗原材料、能源等。假定这个消耗是 200 万美元，则该企业新生产的价值充其量只有 300 万美元（其实这 300 万美元价值中还没有扣除厂房设备消耗即折旧的部分，这一点以后再说）。这 300 万美元的价值是该企业产品价值与从别的企业购进的原材料、能源等价值之间的差额。这个差额称为**价值增值**（value added）。这一增值部分才被认为是该企业在该年真正所生产的价值，也是真正贡献给社会的价值。因此，该企业在某年的产出，是指价值增值。

举个例子，假定一件上衣从生产到消费者最终使用一共要经过 5 个阶段：种棉、纺纱、织布、制衣、销售。假设棉花价值 15 美元，并假定不再包含肥料、种子等价值（事实上不可能，为说明问题须做这样的假定）。再假定棉花纺成纱售价 20 美元，于是纺纱厂生产的价值是 5 美元，即增值 5 美元。20 美元的纱织成布售价 30 美元，于是织布厂生产的价值是 10 美元，即增值 10 美元。30 美元的布织成成衣卖给经销商为 45 美元，于是制衣厂生产的价值是 15 美元，即增值 15 美元。经销商卖给消费者为 50 美元，于是经销商在售卖中增值 5 美元。可见，这件上衣在 5 个阶段中的价值创造即增值共计：15 + 5 + 10 + 15 + 5 = 50（美元），正好等于这件上衣的最后售价。像这种在一定时期内生产的并由其最后使用者购买的产品和服务就称为**最终产品**（final product），而棉花、纱、布等则称为**中间产品**（intermediate product），中间产品是指用于生产别种产品用的产品。

国内生产总值（gross domestic product，GDP）是指经济社会（即一国或一地区）在一定时期内运用生产要素所生产的全部最终产品（产品和服务）的市场价值。其包含以下几点含义。

（1）GDP 是一个市场价值的概念。各类最终产品的价值都是用货币加以衡量的。每个国家一年生产许多种产品，我们只用产量来表示产出是没有任何意义的。例如 500 万台机器加上 100 万辆小轿车代表多少产出呢？如果我们用各自的产量乘以各自的单价，这样我们就可以加总各种产品的价值以衡量产出了。

（2）GDP 测度的是最终产品的价值。在一定时期内生产的并由其最后使用者购买的产品和服务称为最终产品，那么用于再出售而供生产别种产品用的产品就是中间产品。因为最终产品的价值已经包含其生产过程中消耗掉的中间产品的价值，所以如果我们将所有产品价值加总，中间产品的价值就会被重复计算而高估实际产出水平。

（3）GDP 是一定时期内（往往为一年）所生产而不是所售卖掉的最终产品价值。若某企业年生产 100 万美元的产品，只卖掉 80 万美元，所剩 20 万美元的产品可看作企业自己买下来的存货投资，也应计入 GDP；相反，如果生产 100 万美元的产品，却卖掉了 120 万美元的产品，则计入 GDP 的仍是 100 万美元，只是产品的库存减少了 20 万美元而已。

(4) GDP 是计算期内（如 2017 年）生产的最终产品价值，因而是流量而不是存量。流量是一定时期内发生的变量，存量是一定时点上存在的变量。GDP 只计入在计算期新生产的最终产品的价值，例如某人花了 200 万美元买了一幅凡·高的《向日葵》，包括 198 万美元的油画价值和 2 万美元的经纪人费用，那么这 198 万美元不能计入 GDP，因为它在生产年份已经计算过了，但 2 万美元的经纪人费用可以计入，因为这笔费用是经纪人在买卖旧画过程中提供的劳务报酬。

(5) GDP 是一国范围内生产的最终产品的市场价值，是地域概念，只要在计算期内，在该地域范围内，不管是否为本国国民所创造的，利用生产要素生产的所有最终产品和服务的价值都要计入该地域的 GDP。例如一个在日本工作的美国公民的收入要计入日本的 GDP。

而与此相联系的**国民生产总值**（gross national product，GNP）是国民概念，是指一个国家所拥有的全部生产要素在一定时期内所生产的所有最终产品和服务的市场价值总和。按照国民原则，凡是本国国民（常住居民，包括本国公民以及常住外国但未加入外国国籍的居民）所创造的收入，不管生产要素是否在国内，都要计入该国的 GNP，例如华为法国分公司所生产的价值要计入中国的 GNP 当中。在按国民原则计算国民生产总值时，要在国内生产总值的基础上加上国外生产要素支付净额（本国国民和企业在国外取得的生产要素收入减去外国国民和企业在本国取得的生产要素收入，用字母 NFP 表示），计算公式为

$$国民生产总值 = 国内生产总值 + 来自居民在国外的生产要素收入 - 非居民在国内的生产要素收入$$

进入 20 世纪 90 年代后，用国民总收入（gross national income，GNI）取代 GNP，各国仅对外公布 GDP 与 GNI 数据，GNP 数据已基本不再统计和发布。

1994 年，联合国、世界银行、国际货币基金组织、经济合作和发展组织及欧洲共同体委员会（现在为欧盟委员会）共同颁布的 1993 年国民经济核算体系（1993SNA）中，统计术语 GNI 取代了 GNP。GNI 即为原来所说的 GNP。2001 年，为保持与"1993 年国民经济核算体系"的一致性，世界银行变更了术语，GNP 被称为"国民总收入"或 GNI。世界银行数据库（WDI）中的所有 GNI 数据都等同于 GNP。

为了适应社会主义市场经济发展，以及中国加入世界贸易组织和国际货币基金组织数据通用公布系统（GDDS）的要求，中国在 2003 年开始采用 1993SNA 的标准称谓，将 GNP 改用 GNI 表示，两个数据的统计口径基本一致。在本章引入案例里，国家统计局就公布了我国 2021 年 GDP 和 GNI 这两个指标。

(6) GDP 一般仅是指市场活动导致的价值，非市场活动不计入 GDP 当中。因为只有市场活动才有价格，才可以衡量其价值。例如，一位知名厨师在一家五星级酒店工作，提供一顿晚餐的价格是 5 000 美元，这 5 000 美元要计入当年的 GDP；而在周末，他请好友到家里品尝他做的晚餐，那么这顿晚餐的价值就不能计入 GDP 当中。

上述例子不仅说明了产出是指增值，或者说产出等于新增价值，还说明产出总是等于收入，以及产出总是等于支出。从上述分析中可知，总产出等于总支出，因此，GDP 也可以通过核算整个社会在一定时期内购买最终产品的支出总和来求得。这种方法称为支出法。从上述分析中还知道，总产出等于总收入，因此，GDP 还可通过核算整个社会在一定时期内获得的收入来求得。这种方法叫作收入法。在之后的内容中会有详细介绍。

二、名义 GDP 与实际 GDP

由于 GDP 是用货币来计算的，因此，一国 GDP 的变动由两个因素造成：①所生产的产品和服务的数量的变动；②产品和服务的价格的变动。当然，二者也常常会同时变动。为弄清国内生产总值变动究竟是由产量还是由价格变动引起，需要区分名义国内生产总值和实际国内生产总值。

名义 GDP（或货币 GDP）是用生产产品和服务的当年价格计算的全部最终产品和服务的市场价值。实际 GDP 是用之前某一年作为基期价格计算出来的全部最终产品和服务的市场价格。举个简单的例子，2009 年一斤苹果卖 4 元，那么 2009 年这一斤苹果所核算出的名义 GDP 就是 4 元。但如果以 2000 年作为实际 GDP 的基年，当时一斤苹果卖 2 元，那么就是说 2009 年这一斤苹果核算出的实际 GDP 就是 2 元。

假设一套 100 平方米住宅在 2000 年的售价是 20 万元，而 2009 年与其各种条件都相似的一套 100 平方米的住宅售价是 100 万元。那么同类型的一套住宅，在 2009 年，它的名义 GDP 是 100 万元，而它的实际 GDP 是 20 万元。对于国家经济而言，看似 2009 年 GDP 比 2000 年 GDP 增长了 400%，而实际上经济根本就没有增长。因为国家无论是在 2000 年还是在 2009 年都建造了同样的一套住宅，经济并没有任何增长。

这个例子中如果售价不变，但在 2009 年国家盖了两套这样的住宅，那么 2009 年相对于 2000 年的名义 GDP 增长率是 $(100 \times 2 - 20 \times 1)/(20 \times 1) = 900\%$，而实际 GDP 增长率是 $(20 \times 2 - 20 \times 1)/(20 \times 1) = 100\%$。

GDP 折算指数（或 GDP 消胀指数、GDP 平减指数）是名义 GDP 和实际 GDP 的比率。如果知道了 GDP 折算指数，就可以将名义的 GDP 折算为实际的 GDP，其公式为

$$\text{实际 GDP} = \frac{\text{名义 GDP}}{\text{GDP 折算指数}} \tag{8-1}$$

由于价格变动，名义 GDP 并不反映实际产出的变动。因此，如果不做特殊说明，以后各章中所讲的产出，总是指实际 GDP，并以英文小写字母来表示实际 GDP 以及其他变量。例如，用 y、c、i、g 分别表示实际的产量（收入）、消费、投资和政府支出。

个案研究 8-1

中国和印度的经济增长比较

中国和印度的经济增长表现均非常抢眼，两国的飞速发展让世界感觉到了世界经济全球化在迅速推进。这两个国家成为世界上发展最快的经济体……以美元计算，1999—2003

年，中国和印度的名义 GDP 增长平均速度分别为 8.3% 和 7.0%，而除了中国和印度外的世界其他地区的经济增长只有 4%。

2003—2011 年，中国 GDP 年均实际增长 10.7%，其中有六年实现了 10% 以上的增长速度，在受国际金融危机冲击最严重的 2009 年依然实现了 9.2% 的增速。这一时期的年均增速不仅远高于同期世界经济 3.9% 的年均增速，而且高于改革开放以来 9.9% 的年均增速。[一]2011 年，中国的名义 GDP 增长 9.2%[二]，2010 年，印度 GDP（FC）实际增长 9.0%[三]，大大高于世界其他地区的经济增长率。

1. 两国在很多方面相似，但中国的经济增长速度更快

这两个亚洲国家有很多相似点，包括超过了 10 亿的人口和多年来作为传统的农业经济体。1982 年，中国人均名义 GDP 以美元计算只有 275.4 美元，稍稍低于印度的人均名义 GDP 280 美元。然而 21 年之后，中国经济的增长速度远远超过了印度。在这段时期，中国实际 GDP 的年平均增长率超过了 9.7%，而印度只有 5.7%。

2003 年，作为经济强劲增长的结果，中国的 GDP 总量达到 1.4 万亿美元，是印度 GDP 总量 5 750 亿美元的 2.5 倍左右；中国的人均收入是 1 087 美元，是印度人均收入的两倍。此外，如果以美元计算各国的名义 GDP，中国占据了世界 GDP 总额的 3.9%，而印度只占据了 1.6% 的份额；如果以购买力平价计算各国 GDP，中国占了世界总额的 12.6%，而印度仅占 5.7%。

到了 2011 年，两者差距进一步加大，中国 GDP 总量达到 7.3 万亿美元，是印度 GDP 总量 1.7 万亿美元的 4.3 倍，中国人均 GDP 为 5 414 美元，是印度 1 389 美元的 3.9 倍。[四]

2. 追赶的游戏：印度落后中国 15 年

如果印度的实际 GDP 增长能够维持目前 9% 的水平，印度的人均 GDP 将在大约 15 年后达到目前中国的水平，印度的 GDP 将在大约 16 年后达到目前中国的水平。

最新进展：

虽然，在过去的几十年印度发展得很快，但中国同样发展得很快并且取得了很大的成就。如今两国都是发展中国家，如果印度和中国进行综合实力对比，中国是遥遥领先印度的。从目前来看，中印两国的差距很大。

在经济方面，中国目前已经是仅次于美国的经济体，国内的基础设施非常完善，在公共交通方面更是位列世界首位，反观印度国内依然是混乱不堪，许多印度人的温饱问题都无法解决，公共交通方面更不用多说。

[一] 引自"统计局：2003－2011 年 GDP 年均实际增长 10.7%"，http://finance.sina.com.cn/china/bwdt/20120815/140012856903.shtml。

[二] 引自《2011 年国民经济和社会发展统计公报》，http://www.gov.cn/gzdt/2012－02/22/content_2073982.htm。

[三] http://www.fyjs.cn/viewarticle.php?id=338033。

[四] GDP 数据和人均 GDP 数据引自 "2011 世界 GDP 排名、人均 GDP 排名"（IMF，2012 年 4 月 17 日），http://wenku.baidu.com/view/cd78d34133687e21af45a938.html，倍数为作者计算所得。

根据数据显示，2019 年中国经济同比实际增长 6.0%，名义 GDP 约为 14.363 万亿美元——大约是同期印度经济总量的 5.04 倍。2019 年中国的人均 GDP 也突破了 1 万美元（约 1.03 万美元），印度人均 GDP 只是刚刚突破 2 100 美元，即中国人均 GDP 是印度人均 GDP 的 4.9 倍左右。

根据《2021 年国民经济和社会发展统计公报》的相关数据，2021 年我国以美元计算的名义 GDP 约为 17.73 万亿美元。

印度作为亚洲第三大经济体，2021 年也取得了较高的增速，GDP 同比增长 8.1%，与我国实现同水平增长。印度 2021 年 GDP 达到 3.08 万亿美元，仍然保持在全球第六名。不过按照印度当前的高增长水平，之后或有超过日本变成世界第三的可能。

资料来源：国家统计局，国际货币基金组织。

第二节　国民收入核算的基本方法

第八章第一节讲到，核算 GDP 可以从三个不同角度或者说用三种不同的方式来进行。

第一种方法是从生产的角度出发，我们可以把一个国家在一定时期内所生产的所有产品和服务的价值总和减去生产过程中所使用的中间产品的价值总和，以获得 GDP，用这种方法统计出来的价值总和反映的是一个国家在这一时期所有新创造的价值。这种方法被称为**生产法**（production method）。

第二种方法是从支出的角度出发，因为所有这些产品和服务都是提供给市场的，市场上的需求者（家庭、企业、政府和国外购买者）购买这些产品和服务时就会有支出，因此我们又可以从总支出的角度测算国内生产总值，这种方法被称为**支出法**（expenditure method）。

第三种方法是从收入的角度出发，因为所有产出都是通过货币计量的，并构成各生产单位所雇用的各种生产要素所有者的收入，因此我们可以从生产要素收入角度对 GDP 进行计量，这种方法被称为**收入法**（income method）。

下面我们就从这三个角度分别讨论 GDP 的测算问题。

一、生产法核算国民收入

生产法核算的国民收入就是一个国家在一个给定的时期内所生产的最终产品和服务的市场价值总和，也就是把一个国家在一定时期内所生产的所有产品和服务的价值总和减去生产过程中所使用的中间产品的价值总和。它的实质是把各生产阶段上所增加的价值相加来求得国民收入。下面以服装为例来说明这一问题（见表 8-1）。

表 8-1　生产法核算国民收入（以服装为例）

生产阶段	产品价值	中间产品成本	增值
棉花	8	—	8
棉纱	11	8	3
棉布	20	11	9
服装	30	20	10
合计	69	39	30

表 8-1 中，只有服装是最终产品，其余均为中间产品，在计算国民收入时，只记服装的价值 30，或计算在各生产阶段的增值(8+3+9+10)，同样也是 30。如果按全部产品的价值计算，则会有(8+11+20)即 39 的重复计算。

二、支出法核算国民收入

下面我们再从一个国家在一定时期内对最终产品和服务的总需求（即总支出）角度来测算 GDP 的数值。从支出角度测算 GDP，实质上是把实际经济生活中四大类对最终产品和服务的需求进行相加，包括个人消费支出、投资支出、政府对产品和服务的购买以及产品和服务的净出口。

个人消费支出（consumption，即家庭消费，用字母 C 表示）包括购买耐用消费品（如汽车、电视机、洗衣机等）、非耐用消费品（如食物、衣服等）和服务（如医疗、旅游、理发等）的支出。建造住宅的支出则不包括在内，尽管它类似耐用消费品支出，但一般将它包括在固定资产投资中。

投资支出（investment，用字母 I 表示）是增加或替换资本资产（包括厂房、住宅建筑、购买机器设备以及存货）的支出。投资可分为固定资产投资和存货投资两大类，其中**固定资产投资**（fixed asset investment）是用来增加新厂房、新设备、营业用建筑物即非住宅建筑物以及住宅建筑物的支出，也可将其划分为商业固定资产投资和住宅投资两类。同消费支出一样，投资支出也包括对国外生产的投资品的购买。**存货投资**（inventory investment）是指企业持有的存货价值的增加（或减少），当然，有时候并不是企业主动增加存货，而是因为企业不能成功地出售其产品而使存货增加。

投资是一定时期内增加到资本存量中的新的资本流量，而资本存量则是经济社会在某一时点上的资本总量。若 2011 年某国投资 800 亿美元，该国 2011 年末资本存量是 9 000 亿美元。由于机器、设备、厂房等会不断磨损，这 9 000 亿美元资本存量中也许每年都要消耗 300 亿美元，因此这 800 亿美元投资中就有 300 亿美元要用来补偿旧资本的消耗，新增加的投资实际上是 500 亿美元，这 500 亿美元被称为**净投资**（net investment），而另外的 300 亿美元因为是用来重置资本设备的，故称为**重置投资**（replacement investment）。净投资与重置投资的总和为**总投资**（total investment），用支出法计算 GDP 时的投资指的是总投资。一个钢铁厂若用 40 年，则每年都要耗费部分价值，40 年后全部耗费掉。

政府对产品和服务的购买（government expenditure，用字母 G 表示）是指各级政府购买产品和服务的支出，如政府花钱设立法院、提供国防、建筑道路、开办学校等方面的支出，这些支出都作为最终产品计入国民收入。政府通过这些购买为社会提供服务，由于这些服务不是典型地卖给最终消费者，在计入 GDP 时，不是根据购买政府服务所费成本，而是根据政府提供这些服务所费成本计入。政府购买只是政府支出的一部分，政府支出的另一些部分如转移支付、公债利息等都不计入 GDP。

净出口（net export，用字母 NX 表示）是指出口额减去进口额以后的差额。用 X 表示出口，用 M 表示进口，则 $(X-M)$ 就是净出口。本国购买的有些产品是别的国家生产的，这些进口产品应从本国总购买中减去;相反,国内有些产品是卖到国外去的,这些出口产品应当加到本国总购买中。因此,只有净出口才应计入总收入,它可能是正值,也可能是负值。

把上述四个项目加总,用支出法计算 GDP 的公式可写成:

$$\text{GDP} = C + I + G + \text{NX} = C + I + G + (X - M) \tag{8-2}$$

三、收入法核算国民收入

收入法即通过把参加生产过程的所有生产要素的所有者的收入相加来获得 GDP,也就是从企业生产成本看社会在一定时期内生产了多少最终产品的市场价值。但严格来说,产品的市场价值中除了生产要素收入构成的生产成本,还有间接税、折旧、公司未分配利润等内容,因此用收入法核算国内生产总值应当包括以下一些项目。

(1) 工资、利息和租金等这些生产要素的报酬。工资包括所有对工作的酬金、补助和福利费,其中包括工资收入者必须缴纳的所得税及社会保险税(费)。利息在这里是指人们给企业所提供的货币资金在本期的净利息收入,如银行存款利息、企业债券利息等,但政府公债利息及消费信贷利息不包括在内。租金包括个人出租土地、房屋等租赁收入,以及专利、版权等收入。

(2) 非公司企业主收入,如医生、律师、农民和小店铺主的收入。他们使用自己的资金,被自我雇用,其工资、利息、利润、租金常混在一起作为非公司企业主收入。

(3) 公司税前利润,包括公司所得税、社会保险税、股东红利及公司未分配利润等。

(4) 企业转移支付及企业间接税。这些虽然不是生产要素创造的收入,但要通过产品价格转嫁给购买者,故也应视为成本。企业转移支付包括对非营利组织的社会慈善捐款和消费者呆账,企业间接税包括货物税或销售税、周转税。

(5) 资本折旧。这是资本的耗费,也不是生产要素收入,但包括在应回收的投资成本中,故也应计入 GDP。

综上所述:

$$\text{按收入法核算所得的国民总收入} = 工资 + 利息 + 税前利润 +$$
$$租金 + 企业间接税和企业转移支付 + 资本折旧$$

它和支出法计得的国内生产总值从理论上说是相等的。但实际核算中常有误差,因而还要加上一个统计误差。

四、从国内生产总值到个人可支配收入

1. 国内生产总值

GDP 的含义在本章第一节中已说过,它计量一定时期内一个国家的所有的生产活动的价值。"某年某国产出多少"就是指国内生产总值。国内生产总值中的"总"字是指在计算各个生产单位的产出时,未扣除当期的资本耗费即折旧,如果扣除资本耗费,那就是国

内生产净值。

2. 国内生产净值

国内生产净值（NDP）是指国内生产总值扣除了生产过程中的资本消耗即折旧以后的价值。"总"和"净"对于投资也具有类似意义。总投资是一定时期内的全部投资，即建设的全部厂房、设备和住宅等，而净投资是总投资中扣除了资本消耗或者说重置投资的部分。例如，某企业某年购置10台机器，其中2台用来更换报废的旧机器，则总投资为10台机器，净投资为8台机器。

3. 国民生产净值

国民生产净值（NNP）是指国民生产总值扣除资本消耗即折旧以后的价值（而国民生产总值又等于国内生产总值加来自国外的生产要素净支付）。

4. 国民收入

这里的国民收入（NI）是指按生产要素报酬计算的国民收入，是一国生产要素在一定时期内提供服务所获得的报酬的总和，即工资、利息、租金和利润的总和。从国内生产净值中扣除企业间接税和企业转移支付加政府补助金，就得到国民收入。企业间接税和企业转移支付虽构成产品价格，但不成为生产要素收入；相反，政府给企业的补助金虽不列入产品价格，但成为生产要素收入。故前者应扣除，后者应加入。

5. 个人收入

个人收入（PI）是指个人实际得到的收入。生产要素报酬意义上的国民收入并不会全部成为个人的收入。例如，利润收入中要给政府缴纳公司所得税，公司还要留下一部分利润不分配给个人，只有一部分利润才会以红利和股息形式分给个人。职工收入中也有一部分要以社会保险费的形式上缴有关机构。人们也会以各种形式从政府那里得到转移支付，如退伍军人津贴、工人失业救济金、职工养老金、职工困难补助等。因此，从国民收入中减去公司未分配利润、公司所得税及社会保险税（费），加入政府给个人的转移支付，大体上就得到个人收入。

6. 个人可支配收入

个人收入不能全归个人支配，因为要缴纳个人所得税，税后的个人收入才是个人可支配收入（DPI），即人们可用来消费或储蓄的收入。

第三节 国民收入核算中的问题与纠正

一般来说，一个国家的GDP数量，尤其是人均GDP数量（即把一个国家的GDP总量除以人口数量）是衡量一个国家居民富裕程度的指标，同时也作为衡量一个国家居民经济福利水平的指标，但是有些经济活动难以用GDP统计进去，而有些被统计进去的经济活动在另一方面可能会带来对人类经济福利的负面影响，所以使用GDP来衡量一个社会的经济福利水平并不是完美无缺的，甚至有很大缺陷。

事实上，人均 GDP 不仅不是反映一个社会的经济福利水平的完美指标，而且不是反映一个社会的福利水平和生活质量的完美指标。

知识链接 8-1
GDP 不是万能的，但没有 GDP 是万万不能的

从 GDP 的含义到它的计算方法不难看出，GDP 只是用来衡量那些易于度量的经济活动的营业额，不能全面反映经济增长的质量。美国的罗伯特·肯尼迪（美国前总统约翰·肯尼迪之弟）说："GDP 衡量一切，但不包括使我们的生活有意义的东西。"这句话就是他在竞选总统的演说中对 GDP 这个经济指标的批评。他不是经济学家，但他的这段话颇受经济学家的重视。

越来越多的人包括非常著名的学者，对 GDP 衡量经济增长的重要性产生了怀疑。斯蒂格利茨曾经指出，如果一对夫妇留在家中打扫卫生和做饭，这将不会被列入 GDP 的统计之内。假如这对夫妇外出工作，另外雇人做清洁和烹饪工作，那么这对夫妇和佣人的经济活动都会被计入 GDP。说得更明白一些，如果一名男士雇用一名保姆，保姆的工资也将计入 GDP。如果这位男士与保姆结婚，不给保姆发工资了，GDP 就会减少。

德国学者厄恩斯特·魏茨察克和两位美国学者艾莫里·洛文斯、亨特·洛文斯在他们合著的《四倍跃进》中对 GDP 在衡量经济增长中的作用更是提出了诘难，他们生动地写道："乡间小路上，两辆汽车静静驶过，一切平安无事，他们对 GDP 的贡献几乎为零。但是，其中一个司机由于疏忽，突然将车开向路的另一侧，连同到达的第三辆汽车，造成了一起恶性交通事故。'好极了'，GDP 说。因为，随之而来的是：救护车、医生、护士、意外事故服务中心、汽车修理或买新车、法律诉讼、亲属探视伤者、损失赔偿、保险代理、新闻报道等，所有这些都被看作正式的职业行为，都是有偿服务的。即使任何参与方都没有因此而提高生活水平，甚至有些还蒙受了巨大损失，但我们的'财富'——所谓的 GDP 依然在增加。"

基于以上的分析，三位学者深刻地指出："平心而论，GDP 并没有定义成度量财富或福利的指标，而只是用来衡量那些易于度量的经济活动的营业额。"

尽管 GDP 存在着种种缺陷，但这个世界上本来就不存在一种包罗万象、反映一切的经济指标，在我们现在使用的所有描述和衡量一国经济发展状况的指标体系中，GDP 无疑是最重要的一个指标。GDP 不是万能的，但没有GDP 是万万不能的。

资料来源：http://ishare.iask.sina.com.cn/f/18438321.html。

（1）由于绝大多数产品通过市场进行交易，所以通常用市场价格来测度产品和投入品的市场价值。但在有些情况下，许多产品和服务的市场交易价格难以获得或根本不存在，如政府行政部门、军事部门、警察部门、海关、司法系统所提供的服务，在这种情况下只能用提供这些服务的成本来代替其市场价格，但这样做会低估这类非市场经济活动的市场价值。

(2) GDP 没有将所有非市场经济活动都统计进来,但这类活动对一个国家居民的生活质量的好坏来说显得十分重要,从而造成对实际经济活动规模的低估。例如家务劳动、子女对父母的照顾等。

(3) 由于人均 GDP 表示的经济福利使用当地产品和服务的市场价格来表示,因此两个国家同样的人均 GDP 水平,却可能由于两个国家的价格水平不同,实际经济福利水平也不同。例如,在美国和中国,月收入同样为 2 000 美元的两个家庭,由于美国的物价普遍高于中国,在中国的家庭要比美国的家庭生活得更好。因此,在这种情况下,人均 GDP 并不能完全反映不同国家居民生活水平的实际差异。

(4) GDP 无法反映由于闲暇时间和舒适程度的提高而带来的好处,这一缺陷极大地损害了 GDP 作为生活质量衡量标准的准确性。人们工作所带来的产出被计入 GDP,但享受的闲暇却无法计入 GDP。闲暇对于人们来说同工作一样重要,否则就会完全用工作来取代闲暇。如果一个国家的人民每天工作 6 小时就能够生产出另外一个国家的人民每天工作 12 个小时才能生产出来的 GDP,那么,这两个国家的人均 GDP 虽然一样,但生活质量却有本质的差别。与上一代人相比,今天人们的劳动强度更小,工作环境更舒适,但这一点却无法完全体现在 GDP 的增长中。

(5) 增加 GDP 的一些经济活动常常也是为了避免或遏止那些诸如犯罪或危害国家安全的"坏事"发生,并不能够提高社会的总体福利水平和生活质量。但是,防盗窗、大铁锁和警察保安这些方面的支出却能够预防和阻止生活质量的恶化。

(6) GDP 无法反映产出构成的变化,也无法反映产出构成的变化对社会福利的影响。例如在 GDP 没有发生变化的情况下,更多的粮食和更少的航母对社会福利的影响究竟意味着增加、减少还是不变呢?

(7) GDP 无法反映社会的分配问题。人均 GDP 是一个平均数,它并不反映一个国家国民收入的分配情况。如果一个国家是十分富有的,人均 GDP 很高,但是这个国家的收入分配极不平均,即少数人拥有这个国家的大部分财富和收入,贫富差距很大,那么这个国家居民的经济福利水平是比较低的。

(8) GDP 无法反映一个国家的自然资源拥有情况以及在环境保护等方面的工作,而这些对于一个国家居民的经济福利水平的影响也是十分重要的。针对传统 GDP 在价值计算上忽视和扭曲资源环境作为人类生存与社会经济活动物质基础的缺陷,有的环境经济学家提出了绿色 GDP 的概念。

所谓绿色 GDP 是指各国用以衡量扣除了自然资产(包括自然资源和环境)损失之后新创造的真实的国民财富总量核算指标。大体上,绿色 GDP = GDP − 自然资源消耗和环境退化损失 − (预防环境损害的支出 + 资源环境恢复费用的支出 + 由于优化利用资源而进行调整计算的部分)。绿色 GDP 揭示了经济增长过程中的资源环境成本,成为新的发展观指引下经济增长模式转变的一个重要概念和指标。

知识链接 8-2

可持续发展：中国在行动

2004年3月5日的《政府工作报告》提出，我国要积极实施可持续发展战略，按照统筹人与自然和谐发展的要求，做好人口、资源、环境工作。2004年国民经济的增长目标为7%左右。

2003年，我国国民生产总值增长率为9.1%。此前几年，中国经济年均增长也超过了8%。2004年中国为何调低了经济增长速度？时任北京大学可持续发展研究中心主任叶文虎教授认为，这与中央政府重视可持续发展有直接关系，表现出了我国调整经济增长方式的决心和行动。

叶文虎教授介绍，"可持续发展"亦称"持续发展"，即"满足当代人的需要，又不对后代人满足其需要的能力构成危害的发展"。这一定义得到广泛的认同，并在1992年联合国环境与发展大会上取得共识，可持续发展问题成为世界各国普遍关注的问题。为了量化可持续发展的经济指标，1993年联合国有关统计机构正式出版的《综合环境与经济核算手册》SEEA中，提出了生态国内产出（EDP）的概念，EDP就是"绿色GDP"，即从现行GDP中扣除环境资源成本和对环境资源的保护服务费用。

叶文虎教授说，现有的经济核算和统计方法中，没有把环境的投入（包括自然资源的投入、生态系统的投入和环境保护的投入）计算在内，由此得出的经济数据会有一些不准确。我国各省市、各部门乃至全国公布的GDP数字中，存在一些误差，有可能使一些人对经济形态得出不准确的估计。在这样的GDP数字上所做的一些政策决策，有可能会发生偏差。为了从根本上缓解经济发展和保护环境之间的矛盾，为了促进企业、行业乃至全社会生产力的更新和发展，有关部门可以推行"绿色GDP"制度，对现行GDP的核算和统计制度起到一定的辅助作用。

绿色GDP指标，实质上代表了国民经济增长的净正效应。绿色GDP占GDP的比重越高，表明国民经济增长的正面效应越高，负面效应越低，反之亦然。

2021年3月12日，新华社受权全文发布的《中华人民共和国国民经济和社会发展第十四个五年规划和2035年远景目标纲要》（以下简称《规划》）。《规划》专设第十一篇"推动绿色发展 促进人与自然和谐共生"，包括第三十七章"提升生态系统质量和稳定性"、第三十八章"持续改善环境质量"和第三十九章"加快发展方式绿色转型"。

规划指出，坚持绿水青山就是金山银山理念，坚持尊重自然、顺应自然、保护自然，坚持节约优先、保护优先、自然恢复为主，实施可持续发展战略，完善生态文明领域统筹协调机制，构建生态文明体系，推动经济社会发展全面绿色转型，建设美丽中国。

规划指出，坚持山水林田湖草系统治理，着力提高生态系统自我修复能力和稳定性，守住自然生态安全边界，促进自然生态系统质量整体改善。具体包括：完善生态安全屏障体系，构建自然保护地体系，健全生态保护补偿机制。

规划指出，深入打好污染防治攻坚战，建立健全环境治理体系，推进精准、科学、依法、系统治污，协同推进减污降碳，不断改善空气、水环境质量，有效管控土壤污染风险。具体包括：深入开展污染防治行动，全面提升环境基础设施水平，严密防控环境风险，积极应对气候变化，健全现代环境治理体系。

规划指出，坚持生态优先、绿色发展，推进资源总量管理、科学配置、全面节约、循环利用，协同推进经济高质量发展和生态环境高水平保护。具体包括：全面提高资源利用效率，构建资源循环利用体系，大力发展绿色经济，构建绿色发展政策体系。

资料来源：《中华人民共和国国民经济和社会发展第十四个五年规划和2035年远景目标纲要》。

（9）GDP无法反映地下经济部门的经济活动和地上经济部门的地下经济活动。一般认为地下经济由那些逃避法律限制、政府管制、税赋、摊派和政府部门低效率的经济活动及由此获得的收入所构成。地下经济很难衡量，却很容易对其进行描述，如洞穴经济、影子经济、非正式经济、隐蔽经济、平行经济、黑市经济等，也可以被理解为"全部未记录的经济活动"。

本章小结

国内生产总值和国民生产总值这两大指标都是对国民经济在某一特定时期特定区域所生产出来的最终产品和服务进行市场价值加总而成，区分在于：GDP是以地域所创造出来的市场价值、GNP是以国民所创造出来的市场价值为统计口径的，仅仅体现在国外生产要素支付净额这一项目上。

GDP最常用的测算方式有三种：生产法、支出法和收入法。从理论上讲，这三种方法测算出来的GDP是一致的，只是从经济运行的各个不同角度加以观察而已。

除了GDP、GNP，我们还介绍了国内生产净值、国民生产净值、国民收入、个人收入以及个人可支配收入等重要统计指标。

在经济活动中，还有名义和实际之分。经济变量的名义值就是用当期市场价格水平来衡量的价值，实际值就是以一种不变价格来衡量的价值。

本章内容结构

国民收入核算理论
- 国民收入核算体系
  - GDP 和 GNP
  - 名义 GDP 和实际 GDP
- 国民收入核算方法
  - 生产法：国民收入 = 各生产阶段中增加的价值的加总
  - 支出法：国民收入 = $C + I + G + NX$
  - 收入法：国民收入 = 工资 + 利息 + 税前利润 + 租金 + 企业间接税和企业转移支付 + 资本折旧
  - 其他重要统计指标
- 国民收入核算中的问题与纠正

综合练习

一、名词解释

国内生产总值　　　国民生产总值　　　国内生产净值　　　GDP 折算指数
最终产品　　　　　中间产品　　　　　总投资　　　　　　净投资
国民收入　　　　　个人收入　　　　　个人可支配收入

二、选择题

1. 今年的名义国内生产总值大于去年的名义国内生产总值，说明（　　）。
   A. 今年的物价一定比去年高了
   B. 今年生产的产品和服务的总量一定比去年增加了
   C. 今年的物价和实物产量水平一定都比去年提高了
   D. 以上三种说法都不一定正确

2. 下列哪一项计入 GDP？（　　）
   A. 购买一辆用过的旧自行车
   B. 购买普通股票
   C. 汽车制造厂买进 10 吨钢板
   D. 银行向某企业收取一笔贷款利息

3. 已知某国的资本品存量在年初为 10 000 亿美元，它在本年度生产了 2 500 亿美元的资本品，资本折旧是 2 000 亿美元，则该国在本年度的总投资和净投资分别是（　　）。
   A. 2 500 亿美元和 500 亿美元
   B. 12 500 亿美元和 10 500 亿美元
   C. 2 500 亿美元和 2 000 亿美元
   D. 7 500 亿美元和 8 000 亿美元

4. 在下列项目中，（　　）不属于政府购买。
   A. 地方政府办三所中学
   B. 政府给低收入者提供一笔住房补贴
   C. 政府订购一批军火
   D. 政府给公务人员增加薪水

5. 如果个人收入等于 570 美元，而个人所得税等于 90 美元，消费等于 430 美元，利息支付总额为 10 美元，个人储蓄为 40 美元，个人可支配收入则等于（　　）美元。
   A. 500　　　　　B. 480　　　　　C. 470　　　　　D. 400

三、简答题

1. 许多人认为，国内生产总值不能反映出一国的国民福利水平，因此提出了类似"绿色 GDP"等概念。请问如何理解 GDP 与福利水平之间的关系？

2. 如果一个国家的 GDP 为零，这是否意味着在这个国家不存在任何生产活动？

第九章

国民收入决定与调节理论

📝 内容提要

宏观经济学研究经济中各个总量之间的关系，其核心是国民收入决定、均衡的国民收入的实现等问题。本章以两部门经济中国民收入决定的基本原理为基础，推导国民收入决定理论的一般化，并初步介绍了国民收入的变动与调节。

💡 学习目标与重点

- 理解两部门经济的收入流量循环模型的前提条件。
- 重点掌握两部门经济中国民收入决定的原理。
- 理解影响国民收入变动的因素和调节国民收入的措施。

🔑 关键术语

两部门经济；总供给结构；总需求结构；注入；漏出

💡 引入案例

凯恩斯革命

凯恩斯革命以20世纪30年代的经济危机为时代背景，创建以需求管理为中心思想的政府干预收入、分析宏观经济的一次经济学领域的变革。它对西方国家经济的发展以及对经济学的发展都有巨大而深远的影响。

一百年以前，经济学界还很少有人谈及经济学应有宏观经济学、微观经济学之分。而今天，经济学家谈论起宏观经济学和微观经济学时，却显得那么自然，好像这个问题如同一天有白昼和黑夜之分那样，无须争辩。但是，任何事物、任何提法若要被世人公认，总是有一个过程的,那么宏观经济学究竟是怎么产生的呢?

20世纪30年代的全球性经济危机,使世界各工业国家在一百多年里积累的社会财富损失近半。这对传统的西方经济学理论提出了严重的挑战。之前的经济学界大都认为市场机制能够保证社会经济的均衡发展和社会财富的稳定增长,经济波动只是一种自然现象,无须担忧,因此经济学界推崇经济自由主义和反对政府干预经济的政策。

经济危机的严重危害,使经济学界不得不对危机产生高度的关注。正是在此背景下,约翰·梅纳德·凯恩斯于1936年出版《就业、利息和货币通论》,提出了他的国民收入决定理论,即从宏观的角度,以及国民财富价值总量循环的角度审视价值的决定问题,使我们看到了价值决定问题的全貌。

凯恩斯还通过探讨危机和失业的原因,提出了政府应该干预经济运行,承担起保证国民经济稳定增长责任的思想。凯恩斯的崭新理论思想掀起了一场著名的"凯恩斯革命"。其重大的突破有如下5个。

(1) 否定了传统经济学上的萨伊定律,即"供给会自动创造需求",因而不存在经济危机,明确承认经济危机的存在及严重破坏性。

(2) 摒弃了传统经济学上的亚当·斯密提出的"看不见的手"的机理,不相信市场机制的完善性和协调性,认为经济危机不可能通过市场机制的自动调节而恢复均衡,坚决主张采用强有力的政府干预对严重的经济危机进行紧急抢救。

(3) 否定了传统经济学在经济危机病因探索方面的"外因论",转而寻找不稳定的内因,认为"有效需求不足"是主要原因,从考察生产就业和收入的决定因素入手,创立了有效需求原理及三大心理定律。

(4) 开创了现代宏观经济分析,研究总就业量、总生产量和国民收入及其变动的原因,以区别于单个商品、单个厂商、单个消费家庭经济行为的微观经济分析。

(5) 否定了传统经济学上的健全财政原则,主张扩张性财政政策,主张政府扩大开支,增加财政赤字和举债支出。

不可否认,凯恩斯的经济政策的实施缓和了经济危机,减少了失业,促进了经济增长,使西方世界经历了长达25年之久的"繁荣"。但是,长期推行凯恩斯主义扩张性经济政策的后果带来了20世纪70年代的"滞胀",使凯恩斯主义不得不退出"官方经济学"宝座,让位于新保守主义经济学。即使如此,在各国实施的经济政策中,仍然可以看到浓厚的凯恩斯主义色彩。

资料来源:百度百科,凯恩斯革命。

第一节 两部门经济中国民收入的决定

一、两部门经济的收入流量循环模型

1. 模型前提假定

国民收入流量循环模型中最简单的是假定一个社会只有两种经济单位或者说两个经济

部门：企业（或者说厂商）和家庭（或者说居民户）两部门。家庭部门拥有全部生产要素，家庭部门的收入是向企业出售生产要素的服务所得到的。

研究两部门经济中国民收入决定的假定条件是：第一，两部门是一个封闭经济，对外贸易与外国资本不起作用；第二，政府对国民收入决定不起作用；第三，国民收入循环流量是顺畅的，没有经济危机或生产过剩等存在；第四，价格水平不变。

在这些假定前提下，收入和产品的流动一直循环。两部门经济收入流量循环是一种最简单的模型，它虽不现实，却是分析三部门、四部门经济收入流量循环模型以及说明国民收入均衡条件的出发点，所有分析国民收入决定和均衡的模型都是从两部门开始的。

2. 收入流量循环模型

在两部门经济中，家庭向企业提供各种生产要素并得到相应的收入，用这些收入消费各种产品与服务。企业购买家庭提供的各种生产要素进行生产并向家庭出售各种产品与服务，两部门经济中的收入流量循环模型如图 9-1 所示。

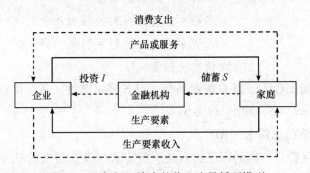

图 9-1　两部门经济中的收入流量循环模型

在图 9-1 中，循环内圈是实物形式的流动。外圈是货币形式的流动。这是两个封闭的循环，也是两次交换。如果家庭得到收入以后，不全部用作消费，而是将一部分收入储蓄起来，企业在家庭的消费支出之外又获得了其他来源的投资，那么，收入流量循环模型就增加了储蓄和投资两个因素。

储蓄是家庭收入用作消费后的扣除，或者说是收入中不用作当前消费的部分，因此对于经济运行来说具有收缩作用，对经济循环流动是一种漏出（用 W 表示）因素。投资意味着企业在获得家庭支付的收入之外，又获得了另外的收入，对于经济运行来说具有扩张作用，对经济循环流动是一种注入（用 J 表示）因素。

考虑存在注入与漏出，为了保证国民收入的循环流动顺利进行，可以做这样一个假定：家庭将储蓄存入银行或其他金融机构中，银行或其他金融机构又将这些储蓄转变为贷款贷给企业，企业用贷款作为投资，那么漏出量（储蓄）就变成注入量（投资）又回到了循环流动的路径之中。

如果家庭用储蓄购买企业发行的有价证券，企业用证券销售的收入作为投资，其结果也是一样的。这些行为都是通过金融市场进行的。如果家庭不将储蓄存入银行或其他金融机构，也不去购买企业的有价证券，同时银行或其他金融机构也不将家庭的储蓄贷给企业,那么在经济运行中的漏出量便找不到循环流动之路,这时除非企业能从其他方面获得注入量,否则生产将不可能按原有的规模进行下去。

二、两部门经济中国民收入的构成与均衡

1. 两部门经济中国民收入的构成

(1) 两部门经济的总供给 (AS)。

从产品生产方面看,一国的国民收入是由各种生产要素生产出来的,可以用各种生产要素供给的总和表示,但由于各种生产要素在量上的单位不同,很难相加,因此,在实际计算中,可以用各种生产要素得到的报酬进行加总,即用货币来度量计算。各种生产要素在生产中得到的报酬是工资、利息、地租、利润,生产要素所有者得到这些报酬以后,用作消费和储蓄两个部分,所以:

$$
\begin{aligned}
总供给 &= 各种生产要素的供给 \\
&= 各种生产要素得到的报酬总和 \\
&= 工资 + 利息 + 地租 + 利润 \\
&= 消费 + 储蓄
\end{aligned}
\tag{9-1}
$$

如果以 Y 表示国民收入,以 C 表示消费,以 S 表示储蓄,从总供给角度来看,国民收入可以表示为:$AS = C + S$,或 $Y_s = C + S$。

(2) 两部门经济的总需求 (AD)。

从总需求的角度看,一国的国民收入是消费需求与投资需求的总和,消费需求与投资需求均表现为一种欲望,在量上也是无法加总求和的,但可以分别用货币形式的消费支出与投资支出来表示。消费支出即为消费,投资支出即投资,所以:

$$
\begin{aligned}
总需求 &= 消费需求 + 投资需求 \\
&= 消费支出 + 投资支出 \\
&= 消费 + 投资
\end{aligned}
\tag{9-2}
$$

如果以 Y 表示国民收入,以 I 表示投资,从总需求角度来看,国民收入可以表示为:$AD = C + I$,或 $Y_d = C + I$。

2. 两部门经济国民收入均衡

总供给与总需求是决定国民收入均衡的力量。如果总需求小于总供给,表明社会上需求不足,产品卖不出去,造成价格下降,生产收缩,从而总供给减少,国民收入减少,失业增加。如果总需求大于总供给,表明社会上供给不足,促使价格上升,生产扩大,从而总供给增加,国民收入增加,容易出现通货膨胀。如果总需求等于总供给,则生产既不会增加也不会减少,国民收入实现均衡,这时也就确定了在总供求平衡下的国民收入。所以,国民收入实现均衡的条件是:

$$
总供给 = 总需求,或 AS = AD,或 Y_s = Y_d \tag{9-3}
$$

根据上面的分析,可以写为:

消费+储蓄=消费+投资，或 $C+S=C+I$，即 $I=S$ (9-4)

$I=S$ 是凯恩斯理论中最关键的命题，是宏观经济学的理论基础，同时也是国家管理宏观经济的重要目标。

在国民经济中，如果 AS < AD，即 $S<I$，说明总需求大于总供给，或供给不足。这时在国民经济中容易导致超前消费，物价上涨，出现需求拉动的通货膨胀。出现这种情况时，就需要政府进行干预，促使企业增加生产，使国民收入扩张，实现 AD = AS。

如果 AS > AD，即 $S>I$，说明总需求小于总供给，或供给过剩。这时在国民经济中容易出现物价下降，产品滞销，企业开工不足和设备闲置，进而导致失业增加。出现这种情况时，就需要政府进行干预，促使企业减少生产或刺激消费者增加消费，使国民收入收缩，实现 AD = AS。

所以，一国在一定时期内的总支出要能恰好买尽该国在同时期内生产的全部产品，以实现国民收入的均衡，必须是总供给等于总需求，即 $I=S$，这时才不会出现通货膨胀和失业问题。

我们可以用图 9-2 来表示两部门经济国民收入的均衡。在图 9-2 中，横轴表示收入 Y，纵轴表示消费、投资。消费曲线 C 上加投资曲线 I 就得到总支出曲线 $C+I$，因投资为自发投资，自发投资为常数，故总支出曲线 $C+I$ 与消费曲线 C 是平行的，两条曲线在任何收入水平上的垂直距离都等于自发投资。总支出曲线与 45°线相交于 E 点，总供给等于总需求，即 E 点为均衡点，E 点决定了在既定的消费与投资水平下的均衡国民收入 Y_e。

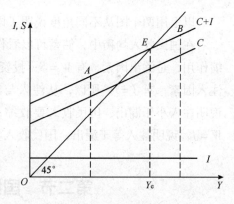

图 9-2 两部门经济国民收入的均衡

在图 9-2 中，45°线上任意一点都是国民收入等于总需求 AD = Y。在 A 点，$C+I>Y$，说明国民收入要扩张，并增加至 Y_e；在 B 点，$C+I<Y$，说明国民收入要收缩，并减少至 Y_e。在总需求和总供给诸因素增加和收缩的调整中，使均衡的国民收入得以实现。

还可以用储蓄-投资曲线图来说明国民收入的均衡。在图 9-3 中，横轴表示国民收入 Y，纵轴表示投资和储蓄。I 为投资曲线，由于投资为自发投资，自发投资又不随收入变化而变化，故投资曲线是一条平行线；S 为储蓄曲线，由于储蓄随收入增多而增多，故储蓄曲线向右上方倾斜。如图 9-3 所示，只有储蓄增加，才能有更多的货币转化为投资，才能促使国民收入增加。

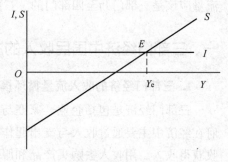

图 9-3 储蓄-投资曲线

在图 9-3 中，I 线与 S 线相交于 E 点，$I=S$，决定了均衡的国民收入。在 E 点左边，$I>S$，说明国民收入要扩张，并增加到 Y_e；在 E 点右边，$I<S$，说明国民收入要收缩，并

减少到 Y_e。只有在 E 点上,$I=S$,才能实现均衡的国民收入。

📖 延伸阅读 9-1

消费函数与储蓄函数

消费函数是指消费支出与决定消费的各种因素之间的依存关系。影响消费的因素有很多,收入水平、商品价格水平、利率水平、收入分配状况等,但凯恩斯认为收入是最主要的因素,所以,消费函数一般以收入为自变量,反映收入和消费之间的依存关系。一般来说,在其他条件不变的情况下,消费随收入的变动而呈现同方向的变动,即收入增加,消费增加;收入减少,消费减少。但消费与收入并不一定按同一比例变动。

储蓄函数是指储蓄与决定储蓄的各种因素之间的依存关系。影响储蓄的因素有很多。凯恩斯认为,收入是最主要的因素,所以,储蓄函数主要反映收入与储蓄之间的依存关系。一般而言,在其他条件不变的情况下,储蓄随收入的变动而呈现同方向变动,即收入增加,储蓄增加;收入减少,储蓄减少。

以上用两个图从不同角度说明了国民收入的均衡,它们得出的结论是一致的。

在国民收入均衡中,储蓄可以看作经济中一部分货币的暂时离开,对国民收入具有收缩作用,是漏出因素,有 $W=S$;投资对经济增长具有刺激作用,能使国民收入扩张,是注入因素,有 $J=I$。所以,从注入与漏出对国民收入扩张与收缩的作用看,如果 $W>J$,说明注入小于漏出,国民收入要收缩;如果 $W<J$,说明注入大于漏出,国民收入扩张;$W=J$,说明注入等于漏出,国民收入实现均衡。

第二节 国民收入决定理论一般化

前面介绍的两部门经济是理论分析的简化与抽象化,在现实的社会中,国民收入循环流量应该是三部门乃至四部门的。三部门仍是封闭经济循环,四部门则是开放经济循环。

一、三部门经济中国民收入的决定

1. 三部门经济的收入流量循环模型

三部门经济是包括企业、家庭与政府的经济,政府在经济中主要通过收入与支出起作用。政府通过税收获得收入,用收入去购买产品和服务,同时用于转移支付。三部门经济收入流量循环模型如图9-4所示。

在图9-4的三部门经济收入流量循环模型中,虚线箭头指向表示货币流向,此时政府从企业与家庭得到税收,是政府收入。政府用其中的一部分向企业购买产品和服务,这部分货币流入企业中;政府支出的

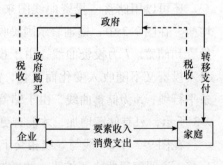

图9-4 三部门经济收入流量循环模型

另一部分以转移支付方式给予家庭，这部分货币流入家庭中。

2. 三部门经济国民收入构成与均衡

在三部门经济中，从总供给方面看，在两部门经济各种生产要素的供给之外增加了政府供给，政府供给得到了税收；从总需求方面看，在两部门经济的消费需求与投资需求之外增加了政府需求，政府需求表现为政府支出。此时：

$$\begin{aligned}总供给 &= 各种生产要素的供给 + 政府供给\\&= 各种生产要素的报酬 + 政府的报酬\\&= 工资 + 利润 + 利息 + 地租 + 税收\\&= 消费 + 储蓄 + 税收\end{aligned} \quad (9\text{-}5)$$

如果用 T 表示税收，三部门经济的总供给可以写成：

$$AS = C + S + T \text{ 或 } Y_s = C + S + T \quad (9\text{-}6)$$

$$\begin{aligned}总需求 &= 消费需求 + 投资需求 + 政府需求\\&= 消费支出 + 投资支出 + 政府支出\\&= 消费 + 投资 + 政府支出\end{aligned} \quad (9\text{-}7)$$

如果用 G 表示政府支出，三部门经济的总需求可以写成

$$AD = C + I + G \text{ 或 } Y_d = C + I + G \quad (9\text{-}8)$$

要使三部门经济国民收入实现均衡，应有总供给 = 总需求，或 AS = AD，即 $C + I + G = C + S + T$。两边同时消去 C，移项整理后有：

$$I - S = T - G \quad (9\text{-}9)$$

$I - S$ 是投资储蓄差，$T - G$ 是政府收支差。三部门经济实现均衡，应有投资储蓄差等于政府收支差，当两边不相等时，可以通过调节政府收支差与投资储蓄差来使之相等。

我们可以用图 9-5 和图 9-6 来说明三部门经济中国民收入的决定。在图 9-5 中，$C + I + G$ 表示总需求曲线，它与 45°线相交于 E_2 点，总供给等于总需求，决定了均衡的国民收入为 Y_2。在图 9-6 中，$I + G$ 表示总需求曲线，$S + T$ 表示总供给曲线，它们相交于 E_2 点，说明 $S + T = I + G$，决定了均衡的国民收入为 Y_2。

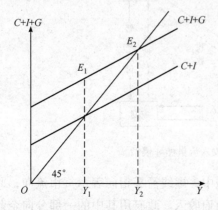
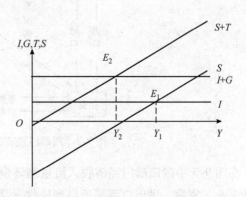

图 9-5 三部门经济国民收入的决定（一）　　图 9-6 三部门经济国民收入的决定（二）

图 9-5 和图 9-6 说明了三部门经济中消费、投资与储蓄的均衡情况。当总需求因素 $(C+I+G)$ 增加时，曲线向右上方移动，均衡点 E_2 高于两部门的 E_1 点。当总供给因素 $(S+T)$ 增加时，曲线向左移动，均衡点 E_2 表示的国民收入小于均衡点 E_1 表示的国民收入。

从图 9-5 和图 9-6 中可以看出：如果 $C+I+G>C+S+T$，说明总需求大于总供给，经济中容易出现过度需求，引起通货膨胀。如果 $C+I+G<C+S+T$，说明总需求小于总供给，经济中容易出现需求不足，引起失业。

三部门经济中，税收是收缩力量，有 $W=C+S+T$；政府支出是扩张力量，有 $J=C+I+G$。$C+I+G>C+S+T$，就是 $J>W$，说明国民收入要扩张；$C+I+G<C+S+T$，就是 $J<W$，说明国民收入要收缩。当 $C+I+G=C+S+T$ 时，有 $J=W$，均衡的国民收入得以实现。

二、四部门经济中国民收入的决定

1. 四部门经济的收入流量循环模型

一个现实社会的经济应是开放的经济，即除了家庭、企业和政府三个部门在国民经济生活中起作用外，还有国际贸易与国际资本运动。一个国家是否采取开放经济政策，能否参与到世界经济中去，对一个国家的经济发展起着重大的作用。所以，一个国家的整体国民经济运行必然是四部门的收入流量循环模型。

四部门经济循环除了企业、家庭、政府外，还有世界市场。世界市场对本国经济的影响是：作为国外生产要素的供给者，向本国提供产品与服务，对本国来说是进口；国外对本国产品与服务的需求者，向本国进行购买，对本国来说是出口。本国与国外的进出口商在进出口时，向本国政府缴纳关税，同时，政府作为产品与服务的消费者，也在国外市场进行购买。四部门经济的收入流量循环模型如图 9-7 所示。

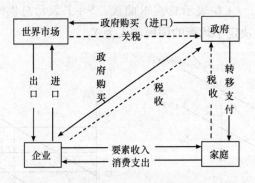

图 9-7 四部门经济的收入流量循环模型

在图 9-7 中的四部门经济收入流量循环模型中，虚线箭头指向表示货币流向，此时政府从企业、家庭、进出口商那里得到税收，是政府收入。政府用其中的一部分向企业购买产品和服务，一部分以转移支付的方式给予家庭，另一部分进口自己所需要的外国产品和服务。

此时，从总供给方面看，是在三部门经济的各种生产要素和政府的供给之外，又加入了国外的供给。国外供给对本国是进口，货币流向国外，所以用进口来表示国外的供给。从总需求方面看，是在三部门经济的消费需求、投资需求和政府需求之外，又加进了国外的需求，国外需求对本国是出口，货币流向国内，所以用出口表示国外的需求。

2. 四部门经济中国民收入的构成与均衡

四部门经济中国民收入的构成与均衡，从总供给与总需求方面可以看作下列情况。

总供给 = 各种生产要素的供给 + 政府供给 + 国外供给

= 各种生产要素的报酬 + 政府的报酬 + 国外提供的产品和服务的报酬

= 工资 + 利润 + 利息 + 地租 + 税收 + 进口

= 消费 + 储蓄 + 税收 + 进口 (9-10)

如果用 M 表示进口，四部门经济的总供给可以写成：

$$AS = C + S + T + M \text{ 或 } Y_s = C + S + T + M \quad (9\text{-}11)$$

总需求 = 消费需求 + 投资需求 + 政府需求 + 国外需求

= 消费支出 + 投资支出 + 政府支出 + 国外支出

= 消费 + 投资 + 政府支出 + 出口 (9-12)

如果用 X 表示出口，四部门经济的总需求可以写成：

$$AD = C + I + G + X \text{ 或 } Y_d = C + I + G + X \quad (9\text{-}13)$$

要使四部门经济的国民收入实现均衡，应有：

总供给 = 总需求，或 AS = AD

即 $C + I + G + X = C + S + T + M$，两边同时消去 C，有：

$$I + G + X = S + T + M \quad (9\text{-}14)$$

在四部门经济中，如果假定政府能够做到收支均衡，有 $T = G$，上列均衡公式为：$I + X = S + M$，移项整理后为：$I - S = M - X$。

$I - S$ 是投资储蓄差，$M - X$ 是进出口差，这时应有投资储蓄差等于进出口差。当两边不相等时，政府可以通过调节投资储蓄差与进出口差来使之相等。

📖 知识链接 9-1

两缺口模型

$I - S = M - X$ 是著名的"两缺口模型"，它由发展经济学家钱纳里和斯特罗特于 1966 年在《国外援助和经济发展》一书中提出。这个模型说明，在发展中国家的经济发展过程中，如果国内存在着投资储蓄差 $(I - S)$，则投资不足；对外存在着进出口差 $(M - X)$，则外汇不足。这时发展中国家可以引进外资。引进外资后，首先弥补了国内资金的不足，生产扩大，出口增加，从而进一步弥补了外汇不足。"两缺口模型"曾经是所有发展中国家利用外资的基本理论依据。

3. 四部门经济中国民收入均衡的图形

我们可以用图9-8和图9-9来说明四部门经济的国民收入均衡决定。在图9-8中，$C+I+G+X$表示总需求曲线，它与45°线相交于E_3点，总供给等于总需求，决定了均衡的国民收入为Y_e。在图9-9中，$I+G+X$表示总需求曲线，$S+T+M$表示总供给曲线，它们相交于E_3点，$S+T+M=I+G+X$，决定了均衡的国民收入为Y_e。

图9-8和图9-9说明了四部门经济中消费、投资、储蓄、进出口的均衡情况。当总需求因素($C+I+G+X$)增加时，曲线向右上方移动，均衡点为E_3，高于两部门的E_1点和三部门的E_2点。当总供给因素($S+T+M$)增加时，曲线向左移动，均衡点E_3表示的国民收入小于均衡点E_1和E_2表示的国民收入。

从图9-8和图9-9中可以看出，如果$C+I+G+X>C+S+T+M$，说明总需求大于总供给，经济中出现过度需求，但这时原因比较复杂，除了容易引起通货膨胀外，还有可能因出口过大而造成国内经济不均衡。如果$C+I+G+X<C+S+T+M$，说明总需求小于总供给，经济中出现需求不足，这时原因也是比较复杂的，除了容易引起失业外，还有可能因进口过大而对国内经济产生冲击。

四部门经济中，进口是收缩力量，有$W=C+S+T+M$；政府支出是扩张力量，有$J=C+I+G+X$。$C+J+G+X>C+S+T+M$，就是$J>W$，说明国民收入要扩张；$C+I+G+X<C+S+T+M$，就是$J<W$，说明国民收入要收缩；当$C+I+G+X=C+S+T+M$时，有$J=W$，均衡的国民收入得以实现。

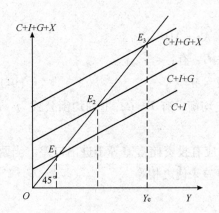

图9-8　四部门经济国民收入的均衡决定（一）

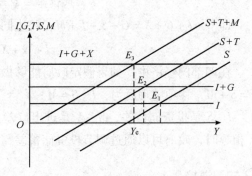

图9-9　四部门经济国民收入的均衡决定（二）

第三节　国民收入的变动与调节

国民收入决定理论不仅要说明是什么因素决定了国民收入的大小，而且要说明这些因素如何影响国民收入的变动。本节介绍决定国民收入的各种因素如何影响国民收入并使其发生变动，以及变动后的主要调节措施。

一、国民收入的变动

1. 注入变动对国民收入的影响

以四部门经济为例,注入包括投资 I、政府支出 G、出口 X,注入因素对国民收入是一种扩张性的力量,因此,注入的变动将引起国民收入向同方向变动,即注入增加将提高国民收入水平,注入减少将降低国民收入水平,图 9-10 说明了这一问题。

在图 9-10 中,纵轴 J 表示注入,45°线表示从总需求角度来看的国民收入均衡。J_1、J_2、J_3 为三条不同水平的注入线。当 J_1 与 45°线交于 E_1 时,决定了均衡的国民收入为 Y_1。当注入由 J_1 减少到 J_2 时,J_2 与 45°线相交于 E_2,决定了国民收入为 Y_2,$Y_2 < Y_1$,说明随着注入减少,国民收入减少。当注入由 J_1 增加到 J_3 时,J_3 与 45°线相交于 E_3,决定了国民收入为 Y_3,$Y_3 > Y_1$,说明随着注入增加,国民收入增加。由此可以看出,在 $AD = C + I + G + X$ 中,每一项因素的增加都会使国民收入增加,要使国民收入扩张,可以增加注入因素,如增加投资、政府支出或出口;反之,要使国民收入收缩,可以减少注入,如减少投资、政府支出或出口。

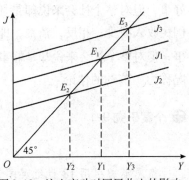

图 9-10 注入变动对国民收入的影响

2. 漏出变动对国民收入的影响

以四部门经济为例,漏出因素包括储蓄 S、税收 T、进口 M,漏出因素对国民收入而言是一种收缩性的力量。因此,漏出的变动将会引起国民收入反方向变动,即漏出的增加将使国民收入减少,漏出的减少将使国民收入增加,图 9-11 说明了这一问题。

在图 9-11 中,纵轴表示注入与漏出,J 为注入线。在分析漏出对国民收入的影响时,假定 J 不变,是一条平行于横轴的线。W_1、W_2、W_3 为三条不同水平的漏出线。W_1 与 J 相交于 E_1 点,这时决定了国民收入为 Y_1。当漏出由 W_1 减少至 W_2 时,W_2 与 J 相交于 E_2,决定了国民收入为 Y_2,$Y_2 > Y_1$,说明随着漏出的减少,国民收入增加;当漏出由 W_1 增加至 W_3 时,W_3 与 J 相交于 E_3,决定了国民收入为 Y_3,$Y_3 < Y_1$,说明随着漏出的增加,国民收入减少。由此可以看出,在 $AD = C + S + T + M$ 中,每一项因素的增加都会使国民收入减少,如果要增加国民收入,就要减少漏出因素,如减少储蓄、政府税收或进口;反之,如果要减少国民收入,就要增加漏出因素,如增加储蓄、政府税收或进口。

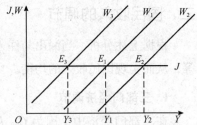

图 9-11 漏出变动对国民收入的影响

图 9-12 说明了漏出因素增加的原因以及漏出曲线 W 向左上方移动的问题。如果假定国民收入是既定的,为 Y_0 线,并垂直于横轴,在同一国民收入水平上比较不同的漏出水

平 W_1、W_2、W_3，会有 $W_1 > W_2 > W_3$，很明显，其中 W_1 的漏出水平最高，W_3 的漏出水平最低。所以，W 线向左移动说明漏出水平提高，国民收入要减少；W 线向右移动说明漏出水平降低，国民收入要增加。这一证明同时说明了 S、T、M 线向左移动和向右移动的问题。

根据注入与漏出对国民收入影响的分析，凯恩斯主义经济学家得出了这样的推论：节俭，即储蓄，对个人来说是件好事，但对整个社会来说却是坏事，因为它属于漏出，会使国民收入减少；相反，消费，即支出，对个人来说可能是坏

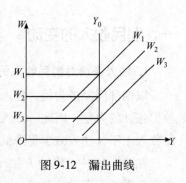

图 9-12　漏出曲线

事，但对整个社会来说却是好事，因为它属于注入，可以使国民收入增加。他们将这种情况称为"节约的悖论"。

个案研究 9-1

蜜蜂的寓言

凯恩斯曾引用 18 世纪英国哲学家孟迪维尔的讽喻诗《蜜蜂的寓言》来说明"节约的悖论"。这首诗叙述了一群蜜蜂的兴衰史。最初蜜蜂们追求豪华奢侈的生活，大肆挥霍浪费，结果社会兴旺，百业昌盛，后来，它们改变了原有的习惯，放弃奢侈的生活，崇尚节俭朴素，结果社会凋敝，经济衰落，最后被敌人打败而逃散。这一结论在凯恩斯理论中，成为运用赤字财政政策刺激总需求的依据。

二、国民收入的调节

根据上述分析，当漏出与注入不相等时，可以调节漏出与注入中的各项因素使之相等，从而实现国民收入的均衡。

1. 三部门经济调节

在三部门经济中，因为 $C + I + G = C + S + T$，整理移项后有 $I - S = T - G$。$I - S$ 为投资储蓄差额，$T - G$ 为政府收支差额。当国民收入均衡时，投资储蓄差等于财政收支差，如果公式两端不相等，则可以通过调节投资储蓄差和财政收支差来使之相等，从而使国民收入达到均衡。当 $I - S < T - G$ 时，可以从不同的方面进行调整，使国民收入实现均衡。

（1）调整投资储蓄差，包括减少储蓄，增加投资，以及同时增加投资、减少储蓄。

（2）调整财政收支差，包括减少税收，增加政府支出，以及同时减少税收和增加政府支出。

（3）同时调节四个因素。在实际经济生活中，政府可以对投资、储蓄、税收和政府支出同时进行调节。政府如果采用紧缩经济政策，即鼓励漏出量，抑制注入量，则会压缩总需求增长；反之，政府如果采用扩张经济政策，即鼓励注入量，抑制漏出量，则会

刺激总需求增长。在宏观经济调控的过程中，个人和企业的储蓄、投资以及政府开支和税收方面的政策，对国民经济的兴衰成败关系十分重大。这是宏观经济学研究的主要内容。

个案研究 9-2

畅通国内大循环，促进国内国际双循环

2021年3月通过的《中华人民共和国国民经济和社会发展第十四个五年规划和2035年远景目标纲要》指出，国际环境日趋复杂，不稳定性不确定性明显增加，新冠疫情影响广泛深远，世界经济陷入低迷期，经济全球化遭遇逆流，全球能源供需版图深刻变革，国际经济政治格局复杂多变，世界进入动荡变革期，单边主义、保护主义、霸权主义对世界和平与发展构成威胁。

必须坚持深化供给侧结构性改革，以创新驱动、高质量供给引领和创造新需求，提升供给体系的韧性和对国内需求的适配性。必须建立扩大内需的有效制度，坚持扩大内需这个战略基点，加快培育完整内需体系，加强需求侧管理，建设强大国内市场。把实施扩大内需战略同深化供给侧结构性改革有机结合起来，以创新驱动、高质量供给引领和创造新需求，加快构建以国内大循环为主体、国内国际双循环相互促进的新发展格局。

立足国内大循环，协同推进强大国内市场和贸易强国建设，形成全球资源要素强大引力场，促进内需和外需、进口和出口、引进外资和对外投资协调发展，加快培育参与国际合作和竞争新优势。加快培育完整内需体系，深入实施扩大内需战略，增强消费对经济发展的基础性作用和投资对优化供给结构的关键性作用，建设消费和投资需求旺盛的强大国内市场。具体包括：全面促进消费，拓展投资空间。

必须坚定不移推进改革，破除制约经济循环的制度障碍，推动生产要素循环流转和生产、分配、流通、消费各环节有机衔接。必须坚定不移扩大开放，持续深化要素流动型开放，稳步拓展制度型开放，依托国内经济循环体系形成对全球要素资源的强大引力场。必须强化国内大循环的主导作用，以国际循环提升国内大循环效率和水平，实现国内国际双循环互促共进。

资料来源：《中华人民共和国国民经济和社会发展第十四个五年规划和2035年远景目标纲要》。

2. 四部门经济调节

在四部门经济中，因为 $C+I+G+X=C+S+T+M$，整理移项后有：$I-S=M-X$，$I-S$ 为投资储蓄差额，$M-X$ 为进出口差额。当国民收入均衡时，投资储蓄差额应等于进出口差额。如果公式两端不相等，则可以通过调节投资储蓄差额和进出口差额来使之相等，使国民收入实现均衡。

当 $I-S<M-X$ 时，可以从不同的方面进行调整，使国民收入实现均衡。

(1) 调整进出口差额，包括增加出口，减少进口，以及同时增加出口、减少进口。

(2) 调整投资储蓄差额，包括减少储蓄，增加投资，以及同时增加投资和减少储蓄。

(3) 同时调节四个因素。政府可以对四个因素同时进行调节，即减少储蓄、增加投资、增加进口和减少出口。四部门经济是开放经济，因此调节起来比三部门要复杂得多。首先它与国际市场、世界经济波动相联系；其次它涉及国家的汇率政策、货币政策、国际收支平衡等诸多问题。

本章小结

两部门经济分析是研究国民收入均衡的出发点，所有分析国民收入决定和均衡的模型都从两部门开始。两部门经济收入流量循环模型为企业与家庭的两次交换过程。在两部门经济收入流量循环模型中，注入应等于漏出。

两部门经济的国民收入构成包括总供给和总需求，两部门经济的国民收入均衡为总供给＝总需求，或 AS = AD，或 $Y_s = Y_d$，或 $I = S$。$I = S$ 是凯恩斯主义最关键的命题，是宏观经济学的理论基础。$S < I$，容易出现通货膨胀；$S > I$，容易出现失业。

三部门经济收入流量循环模型包括企业、家庭与政府。三部门经济的国民收入构成为总供给和总需求，三部门经济国民收入均衡为总供给＝总需求，或 AS = AD，即 $C + I + G = C + S + T$，整理后有 $I - S = T - G$，$I - S$ 是投资储蓄差，$T - G$ 是政府收支差。三部门经济实现均衡，应有投资储蓄差等于政府收支差。当两边不相等时，可以通过调节政府收支差与投资储蓄差来使之相等。

四部门经济收入流量循环模型除了家庭、企业和政府外，还有国际贸易与国际资本运动。四部门经济的国民收入构成为总供给和总需求，四部门经济的国民收入均衡为总供给＝总需求，或 AS = AD，即 $C + I + G + X = C + S + T + M$，整理后有 $I - S = M - X$，$I - S$ 是投资储蓄差额，$M - X$ 是进出口差额，这时应有投资储蓄差额等于进出口差额。当两边不相等时，政府可以通过调节投资储蓄差额与进出口差额来使之相等。$I - S = M - X$ 也称为"两缺口模型"，是所有发展中国家利用外资的基本理论依据。

注入变动会引起国民收入同方向变动，注入增加将提高国民收入水平，注入减少会降低国民收入水平。漏出的变动将会引起国民收入反方向变动，漏出的增加会使国民收入减少，漏出的减少会使国民收入增加。

三部门经济调节可以调整投资储蓄差额和财政收支差额。政府如果采用紧缩经济政策，鼓励漏出量，抑制注入量，则会压缩总需求增长；反之，政府如果采用扩张经济政策，鼓励注入量，抑制漏出量，则会刺激总需求增长。四部门经济可以调整进出口差额和投资储蓄差额。

本章内容结构

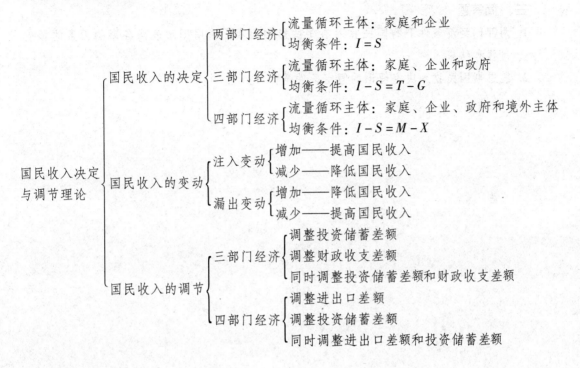

综合练习

一、名词解释

注入　　　　　漏出　　　　　总供给　　　　　总需求

投资储蓄差额　政府收支差额　进出口差额　　　两缺口模型

二、选择题

1. 均衡的国民收入是指（　　）。

   A. 一国每年所生产出的产品的货币价值

   B. 总需求大于总供给时的收入

   C. 总需求小于总供给时的收入

   D. 总需求等于总供给时的国民收入

2. 凯恩斯主义的关键命题是（　　）。

   A. $I = S$　　　B. $I \neq S$　　　C. $G = T$　　　D. $X = M$

3. 根据简单的国民收入决定模型，引起国民收入减少的原因是（　　）。

   A. 消费减少　　B. 储蓄减少　　C. 消费增加　　D. 政府支出减少

4. $J > W$ 表明（　　）。

   A. 注入大于漏出　B. 注入小于漏出　C. 投资大于储蓄　D. 投资小于储蓄

5. 四部门经济中的注入因素包括（　　）。

   A. 储蓄、投资和政府支出　　　B. 税收、政府支出和进口

C. 投资、政府税收和出口 D. 投资、政府支出和出口

三、简答题

1. 两部门经济条件下的国民收入有哪些影响因素？请用图形表明各影响因素的影响过程和结果。
2. 凯恩斯国民收入决定理论的假定条件是什么？

第十章

失业与通货膨胀理论

📄 内容提要

失业与通货膨胀是宏观经济问题中常见的经济现象,许多宏观经济政策都是用来应对这两种经济现象的。失业与通货膨胀理论也是宏观经济学的重要组成部分。本章围绕失业、通货膨胀问题,系统介绍失业、通货膨胀的产生原因和相互关系以及主要治理对策。

🎯 学习目标与重点

- ◆ 了解失业的分类及影响,掌握通货膨胀的含义、产生的原因以及对经济的影响。
- ◆ 了解政府治理失业与通货膨胀的政策措施。
- ◆ 理解失业与通货膨胀的关系。

🔑 关键术语

失业;自然失业率;通货膨胀;菲利普斯曲线;适应性预期

💡 引入案例

我国脱贫攻坚取得决定性胜利

2021年3月12日,新华社受权全文播发的《中华人民共和国国民经济和社会发展第十四个五年规划和2035年远景目标纲要》指出,"十三五"期间,决战脱贫攻坚取得全面胜利,5 575万农村贫困人口实现脱贫,困扰中华民族几千年的绝对贫困问题得到历史性解决,创造了人类减贫史上的奇迹。农业现代化稳步推进,粮食年产量连续稳定在1.3万亿斤以上。1亿农业转移人口和其他常住人口在城镇落户目标顺利实现,区域重大战略扎实推进。

"十四五"期间,坚持农业农村优先发展,全面推进乡村振兴。走习近平新时代中国特色社会主义乡村振兴道路,全面实施乡村振兴战略,强化以工补农、以城带乡,推动形成工农互促、城乡互补、协调发展、共同繁荣的新型工农城乡关系,加快农业农村现代化。

持续强化农业基础地位,深化农业供给侧结构性改革,强化质量导向,推动乡村产业振兴,提高农业质量效益和竞争力。具体包括:增强农业综合生产能力,深化农业结构调整,丰富乡村经济业态。

实施乡村建设行动。把乡村建设摆在社会主义现代化建设的重要位置,优化生产生活生态空间,持续改善村容村貌和人居环境,建设美丽宜居乡村。具体包括:强化乡村建设的规划引领,提升乡村基础设施和公共服务水平,改善农村人居环境。

健全城乡融合发展体制机制。建立健全城乡要素平等交换、双向流动政策体系,促进要素更多向乡村流动,增强农业农村发展活力。具体包括:深化农业农村改革,加强农业农村发展要素保障。

建立完善农村低收入人口和欠发达地区帮扶机制,保持主要帮扶政策和财政投入力度总体稳定,接续推进脱贫地区发展,实现巩固拓展脱贫攻坚成果同乡村振兴有效衔接。具体包括:巩固提升脱贫攻坚成果,推广以工代赈方式,带动低收入人口就地就近就业,提升脱贫地区整体发展水平。

资料来源:《中华人民共和国国民经济和社会发展第十四个五年规划和2035年远景目标纲要》。

失业与通货膨胀是各国宏观经济中两个最重要的问题。各国无不努力在达到美国经济学家托宾所提出的低通货膨胀和低失业率的目标。但现实并不是像托宾所希望的那样美好。美国20世纪90年代实现了这一目标,但20世纪70年代却是高通货膨胀和高失业率并存的滞胀状态。在另一些年份,要么是高失业率低通货膨胀,要么是低失业率高通货膨胀。为什么同时实现低失业率和低通货膨胀不容易?如何才能实现托宾的理想目标?要解决这一问题,我们就必须对失业与通货膨胀进行更为深入的分析。

第一节 失业理论

古典经济学家认为,市场机制可以进行自动调节,能够解决各种经济矛盾,保证充分就业。但事实证明,失业是经常存在的。特别是20世纪30年代的美国经济大萧条,彻底打破了古典经济学家对宏观经济自动趋于充分就业的美好愿望。从此,失业就成为西方宏观经济学研究的主要问题之一。

一、失业及失业率

失业(unemployment)是指达到就业年龄、具备工作能力、谋求工作但未得到就业机会的状态。因此失业主体(失业者)必须具备三个条件:①有劳动能力;②愿意在现行工资水平下就业；③现在没有工作。

衡量经济中失业状况的最基本的指标是失业率。**失业率**（unemployment rate）是失业人数占劳动力总数的百分比，劳动力总数是失业人数与就业人数之和，用公式表示为

$$失业率 = （失业人数 / 劳动力总数）\times 100\% \tag{10-1}$$

各国失业率统计方法略有不同，对工作年龄和失业范围也有不同的规定。例如，在美国，劳动力的年龄范围是 16~65 岁，由美国劳工统计局采用抽样调查的方法，通过对近 60 000 户居民进行访问而估计出失业数字，并在每个月的第一个星期五发表前一个月的失业率估计数字。

【新闻链接】 世界就业和社会展望：2022 年趋势

联合国国际劳工组织（International Labour Organization，ILO）此前发布报告称，全球超过 4.7 亿人处于失业或未充分就业状态，并警告，民众若没有渠道获得足以维持生计的像样工作，恐有陷入贫困、加剧不平等并引发社会动荡的隐忧。

虽然去年全球失业率 5.4% 的数字预估不会出现太大变化，但经济增长趋缓，人口却增加，工作机会相对就会减少，因此整体失业人数可能会小幅上升。

国际劳工组织在其《全球就业与社会展望》（*World Employment and Social Outlook*）年度报告中说，今年登记失业的人数预计将从去年的 1.88 亿人增至 1.905 亿人。

与此同时，全球还有约 2.85 亿人被认定为"未充分就业"（underemployed），意思是这些人真正的工作时长低于心中想要的工作时长，或已经放弃求职，或无法进入劳动市场。

国际劳工组织指出，上述失业和未充分就业人口总计有将近 5 亿人，占全球劳动人口的 13%。

资料来源：联合国国际劳工组织官网。

二、失业的分类及原因

1. 自愿失业与非自愿失业

失业有很多种类，根据劳动者的主观就业意愿，失业分为自愿失业与非自愿失业。

所谓**自愿失业**（voluntary unemployment），是指工人所要求的实际工资超过其边际生产率，或者不愿意接受现行的工作条件和收入水平而未被雇用造成的失业。由于这种失业是由于劳动人口主观不愿意就业造成的，因此称为自愿失业。自愿失业无法通过经济手段和政策来消除，因此不是经济学所研究的范畴。

所谓**非自愿失业**（involuntary unemployment），是指有劳动能力、愿意接受现行工资水平但仍然找不到工作的现象。这种失业是由于客观原因造成的，因而可以通过经济手段和政策来消除。

2. 摩擦性失业、季节性失业、结构性失业和周期性失业

非自愿失业又可以分为摩擦性失业、季节性失业、结构性失业和周期性失业。

摩擦性失业（frictional unemployment）是指生产过程中难以避免的、由于转换职业等而造成的短期局部失业。这种失业的性质是过渡性的或短期性的。它通常起源于劳动的供给方，因此被看作一种求职性失业，像人们换工作或找新的工作时便属于这种失业。工作机会和寻找工作的人在经济中的匹配并不总是顺利地发生，结果是一些人得不到工作。摩擦性失业在任何时期都存在，并将随着经济结构变化而有增大的趋势，但从经济和社会发展的角度来看，这种失业存在是正常的。

摩擦性失业是不可避免的，也是市场经济中一个正常的经济现象，但这并不意味着摩擦性失业是不可减少的。我们知道，就业信息在劳动市场中传播的速度越快，人们寻找工作的时间就越短。例如，互联网就非常有助于提高失业者寻找新工作的效率，减少摩擦性失业。所以政府提高劳动市场效率的公共政策都能起到减少摩擦性失业的作用。例如政府建立和管理职业介绍所，由政府收集和发布就业信息，由政府兴办或资助各类培训计划以帮助失业者顺利地从衰落的行业转移到增长迅速的行业。

季节性失业（seasonal unemployment）是指某些行业中由于工作的季节性而产生的失业。许多工作具有季节性，例如游泳教练、滑雪教练、收割小麦、采摘棉花等工作，工作的季节性会造成季节性失业。从事这些工作的人在这些季节结束以后就必须寻找新的工作，在寻找新工作的过程中就会发生季节性失业。此外，劳动力市场中供给方的变化也可能引起季节性失业。例如在暑期，由于大学生大量进入劳动力市场，寻找临时性的暑期工作，失业率就会在这个季节急剧上升。

结构性失业（structural unemployment）是指劳动力的供给和需求不匹配所造成的失业。其特点是既有失业，也有职位空缺，失业者或者没有合适的技能，或者居住地点不合适，因此无法填补现有的职位空缺。结构性失业在性质上是长期的，而且通常起源于劳动力的需求方。结构性失业是由经济变化导致的，这些经济变化引起特定市场和区域中的特定类型劳动力的需求相对低于其供给。

以下原因可能导致特定市场中劳动力的需求相对较低。

（1）技术变化。原有劳动者不能适应新技术的要求，或者是技术进步使劳动力需求下降。

（2）消费者偏好的变化。消费者对产品和服务的偏好改变，使某些行业的规模扩大而另一些行业的规模缩小，处于规模缩小行业的劳动力因此失去工作岗位。

（3）劳动力的不流动性。流动成本的存在制约着失业者从一个地方或一个行业流动到另一个地方或另一个行业，从而使结构性失业长期存在。

延伸阅读 10-1

结构性失业与摩擦性失业的比较

结构性失业与摩擦性失业既有区别又有联系。两者的共同点是每出现一个失业者，就有一个职位空缺。两者的区别在于：摩擦性失业中劳动力供给结构与劳动力需求结构是相吻合的，对于每一个寻找工作的失业者都有一个适合他的职位空缺，只是他尚未找到而已；而在结构性失业中，劳动力供给结构与劳动力需求结构是不相吻合的，寻找工作的失业者找不到与自己的技能、职业、居住地相符合的工作。另外，摩擦性失业持续的时间一般较短，结构性失业持续的时间较长。

周期性失业（cyclical unemployment）是指经济周期处于衰退或萧条时，因社会总需求下降而造成的失业。当经济发展处于一个周期中的衰退期时，社会总需求不足，因而厂商的生产规模也缩小，从而导致较为普遍的失业现象。周期性失业对于不同行业的影响是不同的。一般来说，需求收入弹性越大的行业，周期性失业的影响越严重。也就是说，人们收入下降，产品需求大幅度下降的行业，周期性失业情况比较严重。这种失业是由于总需求不足引起的，因此也称为"需求不足的失业"。

个案研究 10-1
源于美国金融危机的周期性失业

2007 年 4 月，美国爆发了"次贷危机"，并迅速席卷了美国、欧洲各大金融机构，由此引发了全球金融危机。金融危机爆发以来，不仅美国金融机构发行的住房抵押贷款违约率大幅度增加，许多持有美国住房抵押贷款支持债券的机构也出现较大亏损。截至 2009 年 7 月 3 日，美国共有 52 家银行倒闭，创下 1992 年以来的最高纪录，已超过 2008 年全年 25 家的两倍。2009 年 5 月美国 20 个主要城市的房屋中间价与 2006 年 7 月最高峰相比下跌了 32%。美国劳工部 2009 年 7 月 2 日公布的数据显示，美国 2009 年 6 月新增失业人口 46.70 万，失业率上升到 9.5%，创 26 年新高，失业率增速比预期的要快。

资料来源：武力. 中华人民共和国经济史：下卷 [M]. 北京：中国时代经济出版社，2010.

三、自然失业率

充分就业是与失业密切相关的概念，充分就业是宏观经济政策的重要目标之一。从广义上说，它是指一切生产要素（包含劳动）都有机会以自己愿意接受的报酬参加生产的状态。从狭义上说，它是指在现有的工资水平和工作条件下，所有愿意工作的人都参加了工作的状态。但在变化快速的经济生活中，永远存在着职业流动和行业的结构性兴衰，所以总有少部分人会失业。

有关充分就业的定义，西方经济学家曾提出几种说法。凯恩斯认为，如果非自愿失业已消除，失业仅局限于摩擦性失业和自愿失业的话，就实现了充分就业。可见充分就业并不是百分之百就业。另外一些经济学家认为，如果职位空缺总额恰好等于求职人员的总额即需求不足型失业等于零的话，就是实现了充分就业。还有些经济学家认为，如果再要提高就业率，必须以通货膨胀为代价的话，那么就已实现了充分就业。

自然失业率（natural rate of unemployment）是指在没有货币因素干扰的情况下，让劳动市场和商品市场的自发供求力量起作用时，总需求和总供给处于均衡状态下的失业率。换句话说，自然失业率就是指经济中消灭了周期性失业以后的失业率，即摩擦性失业和结构性失业人数占劳动人口的比重。自然失业率并不是一个固定不变的值，它随着经济社会的发展而变化，一般由政府根据有关调研数据来确定。例如，美国在一个较长的时期内确认其自然失业率为5%，也就是说当美国的失业率在5%或以下时，政府就不会采取有关措施来干预劳动市场的运行。

四、失业的代价

就社会整体而言，失业意味着人力资源的浪费。对失业的个人来说，失业意味着生活水平的下降和心理上的痛苦。另外，失业也是一个严重的社会问题，失业本身不仅会造成国民收入减少，还会造成社会损失。

1. 失业造成的经济损失

失业会造成人力资源的浪费，进而会带来生产设备及其他经济资源的大量闲置，生产性资源的闲置使生产能力不足，直接减少了社会产品，降低了国民收入。失业所造成的国民收入的直接损失是巨大的。当经济处于非充分就业状态，即存在周期性失业时，可以用奥肯定律来估计损失的产量。

> **知识链接 10-1**
>
>
>
> ### 奥肯定律
>
>
>
> 曾任美国前总统约翰逊首席经济顾问的美国经济学家阿瑟·奥肯（Arthur Okun）研究了失业率变动对实际国民收入的影响，提出了奥肯定律。奥肯定律说明的是失业率与实际国民收入增长率之间关系的经验统计规律。
>
> 奥肯定律的内容是，失业率每高于自然失业率1个百分点，则实际GDP将低于潜在GDP 2个百分点。
>
> 理解这一规律时应注意：首先，它表明了失业率与实际国民收入增长率之间是反方向变动的关系；其次，失业率与实际国民收入增长率之间1∶2的关系只是一个平均数，是根据经验统计资料得出的，在不同时期、不同国家，数字略有不同；最后，奥肯定律适用于没有实现充分就业的情况。

失业除了能够给整个社会造成直接经济损失外，还会对一国的财政状况产生重大影响。由于工人的工资所得及企业的收入所得都要缴税，当工人失业时，工人的收入下降，企业开工不足，利润下降，政府的税收收入也会大大减少。

2. 失业造成的社会损失

失业所带来的另一个重大损失是失业者及其家庭所面临的个人损失和心理上的打击。失业所造成的这部分社会损失是无法用货币的形式来表示的，但这种影响是巨大的。失业会使失业者及其家庭的收入和消费水平下降，特别是在没有失业保障制度的情况下，失业者的悲惨状况可想而知。如果一个工人长期没有稳定的职业，他会丧失某种劳动技能和自我肯定，还会遭受焦虑之苦。

失业还会造成失业者的失望和不满，会导致社会犯罪率、离婚率的上升，并有可能引发社会骚乱。由此可以看出失业问题在政治上占有重要地位的原因。失业问题直接关系到政治的稳定，任何政府都十分关注失业问题，政府在制定宏观经济政策时也不得不考虑其对失业的影响。

五、降低失业率的措施

针对失业的劳动力供给大于劳动力需求的状况，可主要从劳动力供给和劳动力需求两方面采取措施降低失业率。

1. 劳动力供给方面的措施

一国政府要想采取措施降低失业率，首先应使劳动力的供给在数量、结构和质量上与劳动力的需求相符合。对于控制劳动力的供给规模，政府可以通过延长劳动力的受教育时间，推迟青年人进入就业市场的时间来缓解失业状况。另外，延长受教育时间，还可以提高劳动力的素质，从而降低结构性失业。

针对容易失业的劳动者群体，如刚参加工作的青年人、低技能劳动者及缺乏劳动经验的人，可以通过降低最低工资、加强职业培训来降低他们的失业率。例如，欧洲的学徒制度因为能使青年人接受在职培训而受到广泛的赞誉，该制度不仅为青年人提供了正式的工作，而且能够使他们成为长期具有生产能力的工人。

2. 劳动力需求方面的措施

相关部门可以提供就业的信息服务，加强劳动力的流动性，还可以通过完善失业保障制度，使失业者能维持基本的生活水平，达到社会公平的目的。但是，失业保障制度会对一国的就业水平产生负面影响。首先，失业保障制度能使人们有更多的时间求职，这会提高整个社会的失业率。其次，失业保障制度会产生就业不稳定性效应。尤其是在萧条时期，失业救济能刺激企业解雇工人而不再保留工人的职位。针对这种效应，政府可以通过经验评级制度对失业率高的企业征收较高的失业保险税，从而刺激企业达到更加稳定的就业水平。最后，由于有人实际上并不需要工作，但为了领取失业救济金又必须是寻找工作的"在册劳动力"，所以，失业保障制度会提高失业率。

由此可见，在失业保障制度的设计过程中，必须权衡减轻失业者的痛苦和高失业救济金能提高失业率的可能性二者之间的利弊。政府对失业保障制度进行改革时，必须尽可能地减少失业率的负面影响。

第二节　通货膨胀理论

一、通货膨胀的含义

通货膨胀（inflation）是指物价水平在一定时期内持续的、普遍的上升过程，或者是指货币实际购买力在一定时期内持续的下降过程。理解通货膨胀要注意以下四个方面。

1) 一般物价水平上涨不是指个别商品价格的上涨。在市场经济中，商品价格总是不断变化的，有的上升，有的下降，上升或下降程度大小与时间早晚也不一致。通货膨胀并不是说所有的商品价格都上涨，而是指平均价格水平或一般物价水平的上涨。

2) 一般物价水平上涨，包括各种各样的物价水平上涨，有公开形式、变相形式、隐蔽形式。

3) 一般物价水平持续的上涨，不是暂时或偶然的价格上涨。持续的上涨是指连续不断地一直上涨，在经济周期中一般物价水平上涨一阵，又下降一阵，如灾害、季节变化出现的物价波动，这并不是通货膨胀，通货膨胀是指一般物价水平运动呈上升趋势。

4) 一般物价水平显著地上涨。市场上商品价格时时刻刻都在变化，不是一般物价水平稍有波动或上升就是通货膨胀，而是一般物价水平存在相当幅度的上涨。

与通货膨胀相对的概念是通货紧缩，指的是一般价格水平的持续性下降。

● 课堂讨论

请同学们讨论当前的物价形势。

二、通货膨胀的衡量

1. 物价指数

在宏观经济分析中，一般物价水平指的是各类产品和服务的价格加总的平均数，用物价指数表示。物价指数是目前世界各国衡量通货膨胀的主要指标之一，是表明产品价格从一个时期到下一时期变动程度的指数。由于统计口径、方法和选择对象不同，反映物价水平变化的物价指数有多种，其中最主要和常用的有三种。

(1) 消费者价格指数，简称 CPI，又称零售物价指数或生活费用指数，它是衡量各个时期居民个人消费的产品和服务价格变化的指标。这是与居民个人生活最为密切的物价指数，因为这个指标最能衡量居民货币的实际购买力水平，具体的计算公式为

$$\text{CPI} = \frac{\text{本期价格指数}}{\text{基期价格指数}} \times 100\% \tag{10-2}$$

(2) 生产者价格指数，简称 PPI，又称批发价格指数，是衡量各个时期生产者在生产过程中用到的产品的价格水平变动而得到的指数。通常这些产品包括成品和原材料。

(3) GDP 折算指数，是衡量各个时期所有产品和服务的价格变化的指标。它是按当年价格计算的国内生产总值对按基期年价格计算的国内生产总值的比率。由于其统计计算对象包括所有计入 GDP 的最终产品和服务，所以能较全面地反映一般物价水平变化。

● 知识链接 10-2

为什么不把商品房的价格计入 CPI

之所以没有将商品房的价格直接计入 CPI，一是 CPI 的统计口径必须与国际上通行的

国民经济核算体系中的消费分类相一致，以满足国民经济核算的需要。目前我国国民经济核算采用 1993 年"国民经济账户体系"（the system of national accounts，SNA），将商品房的投资属性剔除了，只考虑其消费属性。与 1993 年 SNA 一致，CPI 只反映与居民即期消费密切相关的消费品及服务项目的价格变动，购买商品房属于投资行为，不属于消费行为，所以现行 CPI 不能直接反映商品房价格的变动。二是商品房购买与当期消费不同步，购买支出与当期实际住房消费不对等。商品房购买是一种在短期内集中支付大量货币的行为，但所购商品房却用于今后几十年的消费。因此，按照国际通行做法，我国住房消费服务通常用该住房的估算租金及物业管理与维修费等来反映，而不将房地产价格直接纳入反映居民日常消费价格变动的 CPI 中。

另外，虽然 CPI 没有把商品房价计算在内，但并不是说 CPI 和房价没有关系。因为 CPI 中的居住类项目包括了建房及装修材料、住房租金、自有住房等方面，而这几方面的价格变动与房地产价格有密切的相关性。

资料来源：国家统计局网站。

2. 通货膨胀率

通货膨胀的程度通常用通货膨胀率来衡量。通货膨胀率被定义为从一个时期到另一个时期价格水平变动的百分比。用公式来表示就是：

$$通货膨胀率 = \frac{P_t - P_{t-1}}{P_{t-1}} \tag{10-3}$$

式中，P_t 和 P_{t-1} 分别为 t 时期和 $(t-1)$ 时期的价格水平。

三、通货膨胀的分类

1. 按照物价上涨的速度分类

（1）温和的通货膨胀，是指每年物价上升的比例在 10% 以内。例如，美国 20 世纪 90 年代一直保持 2% 左右的通货膨胀率就属于温和的通货膨胀。一般认为温和的通货膨胀不会对经济造成巨大的恶性影响，甚至还有经济学家认为这种缓慢而持续的价格上升能对经济和收入的增长有积极的刺激作用。

（2）奔腾的通货膨胀，是指年通货膨胀率在 10% 以上、100% 以下。这时，货币流通速度提高而货币的实际购买力下降，对于经济具有较大的破坏作用，因为当这种通货膨胀发生以后，由于价格上升速度快、上升幅度大，公众预期价格还会进一步上升，因而会采取各种手段来保护自己，如将货币换成房产、汽车、黄金和珠宝等保值商品，或者大量囤积商品，从而使产品市场和劳动市场的均衡遭到破坏，正常的经济运行秩序被破坏，经济体系受损。例如，一些国家在 20 世纪 80 年代出现的 10% 以上且每年加剧的通货膨胀就是奔腾的通货膨胀。

（3）超级通货膨胀，是指通货膨胀率在 100% 以上。发生这种通货膨胀时，价格持续猛升，人们都尽快地使货币脱手，使货币流通的速度进一步加快。其结果是货币完全失去了人们的信任，货币的购买力大幅下降，各种正常的经济秩序遭到破坏，以致货币体系最后完全崩溃。在严重的情况下，还会出现社会动乱。玻利维亚在20世纪80年代就出现过这种通货膨胀。俄罗斯和东欧国家在经济转型过程中也出现过这种通货膨胀。

2. 按照对物价影响的差别分类

（1）平衡的通货膨胀，即每种商品的价格都按相同的比例上升。这里所指的商品价格包括生产要素以及各种劳动的价格，如工资率、租金、利率等。平衡的通货膨胀对整个经济活动不会发生什么严重的影响。然而，这种情况在现实经济生活中并不多见。

（2）非平衡的通货膨胀，即各种商品价格上升的比例并不完全相同。现实中发生的通货膨胀大多属于这种类型。

3. 按照人们对物价上涨的预期分类

通货膨胀对经济的影响在很大程度上取决于人们是否可以预期。

（1）可预期的通货膨胀。如果人们预期的通货膨胀与实际发生的通货膨胀（通货膨胀的预期值与实际值）一致，这种通货膨胀就是可预期的。可预期的通货膨胀发生时会引起人们的不方便，尤其是人们减少持有的现金量，把更多的钱存入银行，有时就需要多往银行跑几次，浪费了时间。这种影响被形象地说成要"多磨一点鞋底"，所以成为皮鞋成本。此外，企业要改变价格，印刷新的产品价目表，这就增加了成本，产生菜单成本。在这种通货膨胀发生时，如果实行了工资指数化，即随通货膨胀率调整名义工资，还会产生通货膨胀税，因为这时起征点和税率都是按名义工资调整的。可预期的通货膨胀尽管有这些不利影响，但总体上对经济的不利影响不大，因此，人们可以根据通货膨胀的预期值调整自己的经济行为，抵消这些影响。

（2）不可预期的通货膨胀。如果人们预期的通货膨胀与实际发生的通货膨胀不一致，这种通货膨胀就是不可预期的。如果通货膨胀率的实际值大于预期值，对工人和企业而言，工人受害而企业获益。因为这使工人的实际工资减少而企业的实际利润增加。对债务人和债权人而言，也使债务人获益而债权人受损失。

4. 按照物价上涨表现形式不同分类

现实经济社会中的通货膨胀有不同的表现形式，物价水平上涨能够在不同程度与不同范围反映出来。据此，可以把通货膨胀分为如下三种。

（1）公开性通货膨胀。通货膨胀完全通过一般物价水平上涨的形式反映出来，物价上涨率就是通货膨胀率。在一般情况下，通货膨胀都是公开性的。

（2）隐蔽性通货膨胀。它是指在社会经济生活中已出现一般物价水平上涨，但并没有在官方物价指数变化中完全表现出来的通货膨胀。由于官方物价指数没有充分和准确地反映物价水平上涨，要么漏掉了，要么隐蔽起来了，因此，官方物价指数反映的物价上涨率低于实际发生的物价上涨率。出现这种情况的原因是官方物价指数编制方面存在缺陷。

（3）抑制性通货膨胀。它是指在社会经济中存在着通货膨胀压力时，由于政府严格管制，商品价格无法上涨，因而在现行价格水平条件下，商品普遍短缺，出现强迫储蓄的状况。在抑制性通货膨胀中，过度需求不会因政府对价格的控制而消失，而是转化为商品短缺和供应紧张。抑制性通货膨胀严重到一定程度，物价最终还会突破限制而有所上涨，只是此类上涨一般是滞后的、有限的。

四、通货膨胀的产生原因

1. 需求拉上的通货膨胀

需求拉上的通货膨胀又称超额需求型通货膨胀，是指总需求超过总供给所引起的一般物价水平普遍而持续的上升。通俗地说，这种通货膨胀是"过多的货币追逐过少的商品"，从而导致的物价上升。下面用图 10-1 来说明总需求是如何拉动物价上升的。

在图 10-1 中，横轴 Y 表示国民收入，纵轴 P 表示一般物价水平，AD 为总需求曲线，AS 为总供给曲线。总供给曲线 AS 起初为水平状态，这表示在国民收入水平较低时，总需求的增加不会引起价格水平的上升。

当国民收入增加到 Y_1 时，总需求继续增加，此时将导致国民收入和一般价格水平同时上升，总需求从 AD_1 增加到 AD_2 时，国民收入从 Y_1 增加到 Y_2 的水平，价格也从 P_1 上升到 P_2 的水平。

也就是说，在这个阶段，总需求的增加，在提高国民收入的同时也拉升了一般价格水平；当国民收入

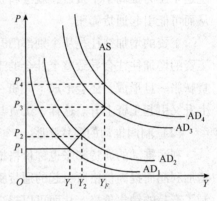

图 10-1 需求拉上的通货膨胀

增加到潜在的国民收入水平 Y_F 时，此时国民经济已经处于充分就业的状态，在这种情况下，总需求的增加只会拉动价格上升，而不会使国民收入增加，总需求从 AD_3 上升到 AD_4，国民收入仍然保持在 Y_F，但物价水平从 P_3 上升到 P_4。

由以上分析可知，当经济体系中有大量资源闲置时，总需求的增加不会引起物价上升，只会导致国民收入增加；当经济体系中的资源接近充分利用时，总需求的增加会同时拉升国民收入和一般价格水平；当经济体系中的资源利用达到充分就业状态时，总需求的增加不会使国民收入增加，而只会导致一般价格水平上升。

2. 成本推动的通货膨胀

成本推动的通货膨胀，又称成本通货膨胀或供给通货膨胀，是指在没有超额需求的情况下由供给方面成本的提高所引起的通货膨胀。成本的增加意味着只有在高于以前的价格水平时，才能达到与以前同样的产量水平，即总供给曲线向左上方移动。

在总需求不变的情况下，总供给曲线向左上方移动使国民收入减少，价格水平上升。这种价格上升就是成本推动的通货膨胀，可以用图 10-2 来说明此种情况。

在图 10-2 中，原来的总供给曲线 AS_1 与总需求曲线 AD 决定了国民收入水平为 Y_1，价格水平为 P_1；成本增加后，总供给曲线向左上方移动到 AS_2，总需求保持不变，从而决定

了新的国民收入为 Y_2，价格水平为 P_2。价格水平由 P_1 上升到 P_2 是由于成本的增加所引起的，这就是通常所说的成本推动的通货膨胀。

引起成本增加的原因并不完全相同，因此成本推动的通货膨胀又可以根据其原因的不同而分为以下几种。

（1）工资成本推动的通货膨胀。

工资是厂商成本中的主要构成部分之一，工资水平的上升会导致厂商成本增加，厂商因此而提高产品和服务的价格，从而导致通货膨胀。工会对劳动市场有很强的影响，工会为了工人利益要求提高工资，雇主迫于压力提高了工资后，就会将提高的工资加入成本，将产品和服务的价格提得更高，从而可能引起通货膨胀。

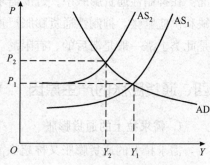

图 10-2 成本推动的通货膨胀

工资的增加往往是从个别部门开始的，但由于各部门之间工资的攀比行为，个别部门工资的增加往往会导致整个社会的工资水平上升，从而引起普遍的通货膨胀，而且这种通货膨胀一旦形成，还会形成"工资－物价螺旋式上升"，即工资上升引起物价上升，物价上升又引起工资上升。这样，工资与物价不断互相推动，形成严重的通货膨胀。

（2）利润推动的通货膨胀。

利润推动的通货膨胀也称价格推动的通货膨胀，是指市场上具有垄断地位的厂商为了增加利润而提高价格所引起的通货膨胀。在不完全竞争的市场中，具有垄断地位的厂商控制了产品的销售价格，从而可以提高价格以提高利润。

这种通货膨胀是由于利润的推动而产生的，尤其是在工资增加时，垄断厂商以工资的增加为借口，更大幅度地提高物价，使物价的上升幅度大于工资的上升幅度，其差额就是增加的利润，这种利润的增加使物价上升，形成通货膨胀。

工资推动和利润推动实际上都是操纵价格的上升，其根源在于经济中的垄断，即工会的垄断形成工资推动，厂商的垄断引起利润推动。

（3）原材料成本推动的通货膨胀。

这是指厂商生产中所需要的原材料的价格上升推动产品和服务的价格上升而形成的通货膨胀。在现代经济中，某些能源或关键的原材料供给不足，会导致其价格上升，进而引起厂商成本上升，如石油价格的上升，或者是某种进口原材料价格的上升等，最典型的事例是 20 世纪 70 年代覆盖整个西方发达国家的滞胀（经济停滞和通货膨胀同时并存），其主要根源之一就在于当时石油价格的大幅度上升。

3. 结构性通货膨胀

在没有需求拉上和成本推动的情况下，只是由于经济结构因素的变动，也会引起一般价格水平的持续上升，这种原因导致的一般价格水平的持续上升称为结构性通货膨胀。

从生产率提高的角度来看，一些部门生产率提高的速度快，另一些部门生产率提高的速度慢；从经济发展的过程看，一些部门正在迅速发展，另一些部门则日趋衰落；从世界市场的关系来看，一些部门（开放部门）同世界市场的联系十分密切，另一些部门（非开放部门）同世界市场没有密切联系。

一般来说，生产率提高速度快的部门的工资水平提高快，而生产率提高速度慢的部门的工资水平提高慢，但是处于生产率提高速度慢的部门的工人要求"公平"，由于工会的存在，他们要求提高工资水平往往会实现，从而使整个社会的工资增长率超过劳动生产率的增长，进而引起通货膨胀。同样，在迅速发展的部门和日趋衰落的部门之间、开放部门和非开放部门之间也会产生这种情况。

当然，通货膨胀是现代经济社会中一个常见的、复杂的社会经济现象，其产生的根源往往不仅仅是上述三种原因中的某一种，更是由于其中的两种甚至三种原因共同交织在一起。

五、通货膨胀对经济的影响

通货膨胀对社会和个人的经济生活都会产生各种影响。一般可以将通货膨胀对经济的影响分成两种，即通货膨胀的收入再分配效应和通货膨胀的产出效应。

1. 通货膨胀的收入再分配效应

通货膨胀意味着人们手中持有货币的购买力下降，从某种程度上讲，是人们过去劳动成果的缩水，也就是说，通货膨胀会导致人们的实际收入水平发生变化，这就是通货膨胀的收入再分配效应，但是通货膨胀对不同经济主体的再分配效应是不同的。

（1）通货膨胀不利于靠固定货币收入维持生活的人。对于固定收入阶层来说，其收入是固定的货币数额，落后于上升的物价水平。也就是说，他们获得货币收入的实际购买力下降了，其实际收入因通货膨胀而减少，如果他们的收入不能随通货膨胀率变动的话，他们的生活水平必然降低。

在现实生活中，靠政府救济金维持生活的人比较容易受到通货膨胀的冲击，因为政府的救济金发放水平的调整相对较慢。此外，工薪阶层、公务员以及其他靠福利和转移支付维持生活的人，都比较容易受到这种冲击。而那些收入能随着通货膨胀变动的人，则会从通货膨胀中得益。

例如，在扩张中的行业工作并有强大的工会支持的工人就能从通货膨胀中受益，他们的工资合同中有工资随生活费用的上涨而提高的条款，或有强有力的工会代表他们进行谈判，在每个新合同中都有可能得到大幅度的工资增长。

（2）通货膨胀对储蓄者不利。随着价格上升，存款的购买力就会降低，那些在银行持有闲置货币和存款的人会受到严重打击。同样，像保险金、养老金以及其他固定价值的证券财产等，它们本来是作为风险抵御金和养老金的，在通货膨胀中，其实际价值也会下降。

（3）通货膨胀还会在债务人和债权人之间产生收入再分配的作用。具体来说，通货膨胀牺牲了债权人的利益而使债务人得益。例如，甲向乙借款 1 万元，约定一年以后归还，假定这一年中发生了通货膨胀，物价上升了1倍，那么一年后甲归还给乙的1万元只能购买到原来一半的产品和服务，也就是说，通货膨胀使乙损失了一半的实际收入。

为了反映通货膨胀对于存款人实际收入的影响，一般用实际利率来代替名义利率，实际利率等于名义利率减去通货膨胀率，假设银行存款的名义利率为5%，而通货膨胀率为10%，则此时银行存款的实际利率为-5%。2004年、2008年和2010年我国的物价涨幅都高于名义利率，实际利率为负。

实际研究表明，第二次世界大战以后，西方国家政府从通货膨胀中获得了大量再分配的财富，其来源有以下两个。

第一，政府获得了通货膨胀税的收入。因为政府税收中有部分税收是累进的，如个人收入所得税。因此，某些经济学家认为，希望政府去努力制止通货膨胀是比较难的。

第二，现代经济中，政府都把发行公债作为筹集资金和调控经济的手段，从而使政府有较大数额的国债，通货膨胀使政府作为债务人而获益。

2. 通货膨胀的产出效应

一般认为，温和的通货膨胀对经济发展比较有利。因为人们消费时有"买涨不买跌"的倾向，即当人们认为物价会上涨时，会采取及时消费的策略，消费增加会刺激厂商扩大生产规模，从而使就业增加，国民收入上升；当人们认为物价将下跌时，会采取持币等待的策略，消费减少会导致厂商缩小生产规模，从而使失业增加，国民收入下降。当然，这只是一般的分析，通货膨胀的产出效应有以下三种情况。

（1）随着通货膨胀的出现，产出增加。这就是需求拉上型通货膨胀的刺激促进了产出水平的提高，这种情况产生的前提条件是有一定的资源闲置。当一个经济体系有一定的资源闲置时，物价温和的上涨会刺激人们的购买欲望，从而增加消费，拉动就业和促使产出水平的提高。

（2）成本推动型通货膨胀导致失业。也就是说，通货膨胀引起就业和产出水平的下降。这种情况产生的前提条件是经济体系已经实现了充分就业，在这种情况下，如果发生了成本推动型通货膨胀，则原来总需求所能购买的实际产品的数量将会减少。

当成本推动的压力抬高物价水平时，既定的总需求只能在市场上支持一个较小的实际产出。所以，实际产出会下降，失业会上升。例如，1973年，石油输出国组织的石油价格翻了两番，从而引发了成本推动型通货膨胀；与此同时，1973—1975年美国等主要发达国家的物价水平迅速上升，美国的失业率从1973年的不到5%上升到了1975年的8.5%。

（3）超级通货膨胀导致经济崩溃。首先，当物价持续上升时，居民和企业都会产生通货膨胀的预期，即估计物价会再度升高。在这种情况下，人们就不会让自己的储蓄和现行的收入贬值，而宁愿在价格上升前将货币花掉，从而产生过度的消费购买，导致储蓄和投资都会减少，进而产出水平下降。其次，随着通货膨胀而来的是生活费用的上升，劳动者会要求提高工资，企业成本上升，导致企业生产规模缩小，产出水平下降。再次，企业在通货膨胀率上升时会力求增加存货，以便在此后按高价出售以增加利润，从而使市场上可供销售的货物可能减少，物价将进一步上升。最后，当出现恶性通货膨胀时，情况会变得更坏，经济体系极有可能崩溃。

六、治理通货膨胀的政策

1. 紧缩性的需求管理政策

在政策上，可以通过实施紧缩性的财政政策和货币政策来实现。在方法上，可以采取激进主义政策（冷火鸡政策）和渐进主义政策，前者是指政府通过突击性大规模的紧缩性的需求管理政策，以名义 GDP 明显下降和失业率显著提高为代价，在短时期内尽快消除通货膨胀的政策。后者是指政府持续不断地紧缩总需求，在较长的时间内逐步消除通货膨胀的政策，其基本特征是较低的失业率和较长的时间。

2. 收入政策

收入政策是政府为了降低一般物价水平上升的速度而采取的限制货币工资和价格的政策。因此，收入政策也叫作工资和物价管制政策。

收入政策的理论基础是成本推动型通货膨胀的理论。西方经济学家认为工会是垄断组织，工会与垄断厂商分别具有提高工资与商品价格的垄断力量。工会与垄断厂商的垄断，使生产成本不断上升，导致了成本推动型通货膨胀。因此，要降低通货膨胀率，就要对工资和物价进行管制，实行收入政策。收入政策具体有三种方法。

（1）实行工资和价格指导指标。

工资和价格指导就是把工资和物价上涨的幅度限定在一定的范围内。1962 年初，美国总统经济顾问委员会在提交总统的年度报告中，首次提出实行工资和价格指导指标。当时规定，当年的工资和价格增长率为 3.2%。但是，事实上，在工资限制在这个指标内的同时，商品价格则高出了这个指标的 3.2%，于是引起了工人的反对，到 1968 年，美国总统经济顾问委员会废止了在 1962 年提出的工资和价格指导指标。

（2）冻结工资和物价。

1971 年 8 月，美国时任总统尼克松宣布实行 3 个月的冻结工资和物价的政策。同年 11 月，冻结工资和物价的政策进入第二阶段。这种政策在抑制工资和物价上涨上，收到了比较显著的效果。美国的物价上涨在 1968 年为 4.2%，在 1969 年为 5.5%，在 1970 年为 5.7%，而在实行了冻结工资和物价的政策后，从 1971 年到 1972 年中期，物价只上涨了 3.2%。

（3）实行以税收为基础的收入政策。

这种政策以减税、增税作为奖惩手段，以减税政策来奖励遵守工资增长界限的企业，对不遵守工资增长界限的企业实行增税政策予以惩罚。其实，这种政策仅为企业抑制工资上涨提供了政策依据和动力。

3. 改变预期

改变预期是指在相信政府有控制通货膨胀能力的基础上改变对通货膨胀率的预期。改变预期就可以制止工资与物价螺旋上升。斯蒂格利茨认为，人们对通货膨胀的心理预期对通货膨胀起着巨大的作用。要想实现引导企业和工人不涨物价与不涨工资的目标，在很大程度上应当打破企业和工人对通货膨胀的心理预期。为此，政府必须对经济实行剧烈的、持久的干预。政府要敢于务求实效，否则，就不能实现改变预期以控制通货膨胀的目的。

如果政府控制通货膨胀率的措施足以使人们相信政府控制通货膨胀的能力，人们就会降低甚至消除对通货膨胀的预期，使政府为增加就业而采取的政策产生有效性。

如果政府控制通货膨胀率的措施不足以使人们相信政府控制通货膨胀的能力，人们的通货膨胀预期就不能消除，通货膨胀率预期就继续推动通货膨胀过程。人们一旦形成对通货膨胀的心理预期就具有惯性，而改变这种具有惯性的心理预期，不下猛药是实现不了的。

正因为如此，上面介绍的渐进式降低通货膨胀的方法和激进式降低通货膨胀的方法相比较，激进式降低通货膨胀的方法在降低通货膨胀的作用上比渐进式降低通货膨胀的方法更有效，因为它更体现了政府控制通货膨胀的决心，因此，更能增强人们对政府控制通货膨胀的信心，从而降低和消除人们对通货膨胀的心理预期。

第三节 失业与通货膨胀的关系

失业与通货膨胀是短期宏观经济运行中存在的两个主要问题，经济决策者在解决这两个问题的时候，往往会碰到这样一个矛盾，即降低通货膨胀与降低失业率这两个目标是互相冲突的。利用总供给－总需求模型来分析，当政府希望通过财政政策或货币政策来扩大总需求以增加就业的时候，客观上得到的结果是产出增加、就业增加、一般价格水平上升，也就是说，就业的增加是以物价的上升为代价的；相反，如果政府紧缩总需求的话，则会使通货膨胀下降，而失业却增加了。在宏观经济学中，失业和通货膨胀的关系主要是用菲利普斯曲线来说明的。

一、菲利普斯曲线的含义

1958年，在英国任教的新西兰经济学家菲利普斯（A. W. Phillips）在研究了1861—1957年的英国失业率和货币工资增长率的统计资料后，提出了一条用以研究失业率和货币工资增长率之间替代关系的曲线。在以横轴表示失业率，纵轴表示货币工资增长率的坐标系中，画出一条向右下方倾斜的曲线，这就是最初的菲利普斯曲线（见图10-3）。

该曲线表明，当失业率较低时，货币工资增长率较高；反之，当失业率较高时，货币工资增长率较低，甚至为负数。

菲利普斯曲线本来只是用来描述失业率与货币工资增长率之间关系的，但后来有的经济学者认为，工资是成本

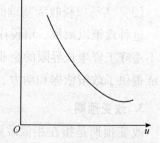

图10-3 原始的菲利普斯曲线

的主要构成部分，从而也是产品价格的主要构成部分，因此可以用通货膨胀率来代替货币工资增长率。

这样一来，菲利普斯曲线就变成了一条用来描述失业率与通货膨胀率之间替代关系的曲线了：当失业率高时，通货膨胀率就低；当失业率低时，通货膨胀率就高。在图10-3中，横轴代表失业率u，纵轴代表通货膨胀率π，向右下方倾斜的曲线即为菲利普斯曲线。菲利普斯曲线说明了失业率与通货膨胀率之间存在着替代关系。

二、菲利普斯曲线的应用

菲利普斯曲线为政府实施经济干预、进行总需求管理提供了一种理论依据。它意味着可以用较高的通货膨胀率为代价，来降低失业率或实现充分就业；要降低通货膨胀率和稳定物价，就要以较高的失业率为代价。也就是说，失业率与通货膨胀率之间存在着一种"替代关系"，想要降低或增加其中的一个指标，就要以增加或降低另一个指标为代价。

具体而言，一个经济社会首先要确定一个临界点，由此确定一个失业与通货膨胀的组合区域。如果实际的失业率和通货膨胀率组合在组合区域内，则政策的制定者不采用调节措施；如果在组合区域之外，则可以根据菲利普斯曲线所表示的关系进行调节。

三、短期与长期菲利普斯曲线

菲利普斯曲线所揭示的失业率与通货膨胀率的替代关系和美国等西方发达国家20世纪五六十年代的通货膨胀率和失业率的数据较为吻合，但到了20世纪70年代末期，由于滞胀的出现，失业率与通货膨胀率之间的这种替代关系不存在了，于是人们对失业率与通货膨胀率之间的关系又有了新的解释。

个案研究10-2
20世纪70年代的经济滞胀

20世纪70年代，特别是1974—1975年、1979—1982年，先后两次爆发了世界经济危机，致使发达资本主义国家的经济发展出现了一个重要的转折，由高速增长转变为低速增长，进而陷入"滞胀"的旋涡。

所谓"滞胀"，是指在经济停滞的同时，通货膨胀与高失业人数并存的经济困难时期。在"滞胀"期间，发达资本主义国家的失业率和企业倒闭率都创了20世纪30年代世界经济大危机以来的历史最高纪录。在整个20世纪70年代，美国、英国等发达资本主义国家的工业生产年平均增长速度都明显放慢，有的甚至只有20世纪60年代的一半左右。尤其不幸的是，在经济陷入停滞的同时，失业人数和物价水平却持续上升，经济停滞和通货膨胀同时出现（见表10-1），这是历史上从未有过的困境。

表 10-1　20 世纪 70 年代美国的物价水平与失业人数

年份	物价水平（消费者价格指数，1970 年基数 =100）	失业人数（以百万计）
1973	114	4.3
1977	156	6.8

资料来源：博德. 资本主义史：1500—1980 [M]. 吴艾美，等译. 北京：东方出版社，1986.

1968 年，美国货币学派的代表人物弗里德曼（Friedman）指出了菲利普斯曲线分析的一个严重缺陷，即它忽略了影响工资变动的一个重要因素：工人对通货膨胀率的预期。他认为，企业和工人关注的不是名义工资，而是实际工资，当劳资双方谈判新工资协议时，他们都会对新协议期的通货膨胀率进行预期，并根据预期通货膨胀率相应地调整名义工资水平。

根据这种观点，人们的预期通货膨胀率越高，名义工资增加就越快，由此弗里德曼提出了短期菲利普斯曲线的概念。这里所说的"短期"是指从预期到需要根据通货膨胀率做出调整的时间间隔。短期菲利普斯曲线就是预期通货膨胀率保持不变，表示通货膨胀率与失业率之间关系的曲线。

在短期内，工人来不及调整预期通货膨胀率，预期通货膨胀率可能低于以后实际发生的通货膨胀率。这样，工人所得到的实际工资可能小于先前预期的实际工资，从而实际利润增加，刺激投资，就业增加，失业率下降。

在这个前提下，通货膨胀率与失业率之间存在的替代关系，即向右下方倾斜的菲利普斯曲线在短期内是可以成立的，因此在短期内引起通货膨胀率上升的扩张性财政政策与扩张性货币政策可以起到减少失业的作用。这就是通常所说的宏观经济政策的短期有效性。

在长期中，工人将根据实际发生的情况不断调整自己的预期，工人预期的通货膨胀率与实际发生的通货膨胀率迟早会一致。这时工人会要求增加名义工资，使实际工资不变，从而通货膨胀就不会起到减少失业的作用。

这也就是说，在长期中，失业率与通货膨胀率之间并不存在替代关系。因此，长期菲利普斯曲线是一条垂直于横轴的线。并且在长期中，经济总能实现充分就业，经济社会的失业率将处于自然失业率的水平。因此，通货膨胀率的变化不会影响长期中的失业率水平。

知识链接 10-3

适应性预期

弗里德曼用适应性预期来解释人们的行为。所谓适应性预期，是指人们对未来会发生的预期是基于过去（历史）的。比如人们在形成价格预期时，会考虑到上一期预期的误差，当上一期的预期价格高于实际价格时，对下一期的预期价格要相应减少，反之，则相应增加。

由于人们会根据实际发生的情况不断调整自己的预期，所以短期菲利普斯曲线将不断移动，从而形成长期菲利普斯曲线，如图 10-4 所示。

在图 10-4 中，假定某一经济体系的自然失业率为 u^*，通货膨胀率 π 为 3%，此时若政府采取扩张性政策，以使失业率降低到 u_1，则总需求增加，导致价格水平上升，通货膨胀率也会上升到 5%。

由于在 A 点处，工人预期的通货膨胀率为 3%，而现在实际的通货膨胀率为 5%，高于其预期的通货膨胀率，因而工人的实际工资下降，导致厂商的生产积极性提高，产出水平和就业率增加，于是失业率下降到 u_1。这时就会发生图中短期菲利普斯曲线 $PC_1(\pi=3\%)$ 所示的情况，失业率由 u^* 下降到 u_1，而通货膨胀率则从 3% 上升到 5%。

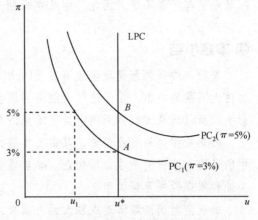

图 10-4　长期菲利普斯曲线

当然，这种情况只是短期的，经过一段时间，工人们会发现价格水平的上升和实际工资的下降，这时他们便要求提高货币工资，与此同时，工人们会相应地调整其预期，即从原来的 3% 调整到现在的 5%，伴随着这种调整，实际工资回落到原有的水平，相应地，企业生产和就业也都回到了原有的水平，失业率又回到了原来的 u^*，但此时，经济已经处于具有较高预期通货膨胀率（$\pi=5\%$）的 B 点。

以上过程重复下去，在短期内，由于工人不能及时改变预期，存在着失业率和通货膨胀率之间的替代关系，表现在图形上，便有诸如 PC_1，PC_2……各条短期菲利普斯曲线。随着工人预期通货膨胀率的上升，短期菲利普斯曲线不断地上升。

从长期来看，工人预期的通货膨胀率与实际的通货膨胀率是一致的，因此企业不会增加生产和就业，失业率也就不会下降，从而形成了一条与自然失业率重合的长期菲利普斯曲线 LPC。图 10-4 中，垂直于自然失业率水平的长期菲利普斯曲线表明，在长期中，不存在失业率与通货膨胀率的替代关系。

换句话说，长期菲利普斯曲线告诉我们，从长期来看，政府运用扩张性政策不但不能降低失业率，还会使通货膨胀率不断上升。这也就是通常所说的宏观经济政策的长期无效性。

知识链接 10-4

理性预期学派的菲利普斯曲线

20 世纪 70 年代，从货币学派中分离出一个新学派，称为理性预期学派。该学派提出了理性预期概念。所谓理性预期是指事先根据各种资料和信息，运用有关理论和知识，做出合乎实际的预测。按这种预测所得到的结果与实际的结果是一致的。

在理性预期学派看来，如果中央银行为降低失业率，公开宣布实施扩张性货币政策，那么私人部门会根据这种信息，理性地预期到未来价格会上升，并做出相应的反应。厂商会提高产品的价格，但是不增加产量；工人会要求增加货币工资，但不增加劳动供给。

于是，货币扩张的结果仅仅是价格、货币工资与名义利率等名义变量值的上升，而实际就业量与产量不变。因此，即使在短期，通货膨胀率与失业率也没有替代关系。

本章小结

失业与通货膨胀是现代经济发展的两大顽症，任何国家或地区的经济发展都无法避免这两大问题的冲击。由于这两大经济问题会对一国或地区的国民经济和居民生活造成巨大影响，所以这两大经济问题也是宏观经济学的两大中心问题。

失业是指达到就业年龄、具备工作能力、谋求工作但未得到就业机会的状态。经济学中所说的失业指的是非自愿失业。非自愿失业可以分为摩擦性失业、季节性失业、结构性失业和周期性失业等类型。

失业会对国民经济造成巨大经济损失，奥肯定律揭示了这一规律，失业还会造成社会损失。宏观经济学的一大目标是实现充分就业，充分就业并不等于百分之百就业，而是一个社会中消灭了周期性失业时的状态，此时只剩下摩擦性失业和结构性失业，此时失业率即为自然失业率。

通货膨胀是指物价水平在一定时期内持续的、普遍的上升过程，或者是指货币实际购买力在一定时期内持续的下降过程。衡量通货膨胀有三种主要价格指数：消费者价格指数，简称 CPI；生产者价格指数，简称 PPI；GDP 折算指数。

造成通货膨胀的原因主要有需求拉上、成本推动和结构性等。通货膨胀对经济的影响主要表现为收入再分配效应和产出效应。治理通货膨胀的政策主要有紧缩性的需求管理政策、收入政策和改变预期等。

菲利普斯曲线是一条用来描述失业率与通货膨胀率之间关系的曲线。现代经济学认为，在短期内，失业率与通货膨胀率之间存在着替代关系，即政府可以采取一定的政策通过牺牲失业率来降低通货膨胀率，反之也成立；在长期中，失业率与通货膨胀率之间并不存在替代关系。

本章内容结构

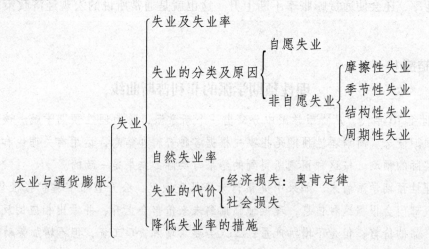

```
                        ┌ 含义
                        │              ┌ CPI
                        │     ┌ 物价指数 ┤ PPI
                        │ 衡量 ┤         └ GDP 折算指数
                        │     └ 通货膨胀率
                        │     ┌ 物价上涨的速度：温和、奔腾和超级的通货膨胀
                        │ 分类 ┤ 对物价影响的差别：平衡和非平衡的通货膨胀
              ┌ 通货膨胀 ┤     │ 人们对物价上涨的预期：可预期和不可预期的通货膨胀
              │         │     └ 物价上涨的表现形式：公开性、隐蔽性和抑制性的通货膨胀
              │         │     ┌ 需求拉上的通货膨胀
              │         │ 原因 ┤ 成本推动的通货膨胀
              │         │     └ 结构性通货膨胀
失业与          │         │ 对经济的影响：收入再分配效应和产出效应
通货膨胀 ┤     │         │     ┌ 紧缩性的需求管理政策
              │         └ 治理政策 ┤ 收入政策
              │               └ 改变预期
              │ 失业与通货 ┌ 菲利普斯曲线的含义
              └ 膨胀的关系 ┤ 菲利普斯曲线的应用
                        └ 短期与长期菲利普斯曲线
```

综合练习

一、名词解释

失业　　自愿失业　　非自愿失业　　摩擦性失业　　结构性失业
季节性失业　周期性失业　奥肯定律　　通货膨胀　　消费者价格指数
适应性预期　菲利普斯曲线　生产者价格指数　结构性通货膨胀

二、选择题

1. 自然失业率（　　）。
   A. 恒为零   B. 是历史上最低限度水平的失业率
   C. 恒定不变   D. 是经济处于潜在产出水平的失业率

2. 因经济萧条而形成的失业，属于（　　）。
   A. 永久性失业   B. 摩擦性失业
   C. 周期性失业   D. 结构性失业

3. 以下对通货膨胀的描述正确的是（　　）。
   A. 因货币发行量过多而引起的一般物价水平普遍持续的上涨是通货膨胀
   B. 商品房价格的不断上涨，就是通货膨胀
   C. 通货膨胀是价格水平的偶然上涨

D. 货币发行量过多导致的股票价格上涨就是通货膨胀
4. 菲利普斯曲线说明（　　）。
   A. 通货膨胀由过度需求引起
   B. 通货膨胀导致失业
   C. 通货膨胀率与失业率之间是正相关的
   D. 通货膨胀率与失业率之间是负相关的

三、简答题

1. 摩擦性失业与结构性失业相比，哪一种失业问题更严重？
2. 简述需求拉上的通货膨胀与成本推动的通货膨胀的区别和联系。
3. 试说明短期菲利普斯曲线与长期菲利普斯曲线的关系。

第十一章

经济周期与经济增长

📖 内容提要

经济周期理论与经济增长理论也是现代宏观经济学的重要理论。它涉及的主要问题有：经济周期的含义及原因；什么是经济增长，经济增长的源泉是什么；如何使经济发展等。一般认为，经济周期由总需求在长期中的变动决定，经济增长由供给能力在长期中的变动决定，经济发展则是强调发展战略的重要性。

学习目标与重点

- 理解并掌握经济周期的含义及特征，熟悉经济周期的成因。
- 理解经济增长的含义及源泉。
- 熟悉经济增长理论的演变轨迹。

关键术语

经济周期；经济增长

引入案例

构建安全、可控、富有弹性和韧性的经济体系

中国人民大学经济学院教授王孝松认为，当前，新冠疫情走势仍是直接影响全球经济的主要因素之一，特别是病毒频繁变异增加了疫情防控效果和世界经济复苏的不确定性。和平与发展的时代主题面临严峻挑战，世界既不太平也不安宁。多重风险叠加令全球经济复苏面临巨大考验。

从2018年中美贸易摩擦以来，美国屡屡不择手段打压中国，美国部分政客扬言与中

国"脱钩",紧锣密鼓地加紧"去中国化"。部分西方国家民粹主义盛行,贸易保护主义抬头。特别是受到疫情的影响,逆全球化趋势更加明显。

尽管我国发展的国际环境更趋复杂严峻和不确定,但我国制度优势显著,经济韧性强大,社会秩序稳定,对国际环境的塑造力不断提升,长期向好的发展局面没有改变。同时,逆风逆水的外部环境,提醒我们必须做好应对一系列新的风险挑战的准备,其中极为重要的就是加快构建以国内大循环为主体、国内国际双循环相互促进的新发展格局。

作为世界第二大经济体,我国必须统筹好经济发展与风险防控、对外开放与经济安全之间的关系。面对外部环境的不稳定性不确定性,必须加快构建新发展格局,将经济发展的动力和重心转向以国内大循环为主体,在此基础上进一步扩大开放,重新定位我国在全球经济体系中的位置,提升经济发展的自主性、可持续性,增强韧性。只有把创新主动权、发展主动权牢牢掌握在自己手中,不断提升产业链水平、破解关键技术和高端装备依赖进口的问题,才能从根本上应对逆风逆水的外部环境并保障国家经济安全。

从历史上看,在市场经济体系下,任何经济大国的成长都需要经历由弱到强、由"以外促内"转向"以内促外"的必然调整,从而构建安全、可控、富有弹性和韧性的经济体系。

习近平总书记指出,我们只有立足自身,把国内大循环畅通起来,努力炼就百毒不侵、金刚不坏之身,才能任由国际风云变幻,始终充满朝气生存和发展下去,没有任何人能打倒我们、卡死我们!加快构建新发展格局,就是要在各种可以预见和难以预见的狂风暴雨、惊涛骇浪中,增强我们的生存力、竞争力、发展力、持续力,确保中华民族伟大复兴进程不被迟滞甚至中断。构建新发展格局不仅是未来发展的需要,更关系到我们的生存,关系到我们能否自给自足、自力更生,能否继续走好中华民族的伟大复兴之路。

中国经济从来都是在经历风雨中发展起来的、在应对挑战中成长起来的,历次冲击下中国经济的表现,充分展现出其自身强大的韧性。世界总是在变化、变局之下,唯一的"不变之道"就是以变应变、以新应新。

中国是 2020 年全球唯一实现经济正增长的主要经济体,2021 年 GDP 增长 8.1%,两年平均增长 5.1%。政府工作报告把 2022 年 GDP 增长目标定为 5.5% 左右,进一步证明了中国经济长期向好的基本面不会改变。中国也是全球 120 多个国家和地区的最大贸易伙伴,2021 年中国货物贸易进出口规模首次突破 6 万亿美元,创历史最高纪录。事实证明,中国统筹好疫情防控和经济社会发展,不仅路子是对的,效果是好的,而且用实际行动维护了全球产业链供应链稳定畅通,为世界经济复苏注入了宝贵信心与坚实力量。

以国内大循环为主体,绝不是关起门来封闭运行,不能曲解为"经济内部循环""自给自足"。第二次世界大战后的世界经济发展表明,全球化能使世界各国合作共赢;中国改革开放的实践也告诉我们,参与全球化促进了中国经济的快速发展,中国充分享受了全球化红利。

当前一些发达国家倚仗本国的某些优势,肆无忌惮地滥施制裁,对中国的启示和警示就是,中国应更加开放,中国企业必须克服万难,继续努力走出去。当全球经济彼此捆绑，制裁与脱钩会让西方国家切实感到"痛"，"杀敌一千，自损八百"甚至"杀敌一千，自损一千"时，制裁与脱钩就难以落地。因此，直到今天，在当前的世界局势下，我们仍然要坚持对外开放、坚持深度参与全球化、坚持合作共赢的发展理念。

但必须正视的是，当前我国面临的外部环境发生了深刻的变化，我们希望合作共赢的初衷没有改变，但一些西方国家恶意打压中国、试图与中国脱钩。我国是世界第一制造业大国，也是全球最大的中间品和资本品的生产者，具有全球最完整、规模最大的工业体系，产业链供应链与全球生产网络高度融合，但目前"卡脖子"问题在部分领域还比较严重，我们一些重要产业的关键零部件仍需要国外厂商供应，而且在短期内无法实现自主生产。

无论是新冠疫情等重大事件的冲击，还是个别贸易伙伴试图与中国脱钩，都可能产生"断链"风险，因而我们必须努力建立一个相对独立、完整的产业结构，确保粮食和能源安全。必须坚持自立自强的发展方向，加强自主研发能力，提早做好科技和生产布局，尽快突破关键核心技术，从根本上摆脱关键中间产品对国外的依赖，把发展主动权牢牢握在自己手中。

习近平总书记多次强调，中国开放的大门只会越开越大。从长远看，经济全球化仍是历史潮流，各国分工合作、互利共赢是长期趋势。不管是遭遇"逆风"还是"回头浪"，我们都要站在历史正确的一边，坚定不移深化改革开放，加快构建新发展格局，以自身发展的确定性应对外部环境的不确定性，为全球经济发展不断注入正能量。

资料来源：腾讯网，"坚定不移做好自己的事，对话中国人民大学经济学院教授王孝松"。

第一节 经济周期及其成因

任何一个经济体都不可能永远处于平稳的经济增长过程中，任何一个经济系统都会围绕其长期趋势发生短期波动，在有的年份经济增长的速度会下降，在有的年份甚至会出现无增长或负增长的情况。在这种情况下，企业会发现他们无法将自己生产出来的产品和所能提供的服务卖掉，这时企业就会选择减少生产、降低工人工资甚至解雇工人，从而带来企业的销售和利润下降、生产设施闲置、投资支出减少、个人收入减少、个人消费支出减少、失业增加、实际 GDP 和生活水平下降等问题。对这种经济波动的情况或原因的研究正是经济周期理论的内容。

一、经济周期的含义及特征

经济周期（economic cycle）也称为经济波动，是指总体经济活动的扩张和收缩交替反复出现的过程。"周期"这个术语在字面上很容易给人一种错觉或引起误解，似乎经济的波动是有规律的或可预测的。事实上，经济的波动既无规律，也难以进行较为准确的预测，有的时候经济的衰退接连发生，而有的时候又能够享受长达数年、十余年甚至数十年的经济增长。世界上没有完全相同的两片树叶，也没有完全相同的两次经济周期。

个案研究 11-1

美国 20 世纪 30 年代经济萧条与 40 年代经济繁荣的原因

20 世纪 30 年代初的经济灾难称为大萧条,是美国历史上最大的经济衰退。从 1929 年到 1933 年,实际 GDP 减少了 27%,失业从 3% 增加到 25%。同时,在这四年中,物价水平下降了 22%。在这一时期,许多其他国家也经历了类似的产量与物价下降。经济史学家一直在争论大萧条的原因,但大多数解释集中在总需求的大幅度减少上。

许多经济学家主要抱怨货币供给的减少:从 1929 年到 1933 年,货币供给减少了 28%。另一些经济学家提出了总需求崩溃的其他理由。例如,在这一时期股票价格下降了 90% 左右,减少了家庭财富,也减少了消费支出。此外,银行的问题也阻止了一些企业为投资项目筹资的想法,而且,这就压抑了投资支出。当然,在大萧条时期,所有这些因素共同发生作用紧缩了总需求。

作为第二个重大时期的 40 年代初的经济繁荣是容易解释的。这次事件显而易见的原因是第二次世界大战。随着美国在海外进行战争,美国政府不得不把更多资源用于军事。从 1939 年到 1944 年,政府的产品与服务的购买几乎增加了 5 倍。总需求的这种巨大扩张几乎使经济中产品与服务的生产翻了一番,并使物价水平上升了 20%。失业率从 1939 年的 17% 下降到 1944 年的 1%,这是美国历史上最低的失业水平。

资料来源:http://ishare.iask.sina.com.cn/f/18438321.html。

经济学家一般把经济周期划分为衰退和扩张两个阶段,波峰和波谷是周期的转折点。当经济规模的减少和失业的增加还不太严重时,可以认为发生的是经济衰退。在西方发达的市场经济国家,政府并不会机械地按照某一固定的数据宣布经济衰退的到来,但一般认为,如果实际 GDP 连续两个季度下降,就非常有可能是出现了经济衰退。

自从第二次世界大战后,美国经济经历了 10 次衰退。但经济衰退的确认通常是在发生经济衰退的数月之后,有时甚至在经济已经复苏时才能够最终确认经济衰退发生的准确时间。当实际 GDP 的下降和失业率的增加较为严重且持续的时间较长时,我们就称发生了经济萧条。经济衰退阶段的特征如下。

(1)通常消费者购买急剧下降,同时,汽车和其他耐用品的存货会出人意料地增加。由于厂商会对此做出压缩生产的反应,所以实际 GDP 会下降。紧随其后,对工厂和设备的企业投资也急剧下降。

(2)对劳动的需求下降。首先是员工平均每周的工作时间减少,其次是被解雇员工的数量增加和失业率上升。

(3)产出下降,导致通货膨胀步伐放慢。对原材料的需求下降,导致其价格跌落。工资和服务的价格下降的可能性比较小,但在经济衰退期它们的增长趋势会放慢。

(4)企业利润在衰退中急剧下滑。由于预期到这种情况,普通股票的价格一般都会下跌,同时,由于对贷款的需求减少,利率在衰退时期一般也会下降。

传统上,经济学家认为,经济衰退就像一次阁楼清理。东西年复一年地堆积在阁楼,直到你甚至无法走进去。你产生了大量的垃圾（失业）以及大量的灰尘（利润下降），你开始清理阁楼。但是，当这一切都做完后，你又有空间重新积累东西了。

就和经济衰退一样：公司消除了不必要的库存，关闭了一些厂房，解雇了一些工人，正如他们所说的，他们是在合理化经营。因此，许多公司将使用一次性的费用冲减利润，这意味着他们获得较低的季度利润（或者可能宣布亏损）。经济衰退将使失业率上升，收入下降，以及获得微薄的利润。

经济周期扩张阶段的情景是衰退阶段的镜像，上述所有特征正好呈现相反方向的变动。

知识链接 11-1

世界经济周期

经济周期是商品经济的必然现象，又称经济危机。实际上，经济危机是经济周期中的一个阶段，是上一个经济周期结束和下一个经济周期开始的转折阶段，因而人们通常以一个经济危机来代表一个经济周期。

从工业化开始，世界经济呈现的具有规律性的周期变动已经历了五个长周期，即分别以"早期机械化"技术革命、"蒸汽动力和铁路"技术革命、"电力和重型工程"技术革命、"福特制和大生产"技术革命和"信息和通信"技术革命为主导的世界经济周期。

每个长经济周期推动经济增长的技术革命从产生到消亡的时间一般约50年（其中前25年为周期的繁荣期，后25年为周期的衰退期）。技术革命往往具有二重性：一方面，它在产业结构升级过程中既创造投资高潮和生产高潮，此时经济周期处于繁荣阶段，创新占据主导地位，周期的主导产品供不应求；另一方面又同时创造投资低潮和生产低潮的潜在可能性，此时经济周期处于衰退阶段，主导产品供过于求，于是成本竞争阶段取代创新阶段成为经济衰退阶段的主要特征。为什么会出现这种状况呢？

第一，这与技术创新的生命周期和主导产品的生命周期相关。技术创新有一个初创、发展、成熟和停滞的生命周期，技术的主导产品也有一个试制、成长和饱和的生命周期。一是在技术初创和产品试制阶段，总是从少数企业开始的，它们再扩大投资，将新技术应用于生产，试制新产品，虽然利润率降低，但因为它们掌握着技术优势，可以通过增加利润来弥补利润率下降所受的损失。二是在技术创新和主导产品成长阶段，采用这种新技术的企业迅速增加，新技术迅速普及，并通过出口和对外投资，将技术转移和扩散到国外。此时固定资本投资迅猛增加，主导产品的市场需求日益扩大。三是在技术成熟与停滞和主导产品饱和阶段，技术创新已达到高级阶段，原有的创新企业就失去了技术优势，因而无法利用技术创新优势获取超额利润，于是出现了资本积累过剩，投资和生产必然由高潮转向低潮。

第二，长周期从涨潮时期转向落潮时期均是以技术创新和资本积累从高潮转向低潮为基础的，它从落潮时期转向涨潮时期也是以技术创新和资本积累趋势的转变为基础的。在落潮时期，一部分企业为提高利润和扩大销售，必然要进行技术创新，等到大部分企业都采用新技术摆脱困境时，便会形成一个新的投资高潮，随之而来的是生产高潮。因此，每个长周期的涨潮时期都伴随着技术革命、产业结构的调整。

第五个长周期"信息和通信"技术革命发端于 20 世纪 80 年代中期，美国凭借在以 IT 技术为核心的高新技术方面的优势，率先进入一个以 IT 时代为特征的新长周期，其他发达国家和发展中国家大多在 21 世纪正在或开始步入这个长周期。按照经典的周期理论推算，预计这一长周期持续的时间还有 30 年左右。这一周期内发生了以 IT 产业为主要内容的新的产业革命。随着关键技术，特别是计算机、激光、微电子、电信和互联网等信息技术的广泛应用，新的技术经济体系已经成型，信息产业及信息密集型服务业成为美国新经济的主导性产业，产业结构再次优化升级。特别是第三产业已经成为国民经济中比重最大的产业。

在第五个长周期中的短周期运行规律已发生了重大变化，其中最突出的就是短周期的扩张期比过去拉长。但是，在今后一段时间里，IT 产业如果不出现更高级别的技术创新，就意味着以 IT 产业为主导产业的第五个长周期开始从创新中的高级阶段进入成本竞争阶段。进入成本竞争阶段的 IT 产业及其产品，从需求来讲有可能会迅速地向全球扩散，并将导致全球供给的增加和过剩。正是以 IT 产业为主导的新经济发展的这种质变，使美国经济增长的基本面发生了变化，从长周期的繁荣阶段转向长周期的衰退阶段。一般来讲，由于衰退是长周期的转折点，是新的技术革命取代旧的技术革命的过程，同时将是周期主导产业变动和两个长周期交替的过程。

根据经济周期规律性变化的预测，若今后 IT 产业不出现更高级别的创新，以 IT 为主导的第五个世界经济周期将被以生物、生命和基因产业为主导的新的周期取代。

资料来源：宋玉华，徐前春. 世界经济周期理论的文献述评 [J]. 世界经济，2004，27 (6)：11.

二、经济周期的解释

经济周期容易描述但难以解释。对于经济周期为什么会发生，历史上的经济学家给出了许多解释，可以把这些解释区分为外生论和内生论。

外生论认为是经济系统以外的某些因素发生波动引起了经济系统的短期波动，如战争、政变、选举、新技术的问世、自然灾害、气候变化、太阳黑子等。政治周期理论认为经济周期的发生是因为政治家为了赢得选举而操纵财政政策和货币政策的结果。创新理论认为经济周期是由创新引起的劳动生产率的变化所引起的总供给改变而造成的。在这一过程中，新技术不断地破坏原有的工作岗位，而且由于劳动生产率的提高，创新破坏掉的工作岗位比它创造出来的岗位要多，剩余的工人去生产额外的产出，旧产业不断地被新产业代替，新产业也要经历繁荣、衰亡并被更新的产业取代的过程。经济学家熊彼特将这一过程称为创造性破坏。

内生论则从经济系统内寻找经济周期发生的原因。内生论认为，经济的外部因素虽然对某些时期的经济周期波动产生了重要影响，但是经济周期的真正推动力并不在外部（它只能起到延缓或加剧的作用），而是来自经济的自身因素，包括利润推动力、利润过度资本化、心理因素、货币和信贷、非金融性过度投资以及消费不足等。经济扩张本身就孕育着新的经济衰退，而经济衰退内部也蕴藏着经济的复苏和扩张。

货币学派把经济周期的发生归因于货币供给的扩张和收缩。纯货币理论认为，经济周期是一种纯粹的货币现象。经济中周期性的波动完全是由于银行体系交替地扩大和紧缩信用所造成的。投资过度理论认为，过度增加投资引发了经济的周期性波动。乘数－加速数理论认为，经济的扩张刺激了投资，投资又会推动产出进一步增长，直至经济接近生产可能性边界。这时，经济的增长速度开始放慢，放慢的经济增长又会减少存货和投资，经济运行进入衰退的阶段，直至经济周期的谷底。消费不足理论认为，经济中出现萧条与危机是因为社会对消费品的需求赶不上消费品的增长，而消费需求不足又引起对资本品需求不足，进而使整个经济出现生产过剩危机。心理周期理论强调心理预期对经济周期各个阶段形成的决定作用。这种理论认为，预期对人们的经济行为具有决定性的影响，乐观与悲观预期的交替引起了经济周期中的繁荣与萧条的交替。

目前经济学家还没有找到一种能够预测衰退何时开始和何时结束的方法，但是经济学家还是设计了各种各样的经济预测工具来尝试着对宏观经济活动的走势进行预测。有的经济学家确定了一些能够领先于经济周期发生变化的经济指标，即先行指标，然后根据这些指标的变化来预测经济的短期波动，如失业人数、大型资本品的订单数量、钢产量、股票指数、货币供给量、长期贷款之间的利差、集装箱货运输量、房地产建设许可证发放数量等经济指标都是在经济预测中经常使用到的先行指标。这些先行指标有一定预示功能，但很不精确。

有的经济学家借助计算机技术，通过编制计量经济学宏观经济模型来预测经济发展的前景。这些宏观经济模型通常包括数百个甚至上千个经济变量，一旦外生变量给定，这个方程组就能够对重要的经济变量的未来数值做出预测，但其准确性还有待进一步提高。

知识链接 11-2

一些"非常规"的同步经济景气指标

- 口红销售额

认为口红销售额与经济周期具有同步变化规律的理论是在 20 世纪 30 年代大萧条时期由美国商人莱昂纳多·劳德提出来的。这种理论认为，在经济不景气期间，人们的收入水平下降，在妇女们只能买一件化妆品的时候，通常会选择口红，因为涂口红是化妆的底线和重要标志。所以，在经济不景气时，女性在装扮自己时会选用多只不同颜色的口红来替代多套不同的时装。因此，可以把口红销售额看成衡量经济景气程度的一个敏锐的同步经济指标。

- 裙子的长度

1920 年，美国宾夕法尼亚大学的经济学家乔治·泰勒提出了一个观点：经济越繁荣，人们穿的裙子就越短，因为人们要炫耀里面穿的丝袜。在经济不景气时，人们没有钱买丝袜了，所以人们穿的裙子就会变长。20 世纪 20 年代—20 世纪 60 年代，这一观点多次得到证实，因为在那个时期，人们穿的丝袜还相对比较昂贵。不过，随着丝袜的价格越来越便宜，这一理论现在似乎已经失效了。

- 年轻女性头发的平均长度

日本著名的化妆品公司——花王公司通过对东京和大阪街头年轻女性头发的长度进行的20年跟踪调查发现，经济越景气，年轻女性头发的平均长度就越长；反之，经济越不景气，就越短。

除了这些"非常规"的同步经济景气指标之外，攀登富士山的游客人数，购买纯种狗顾客的数量，赴海外度假的人数，悲剧片、喜剧片和恐怖片的流行程度，电影的票房收入等，也都曾经被人们看成是衡量经济景气程度的一些"非常规"的辅助性指标。

资料来源：卫志民. 宏观经济学 [M]. 北京：高等教育出版社，2011.

第二节 经济增长

一、经济增长的含义

经济增长是指一个国家或一个地区生产的产品增加。如果考虑到人口增加和物价变动情况，经济增长还是指人均福利的增长。

经济学家一般采用国内生产总值作为衡量产品和服务生产总量的指标，然而，国内生产总值增长率不能完全看作经济增长率。

首先，国内生产总值增长中含有的物价上涨因素必须剔除。

其次，应考虑人口变动因素，假如某一国家某一时期的GDP增长3%，人口增长也是3%，则按人口平均计算的GDP根本没有增加；如果人口增长率超过GDP增长率，人均GDP就要下降，因此人们的实际生活水平就要下降。

再次，有些经济学家认为，衡量经济增长，不应以实际的GDP为标准，而应以国家的生产能力即潜在的GDP为标准，这样可以控制总需求变动因素。假定失业率为4%时的产量是潜在GDP，若某年总需求很低，实际失业率是8%，则实际GDP低于潜在GDP，若下一年总需求增加使失业率降到4%，则实际GDP似乎增加很多，但这实际上不是提高生产能力本身获得的，仅是提高生产能力利用率而已。因此，实际GDP不能作为衡量经济增长的真实标准。

最后，一些经济学家认为，不管是用实际GDP，还是潜在GDP来作为衡量经济的标准，都有缺陷。若经济增长局限在物质产出上，会忽视人类其他方面福利的增进，如工作时间缩短，产品质量改进，医疗进步等都难以得到反映；又如，不经过交易市场的许多活动无法统计到经济增长中去；还有，对增长给社会带来的环境污染、资源枯竭等也难以计算进去。

总之，经济的增长衡量标准问题还有待进一步研究。

延伸阅读 11-1

经济增长与经济发展

经济增长一般是指一国人均国民收入增加，而经济发展的含义要更广泛一些，不仅是指人均收入增加，还包括适应这种增长的社会制度和意识形态的变化。经济增长理论大多专门研究发达国家经济增长问题，而经济发展理论研究一个国家如何由不发达状态过渡到发达状态。

二、经济增长的源泉

1. 经济增长因素分析

理论和实践都告诉我们，任何一国或地区的经济增长都离不开以下五个因素：①人力资源，包括劳动力数量和质量；②资本，包括机械设备、工矿、道路等；③自然资源，包括土地、矿藏、环境资源等；④技术，包括生产技术、管理技术和企业家才能；⑤制度，包括产权制度、企业制度及其他各种激励制度。

由于假设自然资源和制度都是外生不变的，因此，经济学家通常把注意力集中在劳动、资本和技术对经济增长的作用方面。也就是说，经济增长源泉的分析所要说明的中心问题是劳动的增加、资本存量的增加及技术进步在促进经济增长中所起作用的大小，也就是探讨什么力量使一国经济增长率提高。

美国经济学家丹尼森（Denison）认为，对经济长期发生作用并且能够影响增长率变动的主要因素有以下七类：①就业人数和它的年龄、性别构成；②包括非全日制工作的工人在内的工时数；③就业人员的受教育年限；④资本存量大小；⑤资源配置，主要是指低效率使用的劳动力比重的减少；⑥规模的节约，以市场的扩大来衡量，即规模经济；⑦知识进步。前四种因素属于生产要素的供给增长，其中①、②、③项为劳动要素的增长，④项为资本要素的增长，后三种因素属于生产要素的生产率范畴，可归纳为技术进步。在这七个因素中，知识进步属于最重要的因素。

知识链接 11-3

改变人类未来的五大科技

2017 年，马杜米塔·穆尔贾在英国《金融时报》撰文指出，改变人类未来的五大科技是生物科技、人工智能、可再生能源、网络接入技术和智能家电。

2021 年，百度上又有新的预测。随着科技发展的日新月异，近些年来涌现了大量的新技术，如果以下这些技术都能够得到广泛的应用，人类的生活势必会产生翻天覆地的变化。

1. 增强现实技术

增强现实（AR）技术旨在使用计算机程序，通过视觉、触觉、嗅觉、听觉和体感来增强与现实生活中的物体的互动过程。该技术主要包括了三个方面：现实世界与虚拟的结合、实时互动、现实和虚拟物体的拼接。AR在未来有着极其广阔的发展前景，可以被广泛地应用于各个产业，例如社交、军事、健身、导航、搜救等。

2. 虚拟现实技术（VR）

虚拟现实（VR）技术也称虚拟环境，是一种利用计算机为用户提供一个虚拟世界，并提供人体感官上的模拟的技术。该技术主要强调由沉浸、交互和构想组成的过程，并且认为人应该在虚拟环境中起主导作用。此技术在产品销售、远程教学和网络直播等方面有很大的发展潜力。

3. 自动驾驶

随着自动化科技和数据计算的不断发展完善，汽车等运载工具的自动驾驶功能也逐步进入了人们的视野。现如今已经有许多自动驾驶汽车的试验车辆被制造出来，著名汽车品牌特斯拉已经率先推出了在特定环境下进行无人驾驶的功能。

4. 储能砖

一块可以被当作电池用的砖头，这件事情在以前听起来可能是异想天开，但是这一构想现在正在逐步变为现实。在美国华盛顿大学，Julio D'Arcy和他的同事使用一种叫作PEDOT的导电聚合物制造出了可以储存电能的砖头。尽管对于这种砖头所输出电力的强度和可靠性并不确定，但是这项研究如果能成功，将给人类带来一种更廉价和有效率的电力传输方式。

5. 脑机接口

这种技术是人或动物大脑与外部设备之间创建的直接连接通路。从1990年中期以后，对脑机接口技术的研究就从未停止过，多年以来，这种技术已经被成功应用于动物实验，包括恢复损伤的听觉、视觉和肢体运动能力。也许在未来，这种技术可以被用来恢复或增强人体功能。

资料来源：穆尔贵. 改变人类未来的五大科技［J］. 梁艳裳，译. 服务外包，2017（3）：58-59.

2. 增长核算方程

根据经济增长理论，我们知道经济的增长可能源于以上因素中的某项或所有项，但经济学家同样非常想知道它们对经济增长所做出的相对贡献分别是多大，这需要我们运用经济增长的核算技术对经济增长展开定量分析，以确定不同的变量对经济增长分别起到多大的推动作用。

我们假设经济的生产函数为

$$Y = A(N, K) \tag{11-1}$$

式中，Y、N 和 K 分别是总产出、投入的劳动量和投入的资本量，A 表示经济的技术状况，在一些文献中，A 又被称为全要素生产率（简记为TFP）。

若劳动变动为 ΔN，资本变动为 ΔK，技术变动为 ΔA，则由微分学的知识及微观经济

学中边际产量的概念可知，产出的变动为

$$\Delta Y = \text{MPN} \cdot \Delta N + \text{MPK} \cdot \Delta K + (N, K) \cdot \Delta A \tag{11-2}$$

式中，MPN 和 MPK 分别为劳动和资本的边际产品。将式（11-2）的两边同除以 $Y = A(N, K)$，化简后可得：

$$\frac{\Delta Y}{Y} = \frac{\text{MPN}}{Y}\Delta N + \frac{\text{MPK}}{Y}\Delta K + \frac{\Delta A}{A} \tag{11-3}$$

进一步变形为

$$\frac{\Delta Y}{Y} = \left(\frac{\text{MPN} \cdot N}{Y}\right)\frac{\Delta N}{N} + \left(\frac{\text{MPK} \cdot K}{Y}\right)\frac{\Delta K}{K} + \frac{\Delta A}{A} \tag{11-4}$$

根据微观经济学内容，在竞争性的市场上，厂商使用生产要素的原则是，将生产要素需求量固定在使生产要素的边际产量等于生产要素实际价格的水平上，为此，表达式 MPN · N 和 MPK · K 分别为劳动和资本的收益，从而表达式 (MPN · N)/Y 就是劳动收益在产出中所占的份额，简称劳动份额，记为 α，同样 (MPK · K)/Y 就是资本收益在产出中所占的份额，简称资本份额，记为 β，这样式（11-4）可进一步写为

$$\frac{\Delta Y}{Y} = \alpha \frac{\Delta N}{N} + \beta \frac{\Delta K}{K} + \frac{\Delta A}{A} \tag{11-5}$$

即：产出增长 = 劳动份额 × 劳动增长 + 资本份额 × 资本增长 + 技术进步。

这就是增长核算的关键公式，它告诉人们，产出的增长可以由三种力量来解释，即劳动量的变动、资本量的变动和技术进步。换句话说，经济增长的源泉可被归结为生产要素的增长和技术进步。

当知道了劳动和资本在产出中所占份额的数据，并且有产出、劳动和资本增长的数据，则经济中的技术进步可以作为一个余量被计算出来，出于这一原因，表达式 $\Delta A/A$ 有时被称为索洛余量。

个案研究 11-2

创新：现代经济增长的不竭源泉

创新是传统社会与现代社会的分野，是社会"富裕的杠杆"，也是导致东西方"大分流"的驱动力量。在库茨涅兹定义的"现代经济增长"（modern economic growth）中，创新和技术进步是必要条件之一。创新理论的集大成者熊彼特认为，资本主义的本质特征就是创新驱动的经济演化——"创造性破坏"（creative destruction），而企业家的职能就是推动创新。所以，创新对于人类社会发展的重要性再怎么强调都不为过。

18 世纪中叶以前，人类社会的发展经历了漫长的停滞期，经济平均增速约为零。截至 1700 年，全球总人口约 6 亿，从公元前 1 万年至公元 1700 年，年均增速仅为 0.04%。直到英国开启了第一次工业革命，人类社会才摆脱李嘉图的"土地报酬递减论"和马尔萨斯的"人口论"，打破了规模报酬递减与人口指数增长的恶性循环。

全球人口年增长率在第二次世界大战后婴儿潮高峰期时（1963 年）达到了 2.2%，目

前仍维持在 1% 以上。联合国预测，至 2100 年，全球人口增长率会下降到 0.1%。然而，这是低生育率和低死亡率的结果，与前现代社会中的高生育率和高死亡率得到的低增长率有显著差别。被称为"人类社会总决算"的平均寿命和寿命的基尼系数均显示（Peltzman, 2009），现代经济增长带动了人和社会的全面发展。

从千年历史长河中观察，人口、经济产出和创新的增长几乎是同步的，创新的累积略早于产出和人口。15 世纪古登堡改进了活字印刷术之后，印刷成本下降，图书发行数量陡增，人类的识字率快速提升，加速了知识的扩散和思想的解放，致使工业革命之前的两百年出现了一波创新的小高潮。归根结底，创新在本质上是属于认识论的。技术变革只能通过新思想的涌现而产生（莫基尔，2008）。没有文艺复兴和宗教改革，欧洲能否成为工业革命的发源地是值得怀疑的。

在《富裕的杠杆》一书中，莫基尔将经济增长的驱动力归结为以下四个方面：

(1) 资本存量的增加，可被定义为"索洛增长"；

(2) 商业扩张，如贸易的全球化，其对应着劳动分工的扩展，故被定义为"斯密增长"；

(3) 规模效应，可被定义为"诺斯增长"；

(4) 知识积累，包括技术进步和制度变革，故被定义为"熊彼特增长"。

不同类型的驱动力是相辅相成的，如商业扩张有助于实现规模效应，资本积累是技术进步的实现方式。标准宏观经济学从柯布－道格拉斯生产函数开始定量归因经济发展的来源——劳动投入、资本积累和全要素生产率的提升。全要素生产率是劳动生产率和资本生产率的加权平均，代表了"创新"。

不同的驱动力对于经济增长的可持续性有不同的含义。人口和资本的投入有数量与效率的双重约束，故全要素生产率是决定任何经济体长期经济增长和生产率的唯一要素。"尽管一些国家相对于其他国家可能拥有更高的生产率水平，但没有哪个国家能够取得比技术进步速度更快的生产率增长速度。"（菲尔普斯等，2021）

世界体系的中心国，一般也是新技术革命的领导者，如第一次工业革命和第二次工业革命中的英国，或第三次工业革命和第四次工业革命中的美国。只有在新技术革命中拥有更多核心技术的所有权，中心国才能维持领导者地位，外围国也只能这样做才能取而代之。后发国家可通过引进技术实现快速追赶，但只能通过自主创新实现赶超。所以，科技创新乃"兵家必争之地"，是国家"硬实力"的来源。

从康波的演化规律来看，世界正处于新一轮产业革命的增长期，新技术正在加速转变为产品或服务，新的产业集群正在形成。它或许可以被定义为"智能时代"，代表性技术包括人工智能（AI）、数字技术、5G、自动驾驶、生物科技、新能源等。谁在新一轮技术浪潮中拥有更多创新的所有权——尤其是"主干创新"，谁就能赢得下一个"五十年"。在未来较长一段时间内，决定各国竞争格局的长期关键性力量就是科技（与产业链）。新一轮科技竞赛的序幕已经拉开。

对于后发国家而言，从国外引进技术和创新是实现经济起飞的"捷径"，这几乎是全球惯例，尤其是在经济起飞的早期阶段。20世纪50年代，中国的主要技术来源是苏联。苏联于1960年将全部顾问撤出中国。中苏关系在1962年破裂，中断了中国引进技术的渠道。中国只能艰苦地探索自主创新之路。事后来看，条件并不成熟。直到1978年改革开放，中国才真正走上现代化的"康庄大道"。经过近40年的奋斗，中国建成了"世界工厂"，完成了英国工业革命以来250多年的工业化历程。

"中国奇迹"是多要素共同作用的结果，既离不开人口和资本要素的投入，也离不开教育和创新的作用。从1978年至今，国家支持创新的政策从未中断。在每一个"五年计划"中，科技创新都是重要内容。

2006年出台的《国家中长期科学和技术发展规划纲要（2006—2020年）》确定了"自主创新，重点跨越，支撑发展，引领未来"的发展方略，中国特色的国家创新体系建设提上日程。这是中国从引进创新向自主创新转变的"分水岭"，也是从追赶转向赶超的必由之路。

2012年党的十八大首次提出实施"创新驱动发展战略"；2016年制定了《国家创新驱动发展战略纲要》；2017年党的十九大报告明确提出经济增长模式要从要素驱动转向全要素生产率的提升……创新在五大"新发展理念"中居于首位，是"引领发展的第一动力"，是中国推动经济高质量发展和构建"双循环"新发展格局的"重器"。

人口红利的消退不可逆转，资本边际生产率的下降又压抑了投资需求，科技创新和制度变革是中国经济增长的必选项，且自主创新的地位将日益凸显，必须坚定不移走中国特色自主创新道路。一方面，全球在前沿科技领域的竞争日趋白热化，中国引进技术的渠道只会越来越窄；另一方面，改革开放以来，中国的技术水平不断向"最佳实践"收敛，在多个领域已经成为"领头羊"，引进技术的空间也在不断压缩。

经过长期努力，中国已经具备了由"跟跑者"向"并行者""领跑者"转变的能力。这也将是"惊险的一跃"，不太可能一马平川，需要战略定力和系统思维，需要连接"思想市场"和商业实践，需要以科技创新为战略支撑，进一步全面推进理论创新、体制创新、制度创新、人才创新。

资料来源：第一财经网站，邵宇，陈达飞．创新：现代经济增长的不竭源泉，2021-10-27。

三、经济增长理论演变轨迹

任何理论都是一定时代的实际反映，据此，我们概述经济增长理论演变的三个主要阶段。

1. 古典增长理论

18世纪，亚当·斯密是历史上最早对经济增长做系统探讨的经济学专家。尽管他认为分工、资本和制度是经济增长三个不可缺少的因素。经济自由决定着增长。但在资本主义早期，土地资源的重要性往往使古典经济学家注重土地对增长的约束，特别是托马斯·马尔萨斯（Thomas Malthus）和大卫·李嘉图。

他们认为，由于土地有限，随着人口增加，人们赖以生存的土地会日益稀缺、递减，人口和生活资料必须平衡的规律最终只会使人类生活在一个只能维持基本生活的贫困边界，并且由于农产品价格随着人口增加而上升，地租就不断上涨，利润率不断下降，最终将使资本积累和经济增长完全停止。

2. 新古典增长理论

后来的历史证明，马尔萨斯、李嘉图等人的观点并不正确。产业革命以来的事实证明，土地已不再成为产出的制约因素，资本积累和技术进步才是影响经济增长的支配力量。于是新古典增长理论应运而生，其代表人物是美国经济学家索洛（Solow）。

在他的增长模型中，先假设技术不变，则产出取决于资本和劳动投入。每单位劳动分摊到资本（厂房、设备等）称为人均资本，可用 k 表示。再以 Δk、s、y、n、δ 分别表示人均资本增量、储蓄率、人均产量、人口增长率（若全部人口参加劳动，则 n 也是劳动增长率）、折旧率，则新古典增长模式可用以下基本方程表示：

$$\Delta y = sy - (n+\delta)k \tag{11-6}$$

式（11-6）表示，人均储蓄量（即人均积累量）一方面用于装备新工人（nk），一方面用于折旧（δk），这两部分之和就是$(n+\delta)k$，如果还有多余，就可用于提高人均资本水平。用于$(n+\delta)k$部分的人均积累量称为资本广化，用于提高人均资本水平的部分 Δk 称为资本深化。若$\Delta k = 0$，则$sy=(n+\delta)k$，若 s、n、δ 都不变，则人均产量也不变，这一状态称为长期均衡状态。

3. 内生增长理论

内生增长理论是一种新经济增长理论，其特点是试图使经济增长率内生化。所谓增长率内生化，是指把推动经济增长的因素，如储蓄率、人口增长率和技术进步等重要参数作为内生变量予以考虑，因而可以从模型内部来说明经济增长。

这里，我们讨论如何把技术当作内生变量。过去的经济增长理论总把技术进步当作外生因素，新经济增长理论则认为，一个经济社会的技术进步快慢和路径是由这个经济社会中的家庭、企业在经济增长中的行为决定的。

例如，罗默（Romer）认为，企业通过增加投资的行为提高了知识水平，知识有正外部性，会使物质资本和劳动等其他投入也具有收益递增的特点；卢卡斯（Lucas）认为，发达国家拥有大量人力资本，经济持续增长是人力资本不断积累的结果；还有些经济学家强调从事生产的过程也是获得知识的"干中学"过程，"干中学"积累起来的经验使劳动力和固定资产的效率在生产过程中不断提高。

总之，技术进步是经济系统的内生变量，这种新经济增长理论有很强的政策含义，那就是政府应当通过各种政策，例如对研究和开发提高补贴，对文化教育予以支持，用税收等政策鼓励资本积累等，以促进经济增长。

第三节 经济增长是非论

较高的经济增长率意味着社会财富的增加，人们的需求得到更多满足，社会福利增进，这是自亚当·斯密以来的传统观点。但从 20 世纪 60 年代以来，西方国家经济增长过程中出现了环境污染、工业废物处理、自然资源枯竭、居民公害病症增多以及城市人口拥挤、交通阻塞等诸多问题，引起人们普遍关注。所以 20 世纪 60 年代后期就有经济学家提出要考虑经济增长的代价问题。

经济增长是否值得向往的问题由英国经济学家米香（Mishan）于 1967 年首先提出。他指出，西方社会继续追求经济增长，在社会福利方面得不偿失。技术发明固然给人们提供较多的福利，但也会因颓废风险加大而增加了他们的焦虑。飞速的交通工具使人们趋于孤立；移动性增加反而使转换时间增多；自动化程度的提高增加了人们彼此的间隔；电视使用时间的增多使人们更少交往，人们较以往更少了解他们的邻居。物质财富的享受不是人们快乐的唯一源泉，还有闲暇、文化和美丽的环境。然而，这些令人向往的事物现在却成了增加国民收入的牺牲品。

1972 年美国经济学家梅多斯（Meadows）等人写了《增长的极限》[一]一书。书中指出，由于粮食缺少、资源枯竭和环境污染等问题的严重性及相互作用的结果，人口和工业生产的增长将于 2100 年到来之前完全停止，最后出现"世界的末日"。要避免这种灾难性情况的发生，从 1975 年起要停止人口的增长，到 1990 年停止工业投资的增长，以达到"零度人口增长"和"零度经济增长"的全球性均衡。

零增长观点一经提出，就引起西方社会的广泛讨论，持有异议的观点有以下几个。

第一，实行一种阻止经济继续增长的决策是不容易的。用行政命令控制的方式本身不可取。政府不可能命令人们停止发明扩大生产力的方法，而且厂商冻结其产出水平也是无意义的，因为人们需要的变化会要求某些工业扩大生产，同时也会要求另一些工业紧缩生产。究竟哪些工业需要扩大和哪些工业需要紧缩，势必要由政府出面干预以达到零增长，这将是既浪费又挫伤人们情绪的方式。

第二，零增长将严重损害人们在国内或国外消除贫穷的努力。当前世界上大多数人口仍处于需要经济增长的状况中，发达国家又不甚愿意对发展中国家提供过多援助。较少的增长意味着贫困延续。就改善一些发展中国家生活状况而言，经济增长是完全有必要的。

第三，经济零增长不容易对有效的环境保护提供资金。对于消除空气和水流污染以及净化城市生活而言，每年需要大量费用，只有经济增长，才能获取这些资金，又不致减少现行消费。如果经济不增长，这些方案都无法实施，最后仍将使人们贫困和环境恶劣。

总之，一些经济学家认为，零经济增长是不能实现的，也是不应实现的。

[一] 机械工业出版社已出版本书中文版。

个案研究 11-3

东亚奇迹与东亚危机

第二次世界大战后,日本先是在 20 世纪 70 年代率先实现工业化,并通过海外直接投资向东亚地区转移劳动密集型和资金密集型产业,带动了"四小龙"的腾飞,随后"四小龙"从 80 年代开始产业转型,加入日本对东盟国家投资的队伍,把劳动密集型的组装加工业大规模转移到马来西亚、泰国和印度尼西亚,从而在时间上形成东亚排浪式的工业化追赶浪潮。

1984—1996 年,东亚在世界进口总额中的比重由 18.5% 上升到 25%,在世界出口总额中的比重由 19% 上升到 27%,与此同时,东亚的贫困人口由 4 亿多人减少到 1 亿多人。8 个国家和地区的人口平均寿命由 1960 年的 56 岁增加到 1990 年的 71 岁。

20 世纪 80 年代以来日本对东亚直接投资迅速增加,有力地推动了东亚各国地区的产业结构升级,促进了重化工业在东亚的移植和发育,同时也使东亚国家的产业发展严重依赖于日本的技术。据 1995 年日本贸易振兴会调查,"四小龙" 70% 的企业、东盟 78% 的企业都主要从日本本土筹措、调配零部件和其他资本货物。

日本经济研究中心有关统计则表明,在韩国和中国台湾地区经济起飞和高速增长中,技术供给的 54.6% 和 65.3% 来自日本,其他东亚国家和地区技术引进的 1/5 以上也来自日本。这使东盟国家的产业发展严重依赖于外资企业,只有少数本国当地企业能够为跨国公司提供协作配套生产。

同时,由于跨国公司与当地企业的技术差距、管理差距悬殊,当地企业进入外资主导产业的壁垒极高。在这种配套不成、进入不可的双重挤压下,本国当地资本只好大量涌入房地产市场、证券市场,虚拟经济过度膨胀导致经济泡沫化,同时也导致金融市场更加不稳定。

日本和"四小龙"对东盟自然资源的直接投资,还进一步加剧了东盟初级产品的输出。一项产品的开发、设计定型及关键零部件生产在日本本土进行,一般零部件转移到"四小龙"生产,而在东盟完成最后组装,产成品一部分在当地销售,一部分返销日本,一部分销往欧美市场。

从事设计、零部件生产的先进国家和地区虽没有最终产品生产国与出口国的名分,但却获得全部增值中的绝大部分,比如,在韩国,每辆轿车总技术成本的 30% 要以专利费形式付给外国精密技术供给商,每台摄像机总技术成本的 50%、每生产一个 DRAM 半导体总技术成本的 30%、每台笔记本计算机总技术成本的 70% 要以技术专利费的形式支付给外国厂商。

另外,东亚国家外资导向下的经济增长还导致外债迅速增加。泰国外债从 1992 年底的 396 亿美元增加到 1996 年底的 900 亿美元,相当于 GDP 的 50%。为偿付外债,只能依靠增加出口和外资流入。1996 年出口大幅下降,为了维持固定汇率,把利率提高到 13.8% 的水平,使大量资本流入,其中短期资本占 53.2%。泰国 730 亿美元私人外债中,

1/3 流向了房地产行业。

印度尼西亚放宽金融管理后,银行增至 240 家。印度尼西亚中央银行不知道私营部门有大约 800 个贷款户,还借了外债 680 亿~690 亿美元。泰国 91 家财务证券公司总资产占全国金融资产的 1/4,这 91 家公司 1993—1996 年在房地产、证券方面的投资和贷款高达 50% 以上,其中相当部分已成为坏账。

资料来源:http://www.doc88.com/p-07514178398.html。

本章小结

经济周期是指实际总产出和就业相对于它们潜在水平的波动。经济学家对于经济周期的解释可以分为外生论和内生论。

外生论认为是经济系统以外的某些因素发生波动引起了经济系统的短期波动,如战争、政变、选举、新技术的问世、自然灾害、气候变化、太阳黑子等。

内生论则从经济系统内寻找经济周期发生的原因。内生论认为,经济的外部因素虽然对某些时期的经济周期波动产生了重要影响,但是经济周期的真正推动力并不在外部(它只能起到延缓或加剧的作用),而是来自经济的自身因素,包括利润推动力、利润过度资本化、心理因素、货币和信贷、非金融性过度投资以及消费不足等。

经济增长是指一个国家或一个地区生产的产品增加,其中产量既可以表示为经济的总产量,也可以表示为人均产量。经济增长的程度可以用增长率来描述。

经济增长理论演变主要经历了三个阶段:古典增长理论、新古典增长理论和内生增长理论。

本章内容结构

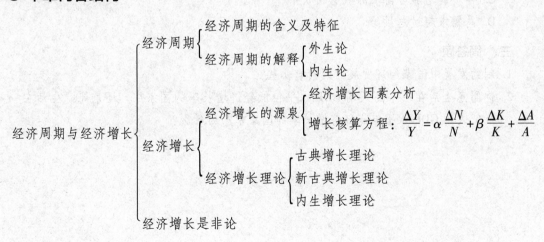

综合练习

一、名词解释

经济周期　　经济增长　　经济增长的源泉　　内生增长理论

二、选择题

1. 经济增长的标志是（　　）。
   A. 失业率的下降　　　　　　B. 先进技术的广泛应用
   C. 社会生产能力的不断提高　　D. 城市化速度加快

2. GDP 是衡量经济增长的一个较好的指标，是因为（　　）。
   A. GDP 以货币表示，易于比较
   B. GDP 的增长总是意味着已发生的实际经济增长
   C. GDP 的值不仅可以反映一国的经济实力，还可以反映一国的经济福利程度
   D. 以上说法都对

3. 下列各项中（　　）属于生产要素供给的增长。
   A. 劳动者受教育年限的增加　　B. 实行劳动专业化
   C. 规模经济　　　　　　　　　D. 电子计算机技术的迅速应用

4. 下列各项中（　　）不属于生产要素供给的增长。
   A. 投资的增加　　　　　　　　B. 就业人口的增加
   C. 人才的合理流动　　　　　　D. 发展教育事业

5. 经济波动的周期的四个阶段依次为（　　）。
   A. 扩张、峰顶、衰退、谷底　　B. 峰顶、衰退、谷底、扩张
   C. 谷底、扩张、峰顶、衰退　　D. 以上各项均对

6. 当某一社会的经济处于经济周期的扩张阶段时，（　　）。
   A. 经济的生产能力超过它的消费需求
   B. 总需求逐渐增长，但没有超过总供给
   C. 存货的增加与需求的减少相联系
   D. 总需求超过总供给

三、简答题

1. 制约发展中国家经济发展的因素有哪些？
2. 你愿意生活在一个高人均 GDP 水平但低经济增长率的国家中，还是愿意生活在一个低人均 GDP 水平但高经济增长率的国家中？为什么？

第十二章

宏观经济政策

📖 内容提要

政府作为国民经济的主要生产者和消费者，在国民经济运行过程中有着非常重要的作用。美国著名经济学家、诺贝尔经济学奖获得者托宾说："宏观经济学的重要任务之一就是如何运用中央政府的财政工具和货币工具来稳定国民经济。"本章主要分析各种宏观经济政策，并通过这些政策说明国家为什么要干预经济，以及在不同的经济形势下如何进行干预。

💡 学习目标与重点

- 掌握政府的职能、宏观经济政策目标和宏观经济政策的工具；
- 重点掌握财政政策及货币政策的内容及局限性；
- 深刻理解财政政策及货币政策的运用。

🔑 关键术语

经济政策；财政政策；货币政策；公开市场业务；法定存款准备金

📌 引入案例

2023 年中国宏观经济政策：继续实施积极的财政政策和稳健的货币政策

2022 年 12 月 15 日至 16 日中央经济工作会议在北京举行。

会议认为，今年是党和国家历史上极为重要的一年。我们胜利召开党的二十大，描绘了全面建设社会主义现代化国家的宏伟蓝图。面对风高浪急的国际环境和艰巨繁重的国内改革发展稳定任务，在以习近平同志为核心的党中央坚强领导下，全党全国各族人民迎难而上，砥砺前行，统筹国内国际两个大局，统筹疫情防控和经济社会发展，统筹发展和安全，加大宏观调控力度，应对超预期因素冲击，发展质量稳步提升，科技创新成果丰硕，改革开放全面深化，就业物价基本平稳，粮食安全、能源安全和人民生活得到有效保障，保持了经济社会大局稳定。

会议指出，当前我国经济恢复的基础尚不牢固，需求收缩、供给冲击、预期转弱三重压力仍然较大，外部环境动荡不安，给我国经济带来的影响加深。但要看到，我国经济韧性强、潜力大、活力足，各项政策效果持续显现，明年经济运行有望总体回升。要坚定做好经济工作的信心。

会议要求，明年要坚持稳字当头、稳中求进，继续实施积极的财政政策和稳健的货币政策，加大宏观政策调控力度，加强各类政策协调配合，形成共促高质量发展合力。

积极的财政政策要加力提效。保持必要的财政支出强度，优化组合赤字、专项债、贴息等工具，在有效支持高质量发展中保障财政可持续和地方政府债务风险可控。要加大中央对地方的转移支付力度，推动财力下沉，做好基层"三保"工作。

稳健的货币政策要精准有力。要保持流动性合理充裕，保持广义货币供应量和社会融资规模增速同名义经济增速基本匹配，引导金融机构加大对小微企业、科技创新、绿色发展等领域支持力度。保持人民币汇率在合理均衡水平上的基本稳定，强化金融稳定保障体系。

资料来源：央视网，中央经济工作会议在北京举行，2021年12月10日。

第一节 宏观经济政策概述

政府是国民经济的最大消费者和生产者，在市场经济条件下，政府提供公共物品、行使公共职能、实现社会公共利益。

1. "守夜人"的职能

"守夜人"的职能是政府对经济的第一职能，也是政府经济职能中最浅层次力度的职能，其职责是：①保护社会，使其不受其他独立社会的侵犯；②尽可能保护社会上的每个人，使其不受社会上任何其他人的侵害或压迫；③建设并维护某些公共事业及某些公共设施。

2. 公共物品的职能

政府是公共物品的最大提供者，既然市场机制在提供公共物品方面有时是失灵的，政府的介入就成为必要。但是政府介入公共物品的供给，并不等于政府生产所有的公共物品，更不等于政府完全取代公共物品的市场。政府可以通过直接生产公共物品的方式来实现，也可以通过某种途径委托私人企业间接生产的方式来实现。

政府提供公共物品的目的是弥补市场失灵，保证和增进公共利益、提供给社会高的福利水平。现在由政府提供的公共物品范围包括基础设施建设、公共事业、教育事业、卫生保健服务、文化设施、生态环境和国防安全等。

3. 宏观调控的职能

市场经济带来经济增长，但也会引发通货膨胀，而高潮后所跟随的衰退却使经济停滞甚至倒退，这种周期波动对社会资源及生产力都构成严重影响。所以宏观调控是着重以整体社会的经济运作，通过人为调节供应与需求，来实现经济计划的目标的。

政府对市场的调节则是政府对经济的深层次宏观调控职能。为实现宏观总量平衡，保证经济持续、稳定、协调增长，一国政府通过它所掌握的某些经济变量（如财政支出、货币供给等）来影响市场经济中的各种变量的取值，是政府保证经济更好更快发展，而对经济进行干预的一种方式。

4. 增加社会公平的职能

推进社会公平是政府的重要职能。在市场经济条件下，社会资源的优化配置是通过市场价格机制的运行来实现的。实践证明，作为资源配置的基础性机制，市场机制在资源配置效率方面显示出了巨大的优越性。市场机制容易促进效率的提高，同时也容易造成收入分配的差距拉大，为了不引发社会矛盾，政府承担着维护社会稳定和增进社会公平的职能。

一、宏观经济政策目标

宏观经济政策是指国家或政府有意识、有计划地运用一定的政策工具，调节控制宏观经济的运行，以达到一定的政策目标。从西方国家的实践来看，国家宏观调控的政策目标一般包括经济增长、充分就业、物价稳定和国际收支平衡等四项。

1. 经济增长

经济增长（economic growth）是指在一个特定时期内经济社会所生产的人均产量和人均收入的持续增长，包括：①维持一个高经济增长率；②培育一个经济持续增长的能力。

经济增长通常用一定时期内实际 GDP 的年均增长率来衡量。经济增长会增加社会福利，但并不是增长率越高越好。这是因为经济增长一方面要受到各种资源条件的限制，不可能无限地增长，尤其是对于经济已经相当发达的国家来说更是如此。另一方面，经济增长也要付出代价，如造成环境污染，引起各种社会问题等。

2. 充分就业

充分就业（full employment）是指包含劳动在内的一切生产要素都以愿意接受的价格参与生产活动的状态。充分就业包含两种含义：一是指除了摩擦性失业和自愿失业之外，所有愿意接受各种现行工资的人都能找到工作的一种经济状态，即消除了非自愿失业就是充分就业；二是指包括劳动在内的各种生产要素，都按其愿意接受的价格全部用于生产的一种经济状态，即所有资源都得到充分利用。

失业意味着稀缺资源的浪费或闲置，从而使经济总产出下降，社会总福利受损。因此，失业的成本是巨大的，降低失业率，实现充分就业就成为宏观经济政策的首要目标。

3. 物价稳定

物价稳定（stabilized price）是指物价总水平的稳定。通常用价格指数来衡量一般价格水平的变化。价格稳定不是指每种商品价格的固定不变,也不是指价格总水平的固定不变,而是指价格指数的相对稳定。价格指数又分为 CPI、PPI 和国内生产总值折算指数三种。

物价稳定是指允许经济保持一个低而稳定的通货膨胀率。所谓低,就是通货膨胀率在 1%~3%;所谓稳定,就是指在相当时期内能使通货膨胀率维持在大致相等的水平上。这种通货膨胀率能为社会所接受,对经济也不会产生不利的影响。

4. 国际收支平衡

国际收支平衡(balance of payments)具体分为静态平衡与动态平衡、自主平衡与被动平衡。静态平衡,是指一国在某一年的年末,国际收支不存在顺差也不存在逆差;动态平衡,不强调某一年的国际收支平衡,而是以经济实际运行可能实现的计划期为平衡周期,保持计划期内的国际收支均衡。

自主平衡,是指由自主性交易(基于商业动机,为追求利润或其他利益而独立发生的交易)实现的收支平衡;被动平衡,是指通过补偿性交易(一国货币当局为弥补自主性交易的不平衡而采取的调节性交易)而达到的收支平衡。

二、宏观经济政策工具

宏观经济政策工具是达到经济目标的手段和措施,不同的宏观经济政策工具可以达到不同的政策目标。常用的宏观经济政策工具有需求管理政策、供给管理政策、国际经济政策。

1. 需求管理政策

需求管理(demand management)是要通过对总需求的调节,实现总需求等于总供给,达到既无失业又无通货膨胀的目标。在有效需求不足的情况下,也就是总需求小于总供给时,政府应采取扩张性的政策措施,刺激总需求增长,克服经济萧条,实现充分就业;在有效需求过度增长的情况下,也就是总需求大于总供给时,政府应采取紧缩性的政策措施,抑制总需求增长,以克服因需求过度扩张而造成的通货膨胀。

2. 供给管理政策

供给管理(supply management)是通过对总供给的调节,来达到一定的政策目标。供给学派理论的核心是把注意力从需求转向供给。在短期内影响供给的主要因素是生产成本,特别是生产成本中的工资成本。在长期内影响供给的主要因素是生产能力,即经济潜力的增长。

供给管理政策具体包括控制工资与物价的收入政策、指数化政策、人力政策和经济增长政策。

(1)收入政策。收入政策是指通过限制工资增长率从而限制物价上涨率的政策,因此,也叫工资和物价管理政策。之所以对收入进行管理,是因为通货膨胀有时由成本(工资)推进造成。制定收入政策的目的是制止通货膨胀。它有以下三种形式:①工资与物价指导线。根据劳动生产率和其他因素的变动,规定工资和物价上涨的限度,其中主要是规定工资增长率。企业和工会都要根据这一指导线来确定工资增长率，企业也必须据此确定产品的价格变动幅度，如果违反，则以征税形式以示惩戒。②工资物价的冻结，即政府采用法律和行政手段禁止在一定时期内提高工资与物价，这些措施一般在特殊时期采用，在严重通货膨胀时也被采用。③税收刺激政策，即以税收来控制增长。

（2）指数化政策。指数化政策是指定期地根据通货膨胀率来调整各种收入的名义价值，以使其实际价值保持不变。主要有：①工资指数化；②税收指数化，即根据物价指数自动调整个人所得税等。

（3）人力政策。人力政策又称就业政策，是一种旨在改善劳动市场结构，以减少失业的政策。它主要有：①人力资本投资。由政府或有关机构向劳动者投资，以提高劳动者的文化技术水平与身体素质，适应劳动力市场的需要。②完善劳动市场。政府应该不断完善和增加各类就业介绍机构，为劳动的供求双方提供迅速、准确而完全的信息，使劳动者能找到满意的工作，企业也能得到其所需要的员工。③协助工人进行流动。劳动者在地区、行业和部门之间的流动，有利于劳动的合理配置与劳动者人尽其才，也能减少由于劳动力的地区结构和劳动力的流动困难等而造成的失业。对工人流动的协助包括提供充分的信息、必要的物质帮助与鼓励。

（4）经济增长政策。经济增长政策主要有：①增加劳动力的数量和质量。增加劳动力数量的方法包括提高人口出生率、鼓励移民入境等；提高劳动力质量的方法有增加人力资本投资。②资本积累。资本的积累主要来自储蓄，可以通过减少税赋、提高利率等途径来鼓励人们储蓄。③技术进步。技术进步在现代经济增长中起着越来越重要的作用。因此，促进技术进步成为各国经济政策的重点。④计划化和平衡增长。现代经济中各部门之间协调的增长是经济本身所要求的，国家的计划与协调要通过间接的方式来实现。

3. 国际经济政策

国际经济政策（international economic policy）是对国际经济关系的调节。现实中每一个国家的经济都是开放的，各国经济之间存在着日益密切的往来与相互影响。一国宏观经济政策目标中有国际经济关系的内容，即国际收支平衡；不仅如此，其他目标的实现不仅有赖于国内经济政策，也有赖于国际经济政策。

第二节 财政政策

财政政策是国家干预经济的主要政策之一。**财政政策**（fiscal policy）是政府运用支出和收入来调节总需求，以控制失业和通货膨胀并实现经济稳定增长和国际收支平衡的宏观经济政策。要了解财政政策的内容，先要了解现代西方财政的基本构成。

一、财政的基本构成

1. 政府支出

政府支出（government expenditure）是指整个国家中各级政府支出的总和，由许多具体支出项目构成,主要包括政府购买和转移支付两大类。

政府支出的分类如下所述。

(1) 按政府职能分。

政府支出按照政府职能可分为经济建设费、社会文教费、国防费、行政管理费和其他支出五大类。

(2) 按经济性质分。

政府支出按照经济性质可分为购买性支出和转移性支出。**政府购买**(government purchase)是指政府对产品和服务的购买,如购买军需品、机关公用品、政府职员报酬、公共项目工程所需的支出等都属于政府购买。**政府转移支付**(government transfer payment)是指政府在社会福利保险、贫困救济和补助等方面的支出。

延伸阅读 12-1
政府购买(购买性支出)和转移支付(转移性支出)

政府购买是指政府以购买者的身份在市场上采购所需的产品和服务,用于满足社会公共需要。政府购买是一种实质性支出,有产品和服务的实际交易,因而直接形成社会需求和购买力,是国民收入的一个组成部分。政府购买是决定国民收入大小的主要因素之一,其规模直接关系到社会总需求的增减。

转移支付是指预算资金单方面无偿转移支出,如社会保障支出、财政补贴等。转移支付是一种货币性支出,政府在付出这些货币时并无相应的产品和服务的交换发生,因而是一种不以取得本年生产出来的产品和服务作为报偿的支出。因此,转移支付不能算作国民收入的组成部分。它所做的仅仅是通过政府将收入在不同社会成员之间进行转移和重新分配,全社会的总收入并没有变动。

政府购买遵循市场经济的基本准则,即实行等价交换。对市场运行而言,政府购买对消费和生产具有直接影响,可广泛用于调节各项经济活动。由于转移支付是价值单方面的无偿转移支出,因而不可能遵循等价交换的原则,而是为了实现政府特定的经济社会政策目标。与政府购买相比,转移支付的重点在于体现社会公平,而对市场经济运行的影响是间接的。

(3) 按支出具体用途分。

政府支出按支出具体用途可分为基本建设支出、三项费用和农林业支出等。

2. 政府收入

政府收入(government income)是指政府为履行其职能而筹集的一切资金的总和。在市场经济条件下,政府收入是国家通过一定的形式和渠道集中起来的以货币表现的一定量的社会产品价值,其中主要是剩余产品的价值,它是政府从事一切活动的物质前提。

政府收入形式是指政府取得收入的具体方式,即来自各个部门、单位和个人的政府收入通过什么方式上缴给国家。

在世界各国，取得政府收入的主要形式都是税收。除此之外，其他非税收入形式则视各国的政治制度、经济结构和财政制度的不同而有所区别。目前，政府收入主要有以下几种形式：税收收入、债务收入、国有企业运营收入、国有财产收入、行政司法收入、其他收入。

个案研究 12-1

2021 年我国财政支出远大于财政收入

2022 年 1 月 29 日，中华人民共和国财政部的网站上公布了 2021 年我国的财政收支情况。

1. 全国一般公共预算收支情况

2021 年，全国一般公共预算收入为 202 539 亿元，同比增长 10.7%，比 2011 年增长了近一倍。其中，中央一般公共预算收入为 91 462 亿元，同比增长 10.5%；地方一般公共预算本级收入为 111 077 亿元，同比增长 10.9%。全国税收收入为 172 731 亿元，同比增长 11.9%；非税收入为 29 808 亿元，同比增长 4.2%。

其中，国内增值税为 63 519 亿元，同比增长 11.8%；国内消费税为 13 881 亿元，同比增长 15.4%；企业所得税为 42 041 亿元，同比增长 15.4%；个人所得税为 13 993 亿元，同比增长 21%。

2021 年，全国一般公共预算支出为 246 322 亿元，同比增长 0.3%，比 2011 年增长了 1.26 倍。其中，中央一般公共预算本级支出为 35 050 亿元，同比下降 0.1%；地方一般公共预算支出为 211 272 亿元，同比增长 0.3%。

其中，教育支出为 37 621 亿元，同比增长 3.5%；科学技术支出为 9 677 亿元，同比增长 7.2%；社会保障和就业支出为 33 867 亿元，同比增长 3.4%；卫生健康支出为 19 205 亿元，同比下降 0.1%；节能环保支出为 5 536 亿元，同比下降 12.6%；城乡社区支出为 19 450 亿元，同比下降 2.5%；农林水支出为 22 146 亿元，同比下降 7.5%；交通运输支出为 11 445 亿元，同比下降 6.2%；债务付息支出为 10 456 亿元，同比增长 6.6%。

2021 年我国公共财政支出高于公共预算收入 21.6%。

2. 全国政府性基金预算收支情况

2021 年，全国政府性基金预算收入为 98 024 亿元，同比增长 4.8%。分中央政府和地方政府来看，中央政府性基金预算收入为 4 088 亿元，同比增长 14.8%；地方政府性基金预算本级收入为 93 936 亿元，同比增长 4.5%，其中，国有土地使用权出让收入为 87 051 亿元，同比增长 3.5%。

2021 年，全国政府性基金预算支出为 113 661 亿元，同比下降 3.7%。分中央政府和地方政府来看，中央政府性基金预算本级支出为 3 201 亿元，同比增长 17.9%；地方政府性基金预算支出为 110 460 亿元，同比下降 4.2%，其中，国有土地使用权出让收入的相关支出为 77 540 亿元，同比增长 2.6%。

3. 全国国有资本经营预算收支情况

2021年，全国国有资本经营预算收入为5 180亿元，同比增长8.5%。分中央层面和地方层面来看，中央国有资本经营预算收入为2 007亿元，同比增长12.4%；地方国有资本经营预算本级收入为3 173亿元，同比增长6.1%。

2021年，全国国有资本经营预算支出为2 625亿元，同比增长2.7%。分中央层面和地方层面来看，中央国有资本经营预算本级支出为937亿元，同比增长7.2%；地方国有资本经营预算支出为1 688亿元，同比增长0.3%。

资料来源：中华人民共和国中央人民政府网站，2021年财政收支情况。

二、财政政策的运用

财政政策主要通过政府支出和税收来调节经济。在经济萧条的时候，政府可以通过增加财政支出来刺激经济；可以向企业进行大规模采购，以刺激民间投资增加；也可以兴建更多的公共工程，创造社会需求和增加就业，同时也为经济发展提供了经济基础。

此外，政府还可以增加转移支付，增加对社会居民的各种补贴，提高居民消费能力，从而带动消费需求。政府支出和转移支付的增加，可以增加总需求，有助于克服经济萧条，实现充分就业。相反，当经济过度繁荣时，政府通过减少财政支出来抑制总需求，减少通货膨胀。

在经济萧条的时候，政府也可以通过调节财政收入来刺激经济。在经济萧条时，由于总需求不足，为了刺激总需求，政府往往采取减税的措施，使企业和个人可支配收入增加，这样居民更有能力进行消费，企业更有能力进行投资，社会的消费需求和投资需求增加，总需求也随之增加。

而在经济繁荣时期，总需求大于总供给，经济中存在通货膨胀，政府采取增加税收的办法来限制企业的投资与居民消费，从而减少社会总需求，抑制经济过热，使经济恢复到比较正常的状态。

在现实中，政府的支出政策和收入政策互相配合，同时发生变化，以使财政政策达到更为理想的效果。在经济萧条时，政府在增加支出的同时还会采取减税措施；在经济繁荣时，政府在减少支出的同时还会增加税赋，以抑制社会总需求，最大限度地缓解通货膨胀的压力。

延伸阅读 12-2

扩张性财政政策和紧缩性财政政策

扩张性财政政策是通过增加政府支出和减少税赋来刺激经济的政策；紧缩性财政政策是通过减少政府支出与增加税赋来抑制经济的政策。

三、内在稳定器

内在稳定器（automatic stabilizer）是指一种宏观经济的内在调节机制，即在宏观经济的不稳定情况下自动发挥作用，使宏观经济趋向稳定。财政政策的这种"内在稳定器"效应无须借助外力就可直接产生调控效果。财政政策工具的这种内在的、自动产生的稳定效果，可以随着社会经济的发展自行发挥调节作用，不需要政府专门采取干预行动。财政政策的"内在稳定器"效应主要表现在：累进的所得税制和公共支出，以及各种转移支付。

1. 税收的自动变化

当经济萧条时，国内生产总值下降，个人或公司收入减少，政府征收的所得税和公司利润税也会减少，有助于维持总需求，起到控制经济衰退的作用。反之，当经济繁荣时，失业率下降，个人和公司收入自动增加，税收也会自动增加，特别是在实行累进的所得税制的情况下，税收的增长率往往超过了国民收入的增长率，从而起到抑制通货膨胀的作用。因此，税收对经济变动会自动地起到遏止总需求扩张和经济过热的作用。

2. 政府支出的自动变化

当经济萧条时，工人失业增加，需要社会失业救济和补助的人数增加，社会失业救济和其他社会福利支出也就会相应增加，这类转移支付增加，来维持失业人员的工资，就可以增加个人消费需求，从而也会增加社会总需求。当经济繁荣时则相反，失业人数和需要补助的人数减少，政府的社会失业救济和其他补助也会减少，这类转移支付减少，从而有利于抑制消费和投资的增加，有利于稳定经济。

3. 农产品价格维持制度

通过学习微观经济学我们知道，当农业丰收时，农产品价格下跌，政府按照农产品价格维持制度，用支持价格收购剩余农产品，增加农民的收入，增加消费。在农业歉收时，农产品价格上涨，这时政府少收购农产品并从各种渠道增加农产品供给，限制农产品价格上涨，既抑制农民收入和消费的过度增加，又能稳定农产品的价格，防止通货膨胀。

4. 私人储蓄和公司储蓄

家庭在短期内收入下降，一般不会减少消费，而是用过去的储蓄来消费，短期收入增加，也不会立即消费，而是增加储蓄。公司也是这样，当短期收入减少时也不会减少股息，而是减少保留利润，当短期收入增加时，也不会增加股息，而是增加保留利润。

以上制度对宏观经济活动都能起到自动稳定的作用。它们都是财政制度的内在稳定器。这些内在稳定器自动发生作用，自动调节经济，无须政府做出任何决策。但是，这些内在稳定器的作用是非常有限的，只能减轻萧条或通货膨胀的程度，并不能改变萧条或通货膨胀的总趋势；只能对财政政策起到自动配合的作用，并不能代替财政政策。因此减少经济波动，政府仍需要有意识地运用财政政策来调节经济。

四、赤字财政政策

赤字财政政策也称为扩张性财政政策，是指通过减税而减少国家的财政收入，增加企业和个人的可支配收入，刺激社会总需求，或通过发行国债扩大财政支出的规模，进而扩大社会需求。财政赤字是一种客观存在的经济范畴,也是一种世界性的经济现象,它是国家职能的必然产物。

纵观世界各国,在经济增长缓慢、市场萎靡的时候,一般都以财政赤字的增加为代价来支持经济持续发展。在经济萧条时期,采用扩大政府的财政支出、减税等办法都必然会导致财政赤字。财政赤字就是政府收入小于政府支出。在现实中,许多国家都运用赤字财政政策来刺激经济。

凯恩斯认为,财政政策应该为实现充分就业服务,因此,赤字财政政策不仅是必要的,而且也是可能的。这是因为:①债权人是国家,债务人是公众;国家与公众的根本利益是一致的。政府的财政赤字是国家欠公众的债务,也就是自己欠自己的债务。②政府政权稳定,债务偿还有保证,公债发行增加,不会给债权人带来危害,发行公债可用于刺激有效的需求,发展经济,经济就会好转。③政府实行赤字财政政策是通过发行公债来进行的。债务用于发展经济,使政府有能力偿还债务,弥补财政赤字。这就是一般所说的"公债哲学"。

1. 赤字财政政策的积极作用

赤字财政政策是在经济运行低谷期使用的一项短期政策。在短期内,经济若处于非充分就业状态,社会的闲散资源并未充分利用时,财政赤字可扩大总需求,带动相关产业的发展,刺激经济回升。

在当前世界经济增长乏力的条件下,中国经济能够保持平稳增长的态势,积极稳健的财政政策功不可没。从这个角度说,财政赤字是国家宏观调控的手段,它能有效动员社会资源,积累庞大的社会资本,支持经济体制改革,促进经济的持续增长。

实际上财政赤字是国家为了实现经济发展、社会稳定等目标,依靠坚实和稳定的国家信用调整与干预经济的结果,是国家在经济调控中发挥作用的一个表现。

2. 赤字财政政策的消极作用

(1)赤字财政政策并不能包治百病。刺激投资,就是扩大生产能力。实行扩张性政策,有可能是用进一步加深未来的生产过剩的办法来暂时减轻当前的生产过剩。因此,长期扩张积累的后果必然会导致未来更猛烈的经济危机的爆发。

(2)财政赤字可能增加政府债务负担,引发财政危机。财政风险是指财政不能提供足够的财力致使国家机器的运转遭受严重损害的可能性。当这种可能性转化为现实时,轻者导致财政入不敷出,重者引起财政危机和政府信用的丧失。财政赤字规模存在着一个具有客观性质的合理界限,如果赤字规模过大,会引发国家信用危机。对财政赤字风险性的评价,国际上通常用四个指标:①财政赤字率,即赤字占 GDP 的比重,一般以不超过 3% 为警戒线;②债务负担率,即国债余额占 GDP 的比重,一般以不超过 60% 为警戒线;③财政债务依存度,即当年国债发行额/(当年财政支出+当年到期的还本付息的国债),一般以不超过 30% 为警戒线;④国债偿还率,即当年到期的还本付息的国债/当年财政支出,一般以不超过 10% 为警戒线。

(3) 赤字财政政策孕育着通货膨胀的种子，可能诱发通货膨胀。从某种程度上说，赤字财政政策与价格水平的膨胀性上升有着固定的关系。其原因并不难寻。在一个社会里，赤字财政政策导致货币需求总量增加，而现存的产品和服务的供给量却没有以相同的比例增加，这必然要使经济产生一种通货膨胀缺口，引起价格水平提高。在财政赤字不引起货币供给量增加的情况下，赤字与需求拉上型通货膨胀有着直接关系。

所以，经济学家认为，赤字财政政策可以用，但要有限制。

五、挤出效应和财政政策效果

挤出效应是指一个市场上，由于供应、需求有新的增加，导致部分资金从原来的预支中挤出，而流入新的产品中。财政政策的挤出效应是指政府开支增加所引起的私人消费或投资降低的效果。

在一个充分就业的经济中，政府支出增加会以下列方式使私人投资出现抵消性的减少：由于政府支出增加，市场上购买产品和服务的竞争会加剧，物价就会上涨，在名义货币供给量不变的情况下，实际货币供给量就会因价格上涨而减少，进而使可用于投机目的的货币量减少。结果是债券价格下跌，利率上升，进而导致私人投资减少。投资减少了，人们的消费随之减少。这就是说，政府支出的增加"挤占"了私人投资和消费。

政府在多大程度上"挤占"私人支出呢？这取决于以下几个因素。

(1) 支出乘数的大小。政府支出增加会使利率上升，乘数越大，利率提高使投资减少，引起的国民收入的减少也越多，挤出效应就越大。

(2) 对利率的敏感程度。敏感程度越高，一定量利率水平的变动对投资水平的影响就越大，因而挤出效应就越大；反之越小。

(3) 货币需求对产出水平的敏感程度。该敏感程度主要取决于支付习惯，与挤出效应成正比。

(4) 货币需求对利率变动的敏感程度。该敏感程度与挤出效应成反比。

延伸阅读 12-3
"货币主义者"与"凯恩斯主义者"

各经济学派对财政政策挤出效应有不同看法。

货币主义者认为，财政政策挤出效应大，所以财政政策效用不大，甚至无用。他们认为，货币需求只取决于收入，而不取决于利率，即货币需求对利率变动没有什么影响，这样，利率上升并不会使货币需求减少，从而利率的上升就会引起挤出效应，挤出效应不会使总需求发生变化，使财政政策起不到刺激经济的作用。

凯恩斯主义者认为，财政政策挤出效应不大，只有达到充分就业才会存在挤出效应，在有效需求不足的条件下，不存在萧条时期政府支出挤出私人支出的问题。所以，财政政策有刺激经济的作用。他们认为，货币需求会对利率变动做出反应。这就是说，由于货币投机需求的存在，所以，利率上升时，货币需求会减少。在货币供给不变的情况下，当财政政策引起利率上升时,货币需求会减少。这就会抑制利率的进一步上升,甚至会使利率有所下降,从而使利率上升有限,挤出效应减小。

六、财政政策的局限性

1. 滞后对政策的影响

财政政策的制定和实施,需要提出方案、讨论和实施,有很多中间环节,在经历这些过程后,经济形势可能就已经发生变化,从而影响宏观经济政策作用的发挥。

2. 挤出效应的影响

在社会资源既定的情况下,政府支出扩大,争夺了私人投资的资源,也会抑制私人投资,使政府财政支出的扩张作用被部分抵消或全部抵消。

3. 社会阻力的影响

由于经济政策的实施会给不同经济利益体带来影响,所以,在执行过程中会遇到不同阶层和集团的抵制,从而使政策目标难以实现。

个案研究 12-2

我国财政政策的执行情况

1993—1997 年,为应对经济过热和通货膨胀,我国政府实施了适度从紧的财政政策,实现了"高增长、低通胀"的良好局面;1998—2003 年,受亚洲金融危机的影响,国内出现了一定程度的需求不足和通货紧缩,政府实施了积极的财政政策,抵御了亚洲金融危机的冲击,推动了经济结构的调整和持续增长;2004—2008 年,我国经济开始走出通货紧缩的阴影,呈现加速发展的态势,部分行业和投资增长较快,通胀压力加大,这种情况下,政府自 2005 年将积极的财政政策转向稳健的财政政策;2008 年,为了应对国际金融危机,保持经济平稳快速发展,政府开始实施积极的财政政策。

资料来源:央广网。

第三节 货币政策

货币政策(monetary policy)是指中央银行通过控制货币供应量来调节利率进而影响投资和整个经济,以达到一定经济目标的经济政策。凯恩斯主义者认为,货币政策和财政政策一样,也是调节国民收入以达到稳定物价、充分就业的目标,进而实现经济稳定增长。两者的不同之处在于,财政政策直接影响总需求的规模,这种直接作用没有任何中间变量;而货币政策还要通过利率的变动来对总需求发生影响,因而是间接地发挥作用。

货币政策也可分为扩张性的和紧缩性的。扩张性货币政策是通过增加货币供给来带动总需求的增长。货币供给增加时,利率会降低,取得信贷更为容易,因此在经济萧条时,多采用扩张性货币政策。反之,紧缩性货币政策是通过削减货币供给的增长来降低总需求水平,在这种情况下,取得信贷比较困难,利率也随之提高;因此,在通货膨胀严重时,多采用紧缩性货币政策。

一、货币与银行制度

1. 货币

货币(currency)是从商品中分离出来固定地充当一般等价物的商品;货币是商品交换发展到一定阶段的产物。货币的本质就是一般等价物,具有价值尺度、流通手段、支付手段、储藏手段、世界货币的职能。

通常货币供应量可划分为三个层次:流通中现金(M0),即在银行体系以外流通的现金,是指居民手中的现钞和企事业单位的备用金;狭义货币(M1),即现钞加上银行活期存款;广义货币(M2),即狭义货币加上银行存款中的定期存款、储蓄存款、外币存款等。

M0 = 现金

M1 = M0 + 银行活期存款

M2 = M1 + 银行定期存款 + 储蓄存款 + 外币存款

在这三个层次中,M0 与消费变动密切相关,是最活跃的货币;M1 反映居民和企业资金松紧变化,是经济周期波动的先行指标,流动性仅次于 M0;M2 流动性偏弱,但反映的是社会总需求的变化和未来通货膨胀的压力状况,通常所说的货币供应量,主要是指 M2。

2. 银行制度

银行制度(bank policy)是指各类不同银行的职能、性质、地位、相互关系、运营机制以及对银行的监管措施所组成的一个体系,是一国金融制度的一个重要组成部分。我国实行的是单一的中央银行制度,即以中央银行为核心,由中央银行和商业银行、金融机构共同构成银行体系。但是,影响货币供应量的主要是中央银行和商业银行。

(1)中央银行的主要职能。

1)发行的银行。中央银行代表国家发行纸币,根据市场情况调节货币供应量。

2)银行的银行。中央银行执行票据清算的职能,接受商业银行的存款,为商业银行发放贷款,监督和管理商业银行,调节货币流通。

3)国家的银行。中央银行代理国库收存款,代理国家发行公债,并向国家提供贷款。

(2)商业银行的职能。

1)信用中介。这是商业银行的基本职能。商业银行通过吸收存款将社会闲置资金聚集起来,通过贷款将其投向需要货币资金的企业和部门。

2)支付中介。商业银行为客户办理与货币收付有关的技术性业务。

3)变货币收入和储蓄为货币资本。商业银行能把社会各主体的货币收入、居民储蓄集中起来再运用出去,扩大社会资本总额,加速社会生产和流通的发展。

4)创造信用流通工具。商业银行在信用中介的基础上,通过开展存贷款业务创造派生存款。同时，商业银行通过发行支票、本票、大额定期存款单等信用工具，满足了现金流通中对流通手段和支付手段的需要，节约了与现金流通相关的流通费用。该职能是现代商业银行所特有的，成为国家干预经济的杠杆。

二、货币政策的工具与运用

个案研究 12-3

美国处理次贷危机的货币政策运用

在 2008 年危机发生初期，美联储采用了传统货币政策工具，如利用公开市场操作买卖有价证券，降低再贴现率以及联邦基金利率。但随着危机的不断深化，传统货币政策工具已经难以满足宏观调控的需要。由于联邦基金利率处于接近于零的水平，缺乏继续下调的空间，经济陷入"流动性陷阱"，故美联储转向量化宽松货币政策，向市场注入巨额流动性，以遏制危机发展，防止美国经济继续衰退。

一般来说，中央银行的传统货币政策工具包括公开市场操作、再贴现业务和法定存款准备金率。就美国的实际情况而言，由于法定存款准备金政策对基础货币和货币乘数的影响较为猛烈，因此美联储几乎很少使用该工具进行调控。在此次危机中，美联储应用较多的传统货币政策工具是公开市场操作，美联储通过在公开市场上进行国债、地方政府债以及其他债权的买卖及回购交易，达到调节金融市场货币供给量的目的。而再贴现业务主要用于化解金融机构的流动性危机。此外，当美联储调整联邦基金利率时，也会改变再贴现利率。

美联储进行公开市场操作即通过买卖证券影响美联储的资产结构、商业银行的非借入准备金和金融市场的货币供应，进而使联邦基金利率的实际水平尽可能地接近其操作目标值。由于公开市场操作与联邦基金利率存在较为紧密的联系，因此往往成为美联储调整联邦基金利率的工具。当市场流动性收缩时，商业银行对存款准备金的需求增加，会对联邦基金利率产生向上的压力，为使联邦基金利率维持在目标水平，纽约联储公开市场交易室从市场买入债券，从而增加对银行存款准备金的供给，令联邦基金利率维持在目标水平。若信用环境进一步恶化，公开市场交易室可在市场上买入更多债券，令银行存款准备金的供给增加超过需求，使联邦基金利率处于更低的水平，银行获得了充足的存款准备金，并且在货币乘数效应的作用下，使市场流动性趋于扩张。鉴于此，在次贷危机管理中，美联储采用公开市场操作大量买入有价证券，大幅扩张短期货币供给，从而使联邦基金利率迅速下降。

美联储在次贷危机管理中扩大了公开市场操作对象的选择范围，除国债外，还增加了对抵押贷款支持证券的购买。此举一方面增加了存款准备金的供给和创造货币的能力，并且可以直接调控联邦基金利率；另一方面还提高了抵押贷款支持证券的流动性，有助于缓解抵押贷款支持证券市场的信用紧缩，支持抵押贷款支持证券市场的稳定发展。

除三大传统货币政策工具外，美联储使用最多的工具是联邦基金利率，并且在危机初期，美联储最早的政策反应也是调整联邦基金利率。尤其在进入2008年以后，随着各大金融机构受次贷资产拖累纷纷宣告资产大幅减值，美联储采取了急剧降低联邦基金利率的方式，在2008年12月中旬时，美国联邦基金利率已降至0%～0.25%区间内。但危机并未因此而停止，由于联邦基金利率几乎处于零利率状态，缺乏继续下调的空间，因此美联储只得转而采取量化宽松货币政策，试图向市场注入巨额流动性以遏制危机发展。

资料来源：陈华，汪洋．中美经济刺激计划政策工具比较及政策退出前瞻［J］．金融会计，2010（6）：33-49．

货币政策工具（monetary policy tool），又称货币政策手段，是指中央银行为实现货币政策目标所采用的政策手段，包括常规性货币政策工具、选择性货币政策工具和补充性货币政策工具。

1. 常规性货币政策工具

西方国家中央银行多年来采用三大常规性货币政策工具，即法定存款准备金率、再贴现政策和公开市场业务，这三大传统的政策工具有时也称为"三大法宝"，主要用于调节货币总量。

（1）法定存款准备金率。

法定存款准备金率（required reserve ratio），是以法律形式规定商业银行等金融机构将其吸收存款的一部分上缴中央银行作为准备金的比率。20世纪30年代的大萧条后，各国普遍实行了法定存款准备金制度，法定存款准备金率便成为中央货币供给量的政策工具。对于法定存款准备金率的确定，目前各国中央银行都根据存款的不同而有所区别。一般地说，存款期限越短，货币性越强，需要规定较高的准备金率，所以，活期存款的法定准备金率高于定期存款的法定准备金率。

法定存款准备金率的政策效果有如下两点。

第一，法定存款准备金率通过决定或改变货币乘数来影响货币供给，即使准备金率调整的幅度很小，也会引起货币供应量的巨大波动。

第二，即使商业银行等金融机构出于种种原因持有超额准备金，法定存款准备金的调整也会产生效果。如果提高准备金比率，实际上是冻结了相应的超额准备金，在很大程度上限制了商业银行体系创造派生存款的能力。

其他货币政策工具都是以存款准备金为基础的。

法定存款准备金的局限性有如下两点。

第一，法定存款准备金率调整的效果比较强烈，调整对象对整个经济和社会心理预期都会产生显著的影响，所以，不宜作为中央银行调控货币供给的日常性工具。

第二，存款准备金对各种类别的金融机构和不同种类的存款的影响不一致，因而货币政策的效果可能因这些复杂情况的存在而不易把握。

（2）再贴现政策。

再贴现政策（rediscount policy）是指中央银行对商业银行持有未到期票据向中央银行申请再贴现时所做的政策性规定。再贴现政策一般包括两方面的内容：一是再贴现率的确定与调整；二是规定向中央银行申请再贴现的资格。

前者主要着眼于短期，中央银行根据市场资金供求状况，调整再贴现率。这样做能够影响商业银行借入资金的成本，进而影响商业银行对社会的信用量，从而调节货币供给的总量。同时，再贴现率的调整在一定程度上反映了中央银行的政策意向，起到一种告示效应，提高存款准备金意味着有紧缩意向；反之，则意味着有扩张意向。在传导机制上，若中央银行调高再贴现率，商业银行需要以比较高的代价才能从中央银行获得贷款，商业银行就会提高对客户的贴现率或提高贷款利率，其结果就会使信用量收缩，市场货币供给量减少。如中央银行采取相反的措施，则会导致市场货币供给量增加。

再贴现政策的效果包含两方面。

第一，再贴现率的调整可以改变货币供给总量。

第二，对再贴现资格条件的规定可以起到抑制或增加资金的作用，并能够改变资金流向。

再贴现政策的局限性包含三个方面。

第一，主动权并不只在中央银行，甚至市场的变化可能违背其政策意愿。因为商业银行是否再贴现或再贴现多少，取决于商业银行的行为，由商业银行自主判断、选择。如商业银行可通过其他途径筹措资金而不依赖于再贴现，则中央银行就不能有效控制货币供应量。

第二，再贴现率的调节作用是有限度的，在经济繁荣时期，提高再贴现率也不一定能够抑制商业银行的再贴现需求；在经济萧条时期，调低再贴现率也不一定能够刺激商业银行的借款需求。

第三，再贴现率易于调整，但随时调整会引起市场利率的经常性波动，使商业银行无所适从。与法定存款准备金率比较而言，再贴现率容易加大利率风险，并干扰市场机制的运作。

（3）公开市场业务。

公开市场业务（open market operation）是指中央银行在金融市场上公开买卖有价证券，以此来调节市场货币量的政策行为。当中央银行认为应该增加市场货币供应量时，就在金融市场上买进有价证券。与一般金融机构所从事的证券买卖不同，中央银行买卖证券不是为了盈利，而是为了调节货币供应量。

公开市场业务政策的优越性包含如下四点。

第一，主动性强。中央银行的业务政策目标是调控货币量而不是盈利，所以它可以不考虑证券交易的价格，从容实现操作目的，即可以高于市场价格买进，低于市场价格卖出，业务总能做成，不像再贴现政策那样较为被动。

第二，灵活性高。中央银行可根据金融市场的变化，进行经常且连续的操作，如果力度不够，可以随时加大。

第三，调控效果比较缓和，震动性小。由于这项业务以交易行为出现，不是强制性的，加之中央银行可以灵活操作，所以对经济社会和金融机构的影响比较平缓，不像调整法定存款准备金率那样震动很大。

第四,影响范围广。中央银行在金融市场上买卖证券,如交易对方是商业银行等金融机构,可以直接改变它们的准备金数额,如果交易对方是公众,则间接改变公众的货币持有量,这两种情况都会使市场货币供给量发生变化。同时,中央银行的操作还会影响证券市场的供求关系和价格,进而对整个社会投资和产业发展产生影响。

公开市场业务政策的局限性包含以下三点。

第一,中央银行必须具有强大的、足以干预和控制整个金融市场的金融实力。

第二,要有一个发达、完善的金融市场,且市场必须是全国性的,市场上证券种类齐全并达到一定规模。

第三,必须有其他政策工具的配合。

2. 选择性货币政策工具

随着中央银行宏观调控作用重要性的增强,货币政策工具也趋向多样化。除上述调节货币总量的三大常规性货币政策工具外,中央银行还增加了对某些特殊领域的信用活动加以调节和影响的一系列措施。这些措施一般都是有选择地使用,故称为选择性货币政策工具,以便与传统的常规性货币政策工具相区别。选择性货币政策工具主要有以下几种。

(1) 消费信用控制。消费信用控制是指中央银行对不动产以外的各种耐用消费品的销售融资予以控制。在消费信用膨胀和通货膨胀时期,中央银行采取消费信用控制,能起到抑制消费需求和物价上涨的作用。例如,对以分期付款方式购买耐用消费品时的首次付款规定最低比例,规定消费信贷的最长期限等。

(2) 证券市场信用控制。证券市场信用控制是指中央银行对有关证券交易的各种贷款和信用交易的保证金比率进行限制,并随时根据证券市场的状况加以调整,目的在于控制金融市场的交易总量,抑制过度投机。例如,规定一定比例的证券保证金比率。

(3) 不动产信用控制。不动产信用控制是指中央银行对金融机构在房地产方面放款的限制性措施,以抑制房地产投机和泡沫。例如,对房地产贷款规定最高限额、最长期限及首次付款和分摊还款的最低金额等。

(4) 优惠利率。优惠利率是中央银行对国家重点发展的经济部门或产业所采取的鼓励性措施。例如,对出口工业、农业等重点发展的经济部门或产业规定较低的贷款利率。

(5) 预缴进口保证金。预缴进口保证金是指中央银行要求进口商预缴相当于进口商品总值一定比例的存款,以抑制进口过快增长。预缴进口保证金多为国际收支经常项目出现逆差的国家所采用。

3. 补充性货币政策工具

除以上常规性货币政策工具、选择性货币政策工具外,有时中央银行还运用一些补充性货币政策工具,对信用进行直接控制和间接控制。

(1) 信用直接控制工具,是指中央银行依法对商业银行创造信用的业务进行直接干预所采取的各种措施,主要有信用分配、直接干预、流动性比率、利率限制、特种贷款。

（2）信用间接控制工具，是指中央银行凭借其在金融体制中的特殊地位，通过与金融机构之间的磋商、宣传等指导其信用活动，以控制信用，其方式主要有窗口指导、道义劝告。

三、货币政策理论

1. 凯恩斯主义货币政策

凯恩斯主义货币政策是要通过对货币供给量的影响来调节利率，再通过利率的变动来影响需求的货币政策。在这种货币政策中，政策的直接目标是利率，利率的变动通过货币量调节来实现，所以调节货币量是手段，调节利率的目的是要调节总需求，所以总需求变动是政策的最终目标。

凯恩斯主义是以人们的财富只有货币与债券这两种形式的假设为前提的。在这一假设之下，债券是货币的唯一替代物，人们在保存财富时只能在货币与债券之间做出选择。持有货币无风险，但也没有收益；持有债券有收益，但也有风险。

人们在保存财富时总要使货币与债券之间保持一定的比例。如果货币供给量增加，人们就要以货币购买债券，债券的价格就会上升；反之，如果货币供给量减少，人们就要抛出债券以换取货币，债券的价格就会下降。根据下列公式：

$$债券价格 = \frac{债券收益}{利率}$$

可以看出，债券价格与利率的高低成反比，与债券收益的大小成正比。因此，货币量增加，利率下降，债券价格上升；反之，货币量减少，债券价格下降，利率上升。利率的变动影响投资。投资是总需求中重要的一部分，会影响到总需求和国内生产总值。这就是扩张性货币政策发生作用的机制。

中央银行运用货币政策直接调控的是货币供给量。它控制货币供给量的工具就是前面介绍的公开市场活动，即再贴现率和存款准备金率。

延伸阅读 12-4

凯恩斯主义货币政策的运用

凯恩斯主义货币政策可以分为扩张性的货币政策和紧缩性的货币政策。扩张性的货币政策是指通过增加货币供给来带动总需求的增长。货币供给增加时，利率会降低，取得信贷更为容易。因此经济萧条时多采用扩张性的货币政策。紧缩性的货币政策是指通过削减货币供给来降低总需求水平，在这种情况下，取得信贷比较困难，利率也随之提高。因此，在通货膨胀严重时多采用紧缩性的货币政策。

2. 货币主义货币政策

货币主义货币政策在传递机制上与凯恩斯主义货币政策不同。货币主义的基础理论是现代货币数量论，即认为影响国内生产总值与价格水平的不是利率而是货币量。货币主义者反对把利率作为货币政策的目标。因为货币供给量的增加只会在短期内降低利率，而其主要影响还是提高利率。

首先，货币供给量的增加使总需求增加，总需求的增加一方面增加了货币需求量，另一方面提高了价格水平，从而减少了货币的实际供给量，这两种作用的结果就会使利率提高。其次，利率还要受到人们对通货膨胀预期的影响。这就是说，名义利率等于实际利率加预期的通货膨胀率。货币供给量的增加提高了预期的通货膨胀率，也就提高了名义利率。因此，货币政策无法限定利率。

货币主义者还认为，货币政策不应该是一项刺激总需求的政策，而应该作为防止货币本身成为经济失调根源的政策，为经济提供一个稳定的环境，并抵消其他因素所引起的波动。因此，货币政策不应该是多变的，应该以控制货币供给量为中心，即根据经济增加的需要，按一个固定比率增加货币供给量，这也被称为"简单规则的货币政策"。这种政策可以制止通货膨胀，为经济的发展创造一个良好的环境。

3. 中性货币政策

中性货币政策是指不用货币政策去刺激、抑制经济，而是使货币在经济中保持中性，即把货币政策的重点放在稳定物价上。也就是说，货币政策的目的不是实现充分就业、经济增长及其他目标，而是稳定物价，为市场机制的正常运行创造一个良好的环境。

四、货币政策的局限性

延伸阅读 12-5

流动性陷阱

所谓"流动性陷阱"，是凯恩斯提出的一种假说，是指当一定时期的利率水平降低到不能再低时，人们就会产生利率上升而债券价格下降的预期，货币需求弹性就会变得无限大，即无论增加多少货币，都会被人们储存起来。发生流动性陷阱时，再宽松的货币政策也无法改变市场利率，从而使货币政策失效。

西方国家实行货币政策常常是为了稳定经济，减少经济波动，但事实上，货币政策也存在一些局限性。

第一，货币政策在通货膨胀下效果显著，但在通货紧缩时由于流动性陷阱的影响，效果有限。

第二，从投资来看，货币政策之所以有效，是因为它首先在货币市场上影响利率水平；其次在产品市场上引起一系列的变化。但这是有前提的，即货币流通速度不变。货币流通速度加快，意味着货币需求增加；反之，货币需求减少。例如，如果中央银行货币供给增加一倍，但流通速度也增加一倍的话，政策就是无效的。

第三，货币政策的外部时滞也影响货币政策的效果。中国货币政策的外部时滞大约为两个季度，两个季度前旨在抑制通货膨胀的政策，如果两个月后市场表现为紧缩，效果则会雪上加霜。

第四，其效果还要受开放程度不同的影响。开放程度越大，外国资本对本国的影响就越大。无论实行哪种货币制度（浮动或固定），都会使原先的货币政策大打折扣。

总之，货币政策在实践中存在的问题远不止这些，但是，货币政策作为平抑经济波动的手段也是有一定作用的。

第四节　两种政策的混合使用

为实现和保持经济的持续稳定增长，仅仅靠市场这只"无形的手"是不够的，还需要国家宏观调控这只"有形的手"。财政政策和货币政策都是国家宏观调控的重要手段，它们共同作用于一国的宏观经济，因而存在着相互配合的问题。研究财政政策和货币政策的协调与配合，必须要搞清它们之间的关系。

1. 财政政策和货币政策的相同点

（1）财政政策和货币政策是政府干预社会经济生活的主要工具，它们共同作用于本国的宏观经济方面。

（2）它们都着眼于调节总需求，使之与总供给相适应。

（3）它们追求的最终目标都是实现经济增长、充分就业、物价稳定和国际收支平衡。

2. 财政政策和货币政策的不同点

（1）政策的实施者不同。财政政策由财政部门实施；货币政策由中央银行实施。

（2）作用过程不同。财政政策的直接对象是国民收入再分配过程，以改变国民收入再分配的数量和结构为初步目标，进而影响整个社会经济生活；货币政策的直接对象是货币运动过程，以调控货币供给的结构和数量为初步目标，进而影响整个社会经济生活。

（3）政策工具不同。财政政策所使用的工具一般与政府的收支活动相关，主要是税收、国债及政府的转移性支付等；货币政策所使用的工具通常与中央银行的货币管理业务活动相关，主要是存款准备金率、再贴现率、公开市场业务等。

（4）两种政策的影响范围不同。财政政策的实施要通过一段时间才能最终完成，并且财政政策的影响范围更大一些；货币政策由中央银行做出，影响范围相对小一些。

3. 财政政策和货币政策的搭配使用

财政政策与货币政策出自同一个决策者却由不同机构具体实施，为达到同一个目标却又经过不同的作用过程，作用于同一个经济范围却又使用不同的政策工具。其共性的存在，决定了它们相互配合的客观实际，其区别则又导致了在实施过程中有可能发生偏差。在具体实施过程中，会有四种配合模式。

（1）紧缩的财政政策与紧缩的货币政策，即"双紧"政策。适用于严重的通货膨胀时期，通过"双紧"政策，能有效地抑制社会总需求。

（2）扩张的财政政策与扩张的货币政策，即"双松"政策。适用于严重的经济衰退时期，通过"双松"政策，能有效地刺激总需求。

(3) 紧缩的财政政策与扩张的货币政策，即"紧财政、松货币"政策。这样可以减少政府开支，稳定物价，又可以降低利率，增加投资。

(4) 扩张的财政政策与紧缩的货币政策，即"松财政、紧货币"政策。这样可以有效地刺激社会总需求，又可以避免通货膨胀。

四种模式由于政策的作用方向和组合的不同，会产生不同的政策效应，如表12-1所示。

表12-1 四种模式下的政策效应

政策类型		财政政策	
		紧	松
货币政策	紧	• 社会总需求极度膨胀，社会总供给极度不足，物价上升幅度大 • 主要目标是抑制通货膨胀 • 政府减少支出、增加税收；提高利率，减少货币供给	• 通货膨胀与经济停滞并存，产业结构失衡，生产力布局不合理，公共事业和基础设施落后 • 主要目标是刺激经济增长，同时降低通货膨胀 • 减少税收、增加财政支出；提高利率，减少货币供给
	松	• 政府开支过大，但是企业投资并不多，生产能力和生产资源有增加潜力 • 主要目标是刺激经济增长 • 政府减少支出、增加税收；降低利率，增加货币供给	• 社会总需求不足，生产能力和生产资源闲置，失业严重 • 主要目标是解决失业和刺激经济增长 • 减少税收、增加财政支出；降低利率，增加货币供给

西方经济学家认为，国家运用经济政策来干预经济生活，不是在任何情况下都必不可少，而只有当经济状态超出标准一定限度，才需要政府调控。运用宏观经济政策，不能过紧，也不能过松，应该松紧配合，尽最大可能兼顾各个经济政策的目标。通过两类政策的共同作用机制，调节国民收入和物价水平。

个案研究12-4

中国宏观经济政策的实践

改革开放以来至20世纪末，中国的宏观经济政策搭配实践有五个典型阶段：

第一阶段（1988年9月至1990年9月），"紧财政、紧货币"的"双紧"政策。从1988年初开始，中国经济进入过热状态，表现为经济高速增长（工业产值增幅超过20%）、投资迅速扩张（1988年固定资产投资额比1987年增长18.5%）、物价上升迅速（1988年10月物价比上年同期上升27.1%）、货币回笼缓慢（流通中的货币增加46.7%）和经济秩序相对混乱。

在这种形势下，中国于1988年9月开始实行"双紧"政策。具体措施有：收缩基础建设规模、压缩财政支出、压缩投资规模、严格控制现金投放和物价上涨、严格税收管理等。"双紧"政策很快见效，经济增长速度从20%左右跌至5%左右，社会消费需求大幅下降，通货膨胀得到遏制，1990年第三季度物价涨幅降到最低水平，不到1%。

第二阶段（1990年9月至1991年12月），"紧财政、松货币"的"一紧一松"政策。在"双紧"政策之后，中国经济又出现了新的挑战，表现为市场销售疲软，企业开工不足，企业资金严重不足，三角债问题突出，生产力大幅下降。针对上述情况，从1991年初开始，相关部门实行了宽松的货币政策，中央银行连续多次调低存贷款利率，以刺激消费、鼓励投资。这些政策在实施之初效果并不显著，直到1991年下半年，市场销售才转向正常。

第三阶段（1992年1月至1993年6月），"松财政、松货币"的"双松"政策。1992年，财政支出为4 426亿元，其中财政投资为1 670亿元，分别比年初预算增长107%和108%。信贷规模也大幅度增长，货币净投放额创历史最高水平。"双松"政策的成效是实现了经济的高速增长，1992年GDP增长12.8%，城市居民人均收入增长8.8%，农村居民人均收入增长5.9%。但是"双松"政策又带来了老问题，即通货膨胀加剧、物价指数再次超过两位数；短期资源再度紧张。

第四阶段（1993年7月至1996年底），"适度从紧的财政与货币政策"。具体措施有：控制预算外投资规模；控制社会集资搞建设；控制银行同业拆借；提高存贷款利率等。与1988年的紧缩相比，财政没有大动作，货币紧缩力度较缓。适度的"双紧"政策使我国的宏观经济终于成功实现了"软着陆"。各项宏观经济指标表现出明显的改善：1996年GDP的增长率为9.7%，通货膨胀率降为6.1%；外汇储备达到1 000多亿美元。这次政策配合实施被认为是中国治理宏观经济成效较好的一次，为中国以后实施经济政策积累了经验。

第五阶段（1997年至2000年），适度的货币政策和积极的财政政策。1997年到1998年，中国经济发展受到了亚洲金融危机和国内自然灾害等多方面的冲击。经济问题表现为通货紧缩式的宏观失衡，经济增长的力度下降，物价水平持续下降，失业增加，有效需求不足，出口不振等。面临新形势，中国政府实施了较有力度的积极财政政策，其措施是大量发行国债，投资于基础设施方面的建设；实施适当的货币政策，连续下调人民币存贷款利率，改革商业银行体系等。这些政策使中国经济成功地应对了亚洲金融危机的挑战，保持了国民经济的持续增长。

进入21世纪，我国宏观经济政策搭配实践又经历了五个典型阶段：

第六阶段（2001年至2004年），实施积极财政政策和稳健货币政策。从2001年开始坚持扩大内需的战略方针，加强和改善宏观调控。

第七阶段（2005年至2007年），实行"双稳"政策，即稳健的财政政策和货币政策。2005年巩固宏观调控成果。2006年继续搞好宏观调控。2007年稳物价调结构促平衡。

第八阶段（2008年），由从紧到适度宽松的货币政策和由稳健到积极的财政政策。中央认为，防通胀、防过热是2008年宏观调控的首要任务。把防止经济增长由偏快转为过热、防止价格由结构性上涨演变为明显通货膨胀作为宏观调控的首要任务。中央经济工作会议确定，货币政策从稳健转为从紧发出强烈的政策信号。相比前几年，当前中国经济形势已有较大不同，这一政策的出台也是基于政府对当前物价连续上涨、货币信贷增长过快等宏观形势的准确判断。然而，由美国次贷危机引发的全球金融危机也迅速波及我国，打乱了我们原有的步伐。2008年11月，我国政府出台了进一步扩大内需、促进经济增长的十项措施，在之后的两年时间内投资4万亿元人民币。货币政策也由从紧调整为适度宽松，财政政策由稳健调整到积极。

第九阶段（2009 年至 2010 年），继续坚持积极的财政政策和适度宽松的货币政策。2009 年宏观调控的主题是保增长，促发展。2010 年把"调结构、防通货膨胀"作为重点。

第十阶段（2011 年至今），积极的财政政策和稳健的货币政策。2011 年，宏观经济政策的基本取向是积极稳健、审慎灵活，重点是更加积极稳妥地处理好保持经济平稳较快发展、调整经济结构、管理通货膨胀预期的关系，加快推进经济结构战略性调整，把稳定价格总水平放在更加突出的位置，切实增强经济发展的协调性、可持续性和内生动力。

2012 年，党的十八大强调，要推动经济持续健康发展，要求的是尊重经济规律，在不断转变经济发展方式、不断优化经济结构中实现增长。2014 年 5 月，习近平总书记在考察河南的行程中指出，"中国发展仍处于重要战略机遇期，我们要增强信心，从当前中国经济发展的阶段性特征出发，适应新常态，保持战略上的平常心态。"此后，新常态成为我国经济发展显著特征，意味着中国经济已进入一个与过去三十多年高速增长期不同的新阶段。

2022 年，党的二十大强调，从现在起，中国共产党的中心任务就是团结带领全国各族人民全面建成社会主义现代化强国、实现第二个百年奋斗目标，以中国式现代化全面推进中华民族伟大复兴。全面建成社会主义现代化强国，总的战略安排是分两步走：从二〇二〇年到二〇三五年基本实现社会主义现代化；从二〇三五年到本世纪中叶把我国建成富强民主文明和谐美丽的社会主义现代化强国。未来五年是全面建设社会主义现代化国家开局起步的关键时期，主要目标任务是：经济高质量发展取得新突破，科技自立自强能力显著提升，构建新发展格局和建设现代化经济体系取得重大进展；改革开放迈出新步伐，国家治理体系和治理能力现代化深入推进，社会主义市场经济体制更加完善，更高水平开放型经济新体制基本形成。

资料来源：吉林大学相关案例库，中国的宏观经济政策搭配实践。

本章小结

政府是国民经济的最大消费者和生产者。在市场经济条件下，政府提供公共物品、行使公共职能、实现社会公共利益。政府有"守夜人"的职能、公共物品的职能、宏观调控的职能和增加社会公平的职能。

国家宏观调控的政策目标一般包括充分就业、经济增长、物价稳定和国际收支平衡等四项。

宏观经济政策的工具有需求管理政策、供给管理政策、国际经济政策。

财政政策包括政府支出和财政收入两部分，政府支出主要包括政府购买和转移支付两大类；政府收入的主要形式是税收。

财政政策主要通过政府支出和税收来调节经济。在经济萧条的时候，政府增加财政支出，向企业进行大规模采购，以刺激民间投资增加。扩张性财政政策是通过增加政府支出和减少税赋来刺激经济的政策。而在经济繁荣时期，总需求大于总供给，经济中存在通货膨胀，政府采取增加税收的办法来限制企业的投资与居民消费，从而减少社会总需求，抑制经济过热。紧缩性财政政策是通过减少政府支出与增加税收来抑制经济的政策。

财政政策的"内在稳定器"效应主要表现在：累进的所得税制和公共支出，以及各种转移支付。

挤出效应的影响因素有支出乘数的大小、对利率的敏感程度、货币需求对产出水平的敏感程度和货币需求对利率变动的敏感程度。

财政政策的局限性：滞后对政策的影响、挤出效应的影响和社会阻力的影响。

货币供应量可划分为三个层次：流通中现金（M0）、狭义货币（M1）、广义货币（M2）。

银行制度是指各类不同银行的职能、性质、地位、相互关系、运营机制以及对银行的监管措施所组成的一个体系。

中央银行的主要职能：发行的银行、银行的银行、国家的银行。

商业银行的职能：信用中介、支付中介、变货币收入与储蓄为货币资本和创造信用流通工具。

货币政策工具包括常规性货币政策工具、选择性货币政策工具、补充性货币政策工具。

常规性货币政策工具主要有三个，即法定存款准备金率、再贴现政策和公开市场业务。

货币政策的局限性：货币政策在通货膨胀下效果显著，但在通货紧缩时由于流动性陷阱的影响，效果有限；从投资来看，货币政策之所以有效，是因为它一是在货币市场上影响利率水平，二是在产品市场上引起一系列的变化；货币政策的外部时滞也影响货币政策的效果；其效果还要受开放程度不同的影响。

本章内容结构

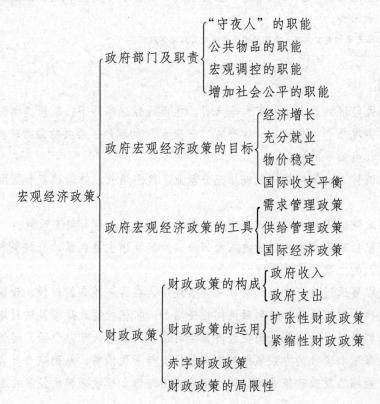

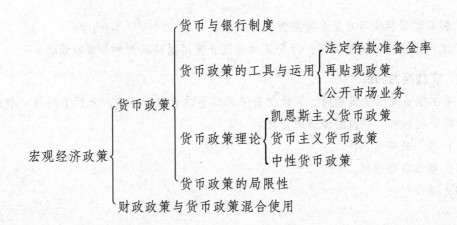

综合练习

一、名词解释

公共物品　　政府支出　　政府收入　　收入政策　　国际经济政策
赤字财政政策　银行制度　　挤出效应　　货币政策　　公开市场业务
需求管理政策　供给管理政策　指数化政策　再贴现政策　法定存款准备金率
经济增长　　扩张性财政政策　　　　　　紧缩性财政政策

二、选择题

1. （　　）在经济中不具有内在稳定器的作用。
   A. 累进税率制　　　　　　　　　　B. 政府开支直接随国民收入水平变动
   C. 社会保障支出和失业保险　　　　D. 维持农产品的价格
2. 扩张性财政政策对经济有下述影响（　　）。
   A. 缓和了经济萧条，减少了政府债务　B. 缓和了经济萧条，但增加了政府债务
   C. 缓和了通货膨胀，但增加了政府债务　D. 缓和了通货膨胀，减少了政府债务
3. 宏观货币政策和宏观财政政策的区别在于（　　）。
   A. 前者主要用来对付经济萧条，后者主要用来对付通货膨胀
   B. 前者主要通过改变投资支出发生作用，后者主要通过影响消费支出发生作用
   C. 前者主要通过利率来影响总需求，后者主要通过政府支出和税收的变化来影响总需求
   D. 以上三者都是
4. 在经济衰退时期，一般（　　）。
   A. 税收减少，政府支出减少　　　　B. 税收减少，政府支出增加
   C. 税收增加，政府支出减少　　　　D. 税收增加，政府支出增加

三、简答题

1. 简单论述挤出效应。
2. 解释扩张性财政政策和紧缩性财政政策。

3. 解释扩张性货币政策和紧缩性货币政策。

4. 试列举在不同的情况下，政府应如何混合使用财政政策和货币政策。

四、实践能力训练

当某国经济处于衰退期时，假设政府采取以下政策刺激经济，分析下列每一种政策对消费和投资的影响，并预测经济的走势。

（1）增加政府支出。

（2）增加货币供给。

（3）减少税收。

结 束 语

美国自由市场经济与国家干预的博弈

美国是最大的自由市场经济国家，然而，自20世纪20年代末美国经济出现大萧条，进而导致美国政府进行大面积的经济干预后，国家干预就一直不断。尽管有米尔顿·弗里德曼这样的经济学大师不遗余力地号召政府减少干预，但是每次经济出现危机以后，政府干预总会相随而来。由美国次贷危机引发的金融危机，最终演变成全球经济衰退，美国政府也采取了自罗斯福新政以来最为庞大的政府干预经济措施，而刺激消费及消费信贷成为美国拯救经济危机的核心。即使在美国，政府该在多大程度上干预经济运行也是一个由来已久的争论。

一、美国信奉已久的自由市场经济面临严重危机

美国是一个以马歇尔经济学理论为基础的信奉自由市场经济的国家，但自20世纪20年代末美国出现经济大萧条，以凯恩斯为代表的国家干预理论催生了罗斯福新政。自此，基于微观经济学加上宏观经济学构成了西方经济学"矛盾的主体"。

在20世纪20年代末美国经济陷入大萧条后，罗斯福政府推出了大范围的经济干预政策。事实上，在美国开国之初，拥护政府主导的汉密尔顿和主张个人自由的杰斐逊就已经为政府在经济生活中的角色到底应该是什么而争论得不可开交。

2008年9月7日，美国政府宣布接管陷入困境的、有"第二美联储"之称的房利美（Fannie Mae）公司和房地美（Freddie Mac）公司。当时许多媒体纷纷报道称，"这是自2007年8月美国次贷危机全面爆发以来，美国政府所采取的规模和意义都最为重大的一次救市行动，也是自罗斯福新政以来最为庞大的政府干预经济措施，标志着次贷危机开始步入高潮"。

然而，时隔不到两周，9月16日晚，美联储在拒绝对雷曼兄弟实施援助，刚刚任其破产的次日，美国政府以类似接管"两房"的手法变相地接管了资产过万亿美元的、世界上

最大的金融保险巨擘美国国际集团（AIG）。在随后的半年之内，美联储的援助金额已由当初的850亿美元上升至1 800亿美元。

2009年6月1日，美国最大的汽车巨头通用汽车宣布申请破产保护，与此同时提出了重组计划。重组之后，通用汽车60%的股份将由美国联邦政府持有，12.5%的股份则由加拿大政府持有，全美汽车工人联合会（工会）将持有17.5%的股份，无担保债权人持有10%的股份。美国政府的拯救行动由金融领域扩展到实业领域。

美国政府接管"两房"至少意味着在危机最终尘埃落定之前，暂时将这两家机构国有化。在一定时期内，"两房"将变成中国人概念中的"国有企业"。其实，美国政府接管"两房"的举措也面临着巨大压力。事实上，"两房"在成立初期本来就是国有企业，后来随着美国住房抵押市场规模的扩大而逐渐演变为私人持股的上市公司。将"两房"国有化意味着美国政府走上了回头路。而这个行为跟美国政府倡导的基本经济理念——"自由市场"相悖。

美国政府之所以做如此选择，当然是不得已而为之：如果政府坐视不理，那么"两房"很可能会破产倒闭，而"两房"如果真的破产，那将会导致整个美国的住房贷款市场，乃至整个债券市场，甚至整个美国金融市场大崩溃。这是美国乃至整个世界经济都无法承担的一个后果。

二、雷曼兄弟成为"隐形合约"的牺牲品

在雷曼兄弟倒下前后，美国财政部和美联储先后出手拯救了多家金融机构，其中包括接管两大住房抵押贷款融资机构"房利美"和"房地美"，向金融保险业巨头AIG抛出850亿美元的"救命钱"（后来升至1 800亿美元），以及"操办"贝尔斯登与摩根大通的联姻。

然而，在雷曼兄弟股价暴跌、难以找到买家之际，美国时任财政部长保尔森一直坚持不动用政府一分钱来拯救雷曼兄弟。雷曼兄弟前CEO富德说，"直到我被埋进坟墓之前，我都会想个不停""为什么我们是唯一一个"政府不肯救助的金融企业。

1. "隐形合约"

自2007年2月次贷问题显现出来到2007年12月Countrywide面临倒闭为止，次贷危机其实已经持续了10个月的时间。作为整个美国金融体系的领导者，美联储在这10个月里做了大量政策储备和风险预估工作。因此，救助Countrywide的行动可以被认为是美联储储备政策的第一次应用，那时的美联储认为形势还不算太糟。2008年1月11日，美国银行宣布以换股的方式整体并购Countrywide，涉及交易价格约40亿美元。这样一来无论是Countrywide的股东，还是债权人的利益都得到了保障。这一行动具有很强的合理性。毕竟让一个金融企业倒闭会造成深远的社会影响，除非万不得已，否则不会轻易允许。这也是从美联储的角度分析并默认隐形合约合法性的依据。

随后，2008年3月救助贝尔斯登时，美联储想问题的出发点与救助Countrywide时如

出一辙：都是为了避免金融企业倒闭造成社会恐慌。唯一不同的是，相较于拯救 Countrywide 时的政策，美联储这一次明显收紧了隐形合约。实际策略是美联储为摩根大通提供 290 亿美元，摩根大通自筹 10 亿美元以现金方式收购贝尔斯登。尽管贝尔斯登的股东损失颇为惨重，但是贝尔斯登的债权人利益却得到了全额的保护。

然而到了 2008 年 9 月，形势突然恶化。一方面，"两房"、AIG 等超大型企业相继出现问题，美联储的援助责任瞬间数倍增大，但是实际上美联储根本无法照顾周全。另一方面，美联储对金融机构的隐形救助协议激发了道德风险。像雷曼兄弟即便已经在担保债务凭证（CDO）上亏损巨大，但根据 2008 年度二季报它依然在加大做多 CDO 的仓位，如此有恃无恐的行为背后就是在赌美联储无论如何也会出手援助。

由于市场对美联储会提供援助的预期非常一致，因此债权人依然敢于把钱继续放给从事高风险产品投资的机构。因此，必定是经过一番深思熟虑后，美联储才决定选择一家影响力足够震慑市场的鲁莽机构开刀，主动放弃对它潜在的一切承诺，让它彻底倒闭，借以警示所有市场参与者不要再心存幻想，彻底切断风险的源头。雷曼兄弟不幸成为反面的典型。

2. 雷曼兄弟倒闭的价值

从当时的实际情况来看，雷曼兄弟绝不是最后一家需要救助的金融机构。如果再出手，很有可能把美国政府也"拉"下水。如果要防止金融危机进一步扩大，挽救已经陷入困境的金融企业，政府就不能不考虑市场化之路。伯南克认为，雷曼兄弟破产或许在客观上更有利于华尔街秩序的尽快恢复，于是改变了先前拯救濒临破产的投行的思路。

挑中雷曼兄弟的原因首先是它规模很大，具有足够的震撼力，同时又没有庞大到 AIG 的程度，美联储当时判断雷曼兄弟即便倒闭也不至于引发金融系统崩溃。更重要的是，在已经遭受沉重打击的诸多机构中间，雷曼兄弟是风险资产投资比例最高的一家，也是损失最为惨重的。相对而言，在同等规模的投行中，美林证券的经纪业务和资产管理业务占比很高，因而相对安全；摩根士丹利虽然在衍生品上也亏损不少，但是相对雷曼兄弟而言它的资产结构明显较好；而高盛甚至直到第三季度还在盈利。雷曼兄弟是一筐苹果中烂得最厉害的那个，因此扔起来也就相对不那么痛心了。

但所有冠冕堂皇的理由背后最核心的精髓是：华尔街这只巨狼在金融危机的铁钳下完全被制住了。但凡有一点微小的动作，便立刻会引来周身的剧痛，这是固有的制度缺陷造成的。身处这个非常时期，全体保全是不现实的，旧制度的维护也已经不再有意义，只有打破传统价值判断，冲破眼前的封锁才是获得新生的唯一途径。因此雷曼兄弟就像那条被毫不留情咬掉的狼腿一样，是为了生存而必须牺牲掉的身体上的一部分，它的覆亡具有历史必然性。即便没有雷曼兄弟，也会有美林证券、摩根士丹利，或者高盛充当这个角色，这是一个击碎旧秩序、重建新秩序的里程碑。美联储在以雷曼兄弟祭旗。

如果单纯考虑对现实世界的影响力，雷曼兄弟的倒闭和一般企业的破产案根本没什么不同。毕竟它只是一家独立的投资银行，从事一些高端的、虚无缥缈的金融创新业务而已，既不牵扯柴米油盐，又不决定国计民生。

但是值得大书特书的是，雷曼兄弟的倒闭是美国甚至人类金融史上的一个里程碑，从此全世界在重估美国经济的时候也将重估华尔街精神、美国精神的真实价值。从未受到过怀疑的美国式发展模式在历史上第一次受到了质疑，这才是雷曼兄弟倒闭事件最意味深远的影响。它对未来的意义远大于对现实的意义。

当雷曼兄弟倒下去的时候，华尔街的信用其实也随之倒下了。美国政府匆忙中以国家信用接管了业已破碎的华尔街信用，短期来看，效果不错。但是长期来看，一直以来充当美国挡箭牌的华尔街垮了，从此美国信用将直接袒露在世界的面前，承受来自四面八方的袭击。这是美国成为"世界霸主"后历史上的第一次。

就算躲过了这场危机，如果华尔街迟迟不能恢复左膀右臂的作用，只能空留美联储凭借美国信用孤身作战，相信早晚它会露出无法补救的破绽。如果有一天连美国信用也崩溃了，便再没有任何后台可以提供援助，则那一天也就是美元体系终结的日子，随之而来的将是美国霸权地位的结束与全球秩序的重新建立。

三、美国救市方案出现重大转向

2008年11月12日，美国救市方案出现了重大转变：放弃收购抵押资产，拟注资非银行机构。保尔森当日宣布放弃7 000亿美元金融救援计划的核心内容之一，即不再像先前计划的那样动用这笔巨款购买金融机构的不良资产。在考虑以其他方式帮助银行的同时，政府正研究给消费信贷领域"减压"的方式。

1. 缓解消费贷款压力

保尔森承认，收购抵押资产并不是利用政府资金的"最有效途径"，美国财政部决定通过认购优先股的方式向银行业注资，并认为这才是这笔资金更好的使用方式。政府还在研究其他选择，比如向那些能自己筹款的银行提供更多的政府救援金。这一决定意味着美国金融救援方案出现重大转变。政府当时游说国会通过这一方案时，只着重强调会购买银行的不良资产。

保尔森表示，不收购抵押资产所节省下来的部分资金将被用于支持信用卡应收账款、汽车贷款与学生贷款市场。他认为，这一市场实际上已经陷于停顿。他表示，美国财政部还将考虑把部分资金提供给非银行金融机构，而银行业也可能需要更多的帮助。

保尔森介绍了救援计划的一些新动向，强调这一计划将帮助缓解消费贷款方面的压力。与消费贷款有关的机构除银行外，还有一些非银行金融机构。保尔森说，这些机构正面临资金紧缺困境，资产支持证券市场在降低花费和增加消费方面发挥了重要作用，而如今这一领域的机构正饱受煎熬。

"这一领域资金流动不畅导致支出上升，使美国人申请汽车贷款、学生贷款和信用卡受阻，"保尔森说，"这正给美国人加以重担，且减少了工作岗位。"财政部和美国联邦储备委员会的官员正在研究支持资产支持证券市场的计划。保尔森说，这一计划具有"相当规模"，政府正考虑动用部分救援资金鼓励私人投资者回到这一领域。

除了考虑支持资产支持证券市场，保尔森说政府还考虑在不购买抵押品支持证券的前提下减少丧失抵押品赎回权的现象。

2. 绕不过的汽车业

陷入困境的美国汽车业的巨头们也紧盯着政府手中的"票子"，希望能从救援计划中分一杯羹。但保尔森当天的表态让它们失望。保尔森说，汽车业极其重要，但金融救援计划的对象不是针对这一行业所设计的。美国不少国会议员正推动政府向汽车业注资。当被问及如何看待这一举动时，保尔森谨慎地回答："任何决定都得让汽车制造企业有长期生存的能力。"

当时，是否救援汽车业在国会分歧不小。尽管民主党领导人极力想把汽车业纳入金融救援计划，但有议员表示怀疑，认为救援计划针对的是金融业，如果超出这一领域，会带来麻烦。时任参议员杰夫·塞森斯问道："如果我们越过金融机构和其他企业的界线，问题是，那条线怎么画？"

在帮助汽车业的问题上，白宫给出了模棱两可的回答。白宫时任发言人达娜·佩里诺说，尽管政府了解汽车业的困境，但政府对此不负有责任。那些公司"过去做出的商业决定导致了今天的局面"。然而，佩里诺并未将路完全堵死，称政府在帮助汽车业的问题上持"开放态度"。在此次破产重组中，奥巴马政府又提供了大约300亿美元的援助。

通用汽车在宣布破产保护后称其总资产是822.9亿美元，总债务则高达1 728.1亿美元，也就是说基本上债务是它当时资产的两倍，已是严重的资不抵债。不断上涨的拯救AIG的投入，已经大大超出美国政府的最初预算；而陆续向通用汽车注入的流动性资金并没能使通用汽车解困，所有的债权人正"张着大嘴"等着政府的注资。因此，如果还像拯救AIG那样直接注资，这可能会是个比AIG更大的无底洞。让通用汽车破产重组，构建一个精干、高效的新通用汽车是明智之举。

四、美国救市方案转向的原因

美国财政部调整救市政策，可以说是对之前出台的针对陷入困境的金融机构的救市政策所引发的一系列问题的反思。

第一，赎买因次贷危机而受影响的问题债券和金融产品，虽然能够帮助部分金融机构挺过难关，但并不能解决信贷市场受次贷危机影响而萎缩的问题。第二，注入问题金融机构的政府救市资金并没有得到有效利用。大量资金被用来支付公司高管的薪水、福利以及离职补偿，这引发了广泛的社会不满情绪。美国财政部的新计划将解决"相当一部分珍贵的救市资金被'合法地'用来补偿那些制造危机的'罪魁祸首'"这一问题，缓解了公众的舆论压力。

"现在看来，美国政府已经不愿出大量资金（救市）。美国政府现在政策的主要导向，一是鼓励企业联合起来自相救援；二是采取一些间接的宏观调控措施来刺激经济的发展，刺激美国人的消费。"

事实上，只有在经济本身健全、危机只是由投资者信心不足而引发的情况下，政府购买银行的抵押贷款支持证券等问题资产才能有助于恢复投资者信心和保证金融体系的畅通运行。包括保尔森和伯南克在内的所有人都已经清楚地看到，美国的金融机构由于"失血"过多已经危在旦夕，仅靠政府购买它们所有的坏账起不到"妙手回春"的作用。这些机构要的是更猛的药，而不仅仅是政府承诺的直接注资。

同时，保尔森的"变脸"也表明，当时的经济危机已经超越了抵押贷款和房地产市场，扩展到了其他领域。保尔森在一次讲话中称，金融系统以外的信贷市场也需要帮助。在美国，40%的消费信贷来自信用卡消费、购车贷款、助学贷款以及其他类似产品。目前这些重要的消费信贷市场都已经陷入停滞状态。

消费信贷的停滞并不是因为金融系统出了问题，而是因为消费者和零售商陷入经济困境。现如今，美国的家庭因受负债和失业的拖累，竭尽全力缩减开支，这使得靠消费带动的零售业和汽车业饱受其害。因此，要拯救美国的经济就必须刺激消费及消费信贷，这就是美国新的国家战略和产业战略。

五、结论

美国的经济实践进一步证明，自由市场经济通常是有效的，但也会出现市场失灵，这时需要国家干预。但如何干预和干预到什么程度，需要在理论上不断探索和在实践中不断尝试。这对我国实行的社会主义市场经济体制也有重要的借鉴作用。这是一个需要长期研究、不断深化的重大课题。

参 考 文 献

[1] 高鸿业. 西方经济学：微观部分 [M]. 8版. 北京：中国人民大学出版社，2021.
[2] 尹伯成，刘江会. 西方经济学简明教程 [M]. 9版. 上海：格致出版社，2018.
[3] 厉以宁. 西方经济学 [M]. 4版. 北京：高等教育出版社，2015.
[4] 梁小民. 经济学是什么 [M]. 北京：北京大学出版社，2017.
[5] 范家骧，刘文忻. 微观经济学 [M]. 2版. 大连：东北财经大学出版社，2007.
[6] 克鲁格曼，韦尔斯，奥尔尼. 克鲁格曼经济学原理 [M]. 黄卫平，赵英军，丁凯，等译. 北京：中国人民大学出版社，2011.
[7] 迈克易切恩. 微观经济学 [M]. 余森杰，译. 北京：机械工业出版社，2011.
[8] 泰勒. 经济学：精要版 [M]. 李绍荣，李淑玲，等译. 北京：中国市场出版社，2007.
[9] 弗兰克. 牛奶可乐经济学2 [M]. 闾佳，译. 北京：中国人民大学出版社，2009.
[10] 斯凯恩. 一看就懂的经济常识全图解 [M]. 上海：立信会计出版社，2014.
[11] 卜洪运. 微观经济学 [M]. 北京：机械工业出版社，2009.
[12] 朱中彬，孟昌，王云霞，等. 微观经济学 [M]. 北京：机械工业出版社，2007.
[13] 刘秀光，刘辛元，欧阳勤，等. 西方经济学原理 [M]. 3版. 北京：清华大学出版社，2017.
[14] 郭万超，辛向阳. 轻松学经济：300个核心经济术语趣解 [M]. 北京：对外经济贸易大学出版社，2005.
[15] 茅于轼. 生活中的经济学 [M]. 3版. 广州：暨南大学出版社，2007.
[16] 黎诣远. 西方经济学：微观经济学 [M]. 3版. 北京：高等教育出版社，2007.
[17] 孙学敏，王文玉，孙保营. 西方经济学 [M]. 北京：清华大学出版社，2009.
[18] 平狄克，鲁宾费尔德. 微观经济学 [M]. 李彬，高远，等译. 北京：中国人民大学出版社，2013.
[19] 章昌裕. 西方经济学原理 [M]. 北京：清华大学出版社，2007.
[20] 梁小民. 西方经济学基础教程 [M]. 3版. 北京：北京大学出版社，2014.
[21] 袁志刚. 西方经济学 [M]. 2版. 北京：高等教育出版社，2015.
[22] 陈友龙，缪代文. 现代西方经济学 [M]. 2版. 北京：中国人民大学出版社，2011.
[23] 萨缪尔森，诺德豪斯. 萨缪尔森谈失业与通货膨胀 [M]. 萧琛，译. 北京：商务印书馆，2012.
[24] 菲尔普斯，等. 就业与通货膨胀理论的微观经济基础 [M]. 陈宇峰，吴振球，周禹，等译. 北京：北京大学出版社，2011.
[25] 瑞比. 通货膨胀来了：最好的防御措施 [M]. 王煦逸，吴锦蕴，李一汀，译. 上海：上海财经大学出版社，2011.

[26] 弗里德曼. 失业还是通货膨胀：对菲利普斯曲线的评价［M］. 张丹丹，等译. 北京：商务印书馆，1982.

[27] 凯恩斯. 就业、利息和货币通论［M］. 高鸿业，译. 北京：商务印书馆，2007.

[28] 黄典波. 图解宏观经济学：人人必知的经济常识［M］. 北京：机械工业出版社，2010.

[29] 刘裔宏，罗丹桂. 西方经济学［M］. 长沙：中南大学出版社，2004.

[30] 狄俊锋. 西方经济学概论［M］. 北京：中国传媒大学出版社，2009.

[31] 曼昆. 经济学原理［M］. 8版. 梁小民，梁砾，译. 北京：北京大学出版社，2020.

[32] 卫志民. 微观经济学［M］. 北京：高等教育出版社，2011.

[33] 基梅尔曼. 人人需要知道的经济运行规律［M］. 何训，译. 北京：电子工业出版社，2010.

[34] 梁小民. 微观经济学纵横谈［M］. 北京：生活·读书·新知三联书店，2000.

[35] 吴泽华. 我国效率与公平关系演变历程研究［J］. 中国经贸，2018（5）：81-82.

[36] 郭飞飞. 5月以来，洛阳大蒜价格"腰斩"［N/OL］. 洛阳晚报，2017-05-31［2023-02-16］. http://news.lyd.com.cn/system/2017/05/31/030311688.shtml.

[37] 郝思斯. 坚定不移做好自己的事：对话中国人民大学经济学院教授王孝松［N］. 中国纪检监察报，2022-03-29.